中华思想文化与中华文明

（青少年论文集）

“中华思想文化术语传播工程”秘书处　主编

外语教学与研究出版社
北京

图书在版编目（CIP）数据

中华思想文化与中华文明 ：青少年论文集 ／“中华思想文化术语传播工程”秘书处主编. -- 北京 ：外语教学与研究出版社，2019.7
ISBN 978-7-5213-1060-3

Ⅰ. ①中… Ⅱ. ①中… Ⅲ. ①中华文化－文集 Ⅳ. ①K203-53

中国版本图书馆 CIP 数据核字（2019）第 158489 号

出 版 人 徐建忠
项目策划 刘旭璐
责任编辑 王 琳
责任校对 徐晓丹
封面设计 李 高
出版发行 外语教学与研究出版社
社 址 北京市西三环北路 19 号（100089）
网 址 http://www.fltrp.com
印 刷 北京捷迅佳彩印刷有限公司
开 本 710×1000 1/16
印 张 29.5
版 次 2019 年 8 月第 1 版 2019 年 8 月第 1 次印刷
书 号 ISBN 978-7-5213-1060-3
定 价 48.00 元

购书咨询：（010）88819926 电子邮箱：club@fltrp.com
外研书店：https://waiyants.tmall.com
凡印刷、装订质量问题，请联系我社印制部
联系电话：（010）61207896 电子邮箱：zhijian@fltrp.com

物料号：310600001

国家社会科学基金重大项目“中华思想文化术语的整理、传播与数据库建设”（15ZDB003）

教育部、国家语委“中华思想文化术语传播工程”成果之一

出版说明

“中华思想文化术语”是由中华民族主体所创造或构建，凝聚、浓缩了中华哲学思想、人文精神、思维方式、价值观念，以词或短语形式固化的概念和文化核心词。

为做好中华思想文化术语的整理和传播工作，2014 年经国务院批准，设立“中华思想文化术语传播工程”（以下简称“工程”），并建立了由教育部、国家语委作为召集单位，中央编译局、中国外文局、外交部、民政部、文化部、新闻出版广电总局、国务院新闻办、新华社、中国科学院、中国社会科学院等多个部委（单位）为成员的部际联席会议机制，负责统筹协调中华思想文化术语传播工作。“工程”聘请权威专家成立顾问组、专家委员会、学术委员会，制定中华思想文化术语遴选、释义、翻译规则并开展相关工作，同时特邀知名汉学家参与英译文审稿工作。秘书处设在北京外国语大学外语教学与研究出版社。

为在青少年中传播“工程”，秘书处与朴新教育科技集团合作，举办了“2016 国际中华思想文化术语大赛”“2017 中华思想文化术语推广暨青少年传统文化传播峰会”“2018 国际中华思想文化术语大赛”“中国传统文化专家特训营”等活动，在活动中涌现出很多优秀的论文。本书即为遴选出的论文的结集。

目　录

探究中国传统“义”对当代中学生之成长价值

□肖沁原

引言

作为当代中学生，当提到传统文化和传统美德时，我的脑海中便浮现出若干个词条，譬如什么“舍生取义”“百善孝为先”“厚德载物”……但也仅仅只是一些词条而已。除此以外，再无更多的延伸。当被问及“既然常言道‘百善孝为先’，那么如此多的‘善’当中，为什么偏偏是‘孝’为先？”或者“为什么舍生取义的精神那么值得鼓励，难道人们当真可以把所谓的‘义’看得比生命还重要吗？”等诸如此类的问题时，我竟无言以对。

当然，一时答不上似乎是无关紧要的，因为这并不会对我当前的生活造成什么太大影响，但是，却引发了我的一些思考：在我们一直倡导学习、继承和弘扬本民族优秀传统文化的今天，难道这就是我们所传承的结果吗？作为国家未来、民族希望的我们，难道就这样对待我们的传统文化吗？我想这是不应该的，起码这很让人感到悲哀。

所以，从现在开始，我们对于传统思想文化，应负起自己一份责任。只有如此，未来我们才能带领中国走向世界、向世界介绍我们的中国！

“义”是中国传统价值观里一大重要组成部分。我父亲的名字里也带有一个义字，其中寄予了祖父对父亲的期望。怀揣着些许渊源的微妙感情，我投入到对这个字的学习与探究之中。

我希望自己的传承之路，可以从这个字开始——从父辈到子辈，也如这个字那样，恰当而适宜。

一、何谓义

今天与“义”字相关的词条，我们可以列举出许多，例如“义薄云天”“多情多义”“义气相投”“忘恩负义”“微言大义”……这些，无论在日常生活中还是学习阅读中，我们都会时常见到。但是，如果要真正讲一讲义这个字的含义，是否能够清清楚楚将其解释？《礼记·中庸》对于“义”这样界定：“义者，宜也，尊贤为大。”当中讲到义是适宜的、应当做的事情，是公正合宜的道德、道理或举动。

《中华思想文化术语 1》（外语教学与研究出版社，2015）中有：

> 义的基本含义是合理、恰当。引申义有两重含义：其一，指人行事的合理依据与标准；其二，指在道德意识的判断与引导下，调节言行使之符合一定的标准，以获得合理的安处。

在中国的儒学体系当中，“义”是一大重要内容。董仲舒在孔孟的基础上，归纳出了“五常”：仁、义、礼、智、信。这“五常”贯穿于中华伦理的发展中，成为中国价值体系中最核心的元素。

由此可见，“义”在中国传统道德中所占的地位之重，从古至今其对中国人的影响，十分深远。

二、古有圣贤，以命奉义

漫漫历史长河中，无数志士仁人涌现，用生命去熔铸大义，并以傲然凛然之姿，久伫不倾。而这熠熠之人格光辉，也在不断振奋后人，给予我们的心灵以洗礼、灵魂以震撼。

伯夷与叔齐，是历史上有名的两位贤者。《史记·伯夷列传》记载：

> 伯夷、叔齐，孤竹君之二子也。父欲立叔齐，及父卒，叔齐让伯夷。伯夷曰：“父命也。”遂逃去。叔齐亦不肯立而逃之。国人立其中子。于是伯夷、叔齐闻西伯昌善养老，曰：“盍往归焉。”及至，西伯卒，武王载木主，号为文王，东伐纣。伯夷、叔齐叩马而谏曰：“父死不葬，爰及干戈，可谓孝乎？以臣弑君，可谓仁乎？”左右欲兵之。太公曰：“此义人也。”扶而去之。武王已平殷乱，天下宗周，而伯夷、叔齐耻

之，义不食周粟。隐于首阳山，采薇而食之。及饿且死，作歌。其辞曰：“登彼西山兮，采其薇矣。以暴易暴兮，不知其非矣。神农、虞、夏忽焉没兮，我安适归矣？于嗟徂兮，命之衰矣！”遂饿死于首阳山。

从此“夷齐让国”“不食周粟”故事广为流传。伯夷尊重父亲的遗愿，不愿继位，是谓孝；叔齐不愿违背礼制，也不愿意陷兄长于不义，是谓仁。这早已超越了寻常兄弟间的谦让。以国相让，在巨大利益的诱惑之下，他们仍然坚持住了自己、不愿违背自己的精神原则与人格底线。而后，他们对于武王那番“可谓孝乎”“可谓仁乎”的质问，和最后誓不食周粟、饿死在首阳山，在我们中的大多数人看来，这也许是愚蠢且迂腐至极的做法。怎么能够仅仅因为一个“耻”字就要将自己饿死？况且，这又有什么好值得“耻”的呢？如果有这样的疑问，那么只能说明我们的精神、认识还没有达到伯夷与叔齐的高度。当我们站在伯夷与叔齐的角度来看，于他们而言，比起保全自己性命，更重要的是能够保住自己的本心、坚守住自己心中所认定的“义”，做出自己所认定的“应当与适宜”。用生命来供奉自己所认定的义，是自然的也是伟大的。谓其自然，是从伯夷叔齐的灵魂特质而阐发；谓其伟大，是因为大多数人并不敢用生命做出如此壮举。

文天祥，南宋著名爱国将领，受尽元军百般威逼利诱，仍然不愿屈服投降，最终英勇就义。后在其衣带中发现一首诗：“孔曰成仁，孟曰取义，惟其义尽，所以仁至。读圣贤书，所学何事？而今而后，庶几无愧！”是啊，好一个“庶几无愧”！文天祥之死，并非一介武夫莽撞不知变通之故，狱中种种折磨，他一直都很清楚何为义、何为不义，明白作为一个南宋人，自己应当坚守怎样的底线、坚持怎样的选择。只要心怀大义，死，又有何所惧？

三、今有众生，为利负义

先贤之事迹，我们口口相传。也许那种必须在生与义之间抉择的境况，在我们当今社会中很少能再遇到了。那么，是否很多时候，我们就都能够坚守住心中那份义了呢？然而看到的事实，却有些令人泄气——我们的“义”，仿佛更容易被动摇、被泯灭了。

食品安全问题层出不穷，黑心小作坊为了牟取暴利，竟然用地沟油老鼠肉作为原料冒充牛肉制品；复旦大学的林森浩，仅仅不满室友就往饮水机中投毒，最终酿成惨剧……如此种种，还有很多。然则“不义之财不可取”“多行不义必自毙”这些，难道我们不懂甚或都未曾听说过吗？如果懂，那么又究竟是什么，导致如今有人屡行不义却心安理得，直至法律的重锤重重落下才幡然醒悟、悔不当初？不义之事，不仅发生在文化程度低下的阶层与地区，还发生在培育国家栋梁、未来精英的大学校园，且性质如此恶劣。不由让人发问，为何会有这么多人为利负义？是什么，让我们这个涌现过无数英雄志士的民族有了如此卑劣阴暗的部分？

四、舍小利，取大义

在经济高速发展的节奏中，人们做什么事情都讲求实效、讲求利益。有人宣传，国与国之间讲求“没有永远的朋友，只有永远的利益”，在一定程度上，也连带着促使身处复杂社会环境中的人，只顾建立与维系一段段以利益为纽带的关系。所作所为，都是把自己的利益最大化。西方文化某种程度的影响，使某些国人的价值观变得极端和扭曲。他们越发注重自己个人的价值，并且仅仅用拥有多少名利和金钱来衡量价值。又过于在意别人眼中的自己是否成功，所以永远不会停止对于金钱和名利的追逐，仿佛拥有了这些便拥有了全部，甚至会不择手段。这种浮躁的人生态度，不仅影响和改变着处于“大染缸”中的成年人，还正在悄无声息地向未成年人“蔓延”。青少年们尚处于懵懂无知的状态，尚不明白何谓人生、自己的人生之路究竟该如何走时，便被告知应当认真念书，以后才能找到好工作、成为高精尖，最后得到一份丰厚的薪资，迈上人生巅峰。但很多青少年却忘记被告知，对于人生而言，比起满足物质需求，更重要的是充实精神，使自己的精神与灵魂丰盈、饱满。所以，才有了后来林森浩的悲剧。人生价值的实现、人生的进行，从来都不是在别人口中被高举着，而是在自己切身经历着。我们拥有怎样的人生，会有怎样的品格，选择义与不义，从来都取决于我们自己。

义，乃人与生俱有之精神基因。《孟子·告子》中讲道：“……仁义礼智，非由外铄我也，我固有之也，弗思耳矣。”我们从来都知道孰是孰非，知道如何判断羞恶美丑。只是在漫漫的人生长途之中，会受到许许多多的诱惑，而每一个诱惑于我们而言，都是那么地诱人而难以抗拒。渐渐地，一些人开始装瞎，对于“仁义礼智信”这些源于民族根性的品质视而不见充耳不闻，很多时候只用一句“我这样做又不犯法”了结。

作为正处于人生观、价值观与人格品质形成重要阶段的中学生，我们对于义的取舍、对于是否传承传统美德，所关乎的，并不仅仅是我们个人的命运，也代表国家未来对于"义"的选择、对于美德的选择、对于文化的选择。"读圣贤书，所学何事？而今而后，庶几无愧"教育的真正目的，在于教人成为一个人，成为一个真正有人性、有族性，明白什么该做、什么不该做，何谓适宜、何谓不适宜的人。能控制自己的欲望、避免无尽膨胀，做到不只为欲望而活。这也就是义了。

参考文献：

《中华思想文化术语》编委会. 中华思想文化术语 1. 北京：外语教学与研究出版社，2015.

（指导老师：姚梦婕）

“天”与“人”的关系探讨

□戴葳

引言

自古以来，中国人就对自然有着浓厚的兴趣，孜孜不倦地尝试破解自然的奥秘，并试图用最简单也最微妙的方式加以概括——由此诞生了所谓的“天道”。有趣的是，中国人对天的情感态度是复杂甚至矛盾的：一方面，“天”的运行规律被认为是客观不变的“常理”；另一方面，“天道”又被认为与人心内在的“道”，冥冥中存在关联。下文是笔者根据一些术语对“天”与“人”关系的探究结果。

在历史进程的早期，全世界的人们都对居住地以外的世界抱有复杂的情感：一方面，人们相信自己生活在世界的中心，探索外面的世界既危险又不值得；另一方面，人们对外界充满好奇，对可能的探险行动跃跃欲试。在西方，这种心理激励欧洲人从15到17世纪，频繁展开航海活动，去发现“新航路”乃至“新大陆”。而在东方，古代的中国哲学家以肉体为“居住地”的分界，展开了对外界“天道”的探索。

“天”在中国传统文化中的含义随着文化的发展不断丰富：在文化发源的最早期，“天”仅仅指头顶上方那一片蓝色的空间；后来，它开始被用于代指人世之外的整个自然界——可见于《荀子·天论》：“天行有常，不为尧存，不为桀亡。”在此基础之上，“天”引申出了新的内涵“万事万物所遵循的普遍法则”，也就是常说的“天道”，所谓：“天者，理也。”（《二程遗书》卷十一）中国人对于天的敬畏和膜拜，亦基于此内涵，这与西方文明中人们对古希腊诸神无边法力的敬畏，以及基督教徒对耶稣、圣母的膜拜有本质的区别。

研究“天道”的原因之一，是为了和自然和谐相处——这也是中华文化中一个恒久的主题。在《孟子》中记载了孟子的施政理念：“不违农时，谷不可胜食也；数罟不入洿池，鱼鳖不可胜食也；斧斤以时入山林，材木不可胜用也。”中国古代劳动人民通过总结自然规律编写了“二十四节气歌”——由此可见，中国人更强调改变自身行为方式来顺应自然法则。西方人长期沉迷“征服自然，改造自然”的行为，与中国传统文化迥异。为了探索和总结自然法则，我们的先祖发明了八卦，用卦象象征自然中的“天地雷风水火山泽”。利用八卦彼此间的交互演变代表自然的运行变化。将复杂多样的自然现象用汉字的排列组合表示，是中国人试图破解自然法则的早期尝试。

然而，碍于科技水平的限制，古代中国的学者始终不能用统一科学的理论解释自然界的常见现象。无法客观认知“天道”的人们只能将“天”人格化，赋予其“具有人格意志的神灵”的新身份。当“天”成为“具有人格意志的神灵”时，很快就被统治者利用。统治者乐于将自己神化，自称“天子”，借助“天”的名义发号施令，增强个人威望与统治合法性——这一点与西方资产阶级革命前的国王鼓吹“君权神授”不谋而合。然而，中国的市民阶层并不相信统治者的意志即为“天”的意志，而倾向于将“天”视作不偏不倚的公正裁决者，一方面为自己伸张正义，另一方面对统治者行使权力加以约束。各种古人无法解释的天灾都会被视作是，上天对统治者施政不利的警告乃至惩罚——后世的学者将之总结为“天人感应”。而每次试图推翻暴政的农民起义几乎都会打出“替天行道”的旗号。

中华文化中对“心”“道”的探索，同样源于对“天”的适应，人与自然的和谐相处在中国哲学家看来不过是较低层次，他们更看重“天道”对人以及社会的改造作用。他们企求用心灵彻底体悟“天”的运行模式，以顺应“天道”的方式率性地活着，达到“天人合一”的境界，利用天地人相通的世界观与思维方式，获得身心的双重自由。在《逍遥游》中，庄子以既羡慕又同情的语气评价列子“此虽免乎行，犹有所待者也”。进而期待，“若夫乘天地之正，而御六气之辨”。可见，对自然法则的渴求与尊重是以儒道为代表的诸子百家的共识。鉴于儒道文化在中华文化中的主导地位，后世的文化人逐渐将心中的“道”与“天道”画上等号。但每个人心中探求的“道”并不一致：政治家着重“社会之道”，原先局限于代表自然运行的“八卦”系统，也开始为社会学所接纳，表示不同的社会模式的运转情况；道学家将“天道”与人伦道德相关联；画师将“画道”突破一般绘画技法的内涵局限，通过画笔展现他们对自然宇宙法则的理解，以及对社会人生意义的思索。《画山水序》中有言：“夫圣人以神法道，而贤者通；山水以形媚道，而仁者乐。不亦几乎？”

尽管中国的知识分子一直试图按照符合“天道”的方式生活，但几乎没有人能够真正成功地做到这一点。个体生活不如意均会被视为是没能达到“天人合一”境界的表现。围绕个体生命与外间世界之矛盾，展开探讨的风气在梁代名士间盛行，而以此为中心的《老子》《庄子》《周易》也得到何晏、王弼、向秀、郭象等人的关注，合称为“三玄”。起初，人们依旧将现实生活的失意归咎于上天，认定其是上天根据人的德行而施加的惩罚，故将个人或社会命运称之为“天命”——早在《楚辞·天问》中，屈子写下：“天命反侧，何罚何佑？”在《诗经》中有言“天命靡常，惟德是辅”，则告诫统治者用德行得到上天的庇佑。后人逐渐淡化了“命”与“天”的关联，那些即使自己拼尽全力，仍不可避免遭受的失败，会被归咎于“命”，侧重强调其不可抗拒之义。在《庄子》中，“知其不可奈何，而安之若命”表现了作者心中某种程度的无奈。被撇清关系的“天”依然是公正的、值得尊敬的存在，前人对“天道”的探求仍然是值得的。

总的来说，“天”在中华文化上的内涵反映了中国古代人民的不同愿望：人与自然和谐相处，身心的双重自由以及拥有绝对公正的管理者。这不仅适用于古代，同样是现代全世界人民的共同诉求。一个能实现长期稳定和发展的社会，同样需要完备的司法实现公平，需要人民对当地资源的可持续性开发，需要宽容的社会环境保障自由，构建这样一个社会在今天看来依旧不易。

参考文献：

[1] 《中华思想文化术语》编委会．中华思想文化术语 1. 北京：外语教学与研究出版社，2015.

[2] 成兆文．释解天道．甘肃理论学刊，2006(3).

[3] 贾晶．古代天人合一论与和谐社会下人与自然和谐论．边疆经济与文化，2010(5).

[4] 尚烨．从巫史传统的天命到世俗化的天命．文教资料，2010(3).

[5] 徐诚，寿杨宾．“天人合一”及其现代意义．青岛科技大学学报，2010(3).

（指导老师：王欣）

“君子”文化

——论中华“君子”文化的发源、继承和传播

□王玥

在西方的文化中，“骑士”精神、“绅士”风度是其中的精髓，也是社会对人的要求。同样，在中国也有流传千古、早已融入每个中国人血液中的对人格的追求，那便是“君子”。“君子”的概念贯穿中国的历史长河，从先秦典籍中指代政治地位崇高的执政者，到儒家始祖孔子赋予它更多道德上的深刻意义，至今为止，“君子”仍是每个中国人心中理想的人格。“君子”二字将当代与过去相连，是连接现代与传统的桥梁。“君子”文化从各个方面影响中国的历史发展和社会结构，潜移默化地为中国人的人格塑造指明了一条道路。如今，中国的“君子”文化传播到了其他国家，为更多不同文化背景的人们所熟知。

首先，从“君子”二字出发，君子背后的含义是什么？指代的又是拥有怎样品格的人？我们需搞清楚，流传至今的是儒家开山鼻祖孔子所提倡的“君子”文化。在孔子心中，“仁”是与“义”“礼”“忠”“恕”并列的儒学思想精髓，也是个人升华的最高境界。所谓仁，《论语·颜渊》中有这样一段：“子曰：‘克己复礼为仁。’”可以看出，孔子所谓的“仁”是形容符合社会法则、群众约定的行为。不仅如此，被称为“亚圣”的孟子曾在书中写道：“仁者爱人。”从中我们可以推断出，儒家对于“仁”的定义是一颗大爱的心，关爱社会群体中的每一个存在。总的来说，作为一名君子，需要将众人的利益置于首位，遵守社会中无论成文与否的规则、道德标准或者法律准则，关爱社会中所有的人，无论路人还是朋友，永远秉持一颗善良的心。

“仁”是一切德性的总和。所谓“义”，是指“应该”，是强调社会中的每个人，都有一定的应该做的事，因为做这些事在道德上是对的。孔子曾有这样的判断：“君子喻于义，小人喻于利。”每每提及君子，人们总是会想到它的相反词——小人。在孔子看来区分君子与小人的是对于“义”的追求。对于小人来说，他们的终极目标是自我的权益，他们愿意牺牲大多数人的利益去实现自己的目的。然而君子毕生追求的，是仁义。所谓的“忠”“恕”，则是在如何实行仁的方法上应该做到推己及人。也就是说，己之所欲亦施于人，这是推己及人的肯定方面，孔子称之为“忠”；与此相对的，己所不欲勿施于人，则是推己及人的否定方面，孔子称之为“恕”。以上观点在《论语》多篇文字中均有表现，而“君子”正是这些思想的集大成者，是孔子所提倡的“全德之人”。

余秋雨曾在《君子之道》中提及，“君子之道之于中国，有如骑士精神之于欧洲，武士道之于日本。”“君子”二字是中国传承千年的文化，相似地，在西方，同样存在着贯穿古今的“骑士”文化。“骑士”起初偏指贵族子弟，就像“君子”一开始指代社会地位崇高的人群一样。西方对骑士的界定也有公认的标准：作为一名骑士，要有忠勇、仁慈、愿意承担的品格。每每提及“骑士”，我们总会想起女性这一必不可少的角色，这也就赋予了“骑士”第一大特点——保护社会弱势群体。这与“君子”对于“仁义”的追求不谋而合。

除去在品格追求上两者的高度一致，“君子”拥有中国传统文化的特色，使它区别于西方的“骑士”。首先，有趣的是，君子有反义词“小人”，而“骑士”没有。在儒家经典中，“君子”与“小人”无数次以对立面的形式呈现。“君子坦荡荡，小人长戚戚”，“君子怀德，小人怀土；君子怀刑，小人怀惠”等等一系列的语句，通过对“小人”的定义，使“君子”的含义越来越清晰明确。“君子”之所以有反义词，是因为它形容的是道德标准，有所谓的高尚与卑微，道德水准是可以用好坏来衡量的。然而“骑士”在西方历史中，一直作为一个独立的阶层而存在，遵守其阶层特有的道德要求和行为准则。骑士精神和平民精神并不对立，事实上，它们处于平等的地位，互相尊重、互相包容。其次，在职责的侧重上，“君子”与“骑士”也存在着细微差别。早在14世纪的欧洲便流传着这样的说法：“为了避免即将降临的灾难，人们将自己分成三类：第一类是祈祷上帝的人，第二类是服务社会的人，第三类是保护前两类人的骑士。”我们可以看出，骑士强调的是一个人在社会中承担的重要职责，一名骑士最重要的是维持社会秩序，保护弱势群体，承担社会和国家的责任。对君子的要求同样体现出人对于社会承担责任、产生影响这一冀望。在《论语·颜渊》中有这样一段话:“君子之德风，小人之德草，草上之风，必偃。”君子的高尚道德像阵风，小人的道德像小草。被风吹过的小草，肯定会随风摇摆。但是，纵观中国历史，“君子”文化更强调的是个人的品格塑造。“君子和而不同”讲的是君子言行标准;“君子坦荡荡”讲的是君子的心胸要宽广;“君子喻于义”讲的是君子的精神追求。这无疑是对一个人各方面的塑造。从此我们可以看出，“骑士”强调的是对社会的影响力，而“君子”着重的是个人品格的升华。总而言之，这种种的差异导致我们不能笼统地将“君子”英译成“骑士”，直接用拼音“junzi”来表达更为贴切，也能够反映“君子”一词所带有的中国地域特色。

孔子距离我们已有几千年的历史，他所提倡的君子文化也在历史长河中几经沉浮，在这快速发展的时代、在知识信息大爆炸的现代社会里，传承传统文化是否具有价值？而我们又是否还能传承这样古老的传统文化？君子文化是否会被新知识、外来文化冲击甚至掩盖？可喜的是，“君子”作为古代最高人格的象征，如今也并不落伍。它与现今社会对人才的要求不谋而合，当今社会同样需要品德高尚、勇于担当的“君子”的存在。并且，在这个物质过剩的时代，物质上的需求和贪婪已逐渐威胁到了道德标准。有些商家会为了利益不择手段，摒弃道德标准。“地沟油”“死猪肉”的出现，见证社会道德水准的急速下滑。我们急需“君子”文化的传承，来为整个社会塑造道德标杆，在充斥欲望的当代作为一盏明灯，让人们不迷失方向。幸运的是，社会意识到了中华“君子”文化在中国社会中的支撑性作用，已经开始宣扬传承“君子”文化。安徽省计划打造君子文化的宣传、研究、实践高地，山东威海把“君子之风、美德威海”作为城市名片。作为传承君子文化的领军人物，钱念孙提出:“法国有骑士人格，英国有绅士人格，美国有牛仔人格，而君子人格应该成为中国文化的代表。我希望今后能够广泛开展‘新君子文化运动’，在社会生活各方面大兴君子文化、大倡君子之风、大行君子之道，让君子文化成为改善社会风气的一剂传统良方，使君子风格在社会蔚然成风。”在世界各地建立的孔子学院，更是让君子文化渗透到这个越来越国际化的社会。

综上所述，“君子”这一概念贯穿中国的历史发展，影响着一代又一代的人。21 世纪的当代，君子文化同样扮演着不可忽视的角色，它将塑造社会的主流价值观，它将影响我们祖国新一代的青年。让“君子”二字为世界上更多的人所知，让“君子”文化保护被利益、欲望威胁的道德标准，让君子之风维持我们中国的传统文化，让“君子”二字成为中国人独一无二的标签。

参考文献：

[1] 《中华思想文化术语》编委会 . 中华思想文化术语 3. 北京 : 外语教学与研究出版社 . 2016.

[2] 北语国学社 . 君子文化与骑士精神 . http://www.wtoutiao.com/p/113WeVQ.html.

[3] 刘江伟 . 钱念孙代表：为弘扬君子文化奔波努力 . http://news.gmw.cn/2016-03/11/content_19250102.htm.

[4] 杨伯峻 . 论语译注 . 北京 : 中华书局，2012.

[5] 余秋雨 . 君子之道 . 北京 : 北京联合出版公司，2014.

（指导老师：陈放今）

似“道”非“道”的“器”

□周沛达

引言

道，为中国古代重要思想中不得不提的一个字。从古至今，在中华文明不断发展的同时，道也衍生出了众多含义和解释。在《现代汉语词典（第6版）》中，“道”被解释为“学术或宗教的思想体系”，也就是说，“道”是一种文化，是古代人民智慧的象征。更有东汉沛国人张道陵吸取前人老子的经验，开创“道教”，并不断发展流传至今。由此可见道在中华文明中的重要性。可“道”是一个由哲学为基础发展而来的文化，其中的许多学术内容都十分抽象，所以后世难免对其理解困难，更有甚者望文生义，扭曲“道”的内容、将其错用，并将产生的不良后果全怪罪于“道”。所以为了给“道”一个标准，便于后世理解，古人便为“道”这一抽象的文化找到了一个合适的解释——“器”。

器是道最好的载体

在《说文》中有这样一句话：“器，皿也，象器之口，犬所以守之。”其中，“器，皿也”便是对器的一个解释，意思为用具。“器”在《现代汉语词典（第6版）》中的解释也为器具、器物之意，而“器物”的解释为“用具”。综合这两大权威辞书可以初步判断，“器”的主要意义为“用具”。说到用具，大家并不会陌生，因为在生活中，我们随时随地都在与用具打交道，比如做饭用的锅碗瓢盆，走路时穿的鞋子，保暖用的衣服，装东西用的包……这些为我们所使用且伴随于我们日常的物品，都是用具也就是“器”。所以，“器”其实是外界伴随我们最多的东西，也是我们最熟悉的“身外之物”。虽然“器”的字面意思是用具，但随着中国几千年来的不断发展，也衍生出了11个不同方面的含义：1. 器具。2. 手段；条件；因素。3. 生物的器官，器物的部件。4. 古代标志名位、爵号的器物。5. 政权；权力。6. 器量；器度。7. 才能，能力。8. 人才。9. 赏识、看重。10. 有形的具体事物，与“道”相对。11. 量词。“器”在中国文化发展的过程中衍生出的不同意义就有11个之多，这些意义更是可以表达生活中众多方面的思想情感和引申意义。接下来是“道”，“道”的出现是为了端正人们的言行思想、教人们如何成为有才能的人并尊重万物。此外，“道”是一个来源于哲学的文化，春秋时人李耳（老子）开创了道的哲学，但并未设立学派，东汉沛国人张道陵吸取老子的学说，正式创立道教。可正是因为“道”来自哲学，所以其内容大都抽象晦涩且内涵极其深厚，再加上没有一个明确的标准，不利于世人理解及传播，所以需要一个具体的实物给人们一个通俗的例子，来给人们一个通俗的通释。再综于“器”的广义性和普遍性，如果将“器”作为“道”的载体，便可以将“道”很自然地带入到人们的生活中去，并方便人们理解。所以，人们便把抽象且晦涩的“道”承载在了“器”上。

“器”为“道”的明确标准

在《论语·为政》中有这样一句话：“子曰‘君子不器’。”

在这句话中，“器”的意思有四个：1. 冰冷无情的器物。2. 固定容积的器物。3. 用途单一的器物。4. 道的实体。将这四种解释带入“君子不器”这句话中，就可以得到四种不同的解释：1. 君子不应像器物一样无情。2. 君子有海纳百川的胸怀。3. 君子不应像器物一样专限于一才一艺之长。4. 君子应超越“器”追求“器”所承载的东西——“道”。这一句话中的“器”的不同意思就已经很明白地指出了君子行事原则中的四个方面，而“道”的出现正是为了教导人们端正自己的言行思想。但如果用“道”来完成这一句话是什么样的呢？就是“君子之道”，但这该如何翻译理解呢？“道”源于哲学，其含义多且深刻，并且“道”又是一个十分抽象的词，很难向大家传递其本意，更不用说推广了。而用“器”的话，不仅可以准确地将“道”所蕴含的内涵表达出来，而且更是给了“道”一个准确的标准，也就是让大家有了一个行事有“道”的明确的标准。所以“道”虽是人们行为思想的准则，但需要在阐述时用“器”来加以明确规定。

“器”是“道”，却非“道”

“器”在《中华思想文化术语 3》（外语教学与研究出版社，2016）中有这样的描述：“器”与“器”之间有着明确的界限和差别。但不同的“器”之中又包含着相通的“道”，“器”的存在来自“道”且依赖于“道”，具体就人事而言，个人在自己的职分中担负着特定的责任，但又应超越于具体而有限的器用，致力于对“道”的体认与遵循。其中表明了这样一种观点——“器”的存在来自“道”且依赖于“道”。

在《周易·系辞上》中也说过：“形而上者谓之道，形而下者谓之器。”

在《老子·二十八章》中写过：“朴散则为器，圣人用之，则为官长。”

这三者都表明了“器”与“道”的关系——意相同，形不同。“器”是“道”的实体，且“器”来源于“道”、依附于“道”而存在。像母亲与儿子的关系，儿子来自母亲但儿子永远不可能成为母亲，“道”与“器”也是如此。“道”是“器”的母亲，“道”给了“器”一个新生命，但“器”也只能作为“道”的解释来用，“器”永远不可能成为“道”。器虽是道的载体、是道的规定，但它永远达不到道的内涵，只是给予人们一个道的明确标准而无法传递给人们道的内涵。所以综上所述：器是道，因为它是道的载体，是道的标准，它能给人们道的标准；器却非道，因为道所蕴含的内涵是器无法到达的，只能说器表达了道的标准，但它却无法表达和达到道的内涵。

（指导老师：姚梦婕）

虚静

——《道德经》中的虚静之道

□万兴瑶

引言

“虚静”一词出自老子的《道德经》第十六章。原文为：“致虚极，守静笃。”含义：虚和静都是形容人的心境是空明宁静状态，但由于外界的干扰、诱惑，人的私欲开始活动。因此心灵蔽塞不安，所以必须注意“致虚”和“守静”，以期恢复心灵的清明。极、笃，意为极度、坚定。唐玄宗曰：“道者，虚极妙本之强名也。”

一、虚极静笃

“虚静”二字出自《道德经》第十六章：“致虚极，守静笃。万物并作，吾以观复。夫物芸芸，各复归其根。归根曰静，是谓复命。复命曰常，知常曰明。知常，妄作凶。知常容、容乃公，公乃全，全乃天，天乃道，道乃久，没身不殆。”“致虚极，守静笃”中“致虚极”，造其极曰“致”。“致”是动词，是做到、达到的意思。真空无象曰“虚”。“虚”就是佛家所说的“空”。以往道家只讲“清”与“虚”二字。“清”是形容那个境界，“虚”则是象征那个境界的空灵，二者相通意同。虚而至虚曰“极”。“致虚极”，就是要做到空到极点，没有一丝杂念与污染，空明一片、湛然朗朗。“守静笃”，寂然不动曰“静”。虚一浑厚、静而至静曰“笃”。“守静笃”讲的是修炼功夫，要一心不乱、专一不二地“守”住心。如灵猫捕鼠一般，目不转睛，聚精会神，思想高度集中。又如鸡之孵卵，紧闭双目，精神内守，专注在所孵的鸡蛋上。这是一种修定的功夫，也是虚静到极点的比喻。

虚静是中国古人对文学独特思考的结晶，是完全本土化的理论原创。虚静不仅是为道家所论述，而且儒、法、佛各家都有论及。虚静涉及人格修养、思维方式以及宇宙论和认识论等。

《老子》中提出“致虚极，守静笃”的思想。这里的“虚”是对内心而言，“静”是对外物而言，因此，“致虚”就是内心洁净无瑕，“守静”就是排除各种干扰。所以，虚内，则精神洁净；静外，则无知无欲。如此这般之后，精神就不会受到任何干扰，保持纯净，犹如一面一尘不染的镜子。《庄子·天道》云：“夫虚静恬淡，寂漠无为者，天地之平，而道德之至。”这里“虚静”“恬淡”“寂漠”“无为”四者名异而实同，都是指澄澈空明的心灵状态，在此境界中，“道”便以其本然状态呈现出来。

先说致虚。虚是道的本体，但运用起来却是无穷无尽的。“致虚极”是要人们排除物欲的诱惑，回归到虚静的本性，这样才能认识“道”，而不是为争权夺利忘了“道”。“致虚”必守静，因为“虚”是本体，而“静”则在于运用。致虚守静中的致虚即心智作用的消解，消解到没有一点心机和成见的地步。一个人运用心机会闭塞明澈的心灵，固执成见会妨碍明晰的认识，所以致虚是要消解心灵的屏障和理清混乱的心智活动。致虚必守静。透过静的功夫，乃能深蓄厚养、储存能量。

虚静是中国古人对文学独特思考的结晶，是完全本土化的理论原创。虚静是宁静清澈的心态，是空诸万物的心灵境界。虚静要求摒除外物的干扰，做到胸中廓然无物，要忘掉自我、涤除杂念、疏瀹五藏。可见，达到虚静的基本条件是“忘”、是“涤除玄览”，把各种外在的束缚和内在的杂念从心灵中赶走，做到无思无虑。

二、虚静说的发展

在百家争鸣、学术思想空前活跃的先秦时代，道、儒、法诸家都提出或接触了“虚静”问题。最早提出“虚静”这一概念的是老子，他说：“致虚极，守静笃，万物并作，吾以观复。”庄子及其门徒直接继承了老子的“虚静说”，提出了著名的“坐忘”说和“心斋”说[①]（分别见《大宗师》《人间世》）。与庄子差不多同时代的宋钘和尹文则提出了“虚一而静”的命题[②]（见《庄子·天下》）。其后，荀子在《解蔽》中进一步说：“人何以知道？曰：心。心何以知道？曰：虚一而静。”管子学派也提到“虚一而静”，认为“心能执静，道将自定”。法家的韩非也谈到：“思虑静则故德不去，孔窍虚则和气入”，“虚则知实之情，静则知动之正”。可见，先秦时代谈论“虚静”的确实不止老庄。然而，如果笼统地说，上述诸家都直接影响了后来的审美“虚静说”，实际上就是没有从内在的精神联系上去把握，抓不到问题的根本。有的学者把庄子、管子学派和荀子、韩非讲的“虚静”一概当作对老子“虚静说”的继承和发挥，看不到儒家的“虚静说”与道家的区别，从而把审美“虚静说”的渊源完全归结于老庄哲学，这并不完全符合事实。有的学者指出，荀子的“虚一而静”不是来自老庄，而取自宋钘、尹文。这是可能的。但问题主要不在术语的渊源，而在它们精神内涵的关系。毫无疑问，以老庄为代表的道家和以荀子为代表的儒家都认为，“虚静”胸怀是观道、悟道的主体条件。但是，道家的“虚静说”侧重的是人生理想的探索，它根源于对现实的彻底失望，面对忧患而要求解脱，并把解脱的希望寄托于心灵的自我调整和灵魂的自我安顿，知其不可为而不为，主张与世务绝缘，主要是一种消极逃世的人生观。儒家的“虚静说”侧重认识论，主要从人心的认知规律上，强调消除各种纷杂固定的看法，“不以所已臧，害所将受”（《荀子·解蔽》），从而使认识自由进行，达到明察事理的目的；儒家面对忧患而求济世，知其不可为而为之，所以它讲“虚静”却不教人逃避现实，而主张入世进取。儒、道两家的“虚静说”，既对立，又互相交汇，在强调把握事物的根本必须“静”“专念一心”“用志不分，乃凝于神”方面，两家的认识是互通的、共同的。而后来形成的审美“虚静说”

① “坐忘”说：见《庄子·大宗师》：“堕肢体，黜聪明，离形去知，同于大通，此谓坐忘。”译为：忘却自己的形体，抛弃自己聪明，摆脱形体和智能的束缚，与大道通融为一，这就叫坐忘。“心斋”说：心斋，谓摒除杂念，使心境虚静纯一，而明大道。意为打扫屋子里的杂物才可以放更多的东西，放下只为更好地拿起。战国时期庄子的哲学用语。《庄子·人间世》有寓言说：颜回向孔子请教游说专横独断的卫国国君的方法，孔子叫他先做到“心斋”，并指出这不是祭祀之斋，而是精神上的斋戒。回曰：“敢问心斋。”仲尼曰：“若一志，无听之以耳而听之以心；无听之以心而听之以气。听止于耳，心止于符。气也者，虚而待物者也。唯道集虚。虚者，心斋也。”

② 虚一而静：又作“虚壹而静”。虚一而静指虚心、专一而冷静地观察事物，就能得到正确的认识。出处：《荀子·解蔽》：“心何以知？曰：‘虚一而静。’”

对审美心胸的基本要求，正是体现了儒、道两家这种体物悟道的共同原则。所以，完全抹杀儒家对审美“虚静说”的影响是片面的。

三、虚静与艺术创作

“虚静”的深刻意义在于：老子、庄子，在他们思想起步的地方，根本没有艺术的意欲，更不曾以某种具体艺术作为他们追求的对象。他们所追求的最高境界就是“道”，从而使虚静、本、道、自然、天道无为一脉相承、浑然一体。虚静作为体道的人格修养功夫出现，但对后来的文艺创作主体带来了深远的影响。刘勰在《文心雕龙·神思》中说：“是以陶钧文思，贵在虚静，疏瀹五藏，澡雪精神。”意指构思文章，最重要的是虚静，不受外物干扰，身体舒泰如同五脏贯通了一样，精神洁净如同洗洁过一样。虚静是生命的本质。因此人们要追寻万物的本质，必须达到“无知、无欲、无为、无事、无我”的状态，回归最原始的“虚静”状态。老子把“虚静”作为一种人生态度，还提出了“涤除玄览”观点，他认为只有排除一切杂念，让心灵虚空，保持内心的宁静和澄明，才能以更明了的目光去观察大千世界。此后，庄子在吸收老子“虚静”思想的基础上，对老子有关“虚静”的论述做了进一步的发展，他指出要达到“致虚守静”的境界必须做到“心斋”与“坐忘”。庄子认为：“唯道集虚，虚者，心斋也。”在庄子看来人要达到“虚静”的境界必须忘了世间万物，忘了自己的存在，远离世俗利害关系，不受私欲杂念干扰，以无知、无欲、无求的心态去感受世间的“道”，达到物我同一、达到“物化”的状态，才能真正地体会自然、认识自然，创作出真正与自然相通的艺术作品。

这为后来的艺术创作者切入艺术体验的境界找到了理论渊源，也对后人的艺术创造产生了重要的指导意义。

在艺术创作中要达到“虚静”的境界，还要求主体能够达到“物我两忘”的凝神境界，这种境界要求主体超越现实、超越自我，从而达到一种“物我一体”的“神化”境界。元代吴镇在他自题画竹绝句云：“始由笔墨成，渐次忘笔墨，心手两相忘，融化同造物。”认为在作画墨戏之前，要“忘笔墨”“忘心手”，这样才能与“造物”相融为一，完全泯灭了主体和认识对象的界限，达到“虚静”的境界。

老子、庄子所倡导的“虚静”说，可以说是艺术家与万物合一、与自然相融所必备的心态，是艺术审美发生的心理前提，是中国艺术生命的根源。艺术家正是从中不断吸取其精华，提高自身的情操，不断摒弃世俗杂念，从而使其艺术创造力获得最大程度的发挥。

参考文献：

[1] 韩聃．古典文艺理论虚静范畴的哲学探赜．学习与探索，2010(1).

[2] 靳义增．“虚静”：中国古代文学理论的思维方式之一．云南社会科学，2006(6).

[3] 秦泉主编．道德经．汕头：汕头大学出版社，2011.

（指导老师：姚梦婕）

“道济天下”者，君子也

□曹丽萍

一、君子

1. 君子概念的起源

“君子”一词三千年前就已经出现在我国史料记载上，比如《周易》：“天行健，君子以自强不息（乾卦）；地势坤，君子以厚德载物（坤卦）。”

两句意谓：天体周而复始，不知疲倦地运行，其动力完全来自其自身。君子处事应效法天，刚强卓毅、永不停息。大地气势厚实和顺，吸收阳光和雨露，而滋养万物。君子应增厚美德，要有宽广的胸怀以及宏大的气度，能宽厚待人、容载万物。清华大学校训为：“自强不息，厚德载物。”乃是引用于此。

2. 君子的具体阐明

“君子”一语，广见于先秦典籍。《诗经》《论语》《尚书》等典籍中广泛使用“君子”一词。《诗经·周南·关雎》中提及：“窈窕淑女，君子好逑。”《论语·子路》中孔子说：“君子和而不同。”《尚书》中所言：“君子在野，小人在位。”

到底何为君子？其实对“君子”一词的具体说明，始于孔子。在孔子之前，君子一语主要是从政治角度立论的，君子的主要意思是“君”。“君”，从尹，从口。“尹”，表示治事；“口”，表示发布命令。合起来的意思是：发号施令、治理国家。《论语》中提到君子的有 107 处，其中涉及君子的性、行、品、德，以及仁义礼智信等君子应具备的品质及行为规范等重要范畴。

自孔子始，“君子”更多地被赋予了道德的意义，德行出众者被称为“君子”，反之为“小人”。在儒家传统中，“君子”成为一种介乎士和圣贤之间的人格理想，它标志着道德人格的确立。

3. 君子的内涵

儒家思想最重要的内涵是“仁”，同样，君子最重要的内涵也是“仁”。“君子”一词很早就广被使用，但它的内涵是在儒学出现之后被赋予的。儒家在发展君子内涵时，又赋予了其“修己”与“治人”的思想。“修己”是通过不断提升自我修养成为君子，而“治人”则是成为君子后，影响他人也成为君子。所以说，君子的内涵和儒学是分不开的，儒学在某种程度上也被称为“君子之学”。

4. 君子的修养

在儒家看来，人并不是一生下来就是一个完人，只有当一个人知道什么该做、什么不该做，并且切实做到为其所当为、行其所当行的时候，才是一个真正意义上的人。孔子自述其人生道路曰：“吾十有五而志于学，三十而立，四十而不惑，五十而知天命，六十而耳顺，七十而从心所欲不逾矩。”君子不是天生而成的，要成为君子，当然需要人格修养。孔子在《论语》中也提出了应该怎样提高人格修养，如“文质彬彬，然后君子”，“见贤思齐焉，见不贤而内自省也”，“三人行，必有我师焉。择其善者而从之，其不善者而改之”，“己所不欲勿施于人”。

当今社会，“君子”仍被赋予了极高的价值，它不单单是一种人格品质，更是这个社会不可或缺的精神。

二、道济天下

1. 道济天下的基本含义

“道”指道理、道义，也可以是某种学说、思想等；“济”即救助，使人免于困苦；“天下”指世间所有的人。“道济天下”包含两层意思：其一，“道”的价值有无、大小，就是看它于天下人是否有益。其二，君子特别是知识分子应该将自己所主张或掌握的“道”，用于天下、用于经世济民。和“经世致用”一样，“道济天下”实质代表中国传统知识分子治学立世的终极目标与人格理想，体现了中国传统知识分子追求真理、坚持真理、关注社会民生以及“以天下为己任”的人文情怀和道德境界。

2. 道济天下与君子的联系

古之圣人，其出人也远矣。圣人之所以为圣，是因为他们具有优秀的品质以及人格修养。同样，君子也是如此。

孟子曰：“穷则独善其身，达则兼济天下。”而后演化成“达则兼济天下”。这其实是“儒道互补”的体现。前半句显示出道家的豁达态度与出世境界，而后半句表达了儒家的理想主义和入世精神。这句话与君子的内涵——“修己”和“治人”是有相通之处的，当一个人还不得志时就应该潜心修炼，得志时就可以影响天下的人。

苏轼在《潮州韩文公庙碑》中这样评价韩愈：“文起八代之衰，而道济天下之溺。”意思是讲韩愈的文章使八朝衰败的文风得以振兴，他对儒家“道”的阐扬使沉溺其中的天下人得以拯救。韩愈富有拯人救世的道义、行仁仗义的情怀，“一封朝奏九重天，夕贬潮州路八千”，结果在潮州也深受百姓爱戴。李渊父子虽然得了天下，大唐河山也没有听说哪山哪河易姓为李，倒是韩愈一个罪臣，在海边一块蛮夷之地施政八月，这里就忽然山河易姓了：潮州城外鳄溪被改名韩江、笔架山改称韩山、植下的橡树谓曰韩树，“潮州山水皆姓韩”。

“先天下之忧而忧，后天下之乐而乐”，范仲淹《岳阳楼记》中的这句话，很好地概括了君子人格中应具备的忧患意识，对于君子来说，“修身”“齐家”“平天下”中，“修身”与“齐家”只是针对小我而言，“平天下”才是君子的大我精神。即道济天下者，君子也。

参考文献：

[1] 李季林. 儒家“君子文化”的哲学特征及其伦理价值. 衡水学院学报，2016(3).

[2] 张剑平，罗琼宇. 君子研究综述. 名作欣赏，2016(8).

河图洛书与八卦发展刍议

□邓翔中

1. 河图洛书的发现

“河图”“洛书”是华夏文化的源头。最早记录在《尚书》之中，其后在《易传》之中，诸子百家也多有记述。太极、八卦、周易、六甲、九星、风水等等皆可追溯至此。在1987年河南濮阳西水坡出土的形意墓，距今约6500年，墓穴中用贝壳描绘的青龙、白虎图像栩栩如生，河图四象、二十八宿俱全。而同年出土的安徽含山龟腹玉片，距今约5000年，则为洛书图像。

河图洛书最初的形状历史久远，据专家考证，形意墓中之星象图可追溯到25000年前，这说明河图、洛书乃上古星图。河图洛书最初的形状是什么样子，随着世纪的流转，今天人们已经难以觅其真相了，但从一些史籍残留记载看，它的慧根是很古远的。在人类初始时期，圣人依据自然物象的一些特征，模仿刻在龟背和兽骨上，以作为经验对人们的生存起到一种警示作用。因为它是经验所积聚，所以往往比较灵验，一定程度上能使人们逢凶化吉，后来逐渐被人们视为神灵祥瑞之物。我们从已出土的商代大量的甲骨文多刻在龟背和兽骨之上，内容又多为占卜之辞可以得到印证。中国远祖先民对龟和龙都很崇拜，在流传下来的远古神话和先秦典籍中也多见记载。

还有一种说法是——河图洛书在宋代初年才被发现。它们始传于宋代华山道士陈抟，他提出的图式叫作《龙图易》。《宋文鉴》中载有《龙图序》一文，讲到了龙图三变的说法，即一变为天地未合之数，二变为天地已合之数，三变为龙马负图之形，最后形成了河图和洛书两个图式。但是，陈抟在龙图三变之后，没有提到河图洛书的名称。第一次给这两幅图命名的是北宋易学家刘牧，他精研陈抟所传《龙图易》，著书《易数钩隐图》，于是，河图洛书才为世人所知。

2. 八卦的起源

对于八卦，在今天看，八卦不过是一些长线和短线组成的占卜符号，史书多称伏羲发明了八卦。关于伏羲制作八卦，《易经·系辞下》有较为详细的记载，在那个天地洪荒的时期，伏羲常常站在黄河边的坡地上，凝神观看黄河和洛水交汇处形成的激流漩涡，河出图、洛出书，天上的彩霞，地上的黄土，都能引发他的思考。经过长时间的思索，他用十二条长线和二十四条短线进行排列组合，构成八种图形，这些用长短不同的线条构成的图案，就是八卦。伏羲氏又结绳制作网罗，用于捕鱼和狩猎。这大概是从《离》善于附着像中得到了启示。在《汉书·五行志》引汉代学者刘歆的观点："伏羲氏继天而王，受河图，则而图之，八卦是也。"汉代学者多遵从刘歆之说，认为伏羲创立八卦是受了河图洛书的启发。所以河图洛书与八卦之间有些不可分割的关系。如孔颖达著《周易正义》称："伏羲得《河图》，复须仰观俯察，以相参正，然后画卦。"宋代大儒朱熹不仅认为河图洛书是河洛龟龙所献，圣人所画，是《周易》之源头，而且把河图洛书的图式置于卷首。元代学者王申子在《大易缉说》也说："伏羲之易本于河图，河图中宫天五地十，太极也。"至少自汉代以下多数学者都认可，河图是早在伏羲时代之前就已经存在了，圣人依此创立八卦。于是，人们便把河图洛书与八卦、八卦与《周易》紧密联系在一起。其主要原因还是因为八卦源于河图洛书。

3. 先后天八卦的区别

3.1 先天八卦和后天八卦

八卦分为两种，一为先天八卦，二为后天八卦，先天八卦又称伏羲八卦，传说是由距今7000年前的伏羲氏观物取象所作。后天八卦也叫后天八卦图，因为它是图文并茂的一个古代术语。后天八卦讲流行，形容周期循环，如水流行，用以表示阴阳的依存与互根、五行的母子相生。是从四时的推移、万物的生长收藏得出的规律。后天八卦是由先天八卦演变出来。与先天八卦图不同。后天八卦亦名"文王八卦”，相传是周朝的圣君周文王所绘，是属于后天事象的八卦。后天八卦比先天八卦出现得晚，不过距今也还是有三四千年历史之久的。

3.2 先天八卦和后天八卦的区别

3.2.1 排列顺序不同

按照方位排列上南下北左东右西（八卦方位与现代地图方位不同），先天八卦是：1 天乾：南。2 泽兑：东南。3 日离：东。4 雷震：东北。5 风巽：西南。6 月坎：西。7 山艮：西北。8 地坤：北。中间是空的。《说卦传》天地定位。山泽通气。雷风相薄。水火不相射。八卦相错。而后天八卦是：9 离：南。4 巽：东南。3 震：东。8 艮：东北。1 坎：北。6 乾：西北。7 兑：西。2 坤：西南。中为 5。

3.2.2 相关点不同

先天八卦图注重表示季节变化，是同日历相关的；而后天八卦是同金、木、水、火、土相关，似乎着重表示气象、气候的对应变化。

3.2.3 卦象排列不同

先天八卦图与后天八卦图的卦象排列不同。先天八卦图的卦位排列和后天八卦图的排列，都是以“十”字和“X”重叠的“米”结构为本。先天八卦分别布置在“米”字的四条直线的八个端点。每条直线两端的卦象都是三阳三阴。而后天八卦的四条直线两端的卦象是：“十”字线上是三阳三阴，“X”字线上是五阴一阳和五阳一阴。

3.2.4 理论核心不同

先天图的理论核心是阴阳学说。即乾天为阳，坤地为阴。阳气由震、离、兑而升，致乾而极；阴气由巽、坎、艮而降，致坤而极。后天八卦的理论核心是五行学说。震、巽属木，离属火，坤、艮属土，兑、乾属金，坎属水。木、火、土、金、水是构成万物和人体的基本元素。故先后天八卦是以“先天为体，后天为用”，是体和用的关系。

3.2.5 表现形式不同

先天八卦主要表现的是一个立面空间，也可以说是自地面观看到一个宇宙空间。而后天八卦表现的主要是一个平面空间。先天八卦和后天八卦结合起来使用，组成了一个立体的三维空间。

3.2.6 体现规律不同

先天八卦主要体现的是宇宙万物的生成演变过程，而后天八卦则反映了万事万物的发展演变规律。

4. 结语

太极就是一，是道，是天地未分时物质性的浑沌元气。太极动而生阳，静而生阴，是生两仪，一阴一阳就是两仪，所以《易・系辞说》中写“一阴一阳之谓道”，古人观天下万物之变化，不外乎由太极而生阴阳，故画一奇以象阳，画一偶以象阴。阳就是阳爻，用“—”表示，单为阳之数；阴就是阴爻，用“--”表示，双为阴之数。这就是构成八卦的基本符号，是（阴阳）矛盾的形态和万物演变过程中最基本的阴阳二气的基本符号。

参考文献：

[1] 马步真．后天八卦的解析．天水行政学院学报，2016(3).
[2] 马世之．中原地区的伏羲文化．中州学刊，2007(7).
[3] 史善刚．论河图洛书与八卦起源．史学月刊，2007(8).
[4] 谭必先．先天八卦科学内涵初探．湖北大学学报，2000(2).
[5] 王志民．太极八卦与辩证思维．殷都学刊，1992(3).
[6] 辛轩．试论伏羲先天八卦的现实意义．天水行政学院学报，2010(5).
[7] 赵椿、赵中泽．大道之源——太极八卦探索．学园，2010(3).

（指导老师：褚红）

做“知行合一”的君子

□陈怡宁

中华文化源远流长，上下五千年的悠久历史，孕育出一代代优秀的华夏儿女。我们现在所继承的中华文化，是这些有学问、有思想的有志之士带领广大劳动人民打造出来的，有独属于中国人的思想和行动特色，渗透在我们生活的点点滴滴之中。而我们少年要做的便是有选择地传承这些中华文化，继承其优秀之处，摒弃一些不合理的思想，并有意识地将这些优秀传统运用到自己的学习生活当中，将中华文化之精华发扬光大。

如此看来，我们当下最需要做的，就是提升自己的能力，努力学习中华文化并将其化为自身的一部分。

一、如何做一个儒雅清正的少年

古代的皇子们要学习四书五经、骑马射箭，我认为其目的是让皇子们具备掌控国家政事的能力，也要身体健康。所以放到今天我们身上，读书看报、锻炼身体这些事都是必修项，目的是为了让我们做一个君子。

从字形上看，“君”字上尹下口，“尹”的意思是治理，可引申为治理家庭、国家。“口”字的意思是发言，可引申为发号施令、指挥众人。君子在最开始便指统治者和贵族男子。但孔子将君子的概念引申到了道德层面。根据统计，在《论语》中君子出现过107次，其中12处指居上位者，94处指才德高尚的人，1处特指孔子，可见孔子已将“君子”定义的重心由政治地位移至道德层面。“子曰：君子道者三，我无能焉。仁者不忧、知者不惑、勇者不惧。”在儒家思想中，“君子”成为介于士和圣贤之间的人格理想，是孔子心中理想化的人格。孔子认为君子需要具备的品格有许多，比较重要的三个方面是仁、智、勇。

在儒家思想中，君子首先要仁。仁包括孝、悌、忠、信、礼、义、廉、耻、仁、爱、和、平等内容。它不仅是一种道德修养，也是我们的学问之道，更是一种治国之略。而作为道德修养的准则，培养的是我们对于生活中一些事情最基本的理解和做法。仁者爱人。这种互助互爱的理念对于我们的现代生活有很大的指导意义。我们做人要努力向这些准则看齐，用这些准则来约束自己的行为，努力做一个仁人。这培养我们对于生活中一些事情最基本的理解和做法。但只有这种理念还是不够的，心中有“仁”固然好，但是如果心中只有“仁”，就会使人变得呆板，甚至迂腐。作为君子，还需要有“智”和“勇”。

君子不仅要有仁，也要有智。孔子曰：“知者乐水，仁者乐山；知者动，仁者静；知者乐，仁者寿。”朱熹注曰：“知者达于事理而周流无滞，有似于水，故乐水；仁者安于义理而厚重不迁，有似于山，故乐山。动静以体言，乐寿以效言也。动而不括故乐，静而有常故寿。”也就是说，做人不能一味地遵循这些理论，不能被厚重繁缛的礼节约束了思想，必须要有自己对事物的见解，凡事经过自己的思考，如果你是一个君子，那么你的思考也不会走上歧途。智与仁有一些不同之处，这些不同之处有一定的互补性。仁偏重于义理的遵守，过于遵守反倒有些墨守成规；智则侧重于道理的变通，但变通过度失去原则也就背离了君子之道。仁与智的结合，较为完美地规范了君子的行为。

君子的仁和智需要由勇来保驾护航。“子路曰：‘君子尚勇乎？’子曰：‘君子义以为上。君子有勇而无义为乱，小人有勇而无义为盗。’”勇是在做事的正义性之后，面对艰难险阻所体现出来的一种气概，而不是小人用来做奸佞之事的支撑。勇也不意味着要动辄使用武力，它只是代表了一种心理状态，这个心理状态帮助我们保持沉着冷静，并且能够坚持自己的底线。

二、理论如何应用于实践

在学习了这些对于少年们的种种要求后，我们如何将这些理论运用到自己的一举一动，使自己真正成为一个社会需要的栋梁呢？这就要提到“知行合一”。知行合一由王守仁提出。王守仁说：“知行原是两个字，说一个工夫。”知行合一的意思是认识事物的道理与实行其事是密不可分的。我将从学习和思想两个方面进行分析。

首先从学习上来看，知行合一代表着书本知识与亲身实践统一结合的学习方法。清朝的八股取士就将“行”丢弃一边，注重死板的格式，文人们为此死读诗书，缺少与国家政事统一结合的分析，变得思想僵化，写的文章也越来越空虚，连“知”也失去了意义，严重影响了清朝的发展，最终八股文被废。八股取士对我们现在的教育方式仍然有着警示的作用，暂且不谈国家层面对教育事业的改革措施，我们作为学生，应该自觉地重视“知”与“行”的统一，培养自己务实的学习态度。我们的课本中常常有研究性实践活动，这是课本的作业，也是学习的一项内容。但我们如果不重视这样的活动，就不利于自身的长远发展。我们应该在课下多组织这种活动，不仅能巩固知识，也能拓宽视野。

其次，从思想上来看，知行合一可以作为我们培养自己“君子”德行的指导思想，引导我们一步步向君子靠近。我认为这和仁智勇的结合是相辅相成的。当我们有了内心的道德准绳，就要守住自己的道德底线，知行合一，不要做有违道德的事。近年来随着媒体监督力度的提高，许多不良社会现象被曝光，最近发生的假疫苗事件更是让人怀疑某些人是否还有人性。我认为这就是没有做到知行合一。难道在做这种危害全社会的事时，这些人就没有认识到这是错误的吗？不可能。他们一定清楚地明白这件事是违法的、有违仁义的。但当利益摆在他们面前时，他们动摇了。知和行开始分离，向两个方向走去。但天网恢恢、疏而不漏，违法犯罪的行为一定会被严惩。如此看来，即使在威严的法律面前，利益也诱使某些人做出猖狂的举动，那么在法律监管不到的地方，就有更多人为了一己私利而放弃心中的良知了。我们作为国家的未来，应该主动承担起这份责任，在接受正确思想教育的基础上以仁为基、知行合一，坚持正确的方向。少年兴则国兴，只有我们青少年先做到知行合一、用行动诠释自己正确的人生观和世界观，国家的未来才会蒸蒸日上。

我所说的这些看法，都是基于个人层面。而少年们要做的不仅是修身，还有齐家、治国、平天下。但只有我们做好了自己、“修”好自己的“身”，才有能力去做更大的事、“尹”更大的地方。希望我们都能做知行合一的君子，成为国家的有用之才。

（指导老师：王君）

关于处世之道思想文化术语的解读与探讨

□韩子尤

一、引言

“古之欲明明德于天下者，先治其国；欲治其国者，先齐其家；欲齐其家者，先修其身……身修而后家齐，家齐而后国治，国治而后天下平。”（《礼记·大学》）

由此可见，处世之大道便在于修身、齐家、治国、平天下之间的互相促进、融会贯通，从个人渐而推至社会和国家。本文尝试在中国古代凝练哲理与现实生活的处事哲学间建立联系，以史为鉴。

二、修身

修身在于具有主观能动性地自我提升，其间不妨以古训为鉴，在品读的过程中不断加以运用。

“知行合一”

1. 释义

> 爱曰：“如今人尽有知得父当孝，兄当弟者，却不能孝，不能弟。便是知与行分明是两件。”先生曰：“此已被私欲隔断，不是知行的本体了。未有知而不行者，知而不行，只是未知。圣贤教人知行，正是要复那本体，不是着你只恁的便罢。……某尝说：知是行的主意，行是知的功夫。知是行之始，行是知之成。若会得时，只说一个知，已自有行在；只说一个行，已自有知在。”（王阳明《传习录》）

"知"指良知，"行"指人之实践。知行合一顾名思义便是良知与实践的融合与统一。知虽先于行而产生，然未比行略重一分。相反在很多学者看来，行才是更为关键、更为重要的一步——就如著名的思想家、教育家陶行知先生，先生原名文浚，43岁时，他在《生活教育》上发表《行知行》一文，认为"行是知之始，知是行之成"，并改名为陶行知。

2. 比较

王阳明本人曾将自己之学说与朱子之学对比：

> 朱子所谓格物云者，在即物而穷其理也。……若鄙人所谓致知格物者，致吾心之良知于事事物物也。吾心之良知，即所谓"天理"也。致吾心良知之"天理"于事事物物，则事事物物皆得其理矣。致吾心之良知者，致知也。事事物物皆得其理者，格物也。是合心与理而为一者也。(《传习录》)

其实王阳明与朱子之差别，就在于心学与理学之差别——朱子将心与理分而为二看待，而王阳明所谓"合心与理而为一者"，便是将心与理合而为一——理本身寓于心中，无需"格物"来获得。

3. 理解

首先关于知行是否本身合一。在笔者看来，知行本来合一，而之所以还要强调"知行合一"是由于"行"会在某些外力的作用下，失去其随"知"变化而变化的性质，因此要加以规整，将行为向良知上靠拢。

例子如下：老人街上摔倒，由良知和本心出发人会上前，但是或出于害怕摊上责任而利益受损，或出于对社会风气的恐惧、对人性的极度不信任，此时人的行为也许不会随本心发展。这便是"行"不与"知"统一的众多情况之一。

因此，知行合一若在现今为人所采用，便可解为善心不改、善行连绵。

三、齐家

齐家实则代表一种个体之间的衍生关系，在人际交往与交流过程中一直起到很大甚至关键作用。

（一）“夫仁者，己欲立而立人，己欲达而达人”

释义

> 子贡曰：“如有博施于民，而能济众，何如？可谓仁乎？”子曰：“何事于仁，必也圣乎！尧舜其犹病诸。夫仁者，己欲立而立人，己欲达而达人，能近取譬，可谓仁之方也矣。”（《论语·雍也》）

“己欲立而立人，己欲达而达人”是第一种正向的推己及人——通过思考自身的欲望与追求，主观上愿意让其满足于他人身上。一种类似跨越本能的思想和行为似乎出现了，所谓谦让、成全其实谓之“忠”。

（二）“己所不欲，勿施于人”

释义

> 子贡问曰：“有一言而可以终身行之者乎？”子曰：“其恕乎！己所不欲，勿施于人。”（《论语·卫灵公》）

“己所不欲，勿施于人”是一种反向的推己及人——通过总结自身的雷区以及厌恶情绪的所在之处，不将此类事物、情绪施加于他人身上，不允许曾对自身造成伤害的事物再对他人产生二次伤害。笔者认为，该类型的“推己及人”看似对人格的要求相对较小，只需不对他人设加害之心即可。然而当某一事件中的双方有着相对密切的利益关系、最终结果只能你死我活时，“己所不欲，勿施于人”就显得格外可贵。因此，所谓退让、同理心谓之“恕”。

以上所述，“忠”与“恕”便构成孔子的思想核心“仁”。

四、治国、平天下

在子学时代，孔子用于治国理政的多种思想方法中，正名主义是其中之一。

（一）原因

> 天下有道，则礼乐征伐，自天子出。天下无道，则礼乐征伐，自诸侯出。自诸侯

出，盖十世希不失矣。自大夫出，五世希不失矣。陪臣执国命，三世希不失矣。天下有道，则政不在大夫。天下有道，则庶人不议。(《论语·季氏》)

由此，孔子产生正名主义思想的原因之一，是回想昔日之“天下有道”、重新审视今日之“天下无道”，从而萌生对传统强烈珍视以及复古的心理。

（二）释义

齐景公问政于孔子。孔子对曰：“君君，臣臣。父父，子子。”公曰：“善哉！信如君不君，臣不臣。父不父，子不子。虽有粟，吾得而食诸？”(《论语·颜渊》)

“正名”，顾名思义即为名与实之关系，君臣父子皆有其所谓名与实。君之名为统治者、一国之君，其实为勤理政、纳良言、重社稷、察民情。简言之，“正名”便是“在其位而谋其政”。

（三）作用

季康子问政于孔子曰：“如杀无道，以就有道，何如？”孔子对曰：“子为政。焉用杀？子欲善而民善矣。君子之德风，小人之德草，草上之风必偃。”(《论语·颜渊》)

由此可见，孔子认为社会之风应由君子引领与倡导。而“君子”，专指除民以外的社会阶层——贵族。其时贵族几乎垄断了社会财富与学识，由此造成统治上的专权，站在食物链顶端似乎就可玩弄天下于股掌之间。

因此正名主义也可理解为一种屈从与巩固、一种对于以往尊卑贵贱等级的强调。

五、结语

我们常讲的家国情怀其实并不遥远或是宏大得无边无际，它是可以由普通人实现和发扬的。学会在修身、齐家、治国、平天下的几个层面中循序渐进，就会发现家国情怀已然充盈于心——这是一种对中华古老文明的自豪感和民族认同感。

现今社会复杂而变幻莫测，在与外界的不断交流中我们更能深刻体会到中华民族的包容并蓄、博大精深。中华文化往往以“以不变应万变”的姿态存在于世——也许这便是大国情怀与世界格局。传统不应该用来封存，相反需要我们使其散发出属于新时代的生命力、属于大世界的生命力。

固守心中一方净土，以中华文化的古老智慧为沃土，将民族之根深植于世界。

参考文献：

冯友兰 . 中国哲学史 . 上海 : 华东师范大学出版社，2000.

（指导老师：于卓琳）

论自强不息建设伟大的国家

□何泽妮

自强不息是华夏民族精神，更与当今的国家建设有着密切的关系，接下来我在给大家浅析这个术语的同时，也将论述它与文人风骨、民族精神、莘莘学子，以及未来的中国的关系等这样几个方面，以证明我提出的论点。

一、自强不息的定义

自己努力向上，强大自己，永不懈怠停息。古人认为，天体出于自身的本性而运行，刚健有力，周而复始，一往无前永不停息。君子取法于“天”，也应发挥自己的能动性、主动性，勤勉不懈，奋发进取。这是中国人参照天体运行状态树立的执政理念和自身理想。它和“厚德载物”一起构成了中华民族精神的基本品格。

二、自强不息与文人风骨

自强不息出自《周易·乾卦·象》，而它在众多古文中也有不同的表达。例如《孔子家语·五仪解》中的“笃行信道，自强不息”；《诗·周颂·执竞》中的“执竞武王，无竞维烈”，朱熹集传中的“言武王持其自强不息之心，故其功烈之盛，天下莫得而竞”；《周书·武帝纪下》中的“劳谦接下，自彊不息”；韩愈的《答侯继书》中的“惧足下以吾退归，因谓我不复能自彊不息，故因书奉晓，冀足下知吾之退未始不为进，而众人之进未始不为退也”；徐铉《巫马大夫碑铭》中的“夙兴夜寐，自强不息”。

“自强不息”被著名哲学家张岱年先生与“厚德载物”一起称为中华民族精神，也被诸多著名大学列为校训之一，这短短四字中包含的是中华民族在悠久历史长河中寄托给自己和子孙后代的期望。个人的“自强不息”使得一个家族“自强不息”；而家族的“自强不息”则推动了国家的建设与发展，让一个国家“自强不息”。此乃连接了从个人到家族，再到国家的脉络通路，即家是最小的国，国是最大的家，个人与国家时时刻刻一脉相连。

三、自强不息与民族精神

“沧海横流，方显英雄本色；艰难困苦，砥砺精神品格”，自强就是中华民族永不消逝的生存密码。此话怎讲呢？纵观上下五千年历史，从四大发明、万里长城到三峡工程；从大禹治水、愚公移山到全民族解放……自古以来，无论天灾还是人祸，坚强的中国人民都没有消极退缩、萎靡不振，而是历经惊涛骇浪、饱经困苦磨难，凭着奋发蹈厉、庄敬自强闯出了一片新的天地。而这些振奋人心的事例，无不见证着民族自强不息的伟大力量。

在当代“5.12 地震”发生后，在大灾大难面前，千万中国人民没有退缩，共聚一心、支援灾区，千万受灾同胞自强不息，努力建设新的家园；在 2016 年 8 月的里约热内卢奥运会上，“郎家军”在困难面前毫无畏惧、在低谷中咬牙坚持，击败东道主巴西、力克塞尔维亚，最终重回奥运之巅。自强是无比坚定的信念、是奋发进取的精神，更是流淌在中华民族文明血管生生不息的血液，但这样看来，自强不息又何尝不是一种动力的源泉呢？

四、自强不息与莘莘学子

相信喜欢文学的人都听到过史铁生的名字，他正值青春年华，却因残酷的病魔双腿瘫痪，在那样的遭遇下，他没有放弃自己，反而把自己封闭已久的内心寄托于文字，成了一位令人敬佩的作家。还有那来自山区的“大眼睛”女孩儿，生活在那样贫困的地区，靠自身的努力考进大城市、投身公益事业，让这样自强不息的精神在更多祖国的花朵身上流传下去。这又让我想到近来一则热门新闻，男孩儿在自家种地时收到了北大的录取通知书，这又何尝不是“自强不息”的一种传承呢？

“大事难事看担当，顺境逆境看襟怀。”贫穷和身体上的缺陷并不能成为你放弃自我的借口，如果连你自己都不知道努力，别人又怎么会来帮助你呢？孟子说过“生于忧患，而死于安乐”。自强对于每个人来讲，都是一笔巨大的财富。懂得自强，就会明白为什么人总会在一次次磨炼中成长起来，而且变得坚强。如果一个人没有自强的概念，又何谈战胜困难。我们把握好自强之时，就是离成功不远之日。

在困难挫折中奋起，追求自己想要的，经过一番磨炼之后，成功之路就变得有把握了。经历过磨炼的人至少积累了一定的经验、增强了毅力，从而使我们更加懂得珍惜自己的事业和生活。磨炼对于每个人来讲，都是一次很好的锻炼机会，经得起磨炼的人，才会使自己的人生更加有意义。每一次磨炼，都是我们成功的奠基，更是我们人生价值所在。

人，就应该有永不畏惧和自强不息的精神。生活的压力、学习的困难都在困扰着我们每个人，只有勇敢挑战，才会获得最终的成功。成功不是谁比谁差，也不是谁比谁好，而是在于谁付出了更多的汗水和努力。自强者未必都能够成功，而“不自强者”成功未之有也。既然理想的种子已经撒下，那么在汗水的浇灌和心血的培养下，我们必将获得一定的收获。每个人都有自己的梦想和追求，但困难却是人生不可避免的内容。正因为遇到种种困难，我们才会去克服，在克服困难中才会取得进步，人唯有从这种自忧自喜、不断自强的日子中才能真正品味到生命的意义。

我们每个人从小都会接受各色各样的关于自强不息的教育，目的不光是让我们学习中华民族的传统美德，更是想为我们中国的未来打下一个良好的基础。不论中国的明天存在多么大的困难与挑战，身为华夏子女的我们，都会用一种自强不息的态度与精神去面对。

五、自强不息与未来的中国

当前，无论脱贫攻坚、改革发展，还是正风反腐，都进入啃“硬骨头”的攻坚拔寨的冲刺之时。我们每一个人，特别是当代的青少年，都应当立足岗位、勇于担当，顽强拼搏、永不放弃，继承和弘扬自强不息的精神，而中国未来需要的也正是这样自强不息、勇往直前的精神，在非常时期尽非常之责、用超常之为图非凡之功，实现华夏民族的两个百年目标，在这建党百年之际，全面建设小康社会，让全国人民过上更好的生活。只要我们把自强不息当作中国未来奋斗的正确姿势，继续努力，就能把中国建设为富强民主文明和谐美丽的现代化强国。

所以，先从我们每个人的自身开始努力吧，让自己先学会“自强不息”，相信祖国一定会在这种影响下变得更加自强、更加美好！

参考文献：

[1] 《中华思想文化术语》编委会 . 中华思想文化术语 1. 北京：外语教学与研究出版社，2015.
[2] 《中华思想文化术语》编委会 . 中华思想文化术语 2. 北京：外语教学与研究出版社，2016.
[3] 《中华思想文化术语》编委会 . 中华思想文化术语 3. 北京：外语教学与研究出版社，2016.
[4] 《中华思想文化术语》编委会 . 中华思想文化术语 4. 北京：外语教学与研究出版社，2017.
[5] 《中华思想文化术语》编委会 . 中华思想文化术语 5. 北京：外语教学与研究出版社，2017.
[6] 刘东苇 . 激励人心的 100 个自强不息的故事 . 北京：中国华侨出版社，2012.
[7] 徐贵相 . 信仰改变中国：以思想建党塑造民族精神 . 北京：北京联合出版公司，2015.
[8] 熊玠 . 大国复兴 : 中国道路为什么如此成功 . 武汉 : 湖北教育出版社，2016.
[9] 中国外文出版发行事业局，中国翻译研究院 , 中国翻译协会 . 中国关键词：“一带一路”篇 . 北京：新世界出版社，2017.
[10] 孟子著，牧语译 . 孟子 . 南昌 : 江西人民出版社，2017.

（指导老师：孙涤青）

“孝”文化与感恩教育

□李锦儿

孝文化是中国传统文化的核心内容及核心价值，有着极其丰富的内涵。“孝”字实为甲骨文，至今已有四千多年的历史，在《说文解字》中为：“孝，善事父母者。从老省，从子。子承老也。”儒家认为，“孝”乃百善之先。中国人把“孝”为“人立身之本”“家和睦之本”“国安康之本”。孝是一个关于爱和责任亘古不变的话题。从某种意义上说，传统的中国文化就是孝的文化，传统的中国社会就是奠定于孝道之上的社会。

一、孝文化的含义

《孝经》中说：“夫孝，天之经也，地之义也，民之行也。”孝，是中华的传统美德，是中华民族广泛认可的伦理规范。我国五千年文化都以“孝为核心”在进行传承，从舜帝以“诚、孝、仁、和、中”为中心思想到后来孔子等儒家思想。从《孝经》开宗明义曰：“身体发肤，受之父母，不敢毁伤，孝之始也；立身行道，扬名于后世，以显父母，孝之终也。”在我国的历史长廊中“孝”也是立国之本、治国之方。《说文》：“孝，善事父母者。从老省，从子。子承老也。”《论语·学而》：“孝弟也者，其为仁之本与！”所以说中国传统文化是以儒学为核心，而儒学的核心就是仁学，仁学的核心就是孝道，所以孝道几乎可以说是中国传统文化的精髓。

国学大师梁漱溟先生说：“中国文化在某一意义上可谓为孝的文化。”

二、孝文化教育的现状和形成原因

首先，是社会孝道教育的缺失。随着社会文化的发展，人们受到现代文明的影响，批判传统文化中的糟粕、否定传统文化中消极部分的同时，一些优秀的道德规范也一并遭到否定，包括“孝”文化的积极意义。同时人们的思想受到各种外来文化影响，人们的传统价值观念受到冲击，表现为淡漠亲情、善恶不分、见利忘义、一味追求物质满足，由此出现了各种“不孝”的行为。

其次，是家庭孝道教育的缺失。很多家庭教育奉行片面的成才观，父母注重孩子学习成绩是否突出，能否考上理想大学和获得称心工作。家庭中长辈给予孩子无比的关爱，甚至是溺爱。父母无私地奉献一切，却忽略了子女对父母的孝，忽略了“感恩”教育。

学校孝道教育的偏离也是当今孝文化缺失的重要原因之一。虽然学校教育中提倡素质教育，但在实际的教学过程中，很多学校侧重于应试教育。学校对“感恩”教育缺少应有的重视和实践，这加剧了孝文化在中学生成长中的缺失。

三、感恩和感恩教育

中国是讲究孝道与感恩的国家，中华民族是一个很注重孝道与感恩的民族。

在《说文解字》里，将“感”解释为“动人心也”，将“恩”解释为“惠也”。“感恩”一词最早出自晋朝陈寿的《三国志·吴志·骆统传》，其中的表述为“令其感恩戴义，怀欲报之心”。《诗经》中有“投桃报李”之说，文人墨客也曾留下“谁言寸草心，报得三春晖”的动人诗句，还有“吃水不忘挖井人”等谚语，无不体现着中华民族对感恩的认同和崇尚。

在中国的传统文化里更多是通过“孝”的形式来表现感恩。孝是中国传统文化的源头，也是传统文化的核心。在《尔雅》中就有“善事父母为孝”的解释。孝文化经过几千年的历史演变，孝的内涵也得到了发展，包括了孝、悌、忠、义等丰富的内容，这其实就是我们现在所讲的感恩文化，它所倡导的感恩父母并推恩及人的社会伦理要求，体现着感恩报恩的思想。

四、传统孝文化融于感恩教育的意义与方式

(一)课堂中加强“生命”教育，启发青少年感恩意识

《孝经》中即有“身体发肤，受之父母，不敢毁伤，孝之始也”。爱惜自己的

身体、珍爱自己的生命是子女对父母尽孝的基础。如果肆意损害自己的身体就是不孝。学生感恩教育，首先就要教会学生懂得感恩生命、珍惜生命。一个人如果连自己的生命都不知道感恩、不知道珍惜，那他就难以对他人、对社会、对自然有感恩之情。但是，目前在学生群体中，因为情感问题、人际关系问题、学业问题、心理问题而导致的学生自伤、他伤情况屡有发生，这反映出学生生命意识淡薄。所以，以传统孝文化为切入点，对学生进行生命意识教育，唤起学生内心对亲情的珍爱，使他们认识到爱护身体、珍惜生命就是在实践孝道。

（二）将“孝心”教育融入社会实践，引导青少年践行孝道、和谐人际关系

受到多种因素影响，“零零后”学生存在以自我为中心、缺乏主动性、功利化倾向严重等现象，造成人际关系日益冷淡，影响学生的健康成长。传统孝文化由对父母长辈的“孝”进一步延伸出对兄弟姐妹的“悌”、对朋友的“信”、对上级的“忠”，这些思想对引导学生处理人际关系都有积极的意义。结合重大节日，创设一些活动，让学生在活动中亲身体验、感受、理解传统孝文化的价值，在实践活动中弘扬传统孝文化、践行传统美德，引导学生从爱自己的父母开始，进而推及“一日为师终身为父 / 母”的老师；从兄弟姐妹间的“悌”开始，进而推及同学交往中的“信”。用孝来引导学生的人际交往行为，将对家人的爱延伸至对老师、对同学的爱，使感恩教育更容易为“零零后”学生接受。

（三）将传统孝文化融入校园文化，巩固学生的感恩心理

学校应结合实际情况，将传统孝文化的积极因素融入到校园文化建设中，在校园建筑、景观设计、绿化美化等物化形态建设中体现孝道文化；同时，还要结合重要节日、特殊纪念日等，开展形式多样、内容丰富的孝文化活动，营造积极向上的校风、学风、人际关系和舆论氛围，让学生在校园里通过校园文化无处不在的耳濡目染、内心体验和情感熏陶，将孝文化中蕴含的感恩、责任、忠诚、善良的思想慢慢发展、积累，逐渐渗透到他们的内心深处，不断巩固大学生的感恩心理。

孝道文化是个古老的话题，五千年文明史中，孝文化浸润在我们民族的血液里，使我们的民族更加注重道德修炼，更加珍爱家庭亲情。我们称孝文化为国粹，证明孝文化是我们民族的宝贵精神财富。结合当今社会，孝文化也是需要重新审视和重视的话题。孝文化和当代人的需求和价值观很好地融合，会重新散发璀璨的光芒。

参考文献：

[1] [荷兰]斯宾诺莎．伦理学．贺麟译．北京：商务印书馆，1983.
[2] [英]霍恩比．牛津高阶英汉双解词典（第四版增订本）．北京：商务印书馆，牛津大学出版社（中国）有限公司，1997.
[3] 鲍冉冉．孝文化的当代价值研究．东方企业文化，2013(21).
[4] 傅佩荣．国学的天空．西安：陕西师范大学出版社，2008.
[5] 高飞．略论中国传统孝文化的当代价值．法制与社会，2010(22).
[6] 郝大勇．当代大学生感恩教育研究．西南大学硕士论文，2007.
[7] 计志宏．论中国传统孝文化的内涵特征及当代价值．作家，2010(22).
[8] 刘悦霄．国学精华读本．呼和浩特：内蒙古人民出版社，2006.
[9] 宋涛．国学经典．沈阳：辽海出版社，2009.
[10] 陶志琼．关于感恩教育的几个问题探讨．教育科学，2004(4).
[11] 王峰．《孝经》的主要思想及孝文化的当代价值．学习月刊，2015(18).
[12] 王红艳．孝文化的内涵及其当代价值．学校党建与思想教育，2015(10).
[13] 王长坤．先秦儒家孝道研究．成都：巴蜀书社，2007.
[14] 张艳霞．唐代家庭忠孝观研究．曲阜师范大学硕士论文，2011.
[15] 郑晶晶．传统孝文化的当代价值探析．大连海事大学硕士论文，2014.
[16] 周贤君，王愚．中国孝文化的当代价值探讨．高等农业教育，2012(3).

（指导老师：董延丽）

小议“慎独”

□李曦宸

引言

如何描述我们今天面临的这个时代？有人不止一次引用狄更斯在《双城记》中所写的那段话：

> 这是一个最好的时代，也是一个最坏的时代；这是一个智慧的年代，也是一个愚蠢的年代；这是一个光明的季节，也是一个黑暗的季节；这是希望之春，也是失望之冬；人们面前应有尽有，人们面前也一无所有；人们正踏上天堂之路，人们也正走向地狱之门。

在笔者看来，这样的描述显然言过其实。目前，我国国力强盛，人民综合素质大大提高，是历史上最好的时期之一。但也毋庸置疑，在许多方面，尤其是道德建设方面，还存在不少问题。许多学者、教育工作者呼吁从传统中汲取力量，主张振兴国学、倡导传统道德，这当然是非常必要的。

而“慎独”，作为古代培养、形成高尚人格的基础，无疑应该纳入我们当今的价值体系，成为社会主义精神文明建设的重要组成部分。

一、什么是“慎独”

慎独，是儒家修身当中追求的最高境界，即要求君子在人前人后行为是一致的，甚至要求人在独处时能够以更加严格的标准要求自己，以做到君子坦荡荡。

慎独重在查“隐”。据《礼记·中庸》记载：“莫见乎隐，莫显乎微，故君子慎其独也。”意思是指一个人的品质，往往体现在人背后的行为和细枝末节上，所以，君子要慎独。在儒家看来，衡量一个人品质的高低，不仅要看他在公共场合的表现，还要关注他私下的表现。只有内外一致、表里如一，才配得上君子的称号；相比呈现给公众的外在形象，儒家更在乎独处中的行为，因为先贤认为，独处能做到的，公开一定能做得更好，所以慎独是高尚品质形成的源泉。

慎独在乎诚。《礼记·大学》说：“所谓诚其意者，毋自欺也。如恶恶臭，如好好色，此之谓自谦。故君子必慎其独也。”大概意思是，我们所谓的诚其意，就是说不要自我欺骗，就像厌恶难闻的气味和喜爱美丽的女子一样，是人之常情，不要故意装作相反，这就叫作心安理得。所以君子一定在乎独处时的操守。因此，诚实的品德，不仅体现在我们和他人交往中的诚恳、做事过程中的实在，还体现在自己身心的和谐一致。要想对别人诚信，首先要对自己诚实。这样才能做到心正、意诚、身修。

东汉时有个叫杨震（东汉时期名臣，隐士杨宝之子）的人，路过自己推举的官员王密任县长的昌邑。王密看望老领导，送给杨震黄金十斤。杨震说：“我了解你，你怎么不了解我呢？”王密说：“深更半夜，没人知道。”杨震说：“天知、神知、我知、你知，何以说没人知道？”王密闻言十分惭愧。而杨震也因此被称为“四知太守”。他的暮夜却金，维护了人格的尊严，弘扬了做官的正气，是古代君子慎独的最好表现。

相反，五代时有个叫陶谷的大臣，出使南唐，晚宿宾馆，孤寂难耐，被人趁机巧施美人计而落入圈套，不仅误了国家大事，而且为人耻笑。“细行不矜，终累大德。”（《尚书·旅獒》）而在电视剧《人民的名义》（反腐电视剧）中，有个贪官叫赵德汉。人前为政清廉、生活简朴，人后贪腐成性、穷奢极欲。正如《大学》（一部中国古代讨论教育理论的重要著作）所说的：“小人闲居为不善，无所不至。见君子而后厌然，掩其不善，而著其善。”然而长期伪装终非易事，平时不好的意念、想法总能在行为中表现出来。因此，作恶者必有报，赵德汉的落马是必然的。“人之视己，如见其肺肝然，则何益矣。此谓诚于中，形于外。故君子必慎其独也。”

二、如何做到慎独

那么如何做到“诚于中，形于外”，也就是我今天要说的慎独呢？习近平总书记的《之江新语》中有一篇《追求“慎独”的高境界》，文中指出：“党员干部都要努力做到‘慎独’。首先，要坚定理想信念，树立明确的政治方向，遵守鲜明的政治原则，珍惜个人的政治生命，以形成内在的‘定力’。其次，要时刻反躬自省，就像古人讲的‘吾日三省吾身’，自重、自省、自警、自励，洁身自好，存正祛邪，注重修身养德，增强防腐拒变的‘免疫力’。同时，还要办事公开透明。党员干部也是普通的人，难免存在各种弱点，会犯各种错误，而阳光是最好的防腐剂，只要办事讲民主、讲程序、讲纪律，避免暗箱操作、上下其手，就能减少各种诱惑的‘渗透力’，防腐拒变才不会成为一句空话。”

总书记的“新语”，对实现“慎独”的途径做了深刻而生动的阐释。当然，这主要是针对领导干部的。根据这一精神，对于普通人，我们不妨做如下解析：

（一）从“小”做起

这里所说的“小”，有两层含义。一是从小就要养成良好的行为习惯。古人非常重视孩子的德行教育，无论是《三字经》还是《弟子规》（清代教育家李毓秀所作的三言韵文），都对行为做了细致而明确的规范，把立德放在最重要的位置，使良好的品行从小养成，化为生命的基因，练就童子功，获益一辈子。二是从小事做起，“勿以善小而不为，勿以恶小而为之。”积少成多，相沿成习，水滴虽微，渐盈大器，假以时日，道德便自然成为生命的自觉，化为我们行动的圭臬。

（二）修身养气

修身，是指修养身心，是儒家在学习道路上必须经历的第一关。修身是一个不断努力的过程，是对自己意志不断考验和磨炼的历程，也是一个和自己不良习气斗争的过程。时时检束自己的身心言行，用诚心、仁爱和谦卑的人生态度逐渐取代轻浮、骄傲和自大的不良习气。

清代文人金圣叹参加岁试，面对考题《如此则动心否乎》，写道：“空山穷谷中，黄金万两；露白葭苍而外，有美一人，试问夫子动心否乎？曰：‘动动动……’”后面写了39个动字。如此虽有才子戏谑成分在，但“动心”为人之常情却也是难以否认的。孔子就曾说过：“饮食男女，人之大欲存焉。”儒家肯定欲望存在，但主张节欲，反对纵欲。如前所述，“细行不矜，终累大德”的事也是经常发生的。一失足成千古恨，岂不悲夫！

“欲不可纵”，根本在于修身。孟子曰“我善养吾浩然之气”，并指出，浩然之气，至大至刚，和人间正义相辅相成，日积月累，充盈天地之间，是天理正道的象征。人行有亏，心有愧，气就软弱无力了。

因此，修身，持之以恒；养气，行不亏心。只有这样，才能在独处时也能做到仰无愧于天、俯无怍于人。

（三）三省吾身

“曾子曰：‘吾日三省吾身；为人谋而不忠乎？与朋友交而不信乎？传不习乎？’”（《论语·学而》）意思就是：“我每天必定用三件事反省自己：替人谋事有没有不尽心尽力的地方？与朋友交往是不是有不诚信之处？师长的传授有没有复习？”三省吾身是慎独的重要环节。对于现代人来说，三思反省时更应该面对的是自己的内心，拷问心灵，自己是否做错，自己是否按照法律和道德要求了自己。当自己做错的时候是否能够认识到自己错误、向对方道歉，即使对方地位比自己低下。自己能否在犯错后及时改正，即使自己年龄已经很大了。

慎独并不仅仅是肉体在个体独处时的谨慎小心，更是心灵在面对自我时的清醒。相比六祖慧能（得到禅宗五祖弘忍传授的衣钵，继承了东山法脉并建立了南宗，弘扬“直指人心，见性成佛”的顿教法门）的“菩提本无树，明镜亦非台，本来无一物，何处惹尘埃”，我更喜欢神秀大师（禅宗五祖弘忍的大徒弟，六祖慧能的大师兄）的“身是菩提树，心如明镜台，时时勤拂拭，莫使惹尘埃”。人生并不是一尘不染的，我们都会犯错，重要的是在犯错后能及时改正，并且弥补因自己错误而造成的后果。

三、我对“慎独”的思考

慎独，作为儒家思想的重要组成部分，作为传统道德建设的根基，对净化人心、建立和谐社会，曾发挥重要作用。提倡慎独，对于建设社会主义精神文明，对于恢复文化自信、重塑民族精神从而实现中华民族的伟大复兴，都有十分重要的现实意义。习近平总书记在《追求“慎独”的高境界》一文中还指出：“党员干部要‘慎独’……不仅要主动接受组织、制度的监督，而且还要不断加强自律，做到台上台下一个样，人前人后一个样，尤其是在私底下、无人时、细微处，更要如履薄冰、如临深渊，始终不放纵、不越轨、不逾矩。”因此，通过“慎独”，反省自我，完善自我，从“我”做起，实现由“小我”到“大我”的进步与升华，是每个党员干部的必修课，也是我们所有人实现自我、人生圆满的助推剂。只有做到了“慎独”，才能使我们每个人成为一个自尊且受人尊重的人，而由我们每个个体组成的中华民族，也才会成为一个真正受人尊重的民族。

而对于一个十七八岁的中学生来说，一只脚已经踏入成人阶段，正是立德、立志、立人最为关键的时机。如何把家长、老师等外在的监督变成自我约束；把道德规范的外在压力，内化成心灵的真正需求；把自由奔放的一腔热血，导向朝气蓬勃的心脏，成为承担责任和创造美好未来的强劲动力——所有这些，都是必须面对的问题。而“慎独”，无疑为我们提供了一个很好的解决途径。

据说在英国威斯敏斯特教堂旁边，矗立着一块墓碑，上面刻着一段非常著名的话:“当我年轻的时候，我梦想改变这个世界；当我成熟以后，我发现我不能够改变这个世界，我将目光缩短了些，决定只改变我的国家；当我进入暮年以后，我发现我不能够改变我们的国家，我的最后愿望仅仅是改变一下我的家庭，但是，这也不可能。当我现在躺在床上，行将就木时，我突然意识到：如果一开始我仅仅去改变我自己，然后，我可能改变我的家庭；在家人的帮助和鼓励下，我可能为国家做一些事情；然后，谁知道呢？我甚至可能改变这个世界。”非常喜欢这段话，因为它是对儒家的“修身齐家治国平天下”最好的注解。后来有人说这是假的，是一个中国人编出来的。即使它是假的，我也愿意相信，因为它给了我一个非常有价值的启示。

参考文献：

[1] 吕思勉 . 吕思勉遗文集 . 上海：华东师范大学出版社，1997.
[2] 南怀瑾 . 禅宗与道家 . 上海：复旦大学出版社，2016.
[3] 习近平 . 之江新语 . 杭州：浙江人民出版社，2007.
[4] 郑卫国 . 文苑异才金圣叹 . 武汉：武汉大学出版社，1995.

（指导老师：李伟）

论中国传统“忠”文化之层次

□屈亮羽

忠文化是中国古代思想文化中极为重要的一部分，也是中华传统文化的主要价值导向之一。“受人之托，忠人之事”“忠君爱民”“精忠报国”等忠文化思想在中国古代漫长的专制主义中央集权王朝中，对社会意识和个人价值取向产生了举足轻重的影响。而在不同的历史时期或不同的个人思想中，忠文化的核心内涵也是不尽相同的。

依据马克思主义历史观，在历史的发展过程中，作为一种社会意识的忠，必然是由其当时的社会存在所决定的。故而在不同的社会政治制度或不同的社会文化环境下，忠文化的核心内涵也会发生深刻的改变。对于中国传统忠文化，大致可以以三种层次或阶段来概括之：第一层次为忠于人，第二层次为忠于国，第三层次为忠于天下。

一、忠于人

《尚书·伊训》中云：“居上克明，为下克忠。”在我国古代封建制度下，天子将土地分封给诸侯，诸侯将自己的土地再次分封给卿大夫等。在这种层层分封土地和隶属该土地上的人民的政治制度下，土地和人口作为土地所有者的私有财产赐予封臣，同时封臣需要对封主履行参战、镇守、纳赋等义务。在这种层层分封的制度下形成了等级森严的统治体系，所以在这一时期，忠文化的主要内涵是统治低层对统治高层履行义务的态度。也就是说，在这一时期，忠的对象是赐予土地的封主，只要封臣对封主履行了相应的义务，即可称得上是“为下克忠”。

在春秋战国时期，卿大夫的家里往往会有专为自己参谋韬略的人，称之为家臣。例如《左传·昭公二十五年》："叔孙氏之司马鬷戾言于其众曰：'若之何？'莫对。又曰：'我，家臣也，不敢知国。'"从中可以看出，作为专为叔孙氏服务的司马鬷戾正是叔孙氏的家臣，而家臣是只为所忠的家族或个人出谋划策的，并不考虑国家层面的问题。

《论语·学而》中则有："吾日三省吾身，为人谋而不忠乎？与朋友交而不信乎？传不习乎？"在这里，可以很鲜明地看到"为人谋"需要忠。忠即是一种尽己所能的态度，正如《说文解字》所言："忠，敬也。尽心曰忠。"以上三则示例是中国古代忠文化中"忠于人"层次的最好例证。

二、忠于国

比"忠于人"更进一层的忠，是"忠于国"。"忠于国"是指忠的对象为国家这一政治实体。"忠于国"是对国家发展、国家尊严、国民利益等方面的尽忠态度。《左传·僖公九年》："公家之利，知无不为，忠也。"林尧叟注道："凡可以利益国家者，苟知其事，莫不尽心力而为之。"说的就是为了国家的利益，尽心尽力、知无不为就可以称之为忠。

中国古代忠文化中占比最大的部分就是"忠于国"。例如苏武、张骞、岳飞、屈原、文天祥等举世皆知的忠臣，都是以国家利益为重，牺牲个人利益，尽力而为国家务实事、谋尊严的。《忠经·辨忠》："忠而能仁，则国德彰；忠而能智，则国政举；忠而能勇，则国难清。"在一个臣民为国做贡献的所有条件中，忠于国是第一位的，只有忠于国才能将自己的才能贡献给国家。

在"忠于国"层面容易与"忠于人"混淆的情况是将国家整体利益与国家统治者的个体利益合二为一。"忠君爱国"的确在大部分时候是一体的，这也是中国古代社会的主流思想，正如《诗经·小雅·北山》所云："溥天之下，莫非王土，率土之滨，莫非王臣。"在宗法观念的影响下，人们往往认为家国一体，国家的利益即是统治者的利益，反过来统治者的个人利益，也就成了国家利益。但在一定的情况下是需要将"忠于君"和"忠于国"分开的。《尚书·五子之歌》："民惟邦本，本固邦宁。"受儒家民本思想的影响，古人在为统治者服务的同时也会很大程度地考虑和照顾到民众的利益。当统治者的个体利益与国家人民的群体利益相冲突时，就可以区分哪些是"忠于人"、哪些是"忠于国"：坚持统治者利益至上、不顾人民利益的，即是“忠于人”；为人民的群体利益考虑而放弃维护统治者利益的，即是“忠于国”。

三、忠于天下

忠的第三层次即是“忠于天下”。国与天下有着很大的差别，具体在于国是由一定疆域、一定人口和相应统治者构成的政治体，天下则是无具体边界、无明确人口、无最高统治者的人类文化活动覆盖区域集合体。顾炎武《日知录》中说：“易姓改号谓之亡国。仁义充塞，而至于率兽食人，人将相食，谓之亡天下。”当文化传统沦丧时，天下就亡了。所以“忠于天下”一方面有着对文化传统、伦理认知方面尽力而为地保护、传承的含义；天下一词往往又与苍生、百姓连用，意指各个阶级所有的人，所以“忠于天下”在另一方面有着对所有百姓尽力负责、谋求福祉的含义。张载《张子语录》：“为天地立心，为生民立命，为往圣继绝学，为万世开太平。”这“横渠四句”正是中国古代文人“忠于天下”的家国情怀的生动展现。

中国传统忠文化在漫长的中国历史文化长河中扮演了相当重要的角色。忠作为一种尽心尽力对他人、国家、天下、百姓做应做之事的态度和操守，对中国古代文人的价值观念、行为准则有着巨大的影响。这种影响，体现在历史、文学、政治等方方面面。在中国历代的文化教育中，忠一直作为一种积极的价值导向引导一代代学子、官员、平民忠于职守、忠于国家，乃至忠于天下，对个人道德修养的提升、国家的团结统一有着积极意义。不同层次的忠，在不同的方面有着各自的积极影响，它们合在一起，构成了中华优秀传统文化中不可或缺的忠文化。

参考文献：

[1] 顾炎武 . 日知录 . 上海：上海古籍出版社，2006.
[2] 郭丹，程小青，李彬源译注 . 左传 . 北京：中华书局，2016.
[3] 马融等 . 忠经 · 孝经 . 西安：三秦出版社，2009.
[4] 王世舜，王翠叶译注 . 尚书 . 北京：中华书局，2012.

（指导老师：周泉翰）

“自强不息”方能成就时代精彩

□邢子昊

在中国，说不完道不尽的，正是家国情怀。史书万卷，字里行间都是“家国”二字。中华民族是一个伟大的、无可替代的族群。凝聚我们这个历久弥新的伟大国度的精神资源之一，还是那永不衰竭的家国情怀。

“家国情怀”既是指向国家和天下的大情感，也是指向故乡的情思，更是指向一个人的人格与操守的“身”。孟子曰：“天下之本在国，国之本在家，家之本在身。”家是国的基础，国是家的延伸，在中国人的精神谱系中，国家与家庭、社会与个人，都是密不可分的整体。我认为人是这里面最重要的一环。

而我们作为新时代的青年更是担当了一个重要的角色。在1919年5月4日，一场划时代的运动——五四运动爆发了。那是发生在北京的，以青年学生为主体的爱国救亡的学生运动。五四运动是中国新民主主义的开端，也是中国现代史的开端，它又同时与反对封建迷信、反对愚昧的新文化运动有着密不可分的联系。

新文化运动与五四运动在那时看来具有时代的进步意义，然而当国家的内忧外患已经度过，我们站在和平发展的当代，又该怎样去做呢？

在中国文化里，对于青少年的教育虽多，但归纳来讲要求也简，最紧要的，就是要培养起青少年人自强的品质。青少年在今天的风貌，就是家国社会在明天的面貌。所以梁启超才在《少年中国说》里强调“少年智则国智，少年富则国富，少年强则国强，少年独立则国独立，少年自由则国自由，少年进步则国进步”。现在我们也该再次唤醒——作为一国之青少年，无论何时都不该冷却的家国情怀、都不该丧失的精神品质。

《周易》有云：“天行健，君子以自强不息。”“自强不息”就是自己努力向上，永不懈怠停息。古人认为天体出于自身的本性而运行，刚健有力，周而复始，一往无前永不停息。我们也应发挥自己的能动性、主动性，勤勉不懈，奋发进取。毛泽东少年时期不甘于继承父业做一个小作坊的老板，虽然年纪稍大（17岁），但是也跟着年幼的孩子一起上学，“文明其精神，野蛮其体魄”，锻炼身体，学习知识，为了后来革命的胜利奠定基础。这不正是自强不息的表现吗？

自强不息是一种奋发向上的精神面貌，是一种不怕困难、不畏艰苦的精神，它也是中华民族精神，引领着我们不断向前，为祖国、时代寻找未来。自强的人，才会有坚定的目标；自强的人，才会朝着目标不断努力；自强的人，才会不畏困难；自强的人，才会不断挑战自我。自强不息，使我们更加顽强，更加强大。只有做到自强不息，我们才会不断提高，国家才会更加强大，时代才会不断进步。“我”的梦想有多雄奇，中国就有多美丽。

孟子说：“天将降大任于斯人也，必先苦其心志，劳其筋骨，饿其体肤，空乏其身，行拂乱其所为，所以动心忍性，增益其所不能。”司马光小时候学习并不好，晚上读书累了，就睡着了。但司马光用的是圆木枕头，晚上稍微一动就滚走了，他就惊醒了，起来接着学习，这个圆木枕头被称作“警枕”。“天眼”（世界最大单口径、最灵敏的射电望远镜，由南仁东担任首席科学家和总工程师）之父南仁东，带着三百多幅卫星遥感图，跋涉在中国西南的大山里，只为了寻找最适合的地址。“天眼”是一个涉及领域极宽泛的大工程，为了建设它，南仁东不仅自己在一线监督施工，更化身“推销员”大会小会、中国外国，逢人就推销“天眼”项目，吃了不少闭门羹。功夫不负有心人，终于在2016年9月25日“天眼”正式落成，为中国开创了一个新的辉煌。屠呦呦为了提取青蒿素，几十年如一日地在实验室内工作，历经二百多次失败最终取得成功。在时代的发展中，我们要做到自强不息，才能克服平日不能克服之困难，成就平日难以成就之梦想。自强没人做不到，不经历风雨怎能见彩虹，没有逆境的磨炼，我们又怎么能成长。

今天，守在屏幕前看十九大的你们肯定知道了，中国特色社会主义进入了新时代。青年、国家、时代，是形影相随的铁三角、彼此助推的浪涛。我们深知一只风筝要飞起来，必须站到时代的风口。一代代的青年人，记着国家使命，去奔走、去呐喊，去想、去做，敢担当不畏难，事情自然就成了。所以，未来的中国并不漂渺，就在大家的手里。你们有理想、有本领、有担当，国家就有前途，民族就有希望！

一代人有一代人的机遇，一代人有一代人的奋斗。现在我们面对的是市场的冲刷、技术的更迭和来自国际的竞争。这些都在考验我们的毅力，我们需要以自强不息的精神来面对它们。大的蓝图正在规划，大的舞台正在搭起，而我们需要的是做到自强不息，向着更高的目标冲刺，朝着远方前进。未来的大门将会向我们打开。

我们处于一个新的历史起点上，这个新时代是承前启后、继往开来的时代，我们要奋力实现中华民族的复兴中国梦，让中国站在世界舞台的中央，不断为人类做出更大贡献。我们需要共同开创美好未来，我们需要做到自强不息，来成就属于我们的时代精彩！

用力活着，才有分量；向前奔跑，才能抵达。愿你青春灿烂，愿你前途光明。

参考文献：

[1] 《中华思想文化术语》编委会 . 中华思想文化术语 1. 北京：外语教学与研究出版社，2015.

[2] 你的梦想有多雄奇，中国就有多美丽 . 人民日报，2017 年 10 月 18 日 .

（指导老师：亓梅）

论先秦政治家之“王道”

——探讨“王道”之历史沿革与现世价值

□杨飞杰

春秋战国，是百家争鸣、人才辈出、学术风气活跃的时期，是属于古代中国的“轴心时代”。这一时期涌现出大批如孔子、孟子、老子、庄子、墨子等拥有超群智慧的思想家、哲学家。他们率先感知宇宙，体悟自然，发出对世界探究的声音。他们各自形成自己的一套价值观体系，以此解读世界，也以此辐射周围。在这样的情况下，孟子首先系统化理论化地将孔子“仁”的思想发扬，将其实际应用到政治上，推崇“夫仁政，必自经界始”。其仁政的思想最终指向了“王道”。

一、王道之概说

王道是儒家提倡的以仁义治天下、以德服人的政治主张。上古贤明帝王多以仁德治国，至战国时代孟子将其提升为政治理念，提出国君应当以仁义治国，在处理国与国之间的关系时要以德服人，这样才能得到民众拥护，统一天下。它是中华民族崇尚“文明”、反对武力和暴政的具体体现。

二、从“内圣外王”的角度看“王道”——成“王道”之道

（一）内圣外王之源流

“内圣外王”一词出自《庄子·天下》：“内圣外王之道，暗而不明，郁而不发，天下之人，各为其所欲焉，以自为方。”“内圣外王”是中国传统政治思想中的一种理想人格，“内

圣”指内在的自我提升与完善，以求“圣化”，达到内在修养的圆满。“外王”则是指，在个人品德的修养已经有了较高的基础后，将个人自身的修养向外辐射，辐射至周围群体，至社会，最终建立其“王道”政治。“内圣外王”通常被解释为：“内具有圣人的才德，对外施行王道。”从这一点上看，内圣外王可被看作是王道的完成道路和先决条件，内圣外王连接的，是施行王道之前的路。

（二）孔孟——内圣外王的奠基者与实际应用者

孔子一生心系政治，力图修复周礼。其政治思想与内圣外王的观点学说具有很高的契合度，恰是“内圣”所要求的，内在修养的最圆满、精神成就的最高端。冯友兰先生提出，中国的圣人的人格是所谓内圣外王形的人格，“‘内圣’是就其修养的成就说；‘外王’是就其在社会上的功用说”（《中国哲学简史》）。对于政治，对于内圣外王的功用，孔子在《论语·为政》中给了我们更为清晰的阐释，“道之以政，齐之以刑，民免而无耻；道之以德，齐之以礼，有耻且格”。综合以上，我们认为，孔子的政治学说对内圣外王思想的奠定与发展起到了至关重要的作用。

现在一般认为孟子是王道的最先提出者。王道提倡以仁义治理天下、以德服人的政治主张，与孟子的仁政思想是相符合的。而仁政思想实质上也是对内圣外王在现实社会中的应用。仁政所要求的对外施行王道和内圣外王所要求的个人修养圆满是密不可分的。对于王道，孟子在与梁惠王的对话中有这样一段：

> 不违农时，谷不可胜食也；数罟不入洿池，鱼鳖不可胜食也；斧斤以时入山林，材木不可胜用也。谷与鱼鳖不可胜食，材木不可胜用，是使民养生丧死无憾也。养生丧死无憾，王道之始也。

这是孟子对王道具体施行的指导，而事实上，在这段话之前，孟子先以“五十步笑百步”的比喻向梁惠王说明道理，之后才提出这番理论。由此可以看出，孟子已经将“内圣外王”作为王道施行的一种指导思想与具体实施模式了。

（三）从儒家“内圣外王”困局反观传统“王道”政治

“内圣外王”是一种内修至高品德、外施无上王道的理想人格，是“王道”实施的思想指导。而在其实际应用中我们发现，中国古代的内圣外王思想，大抵如辛冠洁先生曾对其做出的比喻：跛脚儿。儒学是伦理政治的观念形态，“内圣外王”既是其最高的理想人格、价值观念，也是其最高的政治目标和终极关怀。“内圣”，又谓之“成己”，就是通过严格的道德自律和操练，使自身的道德修养达致完善、犹入圣域；“外王”，也谓之成物，是把完善的道德修养和境界由内而外、由近及远、落实于人际关系，普及推广于社会治理和社会秩序。从这段话中，我们承认，“内圣外王”在理念上来看是有先后顺序的，先“内圣”后“外王”，是一般人较为能接受的看法。而在实际中，我们又发现，当时的内圣外王，过分地侧重于内圣，而轻视于外王，“内圣”长而“外王”短。那么，是什么造成了内圣与外王之间的断裂与不平衡呢?

孔子对于“内圣”，较多的是谈到“仁”的概念，而对于“外王”，孔子却给出了“礼”的概念，认为恢复周礼、人人遵守礼乐制度，便可构建和谐社会。这一点上，孔子作为儒家学派代表人物，他在政治层面的终极目标，“构建和谐社会”是与“内圣外王”思想所一致的。《论语·颜渊》：“颜渊问仁。子曰：‘克己复礼为仁。一日克己复礼，天下归仁焉。为仁由己，而由人乎哉？”在孔子的角度上，礼，或者说王道的对外施行实则是仁的推广，是“仁”的标准，是人人“内圣”的伪说。当时包括孔子在内的一大批人希望重新将“礼”应用到政治上，在这过程中将“礼”的作用扩大到了其本身无法承担的地步。内圣外王并不排斥个人思想的对外普及传播，但以内圣取代外王，是不合理的。孔子在政治思想上再次挪用“仁”的内圣说，很大程度上也与其一直过于看重“仁”的效果、夸大“仁”的功用有很大关联。乃至发展到孟子时期，孟子又再次将仁的政治作用提升至“仁者无敌”，这显然是一种畸形的对仁的盲目推崇。除“礼”之外，儒家也有其他的施政思想，例如孔子的“文德治国”，孟子的“仁政”，荀子“礼法并重”，但观其内态，实则都是“内圣”的外放，是“畸形”的外王。儒家的“内圣外王”，实际是伪内圣者施王道，或是内圣者施伪王道罢了。

三、王道的现实价值与对国人爱国情怀的指导

王道发展至今，仍能保持其较高的纯粹性并持续影响着国人，成为传统文化之精华，这一点是很值得肯定的。王道在其历史沿革里，也已不再局限于统治者的施政纲领，其真善美的内核也对社会与个人提供着持续恒久的作用。王道本身作为古代政治思想，挪移到现在来看仍不过时。可以这样说，执政者仍需从王道

思想中汲取能量，以王道作为个人政治活动的标尺；民众亦可从王道思想中提取精华，既对个人人际关系进行修缮，也对执政者提出个人要求，发挥监督作用。“王道”对于国人爱国思想也发挥着不可忽略的指导性作用。就其本身说，它是中华传统文化中的一颗璨星，是国人对中华历史认同感与爱国情怀的重要组成部分。同时，它在政治上所做贡献的巨大作用也让国人形成“共建美好祖国”的社会责任感，让更多青年一代投身到祖国的建设中来。不仅如此，“王道”也很有对外传播推广的必要，它不仅是对中华传统文化的弘扬，是中国古代先进政治思想的“走出去”，更是国人“崇学向善，爱国爱家”的价值体现。

参考文献：

[1] 冯友兰 . 中国哲学简史 . 北京：北京大学出版社，2013.

[2] 宁陶，谢有长 . 内圣外王思想的源流及发展历程探析 . 哈尔滨学院学报，2007(9).

（指导老师：李方正）

家国情怀与文化认同

——国人的天下观

□姚一一

当今文化多元的时代，中华文化这块沉淀千年的瑰宝，正进行着文化转型。如何将本土文化推向世界、促进世界发展，应当深入民族文化中一些核心而又有着重要价值的精神，探究其生生不息的内涵所在。家国情怀这种凝聚了古今仁人志士无数心血思潮的情感，在其中尤为重要，恰是有助于中华文化融入世界文化的催化剂。自始至终贯穿于国人天下观中的家国情怀，也随着天下观的发展历程，经历了数次考验和洗礼。

一、士阶层的“道”

有西方学者认为，“民族的认同和共同体是由‘此处的感觉’和‘主格我们的感觉’构成的，前者源自在一个地方的共同居住，后者来自群体的团结和共有属性。”正是在小团体的浸淫积淀中，催生了自春秋战国抑或更早便逐渐脱离普通百姓独立的一个新阶层士族，表现出独特的思想特征。孔子曰：“饭疏食饮水，曲肱而枕之，乐亦在其中矣。不义而富且贵，于我如浮云。”（《论语·述而》）贵族地位下降使他们产生了某种优越感，直到历经多次朝代更替，士族血液中的家国情怀才完全被激发出来，沉淀为对民族、对生死存亡的忖度和自省，同时也是共同体意识的觉醒。许庭“记得当年春去也，锦帆不见西归。故抛轻絮点人衣。如将亡国恨，说与路人知”，元好问“道旁僵卧满累囚，过去旃车似水流。红粉哭随回鹘马，为谁一步一回头”，这些情怀使得人们重拾信心，为心中信仰前仆后继。

余英时先生认为，中国古代知识分子所恃的“道”是人间的性格，他们所面临的问题是政治社会秩序的重建。这就使得他们既有别于以色列先知的直接诉诸普遍性、超越性的上帝，也不同于希腊哲人对自然秩序的探索，他们以“修身齐家治国平天下”为最终理想，一则因他们在孝悌爱国忠君的谆谆教诲下耳濡目染地长大，二是动荡或太平的世界给了他们参与或制造一切变革的机会，以此来证明他们的特殊才干，实现政治抱负。因此这些人的“天下”仍是一个地域空间的概念，也是诸子政治理想的终极目标。

二、国与天下

在北宋，有范仲淹“先天下之忧而忧，后天下之乐而乐”，这里的“天下”中百姓的含义也随着日渐严重的国运民忧呼之欲出了，从中体现出的也是民本思想的延伸。清朝顾炎武在《日知录·正始》中，以“有亡国，有亡天下。亡国与亡天下奚辨？曰：易姓改号，谓之亡国。仁义充塞，而至于率兽食人，人将相食，谓之亡天下。……知保天下然后知保国。保国者，其君其臣，肉食者谋之；保天下者，匹夫之贱，与有责焉耳矣”说明了“亡国”和“亡天下”的区别，亡国是封建王朝更迭，亡天下是整个民族灭亡。他这一说法将“天下兴亡，匹夫有责”的使命感、责任感延伸到整个民族的高度。而国人的“天下”观开始解构，是在晚清学者们对于合法的新型现代民族国家存在的合理性进行思考。“公民”也由“为私之人众”、君主之民开始向承担着权利与义务的享有国籍的人有意识地转变。

三、近代的救亡图存

鸦片战争给中国人一记猛烈的冲击，打开了中国近代的大门。意识到与西方列强之间的差距后，有志之士们便吹响了改变的号角。近代洋务派通过“中学为体”透露他们对于传统文化仍保留着历史的使命感，而维新派对西方文化大力引进，家国情怀便体现在了一个真正懂得并且热爱自己国家民族文化的人不会轻易去全盘否定传统文化这一事实上，文化认同使得他们不得不对那些根源性的、血脉中蕴含着的如同千年不变的处世之道的东西颔首，这使得他们在经历一场洗礼后，萌生了强国御侮、救亡图存的情结，夹杂着强烈的希冀国家综合国力强盛的心愿，家国情怀由此经历了自我转型，人民也对主权、法制等概念有了更进一步的认识。值得一提的是，儒家传统的天下观，在“天下”一词背后不仅仅意味国家这一背景下受到全面的颠覆。这意味着国人拓宽了视野，开始放眼看世界，近代民族国家观正缓慢地成型，国人的思想正同世界文化经济政治接轨，民本思想的萌芽也得到浇灌而逐渐成长。

四、对人类命运共同体的探讨

我们可以看到“天下一体”的观念在经过危机的考验和现代文明的冲刷后，中华民族文化的“同一性”和“互补性”，恰好既能唤起相同文化模式下的共同体意识，又能与具有不同文化特质的人和社会相契合。这就是文化认同带来的归属感。马克思把共同体按照历史性分为三个阶段，天然的共同体、虚假的共同体和真正的共同体，分别对应原始、封建的共同体，资本主义的共同体和未来社会的共同体。习近平主席在达沃斯的演讲《共担时代责任，共促全球发展》中提到，这“是一条在开放中谋求共同发展的道路”。人类命运共同体是属于未来社会的共同体，我们要将这条路走得更长、更远。“天下大同”可以超越国家的界限，走向未来的共同体，这不仅能为中华文化注入新的活力与生机，还能促进全人类的发展。这是中国领导人基于世界大势准确把握而贡献的“中国方案”，是各国人民共同的福祉。

参考文献：

[1] [美]丹尼尔·德德尼.土地上的认同：民族主义的自然、地方和距离.//约瑟夫．拉彼德，弗里德里希．克拉．文化和认同：国际关系回归理论．金烨译．杭州：浙江人民出版社，2003.
[2] 余英时：士与中国文化.上海：上海人民出版社，1987.

（指导老师：赵茜）

"格物致知"的意义

□郑茹丹

一、历史上对格物致知的争议

格物致知，知行合一，这是人们在做事情的时候时常提起的成语。"格物致知"源于《礼记·大学》："欲诚其意者，先致其知，致知在格物。"即想要有诚实的意志就要先获得一定的知识，获得知识的方法就是认识并仔细研究万事万物。格物致知是儒家思想中一个重要的概念。从东汉开始，各朝各代的文学家和思想家对于"格物致知"的含义争论不休。我认为，对于格物致知的争议，不同的历史时间段有不同的侧重点。在北宋时期，儒学学者的争论重点在于"致知"，他们对于"格物"的解释大多都是"穷究事物的真理"，而对于"致知"的理解则分为"知性不受外物的牵连"和"知晓德行"两个方面。在南宋及明清时期，学者们的主要争议在于"格物"的释义，一些人认为是"反省自身"，有些人认为是"感通外境"。到了现代，由于唯物论的影响，大多数人对于致知的理解只是对于知识的通达而不是朱熹所认为的知晓智慧、心智以及知识。

二、古代学者观点的发展

从东汉的郑玄到北宋的司马光再到南宋的朱熹，每个人的观点各不相同。例如，郑玄认为事物的发生是由人们已知的习性喜好来决定的，司马光认为格物致知的根本目的在于告诫世人要抵制外物的诱惑才能知晓德行，朱熹则认为事物的道理是人们在观察自然之后总结出来的，格物是致知的手段、致知是格物的目的，互相影响。

三、生活中的格物致知精神

在我们小的时候，老师和家长总是会告诉我们，要脚踏实地地工作，要有实事求是的精神。我认为，这就是对于格物致知的体现。随着我们的成长，在学习的过程中，总是会有一些理论的东西要付诸实践，用实验表现理论，可能就是“知行合一”的典型例子。清朝学者颜元曾经写道：“周公以六艺教人，正就人伦日用为教，故曰‘修道谓教’。盖三物之六德，其发见为六行，其实事为六艺，孔门‘学而时习之’即此也；所谓‘格物’也。”亲自实践验证，致使通达事物真理，这对于学习科学类学科来说很重要。随着教育的发展，学生有更多的机会接触到各种精密的科学仪器，例如，在生物课上，当老师要求做实验的时候，同学们总是可以把生物和化学联系在一起，不仅研究生物方面的变化，更会利用化学知识研究变化的本质。

四、中外教育方式中的格物致知精神

我认为，中外教育方式中最大的不同就是中国教育中书本和理论是重点，外国教育中实践比书本更加重要。这就是对于格物致知精神不同的理解。和国外的教育方式相比，中国的教育注重理论知识，他们对于格物致知的理解可能是“穷究事物的真理，致使知性通达至极”。而外国教育就注重实践，表现出了另一个解释：“亲自实践验证，致使知性通达事理。”上外教课的时候，我发现她并没有固定的书本，有时候甚至一节课只有一个关键词。有一次，我们的关键词是friction（摩擦），她要求我们思考生活中和摩擦有关的所有事物，以及在其他学科中学到的和摩擦有关的知识。讨论一节课后，她带我们去学校的实验室做实验。同样在做实验时，老师只提friction，没有其他的限制，同学们可以做任何自己感兴趣的有关摩擦的实验。第三节课，老师会让同学将自己得出的结论以及大概的实验过程和大家分享，最后由老师把所有结论整合到一起，得出一个相对完整的有关friction的知识。而我们上物理课的时候，老师会根据课本来讲关于“摩擦”方面的知识，虽然老师也会组织我们做实验，但是却局限于课本上的三个知识点。我认为，教育方式的差异可能是因为教育环境的不同，以及教育目的不同。中国人数很多，所以必须在高考等重大考试中取得好成绩才能为未来发展奠定基础，所以老师在上课的时候就必须尽可能地帮助学生掌握课本上的知识，让他们在考试中有更大的优势。相反，外国人数偏少，所以会有更多的实践去发展创新思维。所以，根据这两个不同的情况，我认为，对于“格物致知”理解的争议，不仅是因为各个朝代、各个国家的文化差异，还因为不同的社会环境和其他客观或主观的影响因素。

五、总结

人们对于一些特定的词语的理解总是会被文化环境影响。正如中西方文化的差异导致外国人即使知道中文词语的意思也不会运用。我认为，在现在中西文化交融的时代，我们应该积极了解西方文化，取其精华、去其糟粕。特别是在教育方面，综合实践应该和理论知识结合起来、取长补短，让中国的教育变得更有效率且更完善。

参考文献：

[1] 陈澔 . 礼记 . 上海：上海古籍出版社，2016.
[2] 朱熹 . 四书集注 . 长沙 : 岳麓书社，1987.

（指导老师：吴元亮）

“家”“国”“孝”之间

——“孝”在家国关系中应发挥的作用

□瞿语轩

引言

个人、家、国之间从来都有着千丝万缕的联系，但同时个人和家之间的血缘关系，与个人和国之间的业缘关系却又存在差异。本文主要从儒家孔孟思想孝文化的角度出发，探讨自身、家与国的关系，重新发扬孝文化。

一、孝——家、国作用考

血缘关系是中国古代发展过程中的核心词汇，中国最早的宗法制等制度都在此基础上发展起来。中国古代小农经济的分散性和封闭性使得人们非常注重血缘关系，“亲亲”关系则在这种血缘关系的壮大中产生和发展。《礼记·中庸》中说：“仁者人也，亲亲为大。”亲亲就是爱亲人，尤其是要爱父母。从这一角度来看，亲亲其实就约等于孝，是孝将自身与家联系在一起。

孝作为个人德行养成的基础，维系着一个家乃至一个国的发展。朱熹认为：“能事父孝，则事天之理自然明；能事母孝，则事地之理自然察。”（《朱子语类》，中华书局，1994 年）以孝待父母，则可察天地之理，而察理则更知孝之重要性，于是孝更根植于心。如此循环，不仅自身受益，更是让家庭和睦。血缘关系的和睦更促进了人、国之间业缘关系的发展，国家和平、社会安定又减少了社会矛盾，社会风气向好则家庭又和睦，家庭和睦又更有利于自身的发展。由此可见，孝与自身和社会发展又有着相互促进的作用。以五帝之一的舜为例，史书记载他

“（父母）欲杀（之），不可得；即求，常在侧”，意思是说父母有想杀他的想法，他就跑得远远的不让他们成功，但是当他们有需要的时候他就会迅速回到他们身边。舜不论父母如何待他，都坚守一个“孝”字，故他可以说是古代大孝之典范了。而舜的形象又极其符合儒家思想传播的需要，于是他便成了儒家的推崇对象。孟子经常对舜进行赞美，与他人探讨问题的时候还有过这样一段对话（《孟子·尽心上》）：

桃应问曰：“舜为天子，皋陶为士，瞽瞍杀人，则如之何？”孟子曰：“执之而已矣。”“然则舜不禁与？”曰：“夫舜恶得而禁之？夫有所受之也。”“然则舜如之何？”曰：“舜视弃天下犹弃敝屣也。窃负而逃，遵海滨而处，终身欣然，乐而忘天下。”

他设想舜为天子，而瞽瞍杀人被捕，舜因为国君的位置会坚守法律，不会阻止他人对瞽叟的追捕，但是作为一个儿子，却又一定会到监狱里偷偷地把父亲背出来，一起逃到海滨，为了共享天伦之乐而忘掉天子的地位。孟子的设想其实是自己内心想法的反映。他内心对于家国关系的处理都是“孝”，然而这又是两种意义上的孝。他认为舜遵从业缘关系上的孝——反映他内心对业缘关系即国的态度——为爱国守法，但显然背上父亲逃到海边这种基于血缘关系的孝的做法，在他心中是更为重要的。

然而在对待家国问题的态度上，却又有不同观点出现。齐家重于治国如孟子者有之，移孝作忠者亦有之。“古之欲明明德于天下者，先治其国；欲治其国者，先齐其家；欲齐其家者，先修其身；欲修其身者，先正其心；欲正其心者，先诚其意；欲诚其意者，先致其知。”（《礼记·大学》）故可知，移孝作忠的做法其实是很片面的。且如前文所言，以孝待父母可察天地之理，可致其知，而后诚意正心修身齐家治国循序渐进，齐家之后，试问国家怎会不安定？然而后者之移孝作忠，将血亲的情感移入冰冷的等级架构之中，越过甚至可以说舍弃了齐家直接迈向治国。熊十力曾指责后者：“以尊父与尊君相结合，遂使独夫统治天下之局，特别延长。”（《六经是孔子晚年定论》）然而又正是这一封建专制制度的延长延缓了近现代中国发展的步伐，这是因为将国孝提到了家孝之前，没有注重基础的巩固。“家是最小国，国是千万家”，如果不注重微观而直接着眼于宏观，就会出现落后的局面，正如近代的中国，在历史上留下了极其黑暗痛苦的一章。故如果要正确处理家国关系，取上文的前者——齐家重于治国——为佳。

二、当今社会上关于“孝”的问题

移孝作忠导致的后果就是使现代文明强行地侵入了中国传统封建社会。这虽然促进了中国社会的转型升级，但是缺少了让人们的观念自然过渡的时间。一个以孝为基础发展起来的社会和民族，如今却涌现出了许多问题。例如许多人受物质文明影响逐渐忽略精神文明，造成亲情的淡泊和“孝”的缺失。《论语·为政》中说：“今之孝者，是谓能养。至于犬马，皆能有养。不敬，何以别乎？”真正的孝是满足父母精神上的需求，真正地尊敬和爱他们。然而许多人却只满足其物质方面的需求，未兼顾到精神。这是自身和家之间联系的缺失。不禁令人想到近日各地频发的水灾，许多人为灾区贡献一份力量，对灾区人民嘘寒问暖，购买物资寄到灾区便自我感觉良好，然而与此同时对家里人漠不关心、不加询问。这不免就有些空洞了。古语言“百善孝为先”，一个人如果不先关心自己的家人，那么就算他为灾区贡献了再多的力量，这种越过家而及国的行为也是不值得我们学习的。

所以说，要稳固社会的根基，首先是要恢复人们心中对“孝”的信仰与崇敬，重扬理性的亲亲精神，将新时代的思想与孝相结合，以孝修身、以和齐家，然后方能治国平天下。懂得什么是孝、知道如何去孝，再借助血缘亲情本身蕴含的独特凝聚力来实现对传统文化的重新认识和对传统美德的切身实践，从而保证社会安定并促进国力提升，大概就是发扬孝文化的意义所在。

综上可知，孝在古代家国关系和现代时代精神之中都发挥着极其重要的作用，重新思考孝文化，还其一个新时代背景下的定义，已经成为时代发展的必然要求。它对血缘关系的维护作用、对现代思想的奠基作用都十分明显，我们应当也必能承担起弘扬孝文化的时代任务。

参考文献：

[1] 高飞．从家国层面解读儒家孝文化．河南财政税务高等专科学校学报，2012(2).

[2] 杨增和．论以孝治国与家国同构的文化模式．船山学刊，2017(5).

（指导老师：代莉）

易经八卦对于中国人思维方式的影响

□姚泓曦

1. 引言

《易经》作为中华儿女先祖的智慧结晶，指的是《连山》《归藏》《周易》三本易书。其中《连山》《归藏》已失传，传世的只有《周易》一本，所以现在的《易经》一般指《周易》。《易经》是关于变化之书，长期被世人用作占卜。占卜即对未来事态的发展进行预测，而《易经》便是总结这些预测的规律的书。后人多学习其哲理，因而成为一部博大精深的辩证法哲学书，而因其生涩难懂，后人常说“五十读易经”，可见其底蕴之深厚。

《易经》发源于河图洛书，其探讨领域涵盖数门学科以及伦理规则，代表了中国传统文化，亦是中华文明的源头，更是儒家、道家共同的经典。因此，由《易经》可探寻到中华儿女一脉相承的思维方式，并可推测出这些思维方式在中国人生活工作方面的影响。《易经》主要影响中国人的思维方式在于生活，也就是社会形态、家庭形态以及个人形态的思维贡献上。

2.《易经》对于国人思维方式的影响

《易经》对于国人思维方式的影响非常深远。在日常生活生产，伦理规则方面，《易经》中许多人文相关的思维方式及特点对国人影响至深。

2.1 社会人文方面的影响

张启成在《论八卦与〈易经〉的思维方式》一文中写道：“动态思维，即事物不断运动发展变化的思想在《易·序卦》中的体现：'有天地然后有君臣，有君臣然后有上下，有上下然后礼义有所措。'万物与人类的产生、君臣与礼义的形成，都是自然演变、社会演变的结果，一切都在流动、变化之中，唯一永恒的就是生生不息的运动。"可以推测，人们通常认为世间万物都有着自己的规律和秩序，即天下万物的条理化，并且都在不停运动和变化之中。

这也影响到了人们对于生活的看法，如古人常常进行的"卜筮"，可以说就是对于自然与人之间关联影响的规律的摸索。在历史的长河中，许多行为也都有规律可循，比如在一定的时间段后，由于专制王权的国家的政权高度集中，且多为通过"分门别类"将社会"定于一"，强烈需要稳定而正确的政策方针。国家政权经常会进行更迭变换或者改革，社会中也会不定期对政权以及一些思维体系出现质疑，而这些其实就是一个国家和社会进步与尝试改变的标志。

尤其是思想开放程度较高或是较为繁荣的朝代，频繁地出现多家思想学派之间的碰撞和吸收融合以及对于权威的挑战，潜移默化地影响了大众的主流思想，于是在当朝封闭衰落时，便容易被内部淘汰更新，否则就会像清朝末年的第一次鸦片战争一样被迫打开国门。

时代的变化也是明显的，根据生产工具的变化，由石器时代、青铜器时代、铁器时代到蒸汽时代（机器时代）、电气时代、电子时代、机器人时代也就是现今的信息时代，可以说是技术、知识和思想的共同进步之成果，其中最先开始新一轮产业革命并将其做大做强的国家往往便是贯穿整个时代的领头羊，可以见得社会和时代的及时更新与变化无论对于社会、国家还是人类都是非常必须而且重要的，并且通常有着其自身存在的规律。

然而，这个重视秩序的思维也体现在了古代人们常分的三六九等上，这个习惯延续到当代社会，一旦处理不当便成为一个非常影响人与人之间关系的事情，比如有的人对于人种的偏见，或者将职业分为高低贵贱，再或者有的还攻击他人的生活习惯，即使他人的行为并没有伤害到别人。这些也许是惯性思维的现代延续，但事实上它在现代社会中常令人感到不礼貌甚至不尊重，这也提醒我们应当在与他人相处时时刻牢记并反思不恰当的举止。

2.2 家庭生活方面的影响

对于家庭而言，八卦中的四个阳卦（天、雷、水、山）和阴卦（地、风、火、泽）也暗示了在传统中男性和女性的性格差异。

张启成在《论八卦与〈易经〉的思维方式》文中对于“取象思维，即类比推理”以及“对应思维，即类比推理的整体性与整体性”做出了如下探讨：“男性像天一样地刚健，像雷霆一样地具有威力，像水一样地变幻莫测，像山一样地镇静。因而男性是‘自强不息’的开创者，其性格特征是刚健沉着，但好用权威与暴力，再加上男性的多变性，故也有其破坏性与危险性的一面；女性像大地一样厚重，像风一样柔和，像火一样明洁而富有热情，像湖泽一样平静。因而女性是‘厚德载物’的守成者，其性格特征是温柔好静，对维护家庭与事业，具有坚持不懈的热情”，“名著《百年孤独》中男性热衷发明创造、炼金、打仗、追求权力而荒淫无度，女性则能支撑整个世界，以免它遭受破坏”。由此可见，八卦取向思维对男性、女性的性格判断更有着一定的世界意义。

也就是说，在长期的传统观念中，人们固化的“男主外，女主内”的思想模式可能就由此得来，更有人认为，必须是粗犷、大男人主义甚至粗鄙的男性才是正常的，阴柔的、漂亮的男性就是病态，而女性就必须是长发、淑女、柔声细气的，男性化一点也是不正常的表现。但是在现代社会的齿轮不停发展前进下，人们这种传统的观念开始产生了变化，现代社会认为，男人是刚健，充满干劲，自强不息，有担当的，而并不是所谓的对女性或是其他的事物抱持蔑视或是贬低的态度的；女性也是柔和厚重，对于生命和生活充满热情，有责任感的，而并不是必须低人一等，低声下气的。

从这一方面看来，其实这恰恰和八卦阴阳对立统一的思维不谋而合。阴阳具有严密的整体性与系统性，是相生相克对立统一的，应当是互相转化相互消长，是动态的，也就是说，或许男性和女性各自拥有着相似却又不完全相同的个性，但并不是说故步自封，而是互相从对方身上学习到不同的风格和个性，推动创造文化传承的新契机，在多元思维碰撞的当今，希望我们能够见到未来更加懂得尊重、包容、多元、相互理解的和谐社会。

除此之外，《易经》对于生活中的运动调理也起到了指导作用。如由《易经》衍生出来的太极拳作为中国人喜爱的传统运动，其包含了许许多多的中医气血等等的调理信息。中医一贯运用的整体思维，也在太极中很好地体现了出来，比如“舌顶颚”“气实腹”“神内敛”等都是“心全于中”的具体化，进而做到“内外相随”、内外合一。

而如今中医对于四肢、五脏六腑的调理也是以长期调理全身闻名的，可见在很久以前,《易经》对于中医乃至现代医学就有着重要的影响。后人由《易经》说明了生命的规律，指导了临床诊法，阐释了药物性质并确立了中医的治则治法。也就是说,《易经》以及中医学理论对于现代医学的临床研究具有重要的意义和作用。深刻地研究中医、中草药的功效和疗法，或许对于人们身体的整体诊疗和调理会起到举足轻重的作用，同时也能为现代医学做出贡献。

2.3 个人为人处世方面的影响

对于个人而言,《易经》在思维方式、思维能力以及为人处世之道上对人的培养也是有迹可循的。《易经》的思维方式至少包括了以下几个：辩证思维、阴阳观念、直觉思维、类比思维、“象”思维、对比思维等。也正是通过对天地盈虚、周而复始的现象观察、比对，古人获得了对宇宙万物的领悟和认知。

首先，在王鹏《〈易经〉及其思维方式对大学生思维能力的培养》一文中，“设卦观象”是思维产生的一个原因，它用符号代表自然界千变万化的奥妙情境，由此展示人世间的吉凶祸福与因应之道，而“观”则为古人把握世界的直觉思维方式，也就是天人合一思维观念的形成。而这些符号和观察的结果得出的结论也十分有智慧，如《象传》解释“巽”卦为“随风，巽。君子以申命行事”，意为“风不断地吹动，会导致事物的推移，所以君子应当重复申明自己的政令，使人们能够理解执行”等等，而这些有利于我们多角度看问题和思考问题，对于“唯理性”思维模式也有着很大的突破。人类本身就是自然界的一员，通过对自然万物的思考寻找规律，并思考在人类身上的共性，这也是古人延续至今类比思维的智慧。追溯人的特点，要从源头出发，这也启示了人们思考问题时应当更加全面，且不要停留在表层。

其次，辩证思维方式也对于现代社会同样拥有着不容小觑的影响。古人在观察中看到了很多的物极必反、盛极而衰、否极泰来的事物和现象，这很大程度上是辩证思维的产生原因，他们发现一切事物都有其自身的发展周期和循环规律，一个阶段的结束便是另一个阶段的开始，而《易经》的宇宙图式便构成了一种循环往复、永无止息的时间的链条，使人获得超旷的人生智慧和时间意识。比如大家耳熟能详的“高处不胜寒”便是表达盛极必衰、我们应当居安思危的一个典型例子。这对现代社会生活有着重要的指导意义，“乐极生悲”是大家常常用以警醒自己的事情，当一个人将一件事情做到极致，达到了巅峰的时候，不免要面对的就是接下来应该如何去处理很可能接踵而至的下降期，这个时候，也许就应该要想起那一句“退一步海阔天空”，不能够将一件事情做得太过，也要预留转变的空间，在节点处的创新和改革，往往决定了这个个体或者企业或者社会甚至国家的未来，起承转合和张弛有度显然十分重要。

最后，《易经》中的为人处世之道也包含着丰富的人生哲理，它认为人人都是趋利避害的，但是人生的不确定性使得唯有个人的德行修养才是人们能够离苦得乐的最佳保证，而德行修养的根本便是为人处世之道，学会不为苦乐所困，学会如何自我调适和自我定位，能懂得很多为人处世的道理。比如“一身浩然正气”使一个人坦荡、磊落，拥有一种强大的气场，而这能够帮助一个人在人际交往中给别人留下一个良好的第一印象；再比如“谦”卦，表示“地中有山”，象征一个有才德的人含藏优点而不去张扬，也告诉我们，自视不高，自己隐晦，德行有光辉，才能够得到别人的尊敬。

这些都充分地说明了《易经》将自然特征转化为人文生活中的方方面面，并且从古代渗透至今，而其中“穷则变，变则通，通则久”的思想，启示人们应当不断进行创新，跟上时代的步伐，不仅仅是个人，更是社会，都应该与时俱进。

3. 结论

本研究将《易经》对于中国人的思维方式影响分为社会人文方面、家庭生活方面和个人为人处世方面三个部分，说明了它的传统思维在现代人生活和工作研究等领域的映射。这可以让人们在平时遇到一些令人赞叹有加或是匪夷所思的言行举止时，多思考一层：是否与以前的某一种观念或者行为有着异曲同工之处？若是好，应当如何正确传承保护下去；若是不好，又应当如何摒弃糟粕，促进社会更加和谐地向前发展。

本研究对于前人对于本问题的看法采取了与他人访谈以及上网搜索信息等等搜集汇总的方式，尽量在分析的时候能够与现代社会的一些优点和劣势相吻合并客观地进行分析。在对于男女分工方面，本人将其与现代社会的一些问题和质疑相结合，将此观点重新发展，认为男女双方应当是互相学习、个性互相理解，这与小部分前人学者的看法不完全相同。

参考文献：

[1] 李宪堂 . 论类分思维与战国精神 . 文史哲，2014(1).

[2] 李宗勋 . 揭示东方神秘思维方式的力作 . 大连大学学报，2016(4).
[3] 马银春 . 谈古论今说易经 . 北京：中国致公出版社，2008.
[4] 孟庆岩，颜培正，相光鑫，张庆祥 . 从河洛文化谈中医学象思维特点与应用 . 时珍国际国药，2016(11).
[5] 宋玉波，朱丹琼 . 阴阳五行说的发展演变与中华民族思维方式的基本形成 . 馆子学刊，2011(2).
[6] 唐国梁 . 太极拳的“象”思维模型 . 南昌教育学院学报，2011(6).
[7] 唐国梁，李冬冬，刘益彰 . 太极拳的“象”思维方式及特征 . 曲靖师范学院学报，2006(6).
[8] 王鹏，雷香，邱燕，张太杰，黄林，宋先梅 .《易经》及其思维方式对大学生思维能力的培养 . 成都工业学院学报，2017(3).
[9] 王永宽 . 论河图洛书的哲学思维 . 河南教育学院学报，2007(5).
[10] 徐海龙，马振水，韩红雨 . 通过中国传统文化透视太极拳的思维方式 . 河北体育学院学报，2007(1).
[11] 张理穷 . 河图洛书与先后天八卦 . 北京：宗教文化出版社，2008.
[12] 张其成 . 从太极八卦看中医思维 . 中医健康养生，2015(12).
[13] 张启成 . 论八卦与《易经》的思维方式 . 黔南民族师专学报（哲学社会科学版），1996(3).

中华文明价值核心对世界的影响

□车承

任何文明的产生、发展、壮大，走向成熟与辉煌，都要以自身的价值观作为文化支撑。中华文明绵延数千年，其独特的价值体系已经成为中华民族的基因，潜移默化地影响着中国人的思想和行为。

一、文明延续的法宝，改革与开放

在世界文明发展史中，古印度、古埃及、古希腊、古罗马等文明都曾经盛极一时，但又在历史的进程中消亡，迄今为止仍然兴旺发展的文明一个是西方的欧美文明，另一个是连续不断的中国文明。

西方文明的核心是扩张性文明，而我们中华民族情况很特殊，往往是一开始统一强盛，后来慢慢衰落，如果出现一些改革、变法，则会出现中兴。如果改革失败、外敌入侵，则通常是危机变转机，因为一方面有很顽强的抵抗力量，另一方面我们又有非常强的开放、融合能力，在文化、思维上将外民族同化，使大家变成一个文明，我们的民族从此又壮大起来。

纵观新中国发展历史，我们能有今天的成就靠的就是改革和开放。当我们遇到困难的时候，内部要积极进行改革、努力克服困难。发展的同时，我们坚持对外开放、寻求出路。

二、中华文明核心内容，尚仁厚德

中国文化在其长期的历史发展中，不仅孕育产生了本土文化，也吸收同化了外来文化，形成了以儒释道三教为核心、独具特色的中国文化体系。

孔子说："尚仁厚德，力求至善。"厚德就是看重道德修养，以求尽所能做到最好。中国人自古以来重视人的德行品格，历来讲求"格物致知，诚意、正心、修身、齐家、治国、平天下"，这就是将个人的道德修养和社会的要求结合在一起。尚仁意为崇尚待人亲善，"仁爱"是说从对亲人的亲爱演化为广泛的仁爱、无私的博爱。这就是自己在尚仁厚德的同时促成他人不断进步，在自己追求成功的同时也帮助他人达到目标。进而不仅热爱人类，还要尊重自然；不仅对当代有所贡献，同时也对未来可持续发展负责。

在传统文化的熏陶下，中国文化强调正心修身、克己复礼，弘扬大公无私和具有利他情节的人，贬斥追求满足自我欲望的人，鼓舞人们追求坚定和独立的人格尊严，强调富贵不能淫、贫贱不能移、威武不能屈，并倡导百折不挠和艰苦卓绝的斗争，以捍卫正义、追求更美好的生活。

三、中华文明的价值取向

一是责任先于自由。与强调个人自由的西方文化不同，中国人强调个人对他人、群体，甚至对自然负责。古人说"以天下为己任"，就是将个人的责任与社会价值联系起来。中华价值观主张个人存在不能以自我为中心，而应以自我为出发点、尊重对方，个人利益要服从责任的要求，强调个人对家国天下的责任，而不是突出个人自由。

二是义务先于权利。西方文化非常强调个人的权利，但中国的儒家思想强调的是人与人之间互相承担义务。梁漱溟认为，中国文化在人与人之间的关系中首先强调义务，互相承担义务是中国伦理的基本特征，一个人不为自己而存在，而以承担的义务为重。相反，西方主张本位主义，一切从权利的概念开始。过分强调保护个人权利，同时忽视社会公益与个人利益之间的冲突，对于现代社会的和谐发展弊大于利。

三是群体高于个人。西方的人文主义更多建立在个人的基础上，中国的以人为本，不是以个人利益为本，而是以群体利益为导向。群体在价值上高于个人，强调个人与群体的交融、社会共同的善和有助于公益的美德。中华文化和中国价值观特别重视家庭价值，而家庭是个人向社会发展以及维持国家稳定的重要社群层级。

四是和谐高于冲突。人类的发展历史总是在冲突、斗争和流血中前进，西方历史上的宗教战争非常残酷，但中国文化更强调和谐共存，威天下不以兵戈之利，没有出现过这样的宗教战争。中华文化和中华价值观同西方文化和西方价值观相比，总是强调和谐、避免冲突。

中华文化的价值观是发展中的价值观，它应该同现代社会协调一致、创新性发展。例如，传统价值观中民主并非其重要观点，而现实生活里需要民主。再比如说我们现代生活里，有很多对个人权利和私人财产保护的需求，所以我们不能狭义地理解和完全遵从义务优于权利。五四运动后，延续两千多年的中国传统文化遭到质疑，中国受到各种西方思想的冲击，但是随着时代的变化和国家实力的提升，中国对于自身文化愈来愈自信，中国传统文化正逐步复兴，与世界其他文明平等对话，这将是一个文明大碰撞与大融合的时代！

四、中国的世界梦

经过改革开放四十年的发展，中国经济社会发展实现了空前的增长奇迹，随着经济全球化的过程，中国为世界提供了更多的发展市场与机会。如今“逆全球化”思潮迭起，贸易摩擦频发，全面扩大开放的中国在新时代迎来更多发展机遇的同时也面临着严峻的挑战。从全球层面来看，主要问题在于人类社会发展至今，一是自然资源不断消耗，二是环境污染日益严重，三是人口爆炸。地球有限的资源在无止境地追求、扩充下是不可持续发展的。如何平衡、和谐、相互协作？我想，解决这个问题，应该是建立在中国文明和西方文明相结合的基础上。

西方文明的优势在于它不断地发明、创造、追求、向外扩展，是“动”的文化。中国文明的优势在于和平，处于守势，保持稳定、和谐的状态，是“静”的文化。西方的崛起曾给世界带来了巨大的灾难，但与此同时，它也为人类文明做出了巨大的贡献，如公平自由市场、民主选举、公民权利等等。但从政治上讲，西方难以为世界建立一个统一有序、符合全人类共同利益的“命运共同体”，无法为世界构建促进发展、永久和平的政治格局，更何况其本身内部就无法统一。中国的哲学思想旨在追求平衡、和谐、团结的心理状态和构建世界大同，这也许是解决问题的关键。首先，中国尽管经历了多次危机和混乱，但是从历史的角度来看，中国人在相当长的时间内维持了一个秩序相对稳定的文明帝国。其次，中国自古就有“和而不同”的文明多元共生理论，对于文化价值的认同远远高于狭隘的民族主义意识。同时，中国人追求人与自然和谐共存，符合新时代人类社会发展的需求。

中华文明的传统价值观不仅源远流长，而且在当今时代的国际关系、社会治理以及公民道德修养等方面，依然具有极大的探索空间。如今，随着人类命运共同体价值观的提出，中华文化应更主动地走向世界，充分展示自己的面貌，不断吸取先进思想，让世界了解中国、接受中国，让更多民族和国家受益于中华文化的影响。

参考文献：

[1] [英]阿诺德·汤因比.历史研究.郭小凌、王皖强等译.上海：上海人民出版社，2010.
[2] 陈来.国学流变与传统价值观.北京：生活·读书·新知三联书店，2015.

（指导老师：周斌、车万里）

龙门石窟佛像特点的历史演变

□卢美伊

龙门石窟开凿于北魏孝文帝迁都洛阳前后，在唐朝得以完善并达到顶峰，雕凿不绝。它虽是佛教文化的艺术表现，却更能折射出当时的文化、经济和社会风尚，成为我们了解北魏和唐朝百姓习俗、皇家事迹的一大珍宝。由于龙门石窟雕凿于不同历史年代，石窟中的佛像呈现出不同的时代特点。

国内外学者已有大量论文研究这些佛像的特点，但关于北魏到唐朝佛像特点变迁的论文并不多见，也没有具体的对比。本文结合实践调查，从佛像的服饰、坐姿、形态特点入手，尝试对北魏到唐朝龙门石窟佛像特点的历史演变做出分析、总结异同，探究其历史根源与时代背景，为后续的研究打下基础、积累经验。

一、龙门石窟佛像服饰特点的变迁

（一）北魏时期

北魏时期的佛像随着孝文帝的汉化改革而兴盛。魏孝文帝"行幸方山，建永固石室于山上，立碑于石室之庭，又铭太皇太后终制于金册，又起鉴玄殿"（《魏书·帝纪·卷七》）。鲜卑族人浓厚的石室情结带动了龙门石窟的开凿，石窟中的佛像雕刻成为最让鲜卑族人接受的汉化形式。古阳洞、宾阳三洞、莲花洞是北魏时期开凿的龙门石窟中，时代特点明显的代表。宾阳中洞主佛像释迦牟尼的服饰（图一）就是北魏汉化服饰的生动再现。宾阳中洞开凿于公元500—523年，作为北魏宣武帝元恪的功德窟，其主尊袈裟披于两肩，衣袖肥大，褶皱间距较宽，以服饰显出安详、静穆。

图一

图二

南北朝汉化后，一些少数民族首领为炫耀其身份地位显贵，改穿汉族统治者的华贵服饰。帝王百官更醉心于高冠博带的汉族章服制度，最有代表性的便是北魏孝文帝的改制。公元 494 年，他将鲜卑族夹领小袖紧身服饰改为汉人宽袍大袖，成为北魏文人雅士的典型服装。受鲜卑族人文特点影响，北魏的衣服呈袍状，袖子宽松肥大，显出鲜卑族人飘逸、洒脱的性格。

（二）隋唐时期

封建社会的经济发展在隋唐达到鼎盛，佛像服饰也形态各异。这一时期的龙门石窟本尊佛像服饰柔软优美、线条紧密。龙门石窟中，唐代佛像服饰特点十分明显：服饰线条流畅，飘逸又华贵繁杂。唐代主尊佛像为阿弥陀佛（图二），身着褒衣博带式袈裟，衣纹左右对称，层层堆在胸前，飘逸下垂；袈裟的衣褶简洁朴素、流畅有致。

本尊佛像敞开袈裟，结跏坐在叠涩须弥的方座上，符合唐代人的形象特征。卢舍那坐佛作为龙门石窟最大的佛像，更是体现了唐代武则天时期的服饰审美特点。卢舍那大佛（图三）身披通肩式袈裟，衣体均匀垂荡，水波状的衣纹雕刻清晰、线条流畅。

石窟中最能展现服饰雍容华贵特点的佛像是观音。例如潜溪寺的三尊观音像：头戴花瓣形的华冠，优雅动人；身着圆形花纹的衣领，含蓄内敛；外衣通过腰间的饰品向中间收拢，形成束腰的效果。层叠有序的衣纹、紧收的袖口，让整体服饰造型显得层次有序，繁杂华贵，落落大方。

像潜溪寺里的观音像一样，唐代后妃嫔的形象是当时观音像的原型。唐代国家强大，经济文化交流频繁，百姓也充满着民族自信心，对外来文化采取开放政策。大唐服饰的雍容华美的特点无疑是外来文化与大唐文化的完美的融合。由此可以推断，唐代建造的龙门石窟中佛像的服饰，体现了当时皇室贵族服饰的特点和多元文化的交融，塑造出一种温柔富贵的形象。

北魏和唐代的服饰特征体现出社会背景的不同。北魏的佛像雕刻加强皇权，让百姓接受汉化、信仰佛教，意在主导社会。而唐代佛教已然达到顶峰，佛像的服饰多依据当时社会的审美观念与流行趋势，由社会主导。

图三

二、龙门石窟佛像姿势的历史延续

（一）北魏时期

佛像虽在不同时期带有不同的形态特点，但一些本质的手势及坐姿并没有随历史演变，有着历代人都接受并重视的寓意。北魏战乱频繁，百姓渴望国家安定。佛教徒便回应人们的渴望在龙门广造弥勒和禅定的释迦像，宣扬“弥勒下生”救苦救难、普度众生的说法来安慰他们。这些造像大都以沉稳平和的神态反映了当时的精神，揭示了人民生存的痛苦和求生的迫切愿望。

古阳洞、宾阳中洞是北魏时期开凿石窟中的典型，其中古阳洞石像保存较为完整，佛像众多。正壁为孝文帝所造的三尊像，佛祖释迦牟尼居中坐，身披褒衣博带袈裟，双手叠压呈禅定印（图四）。禅定印是全神贯注之印，是佛陀入于禅定时所结的手印。禅定中的佛跏趺坐姿，双手平放于腿上，右手置于左手之上，两拇指相接，给人以静谧的禅意，也凸显出佛的高大形象。跏趺坐姿意为降魔吉祥之意，中心不偏不斜，安稳持久。此坐姿代表帝皇想治国平天下、平定战乱的决心，多为百姓崇拜。宾阳中洞是一座三世佛窟。正面是以释迦牟尼佛像为主的五尊佛像。释迦牟尼左手向下屈三指，右手向前伸，表示说法印，代表以佛说法为由，北魏想要传导汉化思想之意。以此不难看出，北魏的佛像姿势因北魏政权承认了佛教在国家政治生活中的地位，具有国家宗教的倾向，代表皇室的权威性。

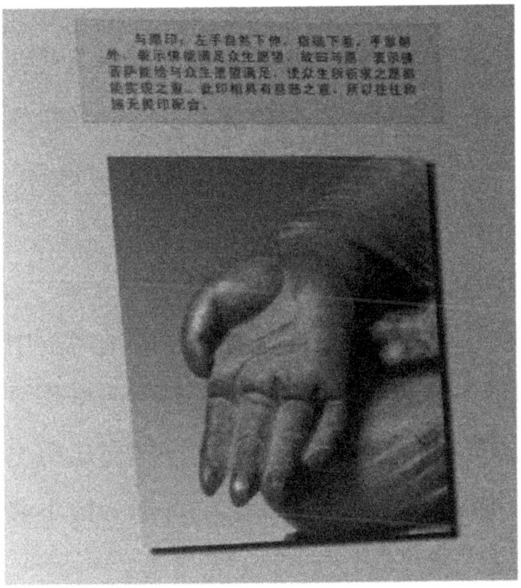

图四

图五

（二）唐朝

古印度人好用手指表达思想，逐渐形成一套佛教手印，成为佛教造型艺术中的一员传入中国。不论北魏还是唐朝，佛手在佛的造像中都承载了一定的时代属性和宗教意义。在唐代，手印成为佛的语言——以庄严的貌相感动人心，以多变的手势来传达思想。

佛印手势的意义在唐代石窟造像中得以诠释，消磨了在北魏时期的沉重意义，而带有了唐代祈求富贵祥和的全新内涵。此时的佛印有数十种之多，如“施无畏与愿印”“九品印”“定印”“合掌印”“伏魔印”等。万佛洞中的主佛阿弥陀佛施说法印，说法印虽在北魏与唐都有，但其背后的意义已有了变化。唐代佛教盛行，想要汲取佛教知识，听佛说教成了百姓本身的愿望。摩崖三世佛中的未来佛左手施与愿印（图五）自然下垂手掌朝外，表示佛能满足众生的愿望，有慈悲之意。百姓在唐代的繁荣经济下想要满足物质财富，达到现实愿望，而这样的一些手印将现实与佛教结合，成为一种美好的愿望与崇拜。武则天执政时期开凿的石窟占唐代石窟的多数，其中佛像卢舍那大佛便是其中之最。卢舍那大佛造型均匀，体形高大，仪态庄重，肩背宽厚。稳重的坐姿和静观默想的姿态，向下的俯视与礼佛者仰视的目光对接，与北魏佛像相比更具有人情味，民俗化。龙门石窟也就成为各个皇室、贵族发愿造像最集中的地方，体现着皇室的意志和士人们对生活的追求。

北魏与唐朝的佛像姿势虽在一定程度上相通，但姿势背后的意义却因时代背景的变迁而截然不同。在时代不断进步的前提下，对于社会稳定有利的佛像特点得以保留，再根据不同的社会需要进行了一定的变化，体现了历史的进步与延续。

三、结语

颇为遗憾，在为龙门石窟佛像特点的深广意义惊叹的同时，我在实地考察中发现了一些文物遭破坏的现象，因而在此呼吁：保护历史文化遗产是每一个华夏子孙的责任。我们应积极投入到保护文物、钻研文物的事业中去，以期得出历史结论，总结经验、传承文化。本文由于准备时间仓促、经验不足，考虑方面不够周全，仅作为进一步研究龙门石窟佛像特点的基础、为进一步探究奠基。

参考文献：

[1] 久野美树，马彪．唐王朝龙门石窟大佛营造意图的考察．石窟寺研究，2013(00).
[2] 马静．论龙门石窟佛教造像艺术．河北大学硕士论文，2008.
[3] 王晨琳．论唐代龙门石窟佛像服饰的审美特征．美与时代，2014(10).
[4] 王青茹．北魏和唐代服饰在龙门石窟造像中的体现．中州今古，2001(5).

（指导老师：褚红）

“安土重迁”概念的产生原因及其影响

□孙怡宁

一、引言

“安土重迁”是传统农业社会一般民众普遍具有的一种偏于消极与保守的思想观念和情感，意为“安于故土生活，不轻易迁往他处”。西方的语言体系中没有与其完全意义相同的词汇，因此这则术语被直译为“Attached to the Land and Unwilling to Move”（《中华思想文化术语 2》，2016 年）。其实西方也有类似的概念，亦是由农业定居传统自行衍生出来的：例如英语的常用词汇“Homeland”，对于语义的涵盖虽不及“安土重迁”广泛，却也体现出了与“安土重迁”观念相似的内涵，即强调“土”的意义，体现了人们热爱家乡、热爱土地、热爱亲人、热爱和平的纯良品格。因此，“安土重迁”这一抽象概念在中西方是共通的。本文将从“安土重迁”的原因、影响两方面，综合古今中外进行分析。

二、安土重迁的原因

“安土重迁”这一观念的形成，一方面是出于人们对已知地界的熟悉，另一方面则是由于人们对外界的不熟悉。

（一）对于已知地界的熟悉

古人对于已知地界的了解是导致“安土重迁”的本质原因。时至今日，拥有熟悉的土地资源、祖先文化与血亲、社会环境的故土，对人们依旧有着十分突出的吸引力。

首先，土地是农业社会中人们赖以生产、生活的基本资源。农耕民族与其耕地相联系，对其耕地的气候条件、水文状况等有深入了解并能够充分利用耕地的资源，例如古埃及人对于尼罗河定期泛滥现象的利用。因此农耕民族定居生活，并且安于这种生活方式。

其次，许多民族有着祖先崇拜的传统，血缘关系是维系一个特定群体的重要纽带。这些民族重视丧葬，不愿离开自己祖先的安葬之地，即使因灾荒和战乱等原因被迫迁徙也几乎都是举族迁徙的。

此外，人们不愿离开自己熟悉的环境与社会。这一点在古今中外的文学影视作品中有不少例子:《红楼梦》中探春远嫁时浓郁的悲伤情绪,《飘》中斯嘉丽在瑞德离开后想回自己的家塔拉庄园,《海上钢琴师》中的 1900 宁可与游轮一同走向毁灭也不愿离开那自己唯一熟悉的地方……文学影视作品虽然是虚构的，但它们是一个时代和民族在精神上的反映，从这些作品，可以看出古今中外的人对于家乡的依恋。

（二）对于未知地界的陌生

科技欠发达导致的对外界的不了解是加剧“安土重迁”的原因，“不了解外界”使得古人以已知世界为中心，自然而然地形成了“安土重迁”的观念。现在科技有所发展，人们眼界所受的限制少了一些，但从古人那里延续下来的对于外界的封闭观念依旧强化着“安土重迁”。

在客观方面，古时候技术有限，海洋常常是人们不可逾越的自然屏障，因而人们对海洋以外的世界并不了解。以希腊为代表的海洋文明晚于以中国为代表的大河文明，可见古人对海洋利用较晚，因此也形成了以海为界的国土意识：中国古人认为“海外”即指中国以外的地方；西方的类似概念“Overseas”指的也是国外，即不为人们所熟知的遥远地界。

科技水平不足这一客观条件导致古人对海洋持陌生态度，从而限制了古人的眼界，使古人自然地生成了以自我为中心的主观观念。《巴比伦世界地图》发现于两河流域，它将巴比伦一带看作世界的中心，将环绕着巴比伦的海洋之外的地界称为“荒原之地”，意为“此地见不到太阳”；两千多年前，希腊的作家安提佩特列出了世界上他认为最壮观的建筑物，即“世界七大奇观”，这七个建筑物均位于地中海附近，并没有考虑到远离地中海的其他建筑。《巴比伦世界地图》和希腊人定义的“世界七大奇观”很好地体现出了以自我为中心的观念。

三、安土重迁的影响

“安土重迁”的观念，从一个民族的农耕定居文化开始时，就潜移默化地影响着人们的行为。人类的历史仍将继续下去，“安土重迁”的观念也会继续影响人类社会，如今我们能做的就是将其积极影响最大化、将其消极影响最小化。

（一）“安土重迁”的积极影响及其发扬

“安土重迁”的观念，能够使人们产生对于故土的难以割舍的责任感，并且有助于保持文化的多样性，这便是“安土重迁”的积极影响。

“安土重迁”的观念，使本地、本国的人民能尽量充分地在故土发挥才智，从而促进本地、本国的发展。孙中山、鲁迅均有着在外求学的经历，却始终心系祖国，希望学有所成后救祖国与本民族于水火，这样的做法就与“安土重迁”观念的积极影响有关，即与民族责任感有关。若我们能够在教育过程中适当地培养民族责任感，使受教育者的抱负由单纯的个人发展转变成为民族、国家发展贡献力量，就能够避免人才的大量外流、保证落后地区的发展。

“安土重迁”同时也能保持文化的多样性。“安于熟悉的文化”是安土重迁的重要组成部分，该观念可以使不同国家和地区在顺应时代发展趋势的同时依然保持自身的特点，所谓“和而不同”。

（二）“安土重迁”的消极影响及其消除

“安土重迁”的观念，使得人们的处事行为趋于保守，过分地“安土重迁”会阻碍各地的交流，使各地处于孤立状态，从而拉大各地在发展上的差距，这便是“安土重迁”的消极影响。

为了消除消极影响，古人已经做出了努力：中国从西汉时期开辟丝绸之路，使得商旅可以往来于丝绸之路沿线的各个国家，促进了亚欧国家在商品、文化等方面的多元化交流。欧洲 15 世纪左右开始的“地理大发现”，开辟了沟通欧亚非三大洲的海上航路，并发现了美洲新大陆，这促进了世界市场的发展，在人类历史上有着重要意义。①

① 伴随着新航路的开辟，东西方之间的文化、贸易交流开始大量增加，殖民主义与自由贸易主义也开始出现。欧洲这个时期的快速发展奠定了其超过亚洲繁荣的基础。新航路的发现，对世界各大洲在数百年后的发展也产生了久远的影响。对除欧洲以外的国家和民族而言，地理大发现带来的影响则是复杂而矛盾的，除了物资交流外，带给原住居民的常是死亡和占领，可说是一部大侵略史。——编者注

今天，我们享受着古人克服“安土重迁”的消极影响获得的成果，自然也应当继续克服消极的影响。我们可以利用科技手段探索未知世界的奥秘，让未知成为已知；促进已知地界之间的交流，使各个国家和地区得以取长补短，缩小发展差距。

四、结语

“安土重迁”这一观念产生于传统农业社会。人们对已知地界的熟悉与对外界的陌生共同造就了“安土重迁”的观念。这一兼具质朴与保守封闭特点的观念，从农耕定居文化开始就在影响着人类社会，因此我们应当通过培养民族责任感、保持文化多样性等方式，将其积极影响最大化；通过探索未知世界、增强已知地界间的交流等方式，将其消极影响最小化。

（指导老师：褚红）

以“授人以渔”的理念思考我国社会经济发展

□王景乐

中国有句古话说得好：“授人以鱼，不如授人以渔。”这句话的出处虽不可考，但它揭示的深刻道理和带给人们的启示却很深远。“授人以鱼，三餐之需；授人以渔，终生之用。”一条鱼能解一时之饥，却不能解长久之饥，如果想永远有鱼吃，那就要学会捕鱼的方法和能力。换言之，与其直接给人某种东西，不如教给人获得它的方法，使他拥有获取这种东西的能力。它给我们的启示是：一，在既定目标情况下，实现目标的方法更重要；二，只有自身内在能力的提高才有可能真正实现目标。纵观历史长河，国家的发展进步，民族的兴旺富强，一个人的成长成功，无不体现着“授人以鱼，不如授人以渔”。同样在当今社会中，“授人以鱼，不如授人以渔”这句话也有助于我们更好地理解我国经济社会的一些方针政策、重大举措。

一、我国经济社会发展简况

改革开放以来，我国经济社会发展日新月异、突飞猛进，取得了举世瞩目的成就。

（一）经济发展迅速，综合国力快速增强

据国家统计局消息，2014年我国内生产总值（GDP）达到10.4万亿美元，占到全球GDP比重的13.4%，超过日本，排名世界第二，仅落后于美国，成为世界第二大经济体。进出口贸易总额自2013年起稳居世界第一位。综合国力总量已达到世界前列。我国土地和劳动力成本低廉、市场空间巨大的优势，吸引外资企业纷纷涌入，“中国制造”迅速取代了“日本制

造”“欧洲制造”，获得全球巨大的市场份额。据统计数据表明，2014 年我国制造业产值占全球制造业产值总量的 25%，制造业对我国出口的贡献达 70%。通讯、交通、高科技等基础设施得到进一步加强，许多国家重点建设项目建成投产，综合国力明显增强。

（二）社会民生不断改善

“十二五”以来，我国进一步重视民生保障工作，保证将 70% 的国家财政收入用于民生方面，提出公共教育、劳动就业服务、社会保险等 80 项基本公共服务项目，出台一些促进社会创业的优惠政策。城乡居民人均可支配收入年均增长 9.5%，高于 GDP 增速。人民幸福指数明显提升。

（三）教育、科技等事业稳步推进

国家着重科教文化和经济社会同步发展，增加经费投入，有些领域已见成效。“天宫二号”顺利升空、“神舟十号”成功发射、量子通信技术成功研发、“长征七号”运载火箭首飞成功，以及我国自行研制的世界最大射电望远镜 FAST 即将投入使用，都标志着我国在越来越多的领域，科技能力取得重大突破。

二、我国经济社会发展目前急需解决的困难

尽管我们取得了世界瞩目的成绩，但不可否认，随着改革的深入推进和国际国内形势的发展变化，我们目前也还存在一些亟待解决的困难。

（1）经济持续发展后劲不足，缺乏竞争优势

有数据表明，我国每创造 1 美元价值的能源消耗量是欧美发达国家的 4 到 10 倍，33 种主要产品的平均资源消耗量比国际平均水平高出 46%。依赖高资金投入、高资源消耗的模式越来越不适应长远发展要求。中国制造的许多产品只是较为简单的加工组合，始终处在价值链最末端，附加值低，利润少，缺乏核心技术，在国际市场上不具有竞争优势。同时，我国劳动力和土地成本低廉的优势逐渐被越南、印度等周边新兴国家取代，“中国制造”面临前所未有的挑战。

（2）社会民生领域发展不平衡

由于历史、自然条件等种种原因，2014 年全国统计贫困村 12.8 万个，贫困人口 8800 多万，有 3900 多个村不通电，近 10 万个行政村不通水泥路。贫困人口数量还较多，贫困程度比较严重。

（3）教育领域热点、难点问题依然存在

中小学生偏重“应试教育”、素质教育重视不够等现象突出。劳动者素质和能力不能很好适应社会需要，高素质人才紧缺。

三、以“授人以渔”的理念和方法，正确理解和持续做好事关经济社会发展的几个方面工作

（一）以“渔”的理念，认识创新驱动发展

实施创新驱动发展是党的十八大提出的我国重大的自主发展战略。自主创新驱动发展能力是国家的核心竞争力。这两年有媒体报道国内不少人宁愿舍近求远，花高价去日本买马桶盖、电饭锅。类似越来越多的事实表明，消费者需求变了，而产品却没有变，已经满足不了市场需求。这就要求企业必须提高研发能力，进行产品和技术创新，生产出具有市场竞争力和满足用户真正需求的产品，才能在市场竞争中立于不败之地。

只有增强自主创新能力，将经济增长从资源依赖型转向创新驱动型，实现由“鱼”向“渔”的转变，提高国际竞争力，才能实现由“中国制造”向“中国创造”的转变。事实上，建立在资源消耗、环境污染基础上的发展，显然是难以为继的——唯有通过科技创新，才能获得长久的更多的“鱼”。

（二）以“渔”的思路做好精准扶贫工作

我国地域辽阔，地区间自然条件、发展基础差异较大，根据2014年年底的统计，目前还有八千多万的贫困人口。到2020年全部实现脱贫，不仅是建设小康社会发展的目标，更是我们社会和谐稳定的要求。

精准扶贫更要注重“授人以渔”。面对贫穷我们可以发动大家捐钱捐物，可以给提供很多的“鱼”，解决暂时的衣食无忧，但“鱼”终有消耗尽的时候。单纯捐钱捐物只能解暂时的燃眉之急，起不到真正脱贫的效果。著名经济学家厉以宁曾经说过：“扶贫过程中不能只给东西，一定要教会他们本领，知道怎么用，也就是要授人以渔。”要解决长久的脱贫，关键还要在“渔”上下功夫。

今年暑假，我曾参加山西吕梁一个微金融扶贫活动。这个山区交通落后，除了核桃质量较好外没有别的优势产品。通过实地走访，我们决定对当地的核桃产业给予一些资金扶持，帮助他们扩大种植规模，引进嫁接技术缩短种植周期，后

期再持续做好项目跟踪和种植专业培训，利用“互联网+”的方式帮助他们实现销售，有望通过一定的时间实现脱贫。这次经历让我体会到：精准扶贫，就是在国家加大贫困地区交通、电力等基础设施和公共服务体系的同时，探索因地制宜发挥地区特色资源优势，加大脱贫技能培训力度，提升脱贫致富能力，使当地真正拥有“渔”，实现永久性脱贫。

（三）以“渔”的方法推进基础教育

百年大计，教育为本。教育的目的是培养人。孩子是民族的未来，国家的希望。“少年智则国智，少年强则国强”，教育尤其要“授人以渔”。

学习知识固然重要，但拥有好的学习方法和学习能力同样重要。填鸭式的传统教育越来越不适应社会对高素质人才的需要，而注重方法、激发学生的自主学习能力和创造力的教育方式将会成为必然。教育家叶圣陶曾说：“教是为了不教。”教育的最本质核心在于教会学生学习的方法，使他们能够运用其来自主学习，这样才能够终身受用。2016 年 9 月 9 日，习总书记在北京市八一学校考察时也讲到：百分之二三十的知识是学校给的，百分之七八十的知识是自己学到的，但是自学能力和兴趣的培养是老师教给他的。这句话告诉我们，要注重激发学生兴趣，培养创新思维和创新能力，学会运用所学知识解决问题。这才是教给学生“渔”，使其能“渔”。

家庭教育也一样，父母是孩子的第一任老师，言传身教非常重要。现在家庭经济条件普遍好了，家长们都尽己所能地给孩子提供好的物质条件，但绝不能忽视了孩子必要的生活自理能力、正确的人生观和价值观的教育。在“衣来伸手、饭来张口”的“温室”中长大的“小皇帝”，不经风雨怎能见彩虹？父母不能陪孩子一辈子，孩子最终都需要独立去面对生活，是给孩子金钱财富，让他们挥霍享受、坐吃山空，还是培养孩子自立自强的能力？我想答案是很明确的。更何况一个只拥有优越的物质条件而精神空虚、能力缺乏的人，也绝不会是一个快乐的人。现今社会中有些青少年出现心理问题，正说明了这个道理。教会孩子正确思考问题、合理规划人生，做对国家社会有用的人、创造有意义的人生价值，才是家庭教育的最终意义。“授人以鱼，不如授之以渔”，这也是现代教育的发展趋势和要求。

改革开放四十年来，我国在经济发展、社会民生、教育改革等多个领域积累了大量的经验教训，也越来越使我们体会到“授人以鱼，不如授人以渔”既有思想理念学习意义，又有方法指导现实作用。“鱼”是目的，“渔”是能力，要想永远有“鱼”，就必须先要有“渔”。

参考文献：

[1] 陈洁．课外阅读指导方略．小学教学参考，2010(30).
[2] 崔卫国．以改革创新加快精准扶贫的步伐．光明日报，2015年11月16日．
[3] 国际统计局.2015年国民经济和社会发展统计公报．http://www.stats.gov.cn/statsinfo/auto2074/201612/t20161220_1443734.html
[4] 马晨晨．试论温州经济转型的方向问题．经济师，2012(10).

（指导老师：王轮飞）

科举制下的“天下”

——杂谈科举得失

□蔡思怡

引言

科举制是通过分科考试选用官吏的制度。隋文帝统一中国后，废除以门第、品级为主的选人制度。隋炀帝大业元年（公元 605 年）正式开科取士。历代科举，在考试科目、内容、录取规则上均有变化。各科之中，以进士科最难，也最为士人所重。元明以后，考试内容以四书五经文句命题，答题是写一篇文章，格式为八股文，观点需以《四书章句集注》等为依据。1905 年光绪皇帝下诏书废科举。科举制促进了贵族政治向官僚政治的转换，同时兼具教育、选官、考试、社会分层、文化传承等多种功能。它是隋朝以后 1300 年间中国最主要的“选举”方式，对中国社会发生的影响是极其深广的。

相对于世官制和察举制，科举制打破了贵族垄断官场的局面，给更多人才提供了入仕为官的机会。科举制下的天下，有书生十年寒窗只为磨一剑的艰苦，有进士及第看尽长安花的喜悦。文人以修身入仕为表，国家以安定繁荣为本，科举制无论是对个人成长还是对国家社稷，都产生了深远影响。

一、科举以前

在科举制正式产生之前，也有很多选拔官吏的制度：秦朝的军功爵制，汉代的乡举里选，魏晋南北朝时期的九品中正制等。其中有些也不乏考试这一环节。如乡举里选中，地方推举的贤良到了政府以后，照例由政府提出几个政治上重大的问题，向他们请教。这叫作策问。策即是一种竹片，问题写在竹简上，故称策问。一道道的策问，让大家发表意见，这叫对策。政府看了他们的意见，再分别挑选任用。又如九品中正制，即由各郡分别公推大中正一人，大中正下再产生小中正，然后由中央分发一种人才调查表，此项表格中，把人才分为九品，上上、上中、上下，中上、中中、中下，下上、下中、下下。表内详载其人年籍各项，分别品第，并加评语。这些表格，由小中正襄助大中正核定后呈送吏部，吏部便根据此种表册之等第和评语来斟酌任用，分别黜陟。

考即考绩，试即试用。考试制度的出现，有利于选拔出素质更高的官员队伍，但是汉代的征辟察举、魏晋的九品中正，在发展的过程中标准逐渐转向了门第，而非才干，官员队伍的素质就受到了严峻的挑战，底层的贫寒人家也倍受压迫，只得继续被埋没于民间，无法走上仕途，社会阶层日益固化。

二、科举的进步

说科举制的出现打破了贵族官僚垄断官场的局面，就在于此。科举可以自己报名，不需要地方官的推举。大量下层人民想改变自身境况，便都走上了读书这一条道路。科举考试，不是考孝廉，不是考德行，而是考才干，这又与前朝选拔制度区分开来，为考试成绩提供了一个固定的标准，评定过程中的主观色彩和考试中弄虚作假的可能性便大大减小。

例如，考察孝廉，孝要如何体现？是一直留在家中陪父母的更孝顺，还是辛苦忙碌为奉养父母提供更多物质的更孝顺？再者，老子有言：“是以圣人处无为之事，行不言之教；万物作焉而不辞，生而不有，为而不恃，功成而弗居。”若有钱能做官，那么想做官的便去买官。若孝廉能做官，想做官的人之前又并不孝廉，那么他便去孝敬父母，以便能被地方官举荐。这样一来，表面上看孝廉助推了社会尊尊亲亲风气的形成，实际上却是一种“有为而为”的局面，连为孝的出发点都歪曲了。由此观之，科举的考试制度，更加标准规范，有着相对固定的答案，如科举初的考试科目中有明经、明算、明字、明法等。儒生在学习中不断提升自己，学习的知识也不失为此后入仕理政的一大必需。

三、科举趣闻

有考试便有弄虚作假的现象，科举考才干，虽没了像孝廉那样空泛的标准，但有着相对固定的答案也意味着科举舞弊更加容易。贿赂考官便是其一，在电视剧《铁齿铜牙纪晓岚》中的江南科举一案，也引用了落榜考生不满赵文龙、左山魁受贿而题写的一副对联“赵子龙浑身是胆，左丘明两眼无珠”。对联中，三国名将赵子龙以胆量著称，春秋史官左丘明在双目失明后修成了《左传》。考生以这两位正面历史人物，采用互文修辞，影射讽刺赵文龙和左山魁的胆大包天、目不识才。宋代科举为了避免考官受贿，还采取了糊名制和誊录制。

考生方面，舞弊工具也是层出不穷。相传有一种名为继烛的作弊方式。因古代科举考试不止一天，晚上还要点蜡烛来继续考试，有些考生便在蜡烛上动了主意，他们将蜡烛的引线抽去，将小抄塞入，便可以光明正大地将考试小抄带入考场。此外，还有结朋、行卷、怀藏、代笔等。清末民初，徐珂模仿清人潘永因的《宋稗类钞》作《清稗类钞》，讲述了清朝的掌故遗文，也有关于科举舞弊方面的介绍。

四、科举之弊

明清两朝，科举考试写八股文。以朱熹的《四书章句集注》来命题，内容必须用古人的语气，绝对不允许自由发挥，而句子的长短、字的繁简、声调高低等也都要相对成文，字数也有限制。八股即文章的八个部分，固定格式为破题、承题、起讲、入手、起股、中股、后股、束股八部分。严重限制了考生的思想，局限于朱熹所释儒家的一家之言。

考试为官，不属于考试范围的知识和技术便为众多文人所忽视，其中科学技术便是典型。同时代的欧洲，第一次工业革命、第二次工业革命不断掀起解放进步的浪潮，科学技术不断发展，创造了辉煌的工业文明。此时中国的文人志士却几乎一致研究琢磨古人语气、想方设法写好空泛呆板的八股文，以完成为官的心愿，价值追求不断扭曲。有些人头发花白仍是童生，倾尽一生只为考取功名。有些人入朝为官对他们来说其实都没有之前那么重要了，读书到死只是为了心中一份执念。

吴敬梓先生的《儒林外史》，以功名仕禄为中心，描摹形形色色儒林文士的性格与命运，展现了一幅封建科举时代的社会风俗画卷。科举弊端在此书中被揭示得淋漓尽致。首先便是上文所提的年过半百仍在追求功名的书生。例如周进和范进，他们都是五六十岁才中举。周进作为范进的考官，带着照料这个 54 岁考生、同病相怜的情感，将范进文章读了三遍，才不觉叹息道：“这样文字，连我看一两遍也不能解，直到三遍之后，才晓得是天地至文，真乃一字一珠！”赶忙取笔填了第一名。范进中举之后，从前斜眼看他的人都谄媚起来，也多了许多奉承他想讨些利处的人，老母亲见了这诸多献礼，竟突然痰涌上来，不省人事，最终还是去了。

此外，还有深受科举弊端摧残的严监生、匡超人等。楔子中的王冕，却是一大对比。他天性聪明，年纪不满二十岁，就把那天文、地理、经学上的大学问，无一不贯通。但他不求取功名，不接受知县的问候拜访，吴王之后授他咨议参军之职，他已隐居在会稽山中半年了。

王冕在了解到用四书五经八股文后，几句“这个法却定的不好！将来读书人既有此一条容身之路，把那文行出处都看得轻了”“一代文人有厄”，道尽此后科举之弊。

参考文献：

[1] 《中华思想文化术语》编委会 . 中华思想文化术语 1. 北京：外语教学与研究出版社，2015.

[2] 钱穆 . 中国历代政治得失 . 北京：生活・读书・新知三联书店，2012.

[3] 吴敬梓 . 儒林外史 . 长春：长春出版社，2008.

（指导老师：赵树杰）

先天下之忧而忧，后天下之乐而乐

——论家国情怀

□曹博宇

一、何谓“家国情怀”

既然是家国情怀，那么家和国也是分不开的，正所谓家风正则社风正，家风清则国风清。家是国的基础，国是家的延伸，不管是古代，还是现代，家和国都是一个不可分离的有机整体。纵观古今，哪一代人不是先齐家，而后平天下的。当然，这并不和“先天下之忧而忧，后天下之乐而乐”相互冲突，反而是相互融合的，只有自己的家风清正了，才能真正做到“先天下之忧而忧，后天下之乐而乐”，如若连自己的家都顾及不好，又何谈忧天下呢。

作为一种思想观念，“家国情怀”是在中华思想文化发展中形成的，并且在经过岁月洗礼之后，它所包含的内在意义也变得丰富起来。早先“家国情怀”起源于古时候的人文信仰和人文精神，甚至可以说古代知识分子的自我标榜，因此此时的“家国情怀”具有一定的狭隘性，而且在形成的过程中，“家国情怀”和儒家思想密不可分，比如其中的三纲五常、宗族伦理等等，可以将其视为在经历了国家消亡、战争失败的沉痛后思维的沉淀。然而随着时代的不断发展，“家国情怀”得到了重构，其所代表的意义也就随之积极起来，终于成为国家优秀传统文化，并且在未来的日子里，也会朝着积极、正面的方向不断前进。

二、爱国情怀是家国情怀的根本

从表面上来看，“家国情怀”是一个抽象的名词，但是如果和价值理念、理想追求联系起来，我们就能明白个中意味。家国情怀的根本其实就是爱国情怀。而爱国情怀则是人们对国家、民族挚爱之心的诠释，爱国是我中华民族的传统美德，它是一种信念，也是一种责任。不管在什么情况下，它都能将中国人民凝聚在一起，是推动我国发展的强大精神力量。从客观角度来讲，家国情怀其实就是对爱国情怀的弘扬，倡导人们爱国、爱家，为国家的发展贡献出自己一份力量，正所谓“一片丹心图报国，两行清泪为忠家”。

对于我们绝大多数人来说，爱国情怀来自对国家和民族的认同，不仅仅是认可国家实力，而且因为认同而甘愿为国家兴盛奋斗不息，家国情怀自然也是一样。不管是司马迁的“常思奋不顾身，而殉国家之急”，还是诸葛亮的“鞠躬尽瘁，死而后已”，其所要表达的都是对国家的认同。

“先天下之忧而忧，后天下之乐而乐。”正如儒家学说倡导的那样，人存于社会，就要有良知、有担当。这种良知、担当正是家国情怀的体现。具有家国情怀的人，常常注重自身的修养，并且积极入世，心系天下百姓，有“先天下之忧而忧，后天下之乐而乐”的境界。除此之外，古有岳飞精忠报国，今有战士戍守边疆，这也是家国情怀的表现，即舍小家、为大家。这种爱国情怀还存在于“舍生取义”之中。《石灰吟》中的“粉身碎骨全不怕，要留清白在人间”正是舍生取义精神的表现，同时也表达了作者的爱国情怀。用现在的话来说就是，愿意牺牲个人利益而成全大义，这正是具有家国情怀的人的真实写照啊！

三、齐家治国是家国情怀的内容

“修身齐家治国平天下”就是家国情怀的主要内容。也就是说，“家”和“国”是不可分割的。从儒家的角度来说，家国情怀就是齐家治国情怀。《论语》有言：“修己以安百姓，尧舜其犹病诸。”这句话是对这种精神最好的诠释。同时，《大学》中也曾有云：“古之欲明明德于天下者，先治其国；欲治其国者，先齐其家；欲齐其家者，先修其身。”由此我们可以了解到，修身、齐家、治国是家国情怀形成的根本基础，也是其主要外在表现。

除此之外，齐家治国情怀主要强调的就是国家利益、民族利益高于个人利益，并且在绝大多数情况下，“家”和“国”都是利益同向的，即国家发展好了，个人生活水平也会得到提高。因此，齐家治国情怀还表现在把个人、家庭利益和国家、民族利益结合的同时，又将国家、民族利益放在第一位。

四、人文情怀是家国情怀的体现

家国情怀是人文情怀的升华，人文情怀则是家国情怀的体现。从客观的角度来说，家国情怀主要体现在对人的关爱上，然后上升至对群体、国家以及民族利益的关切。比如尊老爱幼、家庭和睦、社会和谐等等这些都是人文情怀的体现，并且紧接着这种情怀就会上升至对国家利益的关切，即家国情怀。

其实，家国情怀在很大程度上彰显了民本思想。所谓民本思想，就是以人民利益为本，以人民意愿为归属。魏征有言："水能载舟，亦能覆舟。"其中的水，就是百姓，而舟即是国家，也就是说，国家的兴盛在很大程度上是由百姓决定的。除此之外，家国情怀还能够体现出对民族利益的关切。纵观古今，哪一代人不是关切民族利益，国家存亡，从屈原的"长太息以掩涕兮，哀民生之多艰"到范仲淹的"居庙堂之高则忧其民，处江湖之远则忧其君"，这些都是人文情怀的体现，最终升华至家国情怀。

此外，人文情怀体现了强烈的文化认同，这一点和家国情怀的内涵不谋而合，家国情怀的主要内涵就是人们对国家的认同，也就是甘愿为国家发展奋斗不息。这里所说的人文情怀也是如此。具有人文情怀的人，会对国家产生一种担当意识、责任意识，进而形成家国情怀。换言之，人文情怀影响着人们的价值观念和生活方式，并且最终形成一种以"人文情怀"为底色的家国情怀。同时，需要注意的是，这里所说的人文情怀和西方国家的人文精神有着很大的区别，中国的人文情怀是已经上升到了家国情怀的高度，就是以国家利益为首，而西方的人文精神则更强调自身的意识，推崇个人主义。

结语

爱国情怀是家国情怀的根本，齐家治国是家国情怀的内容，人文情怀是家国情怀的体现。有了家国情怀，人们才会顺时不骄、逆势不怨，才会将国家、民族利益放在第一位，并为其兴盛而奋斗不息；有了家国情怀，人们才会明白"独善其身"和"兼济天下"的区别，才会体会舍己为国的伟大精神；有了家国情怀，人们才会长存感激之心和责任之心，将更好地服务社会、国家当成自己的重要责任和精神寄托。总而言之，“先天下之忧而忧，后天下之乐而乐”是对家国情怀的最好诠释。

参考文献：

[1] 韩飞，王文雯．“家国情怀”教育的实践与思考．轻工科技，2015(3).
[2] 贾付强，赵春风．论“家国情怀”的当代价值及其教育．华北电力大学学报（社会科学版），2016(5).
[3] 李瑛．大学生家国情怀培养的路径研究．漳州职业技术学院学报，2014(4).
[4] 刘紫春，汪红亮．家国情怀的传承与重构．江西社会科学，2015(7).
[5] 王利明．读书人的家国情怀．财经法学，2016(2).
[6] 杨清虎．“家国情怀”的内涵与现代价值．兵团党校学报，2016(3).
[7] 张斌，段周燕．家国情怀的当代培育．江苏理工学院学报，2015(3).

（指导老师：潘博）

中国的“大同”思想微探

□陈亚轩

一、大同的溯源

“大同”一词，最早出自《礼记·礼运》“大道之行也，天下为公，选贤与能，讲信修睦。故人不独亲其亲，不独子其子，使老有所终，壮有所用，幼有所长，矜寡孤独废疾者，皆有所养……是谓大同。”它本意为儒家理想中的天下一家、人人平等、友爱互助的太平盛世（与“小康”相对）。儒家认为它是人类社会发展的最高阶段，类似于西方的乌托邦。其主要特征是：权力和财富归社会公有；社会平等，安居乐业；人人能得到社会的关爱；货尽其用，人尽其力。

二、大同思想的发展

（一）大同在古代的发展

大同思想贯穿整个中国古代史。从西汉到清末，大同思想大致分为主要的三种：农家的“并耕而食”理想，道家的“小国寡民”理想和儒家的“大同”理想。人们也用行动不断实践这一思想，例如东晋陶渊明写的《桃花源记》，世外桃源一词就出于此，人们幻想着逃离现实社会。

（二）大同在中国近代史的发展

在古代中国，社会发展一直处于封建主义阶段，大同思想并没有太多衍生。但在中国近代，自第一次鸦片战争后，社会剧烈变动，很多政治家对大同思想有了更多的认识。例如康有为的《大同书》，他在变通本土“三世进化”说的基础上，把人类社会历史发展视为一个在总体上不断上升的过程，从而把对大同理想的追求从沉湎过去转为放眼未来，并在批判西方资本主义的弊端、借鉴空想社会主义学说的合理内核的基础上，诞生了这一本中国人探索人类社会发展走势的第一部社会主义著作。该书以及后来孙中山的民生社会主义空想，对后世的现代化产生深远影响。甚至，毛泽东在设计社会模式时也曾深受儒家大同思想的影响。

三、大同对当今社会的实际意义

（一）“中国梦”——天下大同

从大同思想引向天下大同，一直以来都是中国所追求的。它一直渗透在中国的核心方针与外交政策中。近来落实的扶贫政策，在一定程度上逐步接近保证人人在最终获得上保持平等。虽然是为了实现党组织设定的小康理想，但是殊不知大同和小康自古就是相对的，这又何尝不是中国提升自己软实力的一个措施，又何尝不是中国实现自己“大同”的一个小小行动。这是对内，再说对外。中国对非洲不断施加援手，何尝不也体现了这一点。曾有一个去非洲留学的学生说：“中国如果想得到非洲的认可，必须要证明与西方殖民者的区别。”而中国也正逐步证明，不但没有一股脑把自己的政策强加于非洲，反而更多地体现友好、体现关爱，提倡“人类命运共同体”，坚定地完成大同梦。因此中国受到了非洲国家的尊重，从非洲不断送留学生到中国这一行为就可以看出来，类似于康有为当初洋务运动送去国外一批留学生的行为，巧的是康有为对大同思想颇有见解。

（二）以中国大同思想的角度反思世界

其实，天下大同的思想并不是中国独有的，从奥勒留、康德到乌尔里希·贝克，从古希腊的“理想国”到印度的“世界一家”等均有类似论述。当今世界也有一定体现，不论是国外势头愈猛的对女性权益的呼吁，还是国家对国家的战争有隐藏大同思想的。但同样，即便在人们口中愈加太平的世界却也不可避免发生战争。美国不断对阿富汗进行战争，或许是关于国家的利益，又或许只是冠冕堂皇的调教，但是却给很多人带来了伤害。亲人的失去、家庭的破灭、死伤比比皆是，被迫的偷渡，又给另一些国家带来问题。有些人说人永远不能与大自然对抗，但是战争伤亡的人数却堪比自然灾害所造成的。一个是不可避免的，而另一个却是自相残杀。即便大同这一个词不能传播到全世界，但是它所包含的内容却是人皆向往的：一个和平的、礼制的、充满希望的世界。

（三）社会上的小同也值得关注

我们其实都很清楚，即便国家间、世界上纷纷实现大同，但这是针对天下的，我们的生活并不会因此而完全大同的，因为大同是处于一个完全理想的状态，我们可以实现表面看上去其乐融融，但是实质上却是非常难以改变的。像是一些很难改变的社会因素，比如从出生就决定了成长环境。有一个词叫“阶层固化”，意思大致为富人的后代会越来越富，贫穷的人后代越来越贫穷。即便给予相同的九年教育，学习环境的不同造成性格、处理方式的不同，所能达到的高度也不同。但其实国家给了相对平等的条件“义务”，但这实际上是平等吗？是大同吗？即便有人说农村也可以出高材生，但这毕竟是小概率，已经不是大同了。

再说隐藏在人深处的本质。每个人的审美喜好不同，他对待别人的态度就不会平等。欲望也是人固有的，如果因欲望做出在一定程度上伤害别人的事，这已经就不是“善”。再说随着社会的发展，会出现许多良善掺半的东西，比如说娱乐。而人们也会相应地发生改变，变得越来越冷漠，喜欢窥探，最典型的就是看客心理。最近发生的“6.20 庆阳女生跳楼事件”，楼底下的人已经没在用平等的心态看待那位女同学，他们认为这只是一件可供娱乐的事件，一开始就进行了贬低。这些都是社会上不可能出现大同的原因，但我们可以尽可能成为“小同”。

（四）大同是真的不存在吗

其实中国也有一段历史，是处于绝对平等的时期，那就是距今一万年前的新石器时代，虽然经济落后，思想还未开化，但那是绝对平等的时期，聚族定居，共同渔猎采摘、平均分配，类似于道家的小国理想。然而这并没有持续很长一段时间，在经历经济变革后，私有制出现，分化、等级出现，文明出现，不再平等。这像在说思想和绝对平等是矛盾的，只要有思想就必定不会有绝对平等。但大同本就不是绝对平等。大同本出自《礼记》，本要表达的是礼乐思想的传统而非西方近代意义上的乌托邦。但是很多人认为大同等同于乌托邦，大概都是表达一种完美的理想生活。《礼记・礼运》的本质不是提出一个尽善尽美的大同乌托邦，相反，它要探讨的是礼的起源与演化。在书中，小康和大同是并提的，而从一篇参考文献中得知大同是前礼乐时代，而小康才是礼乐生活，并且从中表达的是不想回到大同时代，而是持续小康，但在大同与小康之间要建立联系。这就是中国思想中的大同与其他的类似思想的不同，它包含了中国传统的“礼”，这也是我们应该铭记的和传承的。

四、总结

即便社会上永远不可能出现真正意义上的大同，但这并不意味着，我们以为达不到就可以放弃，这并不符合中国传统精神中的坚持不懈。我们必须投以更多关注，即便有些事情的存在是永远不可能消失的，有些本质是永远不可能消除的，但是我们可以削弱、减少。即便大同是梦想中的世界，但是我们可以趋近于大同，变成无限。

参考文献：

[1] 《中华思想文化术语》编委会 . 中华思想文化术语 1. 北京 : 外语教学与研究出版社，2015.

[2] 陈赟 . 大同，小康与礼乐生活的开启——兼论《礼运》大同之说在什么意义上不是乌托邦 . 福建论坛（人文社会科学版），2006(6).

[3] 董重转，王秀远 . 康有为大同思想略论 . 山西高等学校社会科学学报，2007(5).

[4] 张磊，胡正荣 . 帝国，天下与大同：中国对外传播的历史检视与未来想象 . 南京社会科学，2015(6).

（指导老师：胡雨婷）

论“知行合一”的家国情怀体现

□郭奕辰

中华民族上下五千年历史浩浩荡荡，信手拈来一个片段，都是风云变幻，或者诡谲多变，抑或缠绵悱恻，甚至哀思难掩。这些自然也有称道之处，但若能透过枯燥的文字，于世事洞明之处察觉社会规律，从学问里总结经验，乃至成为后世的指明灯，才属更上一层楼。这座高楼的楼顶当然不在此处，而在于人；若想登此高楼，莫过于从家国情怀出发。

中国人有浓厚的家国情怀，追求“修身、齐家、治国、平天下”。而这四个层面又各有其丰富内涵，本文选择王阳明提出的“知行合一”说，探讨其家国情怀的历史脉络，及其现实意义。

一、“知行合一”产生之初与家国情怀

古文《尚书·说命》中记载傅说对商王武丁说过“非知之艰，行之惟艰”的话，反映先秦已有“知易行难”之说。孔子认为人有生而知之、学而知之、困而学之、困而不学四种，主张“君子欲讷于言而敏于行”，说明孔子认为“行”更加重要。子思著《中庸》引孔子论“知行”之言：“好学近乎知，力行近乎仁，知耻近乎勇。知斯三者，则知所以修身；知所以修身，则知所以治人；知所以治人，则知所以治天下国家矣。”这是明确将知行问题作为修身治国的根本。由此可知，子思也认为应该知先行后。《荀子·劝学》提出了“君子博学而日参省乎己，则知明而行无过矣”的命题，认为君子应该广泛地学习并且每天反思自己，继而指导于实践就能使自己少犯错误。荀子仍然倡导知先行后，只有先获取知识，才能指导于实践。南宋朱熹

提出了“知行相须”“知先行重”的观点，认为“知行常相须”，“论先后，知为先；论轻重，行为重”。陆九渊也有“致知在先，力行在后”的观点。

朱陆之后，王阳明则针对两者的“知先行后”说提出了不同的看法，他认为知行关系是“知者行之始，行者知之成”“知行不可分作两事”，即现在为人熟知的“知行合一”说。

作为中国历史上的传奇人物，王阳明担得起“特立独行”这一评价：五岁尚口不能言，十二岁便欲做圣贤人，十五岁离家游三关，新婚当日与道士相对静坐忘归，步入仕途后又因直言进谏入狱，贬谪路上险象丛生，最终抵达蛮荒之地龙场。也正是在这个“未开化之地”，被生活磨砺、被困境逼迫、被生死考验之后的他，悟道成功，实现了自己曾主张的读书做圣贤人方为天下第一要紧事（“登第恐未为第一等事，或读书学圣贤耳”）。他强调一念起需为善，一意成需有诚，通过良知来律己修德，达到知与行、善与诚的“合一”。

“知行合一”说不仅使王阳明冲破自己当年“格”竹七天七夜一无所获的精神困境，使他获得内心的安静与思想上的极大丰富，更是他身上家国情怀的重要支撑。身为一介儒生，王阳明屡屡用兵如神，荡平搅扰江西安定数十年之久的盗贼之患，又奇招迭出平定宁王朱宸濠之乱。嘉靖时期立院讲学得学生信徒无数。以一己之力扭转大明王朝的命运，以一人之力传播心学理念，惠及黎明苍生。

王阳明作为“知行合一”的提出者以及最初践行者，做到了修心之安，得身之定，齐家国之美，迎天下之和。

二、“知行合一”的发展与家国情怀

历史继续前行，进入清朝末年，帝国主义的坚船利炮以一种暴力手法打开了中国的国门，此时中华民族陷入空前的危机之中，危难至极，尤其是甲午中日战争中，中国方面全军覆没，更是给之后列强瓜分中国领土开了先河。清政府庸碌无为，早已成为空壳与傀儡，大厦将倾、毫无生气，此时社会上不论派别，崇尚新思想者叹气绝望，坚持旧思想者也叹气绝望，一派颓然之气。

此时，王阳明先生的“知行合一”说在历史的旷野上虽仍熠熠闪光，但时人多以其作为精神修养之道，少有人达其“治国平天下”之境界。作为有着深厚历史底蕴且经过时间检验的哲学思想，要在彼时的社会环境中再次闪光，知与行概念的扩充及其内涵的丰富，成为极为迫切之事。在此时中国南方的广东，出现两种主张对社会进行变革以求生存的力量，一是康有为、梁启超以上层社会领导阶层为主要力量与目标；二则是以孙中山先生为核心的，联合下层社会进行革命的力量。

生于同治长于光绪时期的孙中山先生，见证了清政府的卖国求荣、腐败专制，痛于中华为鞑虏所欺之状，成立兴中会，取“振兴中华”之意，以“驱除鞑虏，恢复中华”为誓。又以此为基础成立同盟会，传播民主思想，奔走呼号求仁人志士，为辛亥革命提供了思想准备。1912 年 1 月于南京宣布就职，终两千年帝制使共和深入人心，却在二月让位袁世凯，革命果实遭窃取。流亡日本，再归广州后，孙中山先生在 1918 年对自己的思想和经历进行总结，提出了“知难行易”的观点，这一对王阳明“知行合一”思想的扩充，成为孙中山先生的哲学中重要组成部分。

当我们以此为据，回溯孙中山先生的一生，在更加清晰直观地感受到“知行合一”与其思想的深刻渊源的同时，也不难发现这种思想的家国精神。孙中山先生首举反帝反封建的旗帜，重视科学思想的传播，辗转于日本和广州之间，推翻帝制却又无力维护其果实，路途颠簸，昨日胜利今日成烟。但为民之心始终如一，治国之志从未消亡，为天下苍生呕心沥血，为民主共和之愿景奉献一生。

三、“知行合一”的现实意义及我之浅见

假如我知道圣贤教导的一切道理，也是按照这些道理去做人做事，能不能称为“知行合一”？答案是——不能。这不是它的真正含义。

对于这个复杂又深奥的哲学命题，我只能提一些自己肤浅的看法。就学习而言，很多同学不明白为什么要学习。难道只是因为父母和老师说学习很重要，在学校努力学习就能帮我们考上好大学、找到好工作吗？学习包含很多内容，并不仅指学校学习。学习最大的意义不仅可以帮助我们有更多的选择、得到更好的未来，更重要的是帮我们获得自由——精神的自由。学习能够让人的思想得到解放，独立思考，对一件事有自己的见解，不随波逐流；学习还能让人的眼光得到开阔，不局限于眼前当下。

中国文人雅士讲求闲云野鹤之趣、松间林下之雅。境由心造，一切唯识。王阳明讲究“心外无物，心外无理”。他的知行合一，是说知和行都产生于心，用良知支配自己的行为实践。而学习正使人内心得到解放、精神得到解脱，从而真

正逍遥。老庄说的清静无为，王羲之讲的放浪形骸之外，便也大抵如此。认识到学习的意义和价值，学习就不再是一件困难事。只有这样才能达到真正的“知行合一”。

参考文献：

[1] 陈真波 . 孙中山知行学说对“知行和一”的发展 . 王学研究，2017(1).
[2] 论语 . 北京 : 中华书局，2006.
[3] 黎靖德编 . 朱子语类 . 北京 : 中华书局，1986.
[4] 龙应台 . 亲爱的安德烈 . 北京 : 人民文学出版社，2008.
[5] 郑宗义 . 再论王阳明的知行合一 . 学术月刊，2018(8).

（指导老师：韩晶）

浅谈儒家思想的包容性对当代法治社会的指导作用

□韩致远

引言

党的十九大报告指出："深入挖掘中华优秀传统文化蕴含的思想观念、人文精神、道德规范，结合时代要求继承创新，让中华文化展现出永久魅力和时代风采。"

中国共产党高度重视中华优秀传统文化，在中国革命、建设和改革中，一贯继承、弘扬、提升中华优秀传统文化。对传统文化的继承和发展，使中华民族的精神具有更强大的凝聚力，提升了中华儿女的民族认同感。各民族儿女正为了实现中华民族的伟大复兴，将传统文化转化为构筑建立"人类命运共同体"的强大力量。

本文通过对中华文化尤其是儒家思想的挖掘和剖析，试图探讨传统文化对当代的意义。本文共分为三个部分，第一部分是谈儒家思想包容性特征；第二部分是分析儒家思想对于当代法治社会的指导意义及影响；第三部分则是探讨在包容的社会环境下如何更好地完善法治建设。

一、儒家思想在中国现代社会中的包容与发展

中国在历史上经常形成统一的国家，这是在尊重各个民族的基础上，才能获得的坚固根基。不同民族的文化逐渐融合，语言文字坚持多样化与和谐统一。正是因为国家稳定发展，民族繁荣富强，各种思想潮流才能得以蓬勃发展，其中儒家思想的发展最为鲜明突出。

首先儒家思想设置了普通人都可以达到的道德标准，而且不讲出身、贫富、种族；对于族群教化，容易引起共鸣，树立楷模；在文化上有包容性，使中华民族五千年的传承有极大的韧性和张力。

受孔孟思想浸沐的人，只觉着自己是人类的一员，忘却了种族、宗教、乡土、语言种种偏见。《论语》说："四海之内，皆兄弟也。""子欲居九夷，或曰：'陋，如之何？'子曰：'君子居之，何陋之有？'"

二、儒家思想对于当代法治社会的指导意义及影响

对于当今中国来说，法治社会对于治国有重大意义。"法"多指"法令""法律"等，传统文化中的"法"最先的出处是儒家的"礼"。后由法家推行"法""术""势"。汉代以后，由于董仲舒推行"罢黜百家"，汉代思想逐步统一。法家学派逐渐消失，其法治思想在儒教体系中成为独裁政权的工具。

讲法治，自然就要讲到法治给中国社会提供了保障，从而实现中国的包容性发展。包容能使中国政府更好地倾听民愿、汲取民智，制定更加让人民满意的政策。包容，强调的是"双赢多赢共赢"，现在热点概念的"数字经济""大数据""云计算"等等，都是包容性的一个体现。在整个社会方面，整个"双赢多赢共赢"过程，为中国提供了前所未有历史发展机遇，现在我们就是要走好包容性发展之路，争取的是发展与壮大，实现"中国梦"。

而整个过程中，发展既是经济的发展，也是社会的发展。发展必须是遵循社会规律的包容性发展。中国有言、有行，完全应该也有能力更好地将包容性发展落到实处、做出表率。

习近平主席从中华优秀传统文化中汲取精华，全面运用于治党，效果显著。他引用苏辙"去民之患，如除腹心之疾"，来说明全面从严治党、反腐倡廉是民心所向，刻不容缓。他引用《官箴》"当官之法，惟有三事，曰清、曰慎、曰勤"，来要求领导干部清白、克己勤奋创业。他引用孔子"政者，正也。其身正，不令而行；其身不正，虽令不从"，来强调为政须自身端正。他以其治国理政的实践告诉我们，他传承中华优秀传统文化的信念以及建立法治社会的决心。他将中国优秀的传统文化运用到治国理政中，推动中华文化的革新，弘扬中华文化，提高国家的治理能力，领航新征程。

三、德法兼治以构建更完善的法治社会体系

（一）德法兼治

孔子面对诸侯争霸的春秋乱世，提出“仁”与“礼”的学说，希望统治者“克己复礼”、推行“德治”，从而在所有人的道德觉悟基础上，建立一个文明社会。孟子认为大丈夫应该做到“富贵不能淫，贫贱不能移，威武不能屈”。他发挥孔子的“德治”思想，提倡“仁政”学说。提出“民为贵，社稷次之，君为轻”，成为中国早期民本思想的基础，要求统治者关心百姓疾苦、倾听百姓声音。这与我们党全心全意为人民服务和执政为民的本质是一样的。总之，一定要将人民的利益放在第一位。

当前，我们要建设法治社会，就一定要贯彻民本思想及仁爱教育。当今中国许多道德沦丧的案例令人发指。其中昆山砍人案中的电瓶车司机，被宝马车司机砍后将其反杀，被昆山市检察院认定其行为为正当防卫，不负刑事责任。检察院表示：“合法没有必要向不法让步。”正当防卫的实质在于“以正对不正”，是正义行为对不法侵害的反击，因此应明确防卫者在刑法中的优先保护地位。这是一个极具有示范作用的法治案例。“正直生活，不害他人”正是一种根本性教育，若不重视这种教育，仅仅忙碌于各种形式主义的建设，是难以建设真正的包容性的法治社会的。再如抢占高铁座位的“霸座男”，虽有高学历但其素质低下，社会公众的参与和讨论引发了更多不合理的高铁行为，相关法律法规的出台迫在眉睫，莫让文明礼让陷入道德困境！

由此可见，法治是实现国家包容性的坚实基础，真正的包容是德治，唯有德法兼备方可长久。

（二）慎独自省

儒家思想对当今中国最有现实意义以及现代性的就是人生哲学，尤其是慎独自省的人生态度。其讲究个人道德修养，看重品行操守，是儒家风范的最高境界。

“自省”最早见于孔子《论语·里仁》：“见贤思齐焉，见不贤而内自省也。”孔子倡导九思：“视思明，听思聪，色思温，貌思恭，言思忠，事思敬，疑思问，忿思难，见得思义。”（《论语·季氏》）《论语·学而》中有：“吾日三省吾身，为人谋而不忠乎？与朋友交而不信乎？传不习乎？”“九思”和“三省”都是从自己本身着想，所谓“古之学者为己”。

养成慎独自省的德行，能让人从思想意识、言论行动等各方面去更好地审视自己。慎独自省是圣贤之道，在当今社会可以理解为遵守规则。每个人规则意识的多少与有无，能否付诸实践，都与其对“规则”的理解、领悟、追求的程度密切相关。因此，合理的规则意识培养应付诸实践，提高其自我教育、自我管理的能力，由“他律”最终达到“自律”，从而最终能够自愿自觉地依据规则行事，养成良好的性格和规则意识。

总之，国家富强倚靠人民、社会提供的和谐包容的环境，和谐包容的环境需要我们好好守护，从点滴规范自己、营造更加和谐的氛围。

参考文献：

[1] 薛庆超，薛静 . 习近平与中华优秀传统文化 . 行政管理改革，2017(12).

[2] 朱汉国，马世力 . 历史（必修一）. 北京：人民出版社，2010.

（指导老师：金梦柃）

“家国一体”之新疆

□贺梦婕

身为中国人，自出生起，就为中华传统文化所熏陶。无论身在何方，无论在何时，骨子里传承的文化都影响着每一个人，小至一个家、大至一个国。而位于中国西北部的新疆，历史上虽遭遇了多次侵略，仍是祖国不可分割的一部分。生活在这里的人民，也时时为中华传统文化所感染。

一、古代新疆与中华民族的联系

在古代，新疆及其周围地区被称作“西域”，在政治、经济、文化等方面都与中原地区有着密切联系。公元前 60 年，新疆地区正式纳入我国版图。

中国古史中对于西域地理历史的真实具体记载当始自汉代，同样也在汉代，在西域各地开始设置地方政府机构。自汉代起，西域便已是中国不可分割的组成部分。公元前 138、前 119 年，汉武帝派张骞两度出使西域，以加强西域同中原其他地区的联系，共同对抗匈奴。后又派李广两次讨伐大宛，汉军攻破大宛后，威望在西域增加了许多。公元前 60 年，西汉设西域都护府，对西域地区进行军事、政治有效管理，至此新疆正式成为中国领土的一部分。公元 73 年，东汉汉明帝派班超出使西域。班超在西域经营三十多年，其间帮助西域各族摆脱匈奴控制，密切了西域与内地的联系。公元 74 年冬，东汉置西域都护和戊己校尉，通过这两个官职有效强化了对西域的统治。

6 世纪中期，突厥族控制东起兴安岭、西至里海的广大地区，唐太宗击败东突厥，在其地设都督府，任用突厥贵族管辖。

西突厥接受唐的册封，唐代先后建立了安西都护府和北庭都护府管理西域。8 世纪时，回纥控制黑龙江至阿尔泰山广大地区。唐朝册封骨力裴罗为“怀仁可汗”，后回纥改称回鹘。9 世纪中期，回鹘瓦解，其民迁往今甘肃、新疆等地区。

清朝前期，设置伊犁将军辖区，清乾隆帝平定回部大小和卓叛乱并统一新疆，同时为这片土地取名为“新疆”，这就是“新疆”名字的来源。之后土尔扈特人在其首领的带领下经历了重重磨难回到了祖国。19 世纪七八十年代，清朝陕甘总督左宗棠就任钦差大臣之后收复了新疆，1884 年清政府在新疆设省，实行与内地相同的行政制度。1949 年新疆和平解放。1955 年，成立了新疆维吾尔自治区。

新疆在历史上本就与中原地区不可分割，被多个统治者承认其重要地位。而生活在新疆的人民，也对祖国有着强烈的认同感和归属感，符合中华思想之中的“协和万邦”，这一思想是中国传统文化整体和谐观的重要表现，也是中华民族传统文化精神的核心观念。

二、近代新疆与中国的关系

改革开放以来，随着社会主义市场经济体制的逐步确立，新疆与内地各兄弟省、区、市的经济技术合作与交流也逐渐增多。而在改革开放前，新疆于 1954 年成立了新疆生产建设兵团，许多人从全国的天南海北来到当时非常落后的新疆，继承着中国人民解放军的光荣传统，在当时的荒漠上开垦。新疆古时与中原地区相隔甚远，所以留存的中原文化并不多，更多的反而是在这里生活的时间更长的少数民族的文化。各地人民来到新疆，也就为新疆的文化带来了新的发展，使得少数民族文化与中华民族文化有机地结合在一起，形成了独具特色的新疆文化。新疆成为许多人的第二故乡。在来新疆支援建设后来扎根新疆的人眼中，新疆便是家一样的存在。随着时代发展，这个家与祖国的联系也越加紧密，正所谓“家国一体”。

曾经也有许多沿海和内地城市的“上山下乡”的教师来到新疆，带来了先进的教育理念和丰富的知识，新疆的教育水平在祖国的帮助下提升很多，更是从新疆走出了大学生、硕士生等高级知识分子。甚至现在新疆部分地区都普及了 15 年义务教育，这就为许多生活在新疆南部家境不好的孩子提供了更多的就学机会。新疆人民对于祖国和中国共产党的感恩之情，也慢慢强烈起来，这有利于新疆的和平发展。

三、新疆与中国的“家国一体”

新疆在近些年由于国家的帮扶，在经济、文化等领域都有了非常迅速的发展。但仍然有人无视祖国对新疆的帮助，仅凭自己狭隘的想法去怨恨国家。这些人正是忽略了“家国一体”，新疆是中国不可分割的一部分，祖国强大，新疆才会发展得更好。

古代以宗法制为基本形式的家国一体的政治模式，理念就是“家国同构”。家国同构以血缘关系为基础，强调家国一体的同时肯定要以家为本，把个人、家庭、国家有机结合。“以民为本”与“天下为公”仍是国家的基本准则。越是随着时代的发展，随着人们自由、平等、独立意识的不断增强，越是能显示出其独特及重要的价值与意义。现在社会曾经有一段时间，人们忽视对传统文化的承继，导致在一些人和家庭的观念中“国家”变得虚无、社会充满戾气，因此，要大力弘扬国家认同，使人民在对国家的认同中产生强烈的归属感，培养爱国主义情操，把对家族历史的追忆延伸为对疆土之爱、人民之爱、文化之爱，从而增强国家和社会的凝聚力。

新疆从古至今发展的历史悠久，但由于新疆居住的少数民族众多，在发展经济、文化、教育的同时更应大力弘扬中华传统文化，使爱国思想深入人心，做到“家国一体”。

参考文献：

[1] 贾付强，赵春风．论“家国情怀”的当代价值及其教育．华北电力大学学报，2016(5).
[2] 刘紫春，汪红亮 .2015. 家国情怀的传承与重构．江西社会科学，2015(7).
[3] 王灵桂．新疆民族发展简史．北京：社会科学文献出版社，2015.
[4] 杨清虎．“家国情怀”的内涵与现代价值．知行铜仁，2016(5).

（指导老师：刘俊芳）

重新发现爱国情怀

□黄柯华

一、引言

“家国情怀”是一个很大的概念，亨利·梭罗说：“我们首先是人，然后才是公民。”他谈的是一个人的自然属性要先于社会属性，而这个社会属性——公民，自然包含了“国”的概念。熊培云说：“请相信我，我们的国家远比我们想象的要自由高远。”他的言语之间所流露出来的对“国”的自信是如此充沛而自然。如果没有强烈的“家国情怀”，熊培云是不会用一个“远比我们想象的”来定义。而柏拉图是这么说的：“灵魂有多少形状，国家就有多少形状。”原来“家国情怀”还是落在“情怀”一词上，它是人的念想、人的情感，以及人的价值观、精神世界的呈现。

所以，我笔下的“家国情怀”，用我有限的人生经历、有限的阅读经验，当然也是有限的视角，试图重新定义、重新追溯、重新发掘、重新书写，之所以用“重新”来形容，其所指是此文所谈的“家国情怀”仅仅是我在这个年纪的一点想法，不够严谨但真实。

二、重新释义“家国情怀”

有人这样解释“国”：人生理想的源泉。这是千万个“家”所构筑的由精神力量和实质地域相结合产生的概念，也代表国是千万个思想的集合体，而这样的集合反馈于地域内的人，人类则产生了一种忠于国、忠于家的独特情怀。

“家”是人生开始之处，是个人世界开始建筑的地方，当个人的精神成长到一定程度便会对外面世界产生渴望。人类学会前行，乐于分享个人精神，这便是诸如“穷则独善其身，达则兼济天下”之类思想和理想流传至今的原因。同时又因为“家”的羁绊，人们在前行时有了一种对故土的情结。

可见，家国情怀集合了个人的情结、理想与精神特质。

三、重新追溯家国情怀

熊培云在《重新发现社会》一书中提到了两句话，第一句话是：“当我们重新翻检中国人的心灵史，亦不难发现，那种‘浓的化不开’（徐志摩语）的情感首先表现为一种家国情怀，其次才是情爱。只因中国历史多灾多难，以至于这种家国情怀背后未免透着无限悲情。”第二句话是：“这里的‘国’，并非指现代意义上的国家，它们有的指王权，有的指故土，有的指生活的视界与所能达到的极限。”对于多灾多难的中国历史与生生不息的家国情怀，这个矛盾很大一部分是古代社会制度造成的。君王独裁带来暴政，引发社会动荡，百姓自发地抵抗国家衰败，由此朝代更迭。为了永远创造华胥之国，中国漫长的历史长河里便涌现出一代又一代的书生，他们或壮志难酬或仕途通达，但无论如何无法改变的是他们心系天下的大情怀。所以，当后人再一次想起所有儒家后学的梦想时便是一句：“为天地立心，为生民立命，为往圣继绝学，为万世开太平。”这也是熊培云第二句话中的视界与极限，为国之繁荣“修身齐家治国平天下”。

四、重新发掘家国情怀

现今，百度词条对“家国情怀”有更为系统的理性的定义：家国情怀，是主体对共同体的一种认同，并促使其发展的思想和理念。其基本内涵包括家国同构、共同体意识和仁爱之情；其实现路径强调个人修身、重视亲情、心怀天下；既与行孝尽忠、民族精神、爱国主义、乡土观念、天下为公等传统文化有重要联系，又是对传统文化的超越。

其中“主体对共同体”“传统文化”“超越”这三个关键词是核心，但反观我们的社会，我们不禁思考“主体对共同体”的认知是否那么强烈，“传统文化”是否得以继承，我们能否“超越”前人的视界。在“家国情怀”的这些组成里，唯有“爱国主义”是国人常常挂在嘴边的，但对于“乡土”“亲情”“行孝尽忠”“心怀天下”这些内容则少言，于践行中也始终悟不得其内涵。

如果说国家是太阳，那就要毫不吝啬地将阳光洒给名为国民的花朵，也要有足够的各种各样的养料保证花朵茁壮成长，而这些养料则是在我国流传千年的思想价值观。这样的人、大地、太阳构成的化学反应在我看来就会生成“家国情怀”。家国的情怀本身由人产生，但这样的情怀却需要国家施与和培育。国是人心所归，我们身为中国人，对于国家，对于国人的尊严的理解不应该是虚无缥缈的，而国由个体集合而成，也不凌驾在个体之上。

人和国的关系早已不可分割了。2017 年的那个夏天，有句话让所有中国人都沸腾了，“中国公民，当你在海外遭遇危险时，不要放弃，请你记住，在你身后，有一个强大的祖国”。这句话成为“国家首先应该先爱国民的，然后国民才会真正爱国”这个论点的最佳注脚。

五、重新书写“横渠四句”

我们所拥有的一切思想与“国”息息相关，一切思想的增进都代表“国”这个思想集合体的进步，而“国”的进步又是所有中华儿女的目标。由此可见，所谓的“超越”是“爱国情怀”由个人的“思维突破”到国家的“行动进步”，而“主体对共同体”则是国家的“行动进步”到个人的“情怀与思想的突破”。

但现今社会少有由民智激发国智，往往是国智在解决社会问题中带动人民对国家社会进行思考，这样的被动思考以消耗国家来启民智。那么主动思考国家、主动思考社会的人去哪里了呢？我相信这样的人也不少，但是绝大多数都因为其价值观无法对抗社会潮流而被淹没。还有少数人的思考吻合了社会价值观，却没有达到“超越”的程度。所谓“超越”，是指独立于外的思考，是清醒的、冷峻的。

众所周知，想要完成对一件事情的超越必先深刻了解事情的本身。我国所孕育的思想家成千上万，多数人只读孔孟，受孔孟之道影响的好处在于国人便是将“修辞立其诚”云云的想法作为人生起点，从出发点便具有高度的纯洁性和宏大性。但这终究是不够的，木心在《文学回忆录》里说大多数的人的认识论是由人生观到世界观到宇宙观，然而老庄的思想却是由宇宙观到世界观到人生观。木心认为宇宙观决定世界观，世界观决定人生观，只有从宇宙观来的世界观、人生观才是真实恳切，不至于自欺欺人。换而言之，现在某些人对于社会的思考只是书生之见、市侩之见，甚至有些刚愎自用。这些刚愎自用甚至能造成语言暴力。所谓思考社会的大多数只是针对眼中那么点大的社会进行论述思考，在失败的同时为语言暴力出了一份力，看似爱国之举却损国家之利。

梭罗有言："我们首先是人，然后才是公民。"而"人"的建立要把家作为起点，在家中，我们对后辈说着百家的思想，这是为了让他们由学而启而思，同时也教会他们勇敢，勇敢地质疑思想。到那时我们无需开口多言，后辈自然会爱国，会理解国与民的关系并非是人民单方面的支持而是互相依托，最后检验我们教育成功的不是那上升的 GDP，而是检验后人是否对自我个体、对国家社会有所超越。愿我们都能"为天地立心，为生民立命，超越往圣之绝学，为万世开太平"。

六、结语

家国情怀对于我们国家应该是不断地引领国民向前，引领我们不断超越，正如鲁迅先生所言："愿中国青年都摆脱冷气，只是向上走，不必听自暴自弃者流的话。能做事的做事，能发声的发声。有一分热，发一分光。就令萤火一般，也可以在黑暗里发一点光，不必等候炬火。"我们的国远比我们想象的高远辽阔！

参考文献：

[1] 梭罗 . 瓦尔登湖 . 徐迟译 . 上海：上海译文出版社，1982.

[2] 唐德刚 . 战争与爱情 . 桂林：广西师范大学出版社，2015.

[3] 熊培云 . 重新发现社会 . 北京：新星出版社，2010.

[4] 熊培云 . 自由在高处 . 北京：新星出版社，2011.

（指导老师：徐苗）

“我们”与“我”

——中国人的家国意识与个体意识

□黄奕平

引言

各个国家、各个民族集体与个体的关系都有自己特点，那么，对于中国这样一个以集体的重要性著称的国家，集体意识是如何影响了家国意识与传统价值观的？在古代中国，有无个体意识的存在？

一、入世

入世，指步入社会，投身于社会。个人与社会的问题是每个社会都必须面对的问题，是每一个生活在社会中的个人必须回答的问题。在中国，关于个人与社会的关系问题早在春秋时代就已展开了讨论，并产生了几个不同的理论流派。儒家、法家、墨家，都是倡导积极入世的学派。在本文中，我把重点放在了儒家，因为儒家的许多思想正是中国根深蒂固集体意识的根源。

以孔孟为代表的儒家是家族社会所孕育出来，并自汉代“罢黜百家、独尊儒术”后，长期占据主导地位的思想派别。该派思想家们一开始就跳出了个人与社会、个人与国家的对立思考，而把群体的和谐作为他们理论的目标和出发点。这就是说，将完善人的道德作为完善社会道德的基础，将一个人的个人修养和对他人、国家、社会应有的义务与应负的责任联系起来。儒家经典《礼记·大学》提出的格物、致知、诚意、正心、修身、齐家、治国、平天下，正是这一思想的精辟概括。

我们从小学习的儒家学说其实是汉代董仲舒糅合了法家、阴阳家思想的儒学，这种儒学长期占据统治地位，对中国人集体意识的生成与固化有着深刻影响。譬如我国古代推崇的忠孝原则实际上就是一种集体意识的体现——“孝”的伦理规则使个人独特个性消解于“家”，“忠”的伦理原则使个人独立生活消解于“国”。那么，究竟是中国的什么特性促使儒家推行其思想及方法论呢？

美国学者金（King）在其所著的《五十个世纪的农民》一书中，以土地为基础，对中国文化做了一番描述。他说，中国人“像是整个生态平衡里的一环。这个循环就是人和土的循环。人从土里出生，食物取之于土，泻物还之于土，一生结束，又回到土地，一代又一代，周而复始，靠着这个自然循环，人类在这块土地上生活了五千年。人成为这个循环的一部分。他们的农业不是和土地对立的农业，而是协和的农业”。的确，在中国古代社会，人对其他人的直接依赖，是社会关系的主要形态。中国的家族观念历史悠久，这种以血缘为纽带形成的庞大集体有时比国家民族更为牢固。古老的家族有族谱、宗祠，他们聚居在一起，共同抚养后代。年长的成员肩负起延续发扬整个家族的重任，家族中每个成员的事务就是全体成员的共同事务，如果后代不幸父母双亡，通常会由族员共同抚养。这种封建的父系大家族一直存在至今。古人把家族血缘看得非常之重，在家族观念中，个人是家族的一分子，他在群体中成长并学习社会技能，同时增强对家族的认同感，家族血缘成为他自我认知的一部分。

在中国的传统观念里，国与家是密不可分的，它们之间有一套通用的制度，构成了国、家体系的骨架。“君君臣臣，父父子子”，“父为子纲，夫为妻纲”，封建礼教的背后是延续千年的严密的等级制度。在这里中国人的集体主义体现得最为彻底，家族不是一个群体的代名词，而是作为组成国家不可或缺的单位存在着，一个个严明团结的集体组合在一起，就是我们称之为国家的大集体。这种关系形态归根结底是中国古代社会的自给自足的小农经济决定的。众所周知，我国自古以来就是一个农业国家，人们长期定居于某一区域从事农业生产。“三十亩地一头牛，老婆孩子热炕头”，一直是农民孜孜以求的小康生活图景。在这样的以小农经济为基础的社会，对生存和发展机会的争夺便构成了个人与社会的紧张和冲突的轴心内容。儒家强调群体主义，忽视个人主体地位，消解个体的独立存在，最终以群体或社会为归宿的思想，便是这一社会现实的反映。

中国人集体意识的积极方面在于，熏陶和培养了中国人忠于国家、忠于民族的优良品质，养成了以天下兴亡为己任、个人利益服从国家和民族长远的根本利益，必要时为国家、大众贡献自己的一切甚至生命的人生观。消极意义在于，压抑、束缚了个体的主观能动性和创造力，不利于民主精神的形成。

二、出世

中国的隐士文化由来已久。传统读书人人生轨迹的大道旁，却有人走在寄情山水、不问世事的蹊径上。隐士之所以为隐士，原因固然有很多种，寄望被人发现而故意隐于山林是一种，不受重用愤而隐居是一种，虽说小隐隐于野、大隐隐于市，但这里讨论的仅限于“真隐士”，即那些真正看透功名利禄，只愿探寻内心平静与宽广的人。真隐士的存在证明，中国人内心也有自我压倒集体的时候，他们能够真正追寻自由，甘愿摆脱俗世的幸福、集体的安全感，在儒家文化盛行的时代独自行走在道家淡泊无为、逍遥自得的道路上。

隐士的存在，固然为集体中的人们所敬佩赞誉，却于统一的多民族国家的发展无大益处，因此历来不被提倡。从古至今，现实功名、为国为家努力贡献仍是读书人的主旋律。

我们不能简单地说中国人的集体意识就是家国情怀，而个人意识就是孤立主义、不爱国。只要我们仔细研读历史就可以发现，家国情怀是集体意识与个人意识的有机结合，集体意识使人们有凝聚力，热情参与集体，而个体意识又使中国人不会盲从，心中有大我、清醒而智慧，集体意识与个体意识都是我们不可缺少的重要思想，只有将集体与个体有机结合，才能真正体现家国情怀。

在现今个人主义盛行的社会，家国情怀依旧以意想不到的深度和广度埋藏在每一个中国人的内心深处。把自己的梦想与中国梦结合起来，为祖国的富强和民族的复兴而努力奋斗，中国梦实现的那天，就是每个人梦想成真的日子。正是因为有了家国情怀，中国才能以其他民族所没有的强大凝聚力屹立于世界，我想，这就是家国情怀的现实意义。

（指导老师：徐苗）

家国情怀让中华民族生生不息

□蒋阆行

若提到中华民族、华夏子孙，“厚德载物”“自强不息”“上善若水”等鲜活明亮的字眼必与之相关。

若提到华夏民族的家国情怀，“行孝尽忠”“安土重迁”“经邦济世”等鲜活明亮的字眼也必与之相关。

一、“和”的维系

每个华夏儿女的家国情怀从最开始就由“和”维系着：中庸之道，是个体向往的“和”叠加之后的一种价值标准；见贤思齐，是人与人之间朝着“仁”的目标，为建设一个更好社会而不断向前发展的“和”；礼尚往来，是一个社会普遍追求的“和”；民胞物与，则是一个国家普遍追求的“和”。“和”，无论在古代中国封建专制社会，还是在当代中国特色社会主义社会，都维系着人与人、人与家、人与国之间的关系，平衡着这个动态向前的世界。由此可见，人心的感触也具有蝴蝶效应，正是“和”扇动了翅膀将家与国紧紧连在了一起。

不论是黎民百姓还是国家治理者，都希望通过“和”来维系整个社会的运转。小到孔融让梨，大到墨家的兼爱非攻，无不体现着“和”的魅力。“和”在家庭里是家庭成员之间的调味剂，使家庭氛围、邻里关系变得和睦，从而给予一个人成长的精神养料及处世之道。父母带着“和”的言行便成了孩子成长的最好导师。“和”对国家就更具作用了，中国古代封建社会中的民众渴望拥有土地，倘若一个国家对外连年征战、对内横征暴敛，百姓就会流离失所，进而对朝政失去信心，然后便起义了。翻看中国的封建史，就没跳出过这种历史周期律的。这种历史的恶性循环是失去家庭与国家之间的“和”、国家与国家之间的“和”的必然下场，而能够跳出这恶性循环的时代，就必然是懂得用“和”去调剂民众与国家之间的关系、去平衡国家过多的所有与民众过多的所失、去避免权力的滥用所带来的人性缺失。从孙中山先生的“耕者有其田”，到中国共产党的土地革命，再到小岗村普通农民创造出的家庭联产承包责任制，中国人民渐渐弥补了过去太多的所失，渐渐走进了“和”的世界。

历史的洪流不曾停歇。中国从1840年开始艰难转型，游荡在历史洪流的罅隙中，有苟延残喘、低人三分的窘境，有不屈抗争、昂首挺胸的辉煌，所有人为达到“和”而不懈努力着，尤其在当下波澜壮阔、风起云涌的新时代！这就是民族懂得了“和”在时代里的进步。

二、九州沃土上千万个家

古代中国，家庭教育主要由宗族完成，由封建邦国与宗法潜移默化地影响着诸侯、卿大夫、士与百姓的家国情怀。有了宗法硬性的维系与传统孔孟思想的熏染，就很容易形成个人与家庭的君臣父子道德体系。依靠这种宗法的维系，阶级也逐渐分层固化，然而每一层仍保有对传统宗法礼俗的敬仰与遵循。

古代人民对家对故土对根的重视，便化为今天“安土重迁”这个词。杜甫的“烽火连三月，家书抵万金”，陆游的“王师北定中原日，家祭无忘告乃翁”，以及林则徐的“苟利国家生死以，岂因祸福避趋之”，都体现出古人对故土对国家的深深依恋。人民对居住地有着无条件的深切依恋，若统治者能好好利用这种广泛而深刻的情感，用王道德治而非霸道人治，国家便会长久地繁荣下去。其实早在《尚书》中就写道：“民可近不可下。民惟邦本，本固邦宁。”如此睿智的认识与孟子的“民为贵，社稷次之，君为轻”，荀子的“水则载舟，水则覆舟”的思想一脉相承。当我们将民本思想从国家治理细化到家庭这个基本的社会组成单位，便能更好地理解孟子荀子等人的思想来由了。家，这个单位能将每人心中小小的情愫汇集。一个家若能拧成一股绳，一个编伍、一个国家也就更容易拧成一股绳。

这就也能很好地解释，如今人们对于春节的心心念念了。无论天涯海角，中国人都要回家过年。这世上还有哪一种文化能够年复一年、如此准时地调动千军万马？能够将故土将家的亲和力表现得如此淋漓尽致？回家过年，是国人对根植于内心深处的文化的顽强坚守，不论那个令自己魂牵梦萦的地方在别人眼里有多平凡，不论那个家是金碧辉煌还是徒有四壁。正如韩少功在《我心归去》中所写：“萍飘四方的游子无论是怎样贫困潦倒，他们听到某支独唱曲时突然涌出热泪，便是他们心有所归的无量幸福。”这种幸福感便是百姓在平凡生活里对“家国情怀”的深刻理解与体悟。而当无数最质朴的思绪汇成一股洪流，便形成了蔚为壮观年复一年的春节返乡潮，形成了百姓生活的经年习惯。

然而，家国情怀在当代面临的境遇却不容乐观，挑战来自社会天翻地覆带来的天下观的根本改变，传统的三纲五常价值体系逐渐失去现实的依存。新时期，在市场经济的大背景下，传统的家庭教育方式受到了冲击，曾经的男耕女织被迅速发展的个体主义取代。一些“富二代”“官二代”“星二代”家风家教培养了孩子的功利主义甚至是极端利己主义，这既不利于家庭建设，也不利于社会进步。

这个时代更强调个性，因此家庭教育更显其重要性。“香九龄，能温席”“融四岁，能让梨”……这些传统教育在新时期仍然具有其强大的时代价值。

三、中华民族文化在延续

如今我们所讲的家国情怀在这个新时代里有了新的定义，其内涵概括起来主要体现在：对故土的至诚深爱、对苍生的朴素情感、对共有文化信仰的执念，以及对普遍价值准则的认同固守。

习总书记提出的四个自信里，我认为文化自信应排第一，何以？文化自信是道路自信、制度自信、理论自信的基础，一个不铭记历史的政党无法仅凭对未来的许诺得到民心，一个不懂欣赏文化美学的民族也无法仅凭庞大的人口屹立不倒。在漫长历史中，文化浸润的过程很难清晰呈现，但文化浸润的力量却是浩荡洪流。

当今家国情怀的培养应更注重一个人的综合知识与自理能力的培养，要将每一个青年人逐渐扩大的世界观与全球视野，转变为一群青年人的价值共识，决不能让过度享福与过度“佛系”扼杀青年人那种踏破苍穹、舍我其谁的热血活力。

家是最小的国，国是千万个家。家在国中卿卿我我，国在家中生生不息。这便是千年前的孔孟与现在的我们，所共同憧憬追求的大同状态，也是家国情怀将万千华夏儿女牵在一起的美好蓝图。

四、我的思考从何而出

在我的世界观里，家国情怀这个词最先由语文和历史课堂塑形。从春秋战国开始逐渐成熟的封建制度，到明清极度腐朽的帝王制度，再到如今中国现代化的社会主义体系，社会制度、生产方式在不停改变，人们的世界观、精神理念也在不停改变。正因改变，才有了现在我的思考，思考是什么让人类社会出现极大反转，又是什么让中国跳出历史循环恶圈。早在千年前孔子、孟子、荀子就已经有了比较先进的政治观，今天我所谈的民主、法治、德治早在千年前就已经被孔孟“苦口婆心”地谈着。至于千年前与今天最后呈现出来的社会面貌，我们可以交给历史与时代去解释，但其实在历史不停变化中有一样东西始终抓着我的神经让我注意，那就是“和”的维系。

而千年前后呈现出的反差强烈的社会面貌，引起我第二次的思考。那些在恶劣生活条件、落后社会体系之中涌现出的伟人、先行者让我无限敬佩。他们自强不息、包容沉稳、敢于牺牲，正是他们对家国的高度认同感一点一滴地把他们由材打造成器，再通过他们把家国情怀印在了我的为人处事、生活学习里。

以前总把那些伟人放在零散的时间里去看待，以前也总认为历史就是这么走的，时代总是会向前发展的，人在其中的作用微乎其微，即便有，在永恒的时空面前，可以略等于无。但后来，随着对整个中华文明的深入了解、对家国情怀的不断剖析，我发现历史发展的背后、时代发展的背后，其实一直是由民族文化所支撑的。如果没有一个延续不断、向前发展的民族文化始终支撑着这个国、这个民族，如果没有这个始终如一的民族掌管着神州大地，怎么可能有现在“和”的维系、人的塑造、家的念想？有了中华民族文化的不断延续，我们的民族才一直在历史里生生不息，我们的国家才一直豪壮地挺立在世界东方。这也就为“和”的维系，人与家、家与国的紧密黏合奠定了坚实基础。

综上，当代对青少年进行家国情怀培养也就更为重要，也更具时代意义。和平年代，我们或许不再需要抛头颅洒热血的民族英雄，但我们必须在每一位青少年的心中埋下家的情、国的根，这不仅是一个民族的凝聚力，更是一种归属感、使命感。

参考文献：

[1] 齐大辉 . 家风文化与家国情怀 . 雷锋，2017(2).
[2] 叶小文 . 略谈“家国情怀”，中央社会主义学院学报，2015(4).
[3] 张斌，段周燕 . 家国情怀的当代培育，江苏理工学院学报，2015(3).

（指导老师：徐苗）

贯穿古今，砥砺前行

——浅析从夏周文明到现今世界“家国情怀”的传承发展

□李俊元

一、引言

《战狼》《红海行动》等爱国军事题材电影获得票房、口碑双丰收；2018年雅加达亚运会孙杨、徐嘉余、王简嘉禾等人力克日本选手取得冠军让国人直呼“过瘾”;《厉害了，我的国》《大国重器》等一系列纪录片更是激发了人们的民族自豪感……这都是因为我们内心深处的“家国情怀”。“家国情怀”是什么？“家国情怀”对今天的中国和我们有什么意义？本文对此稍做探讨。

二、家国情怀的思想渊源

“家国情怀”其实自古有之：从穴居野处的山顶洞人，到商朝祈天的祭司，到统一六国的秦始皇，再到近代为中国独立发声的革命斗士，无不具有这“家国情怀”。从原始社会到奴隶社会，从奴隶社会到封建社会，再从封建社会到近代社会、现代社会，“家国情怀”并非一成不变，而是在不断演变和发展的。

（1）“家”和“国”的功能演变

家，居也。家是人们居住的地方，为人们提供了遮风避雨的场所。后来随着社会的发展与进步，家逐渐演变为人们情感的精神来源。

当社会发展到一定的程度，国家就出现了。在国家出现之前，人类通过血缘关系形成氏族——一个个小“家”相互团结。

世易时移，氏族进而变为部落——“国”，统治一定的地域，开国家领土之先河。

（2）家国思想的产生与发展

相传大禹治水成功后，在民众中的声威上升，接受权位成为最高政治领袖。在禹之前尧、舜皆以禅让的方式交接政治权力，但是在禹死后，禹的儿子启承接了禹的地位——政治权力由“传贤”变为“传子”，国家变成了帝王的私产，“家国一体”的思想由此产生。

到了周朝，武王首推分封制，将子弟功臣贵族分封于各地，使其成为各领一方的诸侯，共同维护周王的权威。通过这样的形式，姬姓的诸侯们代代世袭；非姬姓的诸侯们迎娶姬姓的女眷，成为周王朝的姻亲。这样，各诸侯国与周王朝之间通过或远或近的血缘关系编织成一个庞大的政治网，天下在一定意义上形成了大“家”。此时，西周的分封制和宗法制为“家国一体”描绘了新的轮廓。

春秋战国是社会大变革时期，百家争鸣的局面出现。儒家进一步发展完善了家国思想——子曰：“《书》云：‘孝乎，惟孝友于兄弟，施于有政。’是亦为政，奚其为为政？”（《论语·为政》）而《礼记·大学》中的“修身齐家治国平天下”更为清晰明确地提出了家国一体的情怀。

三、家国情怀对于社会时代的影响和价值

“家国情怀”源起于血缘的维系、阶层的差别，却并不具有政治上的阶级性。由古及今，历史上涌现出无数心存家国的人们，他们来自不同阶层、不同时期，但是他们都拥有着一些同样的品质、情怀，这些品质和情怀建构了这些我们称之为“仁人志士”的精神世界，比如“以和为贵”，比如强烈的天下兴亡的责任感，“知其不可而为之”甚至于付出生命的牺牲精神。他们作为先驱，其特质和思想对于现今的社会历史发展仍然具有重要的指导意义。

（一）“四海之内皆兄弟”

“四海之内皆兄弟”源自《论语·颜渊》：“君子敬而无失，与人恭而有礼，四海之内，皆兄弟也。”抒发了中华儿女友善仁爱、兼济天下的情怀。这种情怀在某种意义上便是我们口中的家国情怀。这般情怀不大不小，却在不同的时代背景下发挥了同样重要的作用：在孔夫子那个礼崩乐坏的时代，它提出了友善交往、发展人际关系的要求，有利于维护社会思想的稳定；而对于我们现在多极

化、全球化的世界来说，这种情怀具有促进世界共同发展的意义——中国积极倡导“一带一路”的合作倡议，打造包容互信的命运共同体正源于此。“一带一路”建设在习总书记的带领下走深走实，完美地契合了家国情怀的要义。

（二）“天下兴亡，匹夫有责”

明末清初的著名思想家顾炎武提出“保国者，其君其臣，肉食者谋之；保天下者，匹夫之贱，与有责焉耳矣”。近代思想家梁启超将其总结概括为“天下兴亡，匹夫有责”。意指天下的盛衰，即便是普通百姓也有义不容辞的责任。当梁启超提到这句话时，中国正处在水深火热之中——五千年泱泱华夏遭受灭顶之灾！如今，那段被蹂躏的历史已是过去，自由、独立、强盛的新中国正以全新的姿态崛起于东方！我们生于这个时代，当然应该义不容辞地接受时代赋予的使命。这个“家国情怀”，固然是对国家的热爱，是对民族振兴的激情，但绝不只是宣之于口的言辞。“实践是检验真理的唯一标准”，那我们就应当付诸努力，去实践、去求索，去探求时代的“真理”，勇敢地立于世界的潮头。

四、家国情怀对于个人品格与精神的塑造和升华

于国家、于社会，家国情怀都具有不可忽视的现实意义，那些湮没于历史长河里的英雄人物，消逝的只是肉体的存在，他们的灵魂、他们的精神追求依然对每一个普通人产生深远的影响，鼓舞着平凡的人“自强不息”，抓住机遇，顺应时代的要求，在生命的长河里留下自己的足迹。

我生长于大禹治水的源头——余杭。这个充满文化底蕴的小镇，让我从一生下来就与家国情怀结下了不解之缘。身边的博物馆、书上的文字绘画、口中的诗词歌赋，无一不蕴含着家国情怀的核心精神。清华大学的校训“自强不息，厚德载物”，也一直是我初中学校的校训，清华以此勉励学子怀博大之气吸纳新文明，而我们以此激励学子在逆境当中不畏惧、不放弃，力求逆流而上；在顺境中不自满、不得意，继续奋发努力。而自强不息的态度，正是每个人对自身的发展，对国家的认同，契合了家国情怀的思想本质，并且深深地影响了个人精神的追求。

我们在核心价值观的氛围之下生活，在传统文化的浸润之中成长，这种种思想和理念，就这样一点一滴地沁入我们的灵魂，和我们形成一个不可分割的意识整体，这也正是中华精神、中华文化不可磨灭的精神根源。

五、结语

家国情怀的含义和内容，包含着从思想源起到现实意义的各个方面、从功能到思想等多个角度，蕴含着“修身齐家”的兼济天下和“四海之内皆兄弟”的包容互信。所以说，“家国情怀”不一定非得上升至民族大义，人生态度同样也是很好的体现。因为，家国情怀是立足于博大精深、源远流长、历久弥新的中国传统思想文化之上的，也由此，才能够对当今社会时代以及个人品格做出如此之大的影响。正是这样，才更需要我们的传承与发扬！

参考文献：

[1] 《中华思想文化术语》编委会 . 中华思想文化术语 1. 北京：外语教学与研究出版社，2015.

[2] 《中华思想文化术语》编委会 . 中华思想文化术语 2. 北京：外语教学与研究出版社，2016.

[3] 《中华思想文化术语》编委会 . 中华思想文化术语 3. 北京：外语教学与研究出版社，2016.

[4] 白寿彝 . 中国通史纲要 . 北京：中国友谊出版公司，2016.

[5] 姬昌 . 全本周易 . 北京：中国言实出版社，1995.

[6] 吕思勉 . 吕著中国通史 . 北京：中国书籍出版社，2016.

[7] 钱穆 . 国史大纲 . 北京：商务印书馆，2010.

[8] 许慎 . 说文解字 . 北京：中华书局，1963.

[9] 杨伯峻译注 . 论语 . 北京：中华书局，2006.

（指导老师：徐苗）

家国本一体，忠孝可两全

□李轩屹

一、序言

予尝过兰溪。湍流击石，澜莹衬日。环顾群山，如宝装屏风，愈近愈秀。漫漫而游，惊若天人，又偶见一庙堂，问之曰：“古以庙为尊，家有大姓而国有主，且何谓家国也？”或曰：“吴中若需闲潭梦落，青枫浦上，独逐月华，此其一；巾帼易安老而未老，焚断金石，一点愁肠系落花，此其二；岳武穆跃马北望，凭栏独倚，听啸声，此其三也。”

二、宗法礼乐制的形成

人类文明刚刚萌发的时候，女性享有很高的社会地位，并且掌握氏族的领导权，不仅世系按女性继承，子孙也归属母亲。而后，随着社会的发展，漫长的原始母系氏族社会逐渐被父系氏族社会取代，父权在家庭中的统治地位最终确立。从商周两代开始，父权家长制逐渐发展为宗法制，中华民族形成了以血缘关系为纽带的政治形态，家族和宗法的概念也逐渐渗透进人们的生活。尊卑长幼界限分明，突出地表现为“父权统治，男尊女卑”的观念及夫妻不平等，直接导致中国父系单系世系原则的广泛施行。当时的统治者为了进一步巩固建立在宗法制度上的奴隶制，维护奴隶主阶级的利益，制定出一套完整的、体现等级次序的礼乐制度。何谓礼乐？即以乐从属礼，用礼来区别宗法远近等级秩序，以“乐”来和同共融“礼”的等级秩序，调和人与人之间的关系，以达到君臣和静、长幼和顺、兄弟和亲的整个社会完全和谐的目的。不同阶级使用不同规模的器具伶人，一旦使用不符身份的舞队则被认为是“僭越之举”，这无疑极大加深了人们尊卑长幼的等级秩序思想。礼乐制度伴随宗法制度，作为统治者维护君权、族权、夫权、神权的重要工具，于西周诞生一直延续到清末。后来唐代设置“大乐署”，宋明时又有“大宴仪”专门负责礼乐祭祀，虽然每个时期的具体内容并不相同，但理论上都是以西周为标榜并且最终目的都是相同的。

三、宗族观念的深入和影响

从古至今，血缘和地域关系一直为国人所看重。撇开其消极影响，宗法关系对中华民族的形成和文化的定型起到的纽带作用不可否认。即便是现在，我们也可以从日常生活中体会到千年文化的脉络与足迹。没有人会对尊老爱幼的行为提出质疑，也没有人不会选择性偏向亲人。实际上，我们经常将文化错误地摆在较低的地位。在文化的雏形出现之前，人类还称不上拥有智慧的高级动物。共同的文化赋予了我们思考的能力，让人类得以形成一个个优秀的文明。它的力量就在于，每个人都能在潜移默化中接受它的天赋，在保持个体独立性的同时获得共同的理念与信仰。如公正无私、嫉恶如仇、诚实笃信的修身法则；敬业乐群、舍己为人的奉献精神；自强不息、艰苦奋斗、勤劳勇敢的昂扬品质；奋不顾身、舍生取义的英雄气概；兼济天下、治国安邦的社会理想……仔细思考，追根溯源。我们不难发现，商周以来在政治、经济、文化、社会等各方面残留的碎片早已结晶，形成了如今国人的思维方式。不仅文化扎根于人群中，我们更是依赖着它，根深蒂固、无法变更。

四、维系家国的纽带

汉有霍去病，追奔逐北，封狼居胥山，禅于姑衍，以临瀚海，使匈奴震怖，西北畏之。汉武欲赐之宅邸，霍以“匈奴为灭，无以为家”，不治。

冠军侯霍去病是我们耳熟能详的人物，他二十四年的传奇人生备受称颂。他备受汉武帝的宠幸，年仅十九便独自领兵出征。这其中固然不乏霍去病优异的军事才能和汉武帝私人感情的因素。但究其根本，是霍去病有强烈的忠君报国思想和奋发有为的气势……从某种意义上说，霍去病正是因为具有为国忘家的高尚品格，才能屡建奇功。而这种爱国忠君的思想根源，是中华民族自古以来就有的一种“国”与“家”密不可分的观念。这直接造就了一批忠孝之士。在他们的观念中，国即是家，爱君即是爱国。梁启超先生曾提出“家国一体”的概念，这一点说得十分切实。中国传统道德认为，“孝”是维系家的核心。“夫孝，天之经也、地之义也、民之行也。”孝是对父母、先祖的爱，进而反哺、敬畏，终极关怀体现为“慎终追远”这四个字，追求对国家、民族的贡献为个人价值的最高境界。不难发现，中国人以家为本的孝文化与“忠”密切相关。《礼记·祭统》言：“忠臣以事其君，孝子以事其亲，其本一也。”这充分体现了“孝”作为家庭价值观，与“忠”作为社会价值观是高度吻合的。古人常说“忠孝难两全”，在家与国之间，更多人选择为国献身。因此，在中国几千年的历史上，每当国家面临危难，总会涌现出一大批仁人志士，反抗外族侵略，谱写一篇又一篇可歌可泣的英雄史诗。

五、以“忠孝”为核心的中国传统精神

“忠”“孝”价值观共同构筑了中国人的主流价值观，表现为强烈的社会担当意识、家庭责任意识，特别是在民族存亡之际，更是表现出了杀身成仁的牺牲精神，所以说国人具备“保天下者，匹夫之贱，与有责焉耳矣”的奉献精神，并历久而成爱国主义传统。这种为国尽忠的责任意识和奉献精神，又和尊敬兄长孝敬父母的道德实践一致，其内在核心是统一的。而且得到了全社会民众的高度认同，也就是说，无论是一个家族还是一个个体，整个民族都将为国尽忠作为一生的自觉追求。于是，中华民族的爱国主义传统就成为民族精神的必然追求，成为整个民族永恒的精神信仰。

但是，在科技发展的当下，理性精神不断发展的新世纪，在文化开放的大背景下成长起来的一代青年，已经开始遇上“忠”与“孝”孰先孰后的矛盾。之所以出现这样的矛盾，无非是“公”和“私”的冲突。事实上，我们的传统文化始终在强调，当私利与公利、家庭与国家、个人与群体发生冲突时，应该舍小就大、舍私就公。比如我们现行的社会主义制度下，“公”的核心是以人为本、公平正义以及实现共同富裕。也就说，“忠”有了新社会的新发展、新属性，不具有等级性，但保留了对社会和国家的责任感、担当感。

生活在当下的我们，正处于激情活跃的季节，如何更好地跟进时代潮流、继承和发扬优秀传统文化，将无可避免地成为我们面临的难题。对待传统文化，要秉承“取其精华，去其糟粕”的态度，以民族自信和文化自信为基础，不断更新我们的千年文化。

参考文献：

[1] 戴圣 . 礼记 . 沈阳：辽宁教育出版社，1997.
[2] 李雪山 . 商代分封制度研究 . 北京：中国社会科学出版社，1994.
[3] 司马迁 . 史记 . 长春：吉林大学出版社，2004.
[4] 王立群 . 汉武大帝 . 郑州：大象出版社，2012.

（指导老师：徐苗）

以家为本，心系天下

□李雅静

家国情怀是祖国灵魂的寄托，是每个人心中必须坚定的永恒不变的信念。回眸历史，铭记先驱用鲜血为我们铺好的幸福之路；展望未来，勇担时代大任，响应“担复兴大任，做时代新人”的号召，将个人梦融入中国梦，让家国情怀引领我们走向理想的前方。永记责任，扬帆起航。

家国情怀，它似乎是一个很难定义的名词，在我看来，它的核心就是“责任”，不论是对家庭的责任，还是对国家百姓的责任，这种责任感都是每个人不可缺少的。世间万物都处于不断运动中，而从古到今家国情怀的定义也在不断继承发展中融入新的理念。古代，家国情怀的体现从屈子的“长太息以掩涕兮，哀民生之多艰”到杜甫的“安得广厦千万间，大庇天下寒士俱欢颜”，从范仲淹的“先天下之忧而忧，后天下之乐而乐”到岳飞的精忠报国再到顾炎武的“天下兴亡，匹夫有责”①，无数文人武将挺起坚实的脊梁、担起时代的重任。而近代，家国情怀的体现是林则徐的虎门销烟，谭嗣同的慷慨就义，江姐那句“毒刑拷打，那是太小的考验……竹签子是竹做的，但共产党员的意志是钢铁”！他们以血肉之躯，慷慨赴义的精神，为我们祖国和民族做出重大贡献。走向现代，和平发展的时代主题已是大势所趋不可逆转，我们伟大的祖国已经一步步迈向

① 顾炎武的原文为：“易姓改号，谓之亡国；仁义充塞，而至于率兽食人，人将相食，谓之亡天下。是故知保天下，然后知保其国。保国者，其君其臣肉食者谋之；保天下者，匹夫之贱与有责焉耳矣。”

世界舞台的中央，祖国不再为硝烟战火的阴影所笼罩，家国情怀注入了新的时代内涵，就像十九大报告中所提到的“要坚定理想信念，志存高远，脚踏实地，勇做时代的弄潮儿，在实现中国梦的生动实践中放飞青春梦想，在为人民利益的不懈奋斗中书写人生华章”。变化中的家国情怀无疑更突出了我们那份“责任”的重要。

艾青曾说过“为什么我的眼里常含泪水，因为我对这土地爱得深沉……”有了家国情怀，仿佛做什么事都有祖国母亲护持，心里特别踏实。同时，家国情怀是实现人生价值的力量源泉，它助推每一位中华儿女勇挑重担，这种责任是社会发展的客观要求，也是每个人自身发展的客观需要。家国情怀宛若川流不息的江河，流淌着民族的精神，滋润着每个人的精神家园。然而当今时代，国家渐趋稳定，人们之前那种来自危机感和救亡图存意识的爱国情怀早已烟消云散。试问当今，有多少人愿意为了工作责任和国家发展像“铁人”王进喜一样跳进泥浆池、用身体搅拌泥浆？坐在办公室喝茶聊天玩游戏似乎成为日常。又有多少人能像“党的好干部”焦裕禄那样深入每一户家庭关心每一位百姓？随意的走访和报告都成了理所应当。还能有多少人能像“杂交水稻之父”袁隆平那样为了祖国甚至是世界的饥饱问题鞠躬尽瘁，每天不间断地观察水稻种植情况？空口谈理论不愿受苦受累是很普遍的情况。责任不一定流血牺牲，工作中尽职尽责、生活中主动做志愿活动或慈善事业、出国旅行时保持一个游客应有的素质……这些都是“责任”的体现。若每个公民都能履行其应尽的义务，担当起这份责任，祖国的伟大复兴就能更快地实现。

国以民为本，没有人民，国家也不再是国家。换一个角度思考，自古以来，民惟邦本，秦王朝虽为我国第一个中央集权的专制国家，但在历史上仅仅存在十四年，如彗星般短暂划过正是因为君主的暴政。每当人们提起繁荣昌盛的统一的朝代，脑海里第一个浮现的是唐王朝，唐太宗的开明政策推动了中国历史的跨越性发展，通过这样的对比，更能直接看出人民的重要性。现在我们伟大祖国颁布的每一项政策无不处处体现民意，一代代国家领导人为改善民生做出伟大贡献，我们又有什么道理不担当起这份责任，为祖国奉献自己的力量！

当然，这份责任也不是天生的，《孟子》有言：“天下之本在国，国之本在家，家之本在身。”家是国的基础，国是家的延伸，国家、家庭与个人都是密不可分的整体。家是游子的心灵港湾，然而少小离家建功立业却几乎成为一种传统，这份纠结的情感并不是不眷顾家庭亲情，而是对家园的情怀已经与对国家的守护之情融为一体。那么，这份使命要如何行使呢?

从个人来看，每个人都应努力学习科学文化、提升道德修养，常心怀国家，不要再出现我国抗战纪念日当天，网上却充斥着明星离婚这样毫无营养信息的新闻。当我们专注于亲情眷恋、追求小我的理想时，不应忘了祖国的荣誉形象、中国梦的精神，要更好地兼顾小家与国家，将对家的情谊深凝于对他人的大爱、对国家的担当。从毛泽东“埋骨何须桑梓地，人生无处不青山”的壮志豪情，到赵一曼“未惜头颅新故国，甘将热血沃中华”的慷慨赴义，再到焦裕禄“心里装着全体人民，唯独没有他自己”的为民情深……常怀爱民之心、常思兴国之道、常念复兴之志，这是中国共产党为我们做出的良好榜样，青少年更应永记党的教诲，以伟岸人格承接伟大事业、以家国情怀托举复兴使命。

从家庭来看，影响个人修养最重要的因素便是家风。家庭是精神成长的沃土，父母是人生的启蒙老师。就我个人而言，孩提时代，总是听村中的老婆婆讲述艰苦时代的种种经历，我与爷爷奶奶一起唱《打靶归来》，认识到我们幸福生活的来之不易。当同龄的孩子在旋转木马上开心玩耍时，我奔跑在刘胡兰纪念馆的大厅中，看着刘胡兰雕塑那毅然的神情、坚定的目光，趴在当时国民党审讯她的小黑屋子外踮起脚尖渴望感受那份忠贞之情。从小的感染，让我内心对国家这两个字有了独特的情怀，虽然自己恐怕做不出惊天动地、提升祖国国际地位的大事，可能自己只是一个平平凡凡的人，但我始终坚信：每个人都从自身做起，即使做出很小的贡献，经过量的积累，终将推动祖国繁荣发展实现质的飞跃。

从国家来看，相关领导人率先以身作则，同时可以开展一系列主题教育等活动，唤醒中华儿女心中那炽热的家国情怀。

“知责任者，大丈夫之始也；行责任者，大丈夫之终也。”责任和担当，乃是家国情怀的精髓所在。个人前途与国家命运同频共振，从孝亲敬老、兴家乐业的义务走向济世救民、匡扶天下的担当。全体中华人民，不论像我们这样的“世纪宝宝”，还是创业期的九零后，或是更多更多不同年龄段的叔叔阿姨弟弟妹妹，都将会永远心怀家国情怀，为中华民族伟大复兴做出贡献。

参考文献：

[1] 杨伯峻 . 孟子译注 . 北京 : 中华书局，2010.

[2] 张讯 . 作文素材（2018 年第 2 辑）（高考版）. 重庆：重庆出版社，2017.

（指导老师：范国栋）

个人与国家的精神枢纽——家国情怀

□李云蓁

枢纽，为联系两个事物的中心环节，是不可缺失的纽带。

正所谓“不积跬步，无以至千里；不积小流，无以成江海”，一个偌大的国家也正是由无数个家庭基本单位构成，而构成家庭的基本要素则为个人。在国土辽阔、人口众多的中华大地上，个人与国家之间的精神枢纽便是深深扎根于中华民族传统文化观念的家国情怀。

何为家国情怀？为何它能屹立于中华文化，又凭借什么一跃成为民族内心的不倒根基？家国情怀这种观念的深深积淀是从封建社会的士大夫阶层遗留至今，但为历史所追忆的，却远远超过其最初的价值。

士大夫阶层的“家国情怀”扎根于“修身齐家治国平天下”的概念，如今经过时代打磨产生的与时俱进的版本，是去其糟粕取其精华后的士大夫精神的核心。在封建时代，士大夫阶层多视天下苍生之大幸与国家民族兴盛为己任，“先天下之忧而忧，后天下之乐而乐”是被推崇的崇高品德。且看屈原在《离骚》中的哀叹与惋惜，先有“岂余身之惮殃兮，恐皇舆之败绩”，“亦余心之所善兮，虽九死其犹未悔”，又有“宁溘死以流亡兮，余不忍为此态也”，“虽体解吾犹未变兮，岂余心之可惩”；一首《离骚》便详尽体现出诗人关心挂念国家大事，不耻苟活于人世而眼睁睁看着国家衰落颓败。

一

因为具有家国情怀，个人的抱负与国家的发展愈加紧密结合，而这促进了国家对全面型人才的需求，反过来又促使个人提高对自身品行能力的要求。在封建帝王制的历史背景下，形成了文武百官的“修身之道”。最典型莫过于中庸之道。“上善若水，水善利万物而不争”中，突出水有利于万物，且能因时而动，不过分偏向一处的特性便是强调了不偏不倚、折中调和的人生以及处事态度。在过去的封建王朝，中庸之道为朝堂内的不同意见起到一定调和作用，能够形成一个较好的交流环境。但“中庸之道”的过度使用则又会导致有人为明哲保身而对事情装聋作哑，错误理解了中庸之道的本质，唐朝人娄世德与苏味道便是一个很好的例子。可见，人们有时会本末倒置，使原本为追求国家安康而要求的人格品行变为了单方面追求荣华富贵的自保手段。所以，要使人们内心中家国情怀中的“国”的种子萌发，便要强调国家对于人民利益的重要性以及影响。无国便无民。

二

当个人的思想被家国情怀包裹时，个人的命运牵动着家族振兴，而不同家族的兴盛也会在一定程度上影响国家的发展。由此，当个人的“修身”被严格要求、抱负与国家名誉挂钩时，“家族”的地位便也随之增高了。“一荣俱荣，一损俱损”的情况十分常见，细看曹雪芹笔下“四大家族”的起起落落，不正是如此么？于是，当家族与个人待遇的联系日益紧密时，对待父母的态度行为，与兄弟姐妹之间的友爱，愈加得到强调。于是，“孝悌也者，其为仁之本”深深扎根于中华民族文化，成为人们的基本思想观念与准则。

“上书救父”“鹿乳奉亲”等孝悌故事的传颂便是“孝悌”思想在千年传承中成为中华民族思想根基的有力证明。汉朝“举孝廉”制度的产生与发展，进一步体现了人们对此思想观念的高度重视，并且统治者也一度将其视为挑选人才的重要条件。既然可以“知恩”对父母孝顺，也就可以“知恩”对国家与统治者感恩戴德，如此选出的人才定会对国家尽心尽力效忠、维护统治阶级统治，有利于社会的安稳与秩序。

再回到历史，我们发现古时倘若统治者管理不力，出现日夜笙歌而不理朝政的现象，虽不乏真正忧国忧民的官员，却并没有占大多数。联系当代社会，这种现象也并不罕见，总是会有大大小小的官员屈服于荣华富贵而忘记本心。为何在家国情怀深根于思想观念的民族会频繁出现这些情况呢？除去外在的权力失衡、制度漏洞、外在诱惑等，究其内因，是人们对家国情怀中“国”的意识淡化与“家”的形态强化。在组成“小家”的同时，我们更应该强化“大家”的意识。

出门在外，国即为家。“家”的概念不应只局限于血缘关系，而应该扩展到民族范围的大家。对国家这个大“家”有着对“小家”的付出与热爱，做到视国为家、爱国如家，才是家国情怀的本质。那么在我们对“家的本质”有了更清楚的认识之后，家国情怀才可能真正得到发扬。

三

在个人修身齐家的过程中，个人、家庭与国家早已达到“你中有我，我中有你”的状态。也就是说个人追求“修身”，即是一定程度上的治国；当人们在“齐家”的过程中转化“小家”为“大家”，便在一定程度上“平”了天下。那么在治国平天下的时候，我们则需要一种“换位思考”能力，即能够切身为民服务，站在百姓角度上思考问题。只有“知行合一”地体会到“民惟邦本”，才能真正做到“本固邦宁”。

此时，我们又将再回到“小家”的思想观念。在“大家”的框架下，划分“小家”，为黎民百姓与天下苍生思考、为祖国山河与发展前途瞻望，此时“家”“国”早已相互融合，“民即国”“国为家”“家为苍生”。而“家国情怀”也更进一步发展为“国之本”“民之根”，奠定中华民族文化的深层根基，得以蓬勃生长，感之天下。

参考文献：

杨清虎．“家国情怀”的内涵与现代价值．兵团党校学报，2016(3)．

（指导老师：谢子杰）

从“修齐治平”回看文人墨客的家国情怀

□李韵洁

一、概述家国情怀

孟子曰:“天下之本在国，国之本在家，家之本在身。”正所谓“人在家中，家在国中，国在心中”，自西周宗法制以来，这种家国一体、家国同构的宗法观念，就带着些许侠义精神和个人理想社会追求，在中国古代社会自成一体，这就是家国情怀。

（一）渊源

作为中华民族优秀传统文化内涵之一，家国情怀已根植于中国社会价值观念。若要探究其渊源，可追溯至西周先秦时期。

西周为巩固分封制度实行了严格的宗法制，本意在维护继承的政治特权、爵位和财产不被削弱乃至消散，巩固统治内部秩序，使继承制度更加明确。宗法制这种体制虽然在西周以后逐渐弱化，但是由此衍生的嫡长子继承制等宗法观念深入人心，以血缘联系政治、将宗族组织和国家组织合二为一，形成最早的家国一体雏形。

除政治制度外，儒家文化兴盛也是直接促成家国情怀形成的一个根源。儒家学说讲求一个“仁”字，主张由己及人，以处理血缘关系的方法处理社会矛盾。从“老吾老，以及人之老，幼吾幼，以及人之幼，天下可运于掌”，到“穷则独善其身，达则兼济天下”，再到“修齐治平”，儒家文化与宗法观念相辅相成，家国情怀也就随着一代代新儒学以及更深入的宗法观念发展起来，逐渐被社会认可。

（二）内涵

“家”为人生开始的地方，“国”是人生理想的源泉。家是最小国，国是千万家，家国情怀不仅仅是一个虚无的大概念，更是近乎你我内心之中的精神归属，它代表着与国家民族休戚相关的责任、代表着以天下为己任的使命感，更代表着敬老孝亲、兴家乐业的义务和济世救民、匡扶天下的担当。

家国情怀，与其说是心灵感触，毋宁说是生命自觉和家教传承，它流淌着中华民族传统文化中最原始的精神道义、沁润每个人的精神家园。

二、文人墨客的“修齐治平”

对于家国情怀这个带有极重文学色彩的词语，儒学中一直有一个比较具象而简短的表述——“修齐治平”。所谓“修齐治平”，实为“修身、齐家、治国、平天下”的缩写。《礼记·大学》中讲：“古之欲明明德于天下者，先治其国。欲治其国者，先齐其家。欲齐其家者，先修其身。”意在表达以个人自身修养为基础逐步向外扩展，先要治理好家庭，进而治理好邦国，更进而安抚和治理天下百姓。

自古文人墨客的诗词就时不时流露出家国情怀，写的不仅仅是诗中之景、词中之物，更是每个人心中最强烈的兼济天下的愿望。从“修齐治平”这四大方面，我们可以更好地归纳文人们的鸿鹄之志。

（一）修身

儒家以修身为教育八条之一，要求在日常生活中择善而从、陶冶身心、涵养德性、博学于文，并约之以礼。从《荀子》到《礼记》，从平民百姓到九五之尊，无一不修炼自身、磨炼意志以待他日一展宏图成就伟业。

苏轼就是如此。

苏轼自幼聪慧，博览诗书以修品性，又深得道家风范，后受其父苏洵的影响，发愤图强，二十一岁便随父和弟弟苏辙一同进京赶考，诗作深得考官欧阳修的赏识，一时名声大噪。然而好景不长，不久，新党掌权，王安石出任新宰相，震惊朝野的王安石变法拉开帷幕。许多旧党人士因与王安石政见不合，被迫离京，苏轼也是他们中的一员。往后将近三十年间，苏轼便开始了颠沛流离的生活。

从密州、黄州到杭州乃至后来的儋州，苏轼的仕途一路上起起落落，但由于从小受道家思想熏陶，他于困境中不焦躁也不气馁，而是泰然处之，没有了身外琐事的困扰，他更加专注地投入到对自身的修炼上来。

他的诗词中就常常表现对人生的思考。《题西林壁》中的“不识庐山真面目，只缘身在此山中”，便是他对平凡生活以及自然景物所蕴含的深刻道理进行的思考，提醒自己要站在不同立场从不同角度看问题；《前赤壁赋》中的“盖将自其变者而观之，则天地曾不能以一瞬；自其不变者而观之，则物与我皆无尽也，而又何羡乎”，便是他豁达的宇宙观和人生观，并勉励自己即使身处逆境，也要保持豁达、超脱、乐观和随缘自适的精神状态，理性地对待生活；《水调歌头》中的“但愿人长久，千里共婵娟”，更是他在团圆佳节的美好祝愿，希望自己爱家爱国爱天下人。

苏轼一生虽然坎坷，但他潜心修炼自我；虽然深切地感到人生如梦，但并未因此否定人生，而是力求自我超脱，始终保持顽强乐观的信念和超然自适的人生态度，留下传世清名。

（二）齐家

齐家，有使家族成员能够齐心协力、和睦相处之意。由小型的宗族关系延伸到国家大事，“欲治国者，先齐其家”这句话，也从春秋时期的《礼记》到民国时期的康有为，不断被人提及。

兴旺了八百余年的范仲淹家族，在这一方面自然有足够充分的发言权。

说到范仲淹，他所作的“先天下之忧而忧，后天下之乐而乐”被人们熟知，然而他的“齐家”思想却鲜有机会被人知道。

范仲淹注重家风，并把尽孝放在家风的第一位。他制订的《家训百字铭》中第一句就是“孝道当竭力”，他对孝道的重视程度可见一斑。他身体力行，十分孝顺含辛茹苦独自将他抚养长大的母亲，这篇家训可以说是他本人的真实写照。因此，它就格外重要，句句都是子孙后代落实的标准。

然而任何风气的形成，都需要长期的积累。没有制度的保障，纵使再好的理念也会在时间的蚀刻下烟消云散。范仲淹《家训百字铭》中有这样一条：敬长与怀幼，怜恤孤寡贫。年幼丧父的范仲淹经历过贫苦生活，他深知这一条家训的重要，因此亲自修订《义庄规矩》作为范家上下的“基本法”，以明文规定训诫、惩罚等手段，督促家训的实施。

范仲淹礼法并用，塑造家风、强化家教，激励族人好学上进、教化族人培养美德，最终这一支大家族得以兴盛八百余年，成为历史一段佳话。

（三）治国

治国，即为治理国家。春秋时期，“国”仍指小范围的诸侯国，但要治理好这些小邦国也十分考验一个人的能力，正所谓“不扫一室者何以扫天下”，干大事前不妨先用简单任务试试深浅。

提及文人治国就不得不提王安石。

王安石出生于北宋的一个政治世家，他少年时便有机会接触到政治、文学上的很多事件，也多次跟随父亲、祖父入京游历，结识了曾巩、欧阳修等众多志同道合的良师益友。

年轻的王安石怀着“天下兴亡，匹夫有责”的凌云壮志，要为国家贡献聪明才智。他的信条是：“不做大官，但做大事。”他的很多文学作品，都多多少少透露自己的胸怀。正如他在《登飞来峰》中所表达的那样“不畏浮云遮望眼，自缘身在最高层”。

他是那种少有的，能够将思想理论应用到济世救民实践的杰出人物。他认为自己在地方干最能发挥所长，所以他在地方一干就是十八年，直到三十九岁他才离开地方，开始京官生涯。之前多次有人推荐他进京，都被他婉言谢绝。

王安石立志做出点“政绩”，这是他的人生主线。他早期的“政绩”观是为民办事，这是他工作的出发点也是落脚点。他下定决心到地方上去考察时弊，寻求改革之道，充实他的治国良策，尤其难能可贵的是，做出“政绩”不是为了给皇帝看。正因为他为民办事的朴素的“政绩”观，他在基层工作时，朝廷上下对他的口碑都甚好。

终于宋神宗继位后，任王安石为宰相，他得以一展鲲鹏之志，大刀阔斧地进行了一系列轰轰烈烈的变法。他怀着一颗“千门万户曈曈日，总把新桃换旧符”的除旧布新之心，竭尽所能，虽然终因保守派势力的顽固阻挠而失败，但是他的治国理念、治国思想，仍在历史上留下浓墨重彩的一笔。

（四）平天下

平天下，带有以武力平定天下之意，但“安抚天下黎民百姓使他们丰衣足食、安居乐业”这层释义更被世人接受，平天下，简简单单三个字，包含多少人穷尽一生的理想；平平常常一个短语，满载着多少恢宏壮阔的气魄！

“诗圣”杜甫又未尝不是这样？

杜甫出身于北方的大士族，从小接受“忠孝仁义礼智信”的儒学思想，使他始终坚持仁政思想，有“致君尧舜上，再使风俗淳”的宏伟抱负，希望“平天下”来使百姓生活安定。也正因为这样的宏图伟志，杜甫年轻时积极入世，希图在朝廷大展身手有所作为，甚至登泰山时都会禁不住呐喊，留下“会当凌绝顶，一览众山小”的千古佳句。

然而当时的他没有意识到，自己所处的时代正是大唐帝国由盛而衰的转折点。这样的时代大背景，使他一生颠沛流离、尝尽各种苦痛。生活发生极大转变，面临全新的境况，他不得不去适应，并以诗人的眼光加以思索，从而使其作品展现出了时代的变迁。

人到中年的杜甫，写作风格也随之一变，年轻时的豪气不再，唯一不变的却仍是“平天下”的大志。《茅屋为秋风所破歌》中他以自身屋漏的困苦，联想天底下的平民百姓和读书人，“安得广厦千万间，大庇天下寒士俱欢颜”。在狂风猛雨无情袭击的秋夜，他脑海里翻腾的不是“吾庐独破”，而是“天下寒士”的茅屋俱破。著名的“三吏”中，杜甫更是以过客的身份视角，担忧战乱中广大平民的安危，为底层的人民发声。杜甫忧国忧民的炽热情感和变革现实的迫切要求，是他对“平天下”志向的最完美诠释，千百年来激动无数读者的心灵。

三、总结

自古以来，中华民族伟大的家国情怀就根植在每一个炎黄子孙的心中，无论贫富贵贱、尊卑长幼……家国情怀是整个民族的气节、整个国家的风尚。无论儒家的“修齐治平”还是道家的积极无为，无论官兵将士的英勇牺牲还是文人墨客们的指点江山激扬文字，都是对家国情怀最好的诠释，家国情怀的意义也就不言而喻了。

参考文献：

肖亚 . 苏教版《唐诗宋词选读》教科书中宋词选篇的家国情怀教育研究 . 中央民族大学硕士论文，2017.

（指导老师：王君）

传统孝道的价值与传承

□刘瑶

一、孝的渊源与发展

孝道历史源远流长。最早源于四千多年前的甲骨文。《说文解字》中提到的“孝”本义为：“善事父母者。从老省、从子，子承老也。”最初由“敬神”和“事鬼”演变而来，蕴含着古代祖先崇拜和宗教观念的根基。殷商时期，孝道作为代表奴隶宗法社会的产物出现，以其“亲亲”“尊尊”作用维护封建的父子君臣关系。西周时期在以祖先崇拜为主的基础上，提出以物质生活为主的奉养父母的观念。后孔子创立了以孝道为根本的“仁”的学说，成为中国传统社会道德调节的重要基奠。

近代人们对孝也独有见解。中国人民大学肖群忠教授认为，孝有两种伦理内涵：一是宗教伦理如尊祖敬亲，二是家庭伦理如善事父母、生儿育女、传宗接代等，其具体表现为赡养、尊重、敬爱、祭祀等。我们应给予长辈精神上的尊重和物质上的回报。感念他们的养育之恩，而由此而来赡养之责任感，正是孝的精髓所在，绵延维系数千年的文化血脉。

二、历史中忠孝的价值与失范

忠孝是中国古代社会伦理道德的核心和基本内容。《传统儒家忠德思想研究》中提到，忠孝既有统一又有冲突。二者精神具有同质性，均体现为尽心尽力、心怀虔诚。其内在动机具有统一性，均以善为本真目的。实践行动具有一致性，不能兼顾时就会产生矛盾。二者之间关系问题是儒家理性道德精神的实践方式和道德自觉，也是仁义礼智信的道德基础和行为规范。

忠与孝的关系决定了孝对于治理国家的重要意义与价值。《战国策》中有："父之孝子，君之忠臣也。""孝"决定着一个家的风气和道德修养，是家庭昌盛的根基。"一家仁，一国兴仁。一家让，一国兴让。"（《大学》）兴孝者，盛世也；弃孝者，世衰也。由孝敬父母到兄弟友爱进而敬宗睦族，最终达到忠君报国的目的。忠孝道德已经变成一个人是否具有家国情怀的重要体现，更是统治者治国安邦的重要工具。尽大孝而行大义，立大志而行大事，传统忠孝观带动整个社会的道德风气提高和统治的兴盛安康，实现天下大同。

想要实现忠孝价值就必须做到尽忠尽孝。孝敬父母的内容是多方面的——大致可以概括为"居则致其敬""养则致其乐""病则致其忧""丧则致其哀""祭则致其严"（《孝经》）。子女应以尊老为光荣，以养老为己任。首先应在物质生活和精神生活给予长辈关切与回报，履行基本的道德义务和道德规范。其次，应做父母期望的事、做对国民有益的事，不仅使父母老有所养，更要保持父母精神愉悦。在父母去世之后，子女需为逝去的父母守丧，以报答养育之恩。这些行为都是心中对父母有敬仰、对孝道有信仰的表现，是我们应坚定坚守与传承的。

但传统孝道精华的另一面也有不容忽视的糟粕。春秋时期，孝道过于片面化与绝对化、过分强调父子间的绝对遵从关系，具有约束性与强制性。秦汉以后，孝道的内涵发生重要变化。统治者将孝道政治化，提出"忠孝本一"，并在汉代时表彰"孝悌力田"并"以孝治天下"。两汉以后将忠孝神秘化、宗教化。大量荒诞不经的"孝感"故事被编造出来，广为流传。近代随着中国社会结构的不断变化，人们对于传统的忠孝进行了深刻反思。20世纪，传统的忠孝道德观遭到了强烈批判和质疑。孝道被刻在封建礼教的大旗帜上，遭到知识分子猛烈抨击。吴虞揭露封建统治者把中国弄成一个"制造顺民的大工厂"："封建统治者之所以不遗余力地教孝、教忠，就是教一般人恭恭敬敬地听他们一干在上的人愚弄，不要犯上作乱，孝字的大作用，便是如此。"鲁迅也犀利地揭示了"吃人"的礼教，在新文化运动知识分子的猛烈抨击之下，伴随着无产阶级革命运动的发展，传统孝道日渐式微。"文革"之际，这种风气更是愈发旺盛，人们对"忠孝"噤若寒蝉。

三、当今社会孝行为的导向

近几十年，在社会主义市场经济的大背景下，作为老年人口已逾1.3亿的世界人口超级大国，中国"未富先老"。据有关资料预测，2025年我国60岁以上的人口将占到20%以上，比14岁以下人口还多2%，80岁以上的老人将达到25000万。而安排和赡养好老人、缓解人口老龄化也就成为21世纪的重大战略任务之一。

当代老年人生活质量差、家庭地位低，很大程度上来源于子女拜金主义、享乐主义、极端个人主义等腐朽没落的思想行为。

受市场经济浪潮冲击，子女只顾奔波忙碌，造成亲情淡漠。为追求自己的事业目标，将自己的孩子托付于父母。更过分的，有的子女采用实用主义态度，在父母身体还行、可以做家务的情况下，热烈欢迎；一旦父母疾病缠身，就怨声连连、推卸照顾责任，造成父母深受疾病和精神的双重折磨。这样的子女把赡养看作一种负担，让父母在面对为之承受过生养之苦的子女时，感到痛心。“空巢老人”屡见不鲜；子女“啃老”现象严重，更有甚者与父母争夺财产，令人唏嘘；为了减少自己的麻烦，居然有人将老人强行送往敬老院，甚至更过分者对老人施予虐待和暴力，让人心寒。我们的社会明明是向光发展，可是为什么在发展的过程中这种最基本的孝道却一步步流失？

导致如此现象的原因，首先离不开社会环境的影响。近几十年，物质生活的丰富和社会的多元化、复杂化，一定程度上导致了人们自私、自我意识膨胀，以及集体和国家意识淡化。

其次是浮躁的社会风气、过于宠溺的家庭教育、灯红酒绿的社会活动……这些使越来越多年轻人身上的“公主病”“少爷病”泛滥。他们以自我为世界的中心，沉溺于花花绿绿的虚拟世界里、埋头于光怪陆离的APP中。

而对他们“言传身教”的父母，在当今快节奏的社会环境下，也只是忙碌奔波于家庭与事业之间，一心只想如何赚取收入满足物质生活，忽视了基本的精神方面的教育扶植、无暇反思孝道的文化底蕴，对待自己父母的冷漠与缺席也在他们子女的心中生根发芽、逐渐蔓延。这就造成了传统忠孝道德观的滑坡与失范。

既然这样，我们如何在社会上建立起对孝文化的基本信仰与敬意、保障老人晚年的幸福生活？

首先就要大力宣传尊老敬老的孝观念。新闻媒体应发挥其信息传播的高效性和广泛性，让更多的人了解中华民族沉甸甸的孝文化底蕴，培养文化认同感与自豪感，增强社会责任感与使命感，让它真正成为人们根植于内心的修养。在九年义务教育的课本中，应大力渗透孝文化的相关知识，让孝文化从小植根于青少年的心中，从而在社会主义现代化建设的过程中，增强凝聚力。教育机构应大力推行举办相关大型孝文化知识类竞赛，提高人们的紧张感与关注度，使其成为时代热点，留下不可磨灭的印记，从而培养人们的家国情怀，提升心目中孝道的地位。

若要保障老年人的生活所需，就要建立健全老年人的社会保障体系，着力解决养老金无法良好支撑生活的经济问题。在再分配过程中健全低保政策，加强监督管理体系，在医疗卫生方面给予老人保障，加快推进基本公共服务均等化。另外，应给老人提供公共活动与娱乐场所，便于其得到精神上的慰藉。还应定期举办社区内部孝文化知识宣传讲座以及各个家庭孝文化活动，给予良好家庭以模范表彰。大力发扬“父慈子孝”“兄友弟恭”“夫敬妇随”的良好家风家教，形成和睦的家庭关系，通过长辈的言传身教来教育和感染后代，从而形成健康、合理的代际关系。

对于当代社会风气浮躁，传统孝文化观念不易被大众所接受的现象，我们应根据时代发展潮流，建立起符合时代发展的新型孝文化体系，以史为鉴，去其糟粕。国家应颁布相关法律法规，规定外来务工定期回乡照看与陪伴老人，给予一定资金补助，让老人有盼头、让陪伴有保障。此外，还应积极发挥市场作用，加大养老敬老慈善机构资金投入，并尽力促使老年人与现代社会发展相适应，例如教会更多老人如何使用微信等社交软件，可以在密切联系子女同时，丰富自己的精神生活，同时与当今时代接轨。

如何传承发扬尊老敬老的正统优良孝观念？这就要求我们拥有明辨是非的能力。对于传统孝道所表现出的愚民性、落后性、不平等性、保守性坚决抵制。排斥迂腐的奴化教育，即“无违即孝”思想，提倡有思想、有个性、有创新的现代自由独立教育；改变如“家庭本位、血缘优先”的宗法亲情，坚持现代科学精神；反对如“父要子亡，子不得不亡”的忠孝名义下的道德捆绑，避免极端孝义，实行多样化、人性化的忠孝道德教育，坚持以爱国主义为核心的马克思主义指导地位，让优良孝文化促进家庭和睦、国家兴盛、天下大同。

了解孝文化、发扬孝精神、践行孝行为，是民族凝聚力增强、国家软实力提升的重要保障，也是我们每个人义不容辞需要继承的责任和使命。让我们高举孝义之火，照亮未来之路。

参考文献：

[1] 欧阳辉纯 . 传统儒家忠德思想研究 . 北京：人民出版社，2017 .
[2] 史世海 . 读历史悟美德 . 北京：北京工业大学出版社，2016.
[3] 夏爱军，王裕民 . 中华传统美德丛书（忠孝卷）. 南京：南京大学出版社，2008.
[4] 肖忠群 . 孝与中国文化 . 北京：人民出版社，2001.

（指导老师：王元红）

家国关系的历史演进与革新

□练之达

家国关系是关乎社会治理的重要命题。家，是一种人伦秩序；国，是一种政治秩序。自周代以来，二者相互渗透融合，形成了家与国互动的局面。具体说来它经历过周代的家国同构，汉代以后的家国同理，唐宋以后的移孝入忠以及现代社会以来的个人、家庭与国家三位一体的四个阶段。

一、天命思想下的家国同构

夏商周三代，崇信天命，国之权力来源于天之所赋。“天命玄鸟，降而生商”（《诗经·商颂·玄鸟》），是商受命于天的神化。武王将伐纣，纣不以为惧，因为他自信：“我生不有命在天乎！”（《尚书·西伯戡黎》）周之祖先姜嫄，踏巨人足迹而受孕，亦是受命于天。武王既杀纣王，为一新天子，其权力亦认为是“受天明命”。

既然受命于天，就可代天牧民，以天下万民为天子一家所有。三代皆以宗法制治理天下，其中周代分封制文献最为详尽。周代“天子建国，诸侯立家，卿置侧室，大夫有贰宗”（《左传·桓公二年》）。当时所谓“家”，其意可包括“室、宗”，周代家国实质上是“由血缘关系和姻亲关系构建了一张巨大的关系网。与此同时，又通过宗庙祭祀制度，强调尊祖敬宗，维护宗族团结。普天之下，从而形成了一个奉周王为‘共王’的大宗族”[①]。因此，整个周朝可视为一家，而诸侯之家内又以父系

① 刘紫春、汪红亮，《家国情怀的传承与重构》，《江西社会科学》2015 年第 7 期。

血缘关系分别亲疏尊卑，国法即是家法，家法即是国法，以家族伦理关系来治理天下，家与国在结构形式与管理方法上达到一致。这就是后世所谓“家国同构”，是宗法制度与分封制度的混合而成的表现形式。

以天下为一家所有的基础是“天命”，其来源在于更早的，天下一切为“天”所化育、所拥有。一旦天命理论为人所识破，其家天下的思想就会动摇甚至解体。

周代后期，天命学说受到怀疑，天命已不是不受人事影响的上天决定论。公元前476年，韩、赵、魏三家分晋，战国时代开始。这一事件从社会管理的角度来看，是先前天命理论的管理体制已经让位于霸权思想，换言之，武力可以改变天命。

天命思想日益式微，霸权思想日渐兴起，而霸权的载体正是前一时期的“家”，战国时代可以说是“家”盛于“国”的时代。至公元前221年，秦灭六国，一统六合，以为“天下共苦战斗不休，以有侯王”（《史记·秦始皇本纪》），于是废除分封制，实行郡县制。至此，周代所形成的家国同构体系已经瓦解殆尽。秦立国后实行郡县制，消灭了贵族世家，试图以“国”力量直接领导天下黔首之“家”。

贵族世家的思想并不会退出历史舞台，它随时都有力量反扑。项羽兴兵的一个口号便是“复楚”，他自命为西楚霸王之后首先做的事情便是分封以前的贵族世家。

天命思想消退，亦为平民革命提供一动力，陈涉因怀疑“王侯将相，宁有种乎？”（《史记·陈涉世家》）而举兵，刘邦自谓“以布衣持三尺剑取天下”（《史记·高祖本纪》），皆是平民革命的典型。在平民革命与世家大族的合力攻击下，秦忽焉而亡。

汉初鉴于秦乱，为取得统治的稳定性重建战国时期破坏的家国关系，重拾封建余慧，严格按照父系血缘关系进行分封。刘邦与诸大臣相约“非刘氏而王者，天下共击之”，董仲舒倡导“天人感应”理论，实质是为日渐西沉的天命理论摇旗呐喊，但天命思想既已动摇，分封制度岂能长久？不久，汉武帝不得不采取贾谊“众建诸侯而少其力”（贾谊《治安策》）的建议，实行推恩令，最终让分封制终结。

二、父权时代的家国同理

以家庭伦理来治理国家的思想却并未随着周代家国同构的解体而烟消云散，相反，在国家治理中融入家族伦理的思想在汉初就得到了加强。汉文帝始以孝治国，家庭伦理中的孝成为人才的标准，特别是武帝后，举孝廉成为平民通过察举制度进入仕途的主要路径。而董仲舒在倡导天命学说的同时，也巧妙地提出了三纲五常理论，以君权类比父权，认为忠于君与孝于父一样天经地义。至此，家国关系由周代的家国同构演变成了家国同理。

孝，是有很多具体标准的，其中父子同居、兄弟不分爨是重要的方面。这使得一些家庭在孝的原则下规模越来越大。魏晋实行九品中正制，以家世、行状等决定一个人的品第。这个制度把个人的社会性完全包裹在家族的体系内，个人只有依附于家族才能体现出他的社会价值，个人与家族一荣俱荣，一损俱损，家族日益成为社会治理的核心结构。最终，大的士族凭借察举权力设置了维护自己利益的阀门，社会阶层出现了士族与寒门的阶层固化。

魏晋时期的家与国达到平等的地位，但这个家已经不是与天子或皇帝有血缘关系的家，而是一个自身利益超越王朝利益的门阀。“王与马，共天下”，是东晋家族权力与国家政权平分秋色的证明。国家政权的兴替往往取决于家族力量的变迁，这是历史上家国并列时期。

魏晋时期，一些名士“越名教而任自然”（嵇康《与山巨源绝交书》），发现了自我，张扬个人的价值，终究只是浪花一簇，个体从根本上还是找不到离开家族的社会支撑，不得不重新纳入理学思想下的家国之中。

三、君权对父权的再借重：移孝入忠

隋唐兴起于关陇集团。关陇集团是武士构成实力门阀，并不为魏晋以来的士族门阀所认可，他们必须在打破阶层固化方面有所作为。隋初立国，大举推行科举制度代替汉代以来的察举制度，下层寒士取得了入仕机会，逐渐抽空了门阀的存在价值，大门阀逐渐缩小为小家族。

随着门阀制度的瓦解，以父母为核心的家庭类型逐渐成为主流，父慈子孝是这种家庭伦理的基本要求。父，是父权的执行者，子，必须无条件地行孝。

隋唐以后，源于家庭伦理的孝思想日益受到国家治理者的关注，但它不同于汉代的以孝治天下，而是开始用类比的方法，创造了一个与孝并列的新概念：

忠。“移孝入忠”是唐宋以来中国社会治理的核心观念。

家与国本来是不同领域的管理范围，但周代凭借天命理论建立了家国同构的治理模式，秦汉以来借力霸权创立以国制家治理模式，却又不得不返回到家国并列的局面。士族政治消解后，新的家庭形式出现了，必须重新定位家与国的关系，重建家庭秩序与国家秩序的新型联系。宋明思想家最终完成了家国两个秩序的沟通：他们用类比的方法把家庭治理与社会治理密切联合起来，把对于父权的孝道与对于王权的忠心视为同等的事情。孝于父母是自然的人伦，忠于君王正如孝于父母一样，也是自然的社会要求。三纲中“父为子纲”和“君为臣纲”可视为一种类比关系：君如父，父亦如君。这样，君权不必再依靠神权而获得国家管理的合法性，因为它如父权一样，是自然的人伦。君权的父权化，让皇帝视天下人为自己的子民，需爱民如子。同时，朱熹等大儒又提出先“修身”，再“齐家”，再“治国”，最终“平天下”的人生阶梯，把“个人—家庭—国家”三者的关系明确下来，确定了个人的价值必须在家国范畴内体现出来：为家为国，是个体存在的价值所在与目的所在。

至此，一种新的家国关系出现了，这种新的家国关系强调对个人行为的规范，要求个人移孝入忠，认为能孝之人鲜能犯上作乱，而忠义之士也必出乎孝子之家。“移孝入忠”让中国的社会治理再次烙上家庭伦理的色彩，这种思想一直延续至晚清，而它的基础则是异常坚固的父权。

四、个人在家国关系中的新位置

晚清以后，西学东渐。学术所及，原有基于农业社会的父权、男权思想在工业化的发展中终于大厦倾倒，徒留一片瓦砾。依赖父权而建立的封建大家庭分崩离析，适应社会的小家庭如雨后春笋，渐次成为社会之主流。实行计划生育政策后，中国的家庭结构进一步缩小，并从父母为核心的家庭模型转变为以夫妻为核心的家庭模型。2000 年，三代同堂的家庭已经只占中国家庭规模的 16% 左右，而以夫妻和未成年子女为中心的核心家庭则占到 60% 左右，甚至出现了一些无子女的丁克家庭。①

在人人平等的现代社会，在中国家庭结构已经小型化的当今，我们当如何重

① 王跃生，《当代中国家庭结构变动分析》，《中国社会科学》2006 年第 1 期。

构家国关系？必不可回归建于天命的家国同构，必不能重蹈门阀大族凌驾于国的覆辙，必不能倒退到依赖父权、男权的忠孝体系。新的家国关系必建立在政权在民、人人平等的新思想上，否则便是倒退。

2012年12月，习近平总书记参观《复兴之路》展览时强调："每个人的前途命运都是与国家和民族的前途命运密切关联。国家好、民族好，大家才会好。"这里的大家是指国家里的个体，而民族则相当于一个大的"家"。2014年5月4日，习近平总书记在与北京大学师生交流时指出："格物致知、诚意正心、修身是个人层面的要求，齐家是社会层面的要求，治国平天下是国家层面的要求。"这个讲话也突出了个人奋斗与国家治理之间的关系。2017年制定的《高中历史教学大纲》要求培养学生的家国情怀，所谓家国情怀就是"体现了对国家富强、人民幸福的情感，以及对国家的高度认同感、归属感、责任感和使命感"。这个大纲表现了对建立"个人—国家"关系的重视。从这些材料可以看出，在家国关系命题中，个人的价值得到了重视与提升，家的观念则具有多重含义，它可能指民族与社会，也可能指具体的小家庭。而个人已经从封建家族的桎梏中解放出来，这实质上体现了中国从农业社会转向工业社会、现代化社会的基本要求。

正如学者刘毅所说，我们重建的家国关系，就是要从结构上的家国二元一体，转变为国家、社会与公民的三元结构，以法治代替传统的伦理治理，实现国家治理的现代化①。在我看来，这三者的联系纽带就是当前所重视的社会主义核心价值观。

五、结语

综上所述，家国关系是一个动态过程，它从先秦的"家国同构"变为秦汉以后的"家国同理"，再到唐宋"移孝入忠"，完成了家族伦理与社会治理之间的融合。而其背后则是神权、父权思想的嬗代。及至现代，随着中国法治化与民主化的不断推进，以及家庭结构的不断缩小，个人价值得以凸显，它与国家与家庭的关系融合在社会主义核心价值观中。

① 刘毅，《家国传统与治理转型》，《社会科学文摘》2017年第6期。

参考文献：

[1] 房玄龄 . 晋书 . 北京：中华书局 .2015.

[2] 孔安国 . 尚书正义 . 上海：上海古籍出版社 .2007.

[3] 刘义庆，余嘉锡 . 世说新语笺疏 . 北京：中华书局 .2011.

[4] 司马迁 . 史记 . 北京：中华书局 .1982.

[5] 朱熹 . 四书章句集注 . 北京：中华书局 .2011.

以家国为本，塑人之情怀

□孙佳玥

“家国情怀”是古往今来的一个热门话题与学术研究点。它蕴含于中华民族传统文化的每一个角落，足以引发人们的思考与探究。那么究竟何为“家国情怀”呢？

家国情怀是我国传统文化的基本内涵之一，“家”是人生开始的地方，每一个人的降生都是以家庭的组成作为前提。“国”可以理解为人生理想的源泉，国家是我们思想文化的来源，我们每个人的思想都根植于国家悠久的文化历史，这个国家的一点一滴都在影响着我们的进步与发展。“情怀”是一种感情的寄托。“家国情怀”这四个字连在一起，便是个体（即每一位公民）对共同体（即国家）的认同。

古人云：“以家为家，以乡为乡，以国为国，以天下为天下。”家国情怀既包含了一个人对于家庭、对于故土的留恋和怀念，也指百姓对国家、天下的热爱之感。古今中外，绝大多数人都有爱国思家的共鸣，也是这样的情感与时代精神才使得家国情怀延续至今。

《孟子》有言：“天下之本在国，国之本在家，家之本在身。”古人亦云：“修身，齐家，治国，平天下。”怀有家国情怀，首先要从个人的“修身”做起。三纲五常——君为臣纲、父为子纲、夫为妻纲，“仁”“义”“礼”“智”“信”是中国儒家伦理的架构，也是古代规范人行为的工具。三纲五常虽禁锢了人们的思想、束缚了人们的自由，但在两千多年的传承中它始终影响着每一代中国人，起到了不可磨灭的作用。它的封建性随着时代的变更一点点褪去，留下的都是古人思想中的精华。

这其中“仁”是一切的核心。“仁”的基本含义是爱人。这是每个人行为的基础，也体现了一个人的内在修养与道德内涵。“仁”可以指父子、兄弟之间的“亲亲”“友悌”之德，也可以理解为有差等的爱，即爱人应先以孝父母敬兄长为先，进而关爱其他家族成员，最终扩大为对天下之人的博爱。

“德”是一切的根本，我国古代社会的三纲五常正是以它为基础。它指一个人的美好品格和社会中人民的良好品行作风。这是一个社会、一个人的行为、情感和意识的结合体，蕴含了中国古代传统文化的重要思想。从这一个字我们可以联想到古代儒学家要求统治者为政以德、爱人以德。统治国家、管理天下首先要从个人做起。只有当统治者“修身”、爱民，才能够在民众的支持下平定国家、稳固自己的统治根基。《左传》中曾言：“德，国之基也，有基无坏。”德行，是国和家存在的根基，根基有了，国和家才不会被毁坏。“恃德者昌，恃力者亡”，只有坚守道义、互信互谅才能造就一个稳定、和平的社会，百姓的生活才会幸福安康。以小德造就大国，人、家、国环环相扣，成就一个繁荣富强的国家。

“仁”和“德”均对政治有着重要的作用，这是统治者的根本原则与管理法则，是为人的基础。只有先做好一个人，才能逐步递进，管理好大国，这正是家国情怀的重要体现。

再其次是“齐家”。古代宗法是古代通过血缘、嫡庶关系将个人、家族与国家相联系的纽带。宗法分为家、国两个层面。在家的层面中又包含了“孝”和“悌”。“孝”是子女对父母的顺从与敬爱，这一观点植根于子女内心对父母的尊敬。儒家认为，“孝”是一个人养成德行的基础，并将其作为维系和强化父子关系乃至君臣关系的根本。“悌”是指弟弟对兄长的顺从与敬爱，这种情感植根于弟弟内心对兄长的敬爱。儒家常将“悌”与“孝”并称，将其作为维系与强化家庭伦理乃至政治秩序的根本。再从“国”的方面来看宗法，便是指将家族血缘扩展到国家的层面，对国家政治具有决定性的作用。宗法制在数千年中对中国人的生活方式、思维方式影响深远。从我国的封建社会可以看出，古人的家、国之间有着很强的联系。一个国家想要安稳，必须从基础做起、层层铺底。人与国与家的联系就是这样建立起来的。家国情怀，便自然体现出来。

当我们做到了“修身”“齐家”，便可以“治国”“平天下”。古人提出要求统治者们“民惟邦本”、反对苛政。“水可载舟，亦可覆舟”，关注民生，方得以平天下。国与国之间也应该“讲信修睦”，创建和谐天下，方可万物共生。

家国情怀体现了一种层层递进的关系。这一条锁链环环相扣，缺一不可。我们现在的思想均根植于源远流长的历史长河之中，可以说，家国情怀早已成为我们精神的核心。早已融入我们的传统文化之中。我们身边的事物时时刻刻都在体现着这一精神的传承与发展。

“天下兴亡，匹夫有责”，天下的兴盛与衰亡，即便是普通百姓也有义不容辞的责任。这句话从古至今一直流传。它召唤中国人的民族认同、激发人们心中的爱国之情。天下看似广大，一个人的力量或许微不足道。但一人做不到的事，千万人一起做便可影响深远。家国情怀，蕴藏于此。

家是最小的国，国是千万的家，每一个公民的生活都与家庭、国家紧紧相连。习近平总书记曾强调重视家风，2018 年 9 月，他在会见第一届全国文明家庭代表时说：“家庭是人生的第一所学校；国家好民族好，大家才会好。”在习总书记看来，时代的变迁、社会的发展并不能影响一个人的品行与内涵，家庭才是一个人成长受教的课堂。所以心怀小家，并且拥有家国情怀，是一个人前进与成功的必要条件。以家国为本、塑人之情怀，怀一抹对家庭的温情、留一份对祖国的热爱。

参考文献：

[1]《中华思想文化术语》编委会 . 中华思想文化术语 1. 北京：外语教学与研究出版社，2015.

[2]《中华思想文化术语》编委会 . 中华思想文化术语 2. 北京：外语教学与研究出版社，2016.

[3]《中华思想文化术语》编委会 . 中华思想文化术语 3. 北京：外语教学与研究出版社，2016.

[4]《中华思想文化术语》编委会 . 中华思想文化术语 4. 北京：外语教学与研究出版社，2017.

[5]《中华思想文化术语》编委会 . 中华思想文化术语 5. 北京：外语教学与研究出版社，2017.

[6]《中华思想文化术语》编委会 . 中华思想文化术语 6. 北京：外语教学与研究出版社，2018.

从名称角度浅析北京胡同文化来源及变迁

□余雅婧

一、引言

胡同（别名巷弄），指城镇中连接主要街道与较小街道、通向民居内部的道路，它是沟通当地交通的重要部分，分为活胡同和死胡同两种。后者只有一个开口、尽头深处为居民区，前者与两条或两条以上的主要街道相连。

胡同是北京的一大特色，提到北京文化，就自然会想到“胡同文化”或者“四合院文化”，胡同文化仿佛已经成为北京文化的代名词之一。北京的胡同有成千上万条，分别形成于中国的元朝、明朝、清朝三代，其中大部分是在元朝形成的。

胡同有着不同的特点，它们不仅是城市的脉搏，也是生活在北京的普通百姓的缩影。胡同的形成和发展，在其名称上也反映出历史中的社会风情。北京的胡同名称主要由政府机关、寺庙、仓库、桥梁、河流、市场贸易、商品器具、人名、风景和人民条件等决定。其中有许多一直沿用至今。

二、“胡同”的历史由来

从周代起，我国即已经开始闾里制。所谓闾里，古代二十五户居民称为一闾，闾的四周围以高墙为界，墙的四面或两面开有门，供居民出入，此门也称为“闾”。由闾里后来发展出“闾巷”，即闾里仅供居民走动的通道，这些通道就是胡同最初的雏形。

胡同一词最早出现在元代。“胡”为元的代称，如“胡人”即指元人，“胡瓜”“胡桃”等即为元地的一些作物。而“胡同”也是由此来源，元代熊梦祥《析津志》中有云：“胡同二字本方言。”名人沈榜在《宛署杂记》中也有注明“胡同本元人语”，意即胡同本来是元人的语言。有人理解为“胡人大同”，也有人直接理解为元人对于狭小巷子的称呼。

元代的众多杂曲中都有出现“胡同”一词，如关汉卿《单刀会》中，有“杀出一条血胡同来”之语；元杂剧《沙门岛张生煮海》中，有“我家住砖塔儿胡同”之语（砖塔儿胡同即现今位于北京西四南大街的砖塔儿胡同，百余年来未曾更名）。

明朝皇帝朱棣于1403年登基后，将现在的北京改称为北京，距今已有600多年之久。而“胡同”一词，比“北京”一词早出现了一百多年。

三、胡同的命名文化

（一）胡同命名的来源

以众多以“井”字命名的胡同为例。

北京的许多胡同以井命名，如甜水井胡同、苦水井胡同、二眼井胡同、三眼井胡同、南井胡同、北井胡同、王府井胡同，有一种说法认为，北方水分稀少，所以人们极为珍惜和崇拜水源，当时的人凿出了一口井之后，为了纪念，就以井命名街道。

另一种说法认为，胡同的命名，与蒙语相关。

北京部分胡同的名字用汉语无法解释，但如果把这些胡同的名字翻译成蒙古语就有理可言。著名语言学家张清常教授在《胡同及其它·北京街巷名称所反映的北京旧貌》（北京语言学院出版社，1993年版）中解释道：“（胡同）我假设它是个来自蒙古语［xuttuk］，大致是hudug这样的音，原义水井的借词。”因此我们可以得出结论，胡同是由于与“水井”在蒙语中的读音相似，而产生词汇。例如，屎壳郎胡同的名字，如果被翻译成蒙语，即为“甜水井”；“漠河胡同”的蒙古语意思是“有味道的井”；“马良胡同”或者“蚂螂胡同”，蒙古语意为专供牲畜饮水的井。北京还有很多以“帽胡同”命名的胡同，“帽胡同”的蒙古语意是坏井、破井的意思，在“帽胡同”前面加上姓氏，即为某家私人的坏井。

（二）独特的北京胡同命名文化

1. 象形命名法

北京的“胡同文化”，便是北京城千百年间的发展历史、民俗文化，与生活点滴的生动记录，其中的胡同命名法就是典型。例如，在笔者的实地研究中，发现了许多以胡同外形来命名的法则。比较宽阔的胡同，直接就被称为“宽街”，狭窄一点的就被称为“窄街”，斜的被叫作“斜街”，曲折叫“八道湾”，短的叫“一尺街”，细长的叫“竹竿”。还有更加具有趣味的名字，用形状命名的胡同便叫作“耳朵眼”胡同、“罗圈”胡同等等。如此直率简单而生动，反映了北京人风趣幽默而直爽的地域性格。

2. 北京方言命名法

另一种命名法更能体现出与北京人的语言文化相关的儿化音特点。笔者在实地采访的时候，通过询问生活在胡同中的老北京人和“胡同串子”们（常年生活在胡同中的喜欢闲逛的地地道道的北京人），挑选出五个最具特色的结合北京土话与胡同名称的例子：背阴儿（不朝向阳面）胡同、取灯儿（火柴）胡同、闷葫芦罐儿（胡同形状类似瓢）胡同、笤帚（扫把）胡同、胰子（肥皂）胡同等。笔者的父亲从小在北京长大，熟悉老北京话，在笔者做实地考察之后为笔者对应翻译了以上五个胡同的名字。

四、北京胡同的变迁

从历史来看，北京胡同在数量及名称上都有了较大的改变，这种变迁也给老北京文化带来了相应的改变。

（一）数量上的变迁

从数量上来看，明代史料中记载，北京胡同约有 459 条；清末《京师坊巷志稿》中统计数据，以“胡同”命名的街巷数量为 987 条；民国以后，根据 1931 年史料记载，当时北京胡同有 959 条。当代的北京城，根据 1990 年张清常所著《再说胡同》中的统计数据，1980 年时，北京胡同数量为 1320 条。而在近代一系列变迁后，北京宽度在二十米以下的胡同数量仅剩余不到五百条，发展了数百年的老北京胡同，在短短数十年，数量减少了 50% 以上。

（二）名称上的变迁

从名称上来看，北京的胡同也一直在经历着变迁。

随着“文化大革命”的展开，荒唐的“破四旧”活动随即开始，而北京传统的胡同文化也被列为“四旧”，有三百多个地名被篡改，其中也包括大量的具有传统味道的胡同名。除了这次胡同名的大修改，大量的传统胡同名也在文化发展过程中逐渐被“雅化”，如“劈柴胡同”被改为“辟才胡同”、“傻帽胡同”被改为“纱帽胡同”、“狗尾巴胡同”被改为“高义伯胡同”。

新中国成立初期，北京掀起了拆除古建筑、打造新城的热潮。林徽因口中珍贵的“世界的项链”古城墙，和古都唯一一座保存完整的牌楼，以及部分古色古香的北京建筑群，均被拆除，部分胡同也受到了影响。许多老北京人耳熟能详的胡同已成为历史，如扁担胡同、烧酒胡同、司库胡同、香饵胡同、红罗巷、北竹竿、椿树头条等。

（三）传统文化在胡同变迁中的遗失

随着胡同一起消失的，是众多老北京文化宝藏。

以“菜市口胡同”为例，该胡同源自于明代，为当时绳匠聚居地。在迄今为止我们所了解的众多影响力巨大的胡同中，菜市口胡同是最著名的一条，三十多位影响中国近代史的重要人物都曾先后居住于此。1998 年，菜市口胡同被拆得片瓦无存，胡同背后的历史文化再也无从追溯。

宣武门外曾经有一个香炉营胡同，也有同样遭遇。香炉营胡同是明代众多香炉手工艺人聚居地。清末著名人士、维新变法的斗士黄遵宪先生曾居住于此，毛泽东的老师黎锦熙也曾居住于该胡同 23 号的湖南会馆。现如今，香炉胡同早已被夷为平地，为现代化的建筑所取代。

五、结语

当代，人们逐渐形成了保护文物古迹的意识，北京的胡同文化也成为北京的重点保护对象。曾经的悲剧历史将不会再重演，但随着人类文明的发展，北京的胡同文化也必将不断产生更新的变迁。

参考文献：

[1] 郝田 . 北京旧城保留胡同地名的街道空间变迁研究 . 清华大学硕士论文，2015.
[2] 李江树 . “拆”字下的老北京变迁 . 法律与生活，2007(01):30-31.
[3] 于洪卫 . 中国传统实践理性的历史发展与局限 . 湖北社会科学，2013(03):94-98.
[4] 周士琦 . 北京“胡同”的起源 . 寻根，2003(01):128-130.
[5] 朱湘 . 趣谈北京胡同 . 中国地名，2016(11):80.

（指导老师：王雯静）

家国情怀

——我在我，我在国

□张瑞琦

（一）国与家

从“忆昔开元全盛”（杜甫《忆昔二首》）到“故国不堪回首”（李煜《虞美人》），多少代国人的印象里，“国家”二字本是浴血写就。

直到20世纪的一个春日，毛主席一行共产党人在井冈山上挥舞着火炬旗帜……时光流转，眼前一番热烈场景：人们挥舞着一面面鲜红的国旗，高呼着革命胜利！其间廿五年，无数革命战士们拿起钢刀放下儿女情长，忍苦耐愁，走过长征漫途，到了最后的最后，他们，改变了它的颜色，中国——鲜血浇灌的花朵、武装夺取的胜利成果，更甚，这是一种强烈意志力的体现，它本该是最壮烈的红色！

幸福的当下是曾经的勇士们书写，我们才得以自由地追逐梦想、幻想未来美好模样。为此，感恩由衷而生，常常觉得每个中国人都能亲自感受中国的发展历程，就像一个凡人的一生，曾有迷惘不知所从，再到一个个第一次的，顿悟！接着奋起图强！引发一代代国人共鸣的“少年强则国强，少年独立则国独立，少年自由则国自由，少年进步则国进步，少年胜于欧洲，则国胜于欧洲，少年雄于地球，则国雄于地球”（梁启超《少年中国说》），至今回荡寰宇，而且这声音已经激荡半生漂洋过海，令大洋那头为之惊叹。

一人成家，万家是国，地球村仿若一个和平与发展共存的家园，此村至大，其中人不可计数；此村甚小，宇宙之一尘。全国各地人与人间血缘的联系日渐浅淡，然而人之性情初始，至纯至真，从未变更。家，至少是一处安身之所，它是属于你的小世界。免得日晒雨淋，多了爱与希望。而室外则充满自然的变数。家，拥有雨后的绿色，因为它生机勃勃，放大快乐、缩小痛苦。而有的人就把国当成了家，如《人民的名义》中的陈岩石老人。

贺贻孙《诗筏》里有句话说："盛唐人者，有血痕无墨痕；今之学盛唐者，有墨痕无血痕。""我爱中国"这句话，相较"我爱学习，学习使我快乐"而言，显得那么浅淡，却又那样深重。陈老先生，是一个参加过抗日战争的老战士，也就是个老百姓，但在大家面前有很高的威信，总能调动大家伙一起做事，这种能力并不是源自什么技高一筹，而是因为他在日常生活中一直把人民放在心头。为官为上并不是他的目的，这位纯朴固执的老人，心还是当年他入党时的那颗心——积极上进、执政为民。他是一个有血痕无墨痕的人！

（二）我在我，我在国

最刻骨铭心的爱国教育，莫过于为她流血而同时满怀自信、满怀骄傲。相较而言，青年一代显得颇有书卷气息，实为有墨痕无血痕，和平安宁，是这个世界最美好的模样。在这种气氛下，无忧成长的一代小男生小女生中，缺少的是一种对现实的正视和担当。

从爱问"为什么？"到爱说"我认为！"，小小的转变是一个孩子走向成熟的外在体现，浩如烟海的知识化为脑海里的思想。人格，因此被塑造。我该做些什么？是"横眉冷对千夫指，俯首甘为孺子牛"（鲁迅《自嘲》）？是"书生意气，挥斥方遒""中流击水，浪遏飞舟"（毛泽东《沁园春·长沙》）？与其陶醉在红楼一梦，不如大笔点墨，一气呵成，要素笺何用？与其沉溺于芳香的"美眉与共"，不如鼓舞自己，做一个努力实干的人。我认为我必须这样做！一朝垂老，我仍可自豪，因我年轻所做的、我认为该做的事。要一夜秋潮，吟春风花月何用？

国由家担当，家由人担当，这也是人与国的关系。

我正视故我在我，我担当故我在国！

（指导老师：赵丽莎、陈昕）

解读企业社会责任中的家国情怀

□张茗淏

2018年8月31日，华为开发出最新一代中国芯片麒麟980，该产品拥有六项世界第一，在性能、工艺上达到颠覆性高度，世界为之震撼！中华民族的智慧，成就了国家的脊梁，研究成果造福于人类，企业创新争光，体现了真正的国家精神。中国经济与社会发展即将迎来新时代，这是中国企业走向国际舞台的重要时代、是一个在新形势下赢得中国特色社会主义不断成功的伟大时代。中国企业本身作为国家经济结构的主体、作为社会责任的主要载体，对于实现民族振兴的影响将上升至无比重要的地位。无论是在国家层面还是企业本身，都亟需站在家国情怀的高度，对企业的社会责任进行探析和研讨。

一、家国情怀赋予企业社会责任以深厚内涵

企业社会责任是历史动态变化的产物。基于研究视角的不同，许多机构和学者对企业社会责任（Corporate Social Responsibility）都有自身的定义。当前学界比较公认的企业社会责任，是企业为所处社会、区域的整体和长远利益，而必需关心、关注并履行的责任和义务，它体现为企业参与社会、区域的适应和发展。当今世界经济全球化，更加强调企业的社会责任，优秀的企业尤其如此。

家国情怀，在中国文化中，家与国是一样的。家一般指家庭、家族，企业也可以称为家，个人、家庭、企业都是微观经济主体，家和企业也可以算小国，而国就是大家。在家国情怀的大层面上，指向的是国家与天下的大情感，是“先天下之忧

而忧，后天下之乐而乐”。所以，家国情怀赋予家的是天下情感，赋予企业的社会责任是大情怀，家国情怀在企业层面也可以理解为，企业与国家、与天下有机关系的所有知识与人文情感的汇总。

家国情怀从“修身”开始，身修而后家齐、家齐而后国治、国治而后天下平，这是“修齐治平”。同样，一个企业对家国的担当和责任，首先要从管理好自身企业开始，处理好企业与职工、社区、社会、民族以及与国家的关系，优秀企业必然“为天地立心，为生民立命”。

市场经济，企业一直要解决“为谁生产”的问题，这是社会、区域对它的要求。企业是社会的基本构成单位，在追求本身利益最大化的同时，也必须承担国家民族福祉、社会文明进步、资源环境友好可持续等社会责任，相应地履行对社会、区域内外共生者的义务，进一步促成企业本身的持续发展。

二、家国情怀赋予企业社会责任以神圣使命

当前国际形势严峻，世界经济复苏乏力、局部冲突动荡频发、全球性问题加剧。我国经济发展进入新常态，中国将面对前所未有的新机遇与新挑战，面临以工业互联网、智能制造为代表的第四次工业革命，这是新一轮技术创新浪潮的迅猛发展的时代，新时代将充满冒险精神与各式各样的冲突。当代企业面临更大的挑战与风险，必须不断提升自身的核心竞争力，并且拥有国家、世界视野，高度重视企业的社会形象，以获取企业经济和社会效益的共赢。

在企业的价值取向中，家国情怀对于支持企业的精神驱动非常重要。拥有家国情怀的大格局的发展理念，会使企业发展拥有强大的生命力和内核。企业家国情怀的社会责任意识，对推动社会进步、人民幸福、富国强兵，都具有非常重要的作用。

企业的家国情怀，是新时代价值观及其内涵的精神特质的综合展现。只有具备诚信精神，开拓进取、创新理念，并拥有强烈社会责任感的企业，才能在发展中获得充实和满足，才能获得企业自身的成长和提升。企业对自身精神的追求，越来越向社会主义核心价值观靠拢。企业社会责任的最终实现，也即是靠着身怀浓重家国感情的基因。可以说，具有家国情怀、肩负社会责任的优秀企业，是中华文明先进文化在新时代的体现。

三、家国情怀赋予企业社会责任以国家大任

家国情怀，传承着历史和未来，虽然家国情怀的内涵、外延随着时代的变迁而不断丰富、发展，但核心元素始终如一。家、家乡、企业，与民族、祖国唇齿相依，繁衍不息。历史走过了中华文明的五千年，深扎于血脉的文明、文化的记忆与传承，就是从小家到大国的家国情怀，它又进一步推动了华夏文明、文化古国的伟大振兴。家国情怀的五千年传承，也深深浸润了具有担当和社会责任感的企业，家国情怀理念，促成企业发展的良性互动、促进了中华民族经济社会的强大。

随着企业家国情怀的演进深化，中华优秀传统文化中“自强不息、厚德载物”“精忠报国、服务社会”“独立自主、创新发展”等先进文化内涵也被进一步发掘出来，集中体现了一个时代的文化印记与精神追求，体现了家国情怀的绵远流长。由此可见，企业的社会责任是企业与社会之间的桥梁和纽带、是企业价值的最终衡量和体现。

当前，中国企业走到了最关键、最重要的时期，这是历史从未有过的机遇点。中国企业在实现与突破的国际化进程中，面临全球不同国家文化、宗教信仰、政治体制差异，不同经济发展差异、不同地理环境差异等因素，企业所要承担的风险也一定更大更难以预测。这对中国企业品牌、产品服务、发展理念等都提出新的更高的要求，而企业的社会责任内涵更是需要重新思考、赋予与诠释。

体现企业社会责任，更要在经济价值、精神财富、民族与国家使命上有所为，担当起对劳动者、消费者、环境、社区等等各种责任，为社会、国家与民族做出更大的贡献。履行企业社会责任，真正实现“修身、齐家、兴业、益天下”。

参考文献：

[1] 梁静．儒家理论视域下企业家家国情怀对企业伦理决策的影响研究．山西大学硕士论文，2017.

[2] 任义成．论企业的社会责任．全国商情，2016(12).

[3] 周丽．企业的社会责任与公益慈善之道．社会与公益，2014(5).

（指导老师：司晓悦）

人类命运共同体视域下的家国情怀探析

□张茗琅

随着经济全球化发展到今天，各国越来越多地融入国际产业链中，世界已经成为一个日益紧密联系的小型的“地球村”。2013年3月，在莫斯科，习近平首次提出“当今人类社会越来越成为你中有我、我中有你的命运共同体”。2017年1月18日，习总书记在联合国日内瓦总部发表了“沟通构建人类命运共同体”的演讲。在第十九次全国代表大会的报告中，总书记也六次提到“人类命运共同体”。“人类命运共同体”的理念，是建立在全人类进步的思想高度上的，充满了人类关爱的家国情怀，是中华五千年文明在新时代的传承和发展，是家国情怀在新时代的全球的共同价值观，是中华文明文化的大格局、大智慧。

一、“人类命运共同体”的家国情怀的价值观诠释

家国情怀的传统含义建立在人与自然的统一以及万物整合为一体的哲学基础之上，家国情怀的核心是家庭与国家之间的联系，强调家庭之爱进而提升至爱国主义。在中国文化的生态背景下，对家庭和对国家的感情，本质上是一种情感认同、价值认同、文化认同和民族认同。这种情感植根于对血缘和家庭的爱与尊重，在中国社会的发展和变革中发挥着重要作用。

随着工业互联网和智能制造、先进技术的发展，便捷的通信和高速运输所代表的第四次工业革命到来，地球村各国人民联系越来越方便、交往越来越密切，在整个产业链条中谁也离不开谁。人类已经紧紧地联系在了一起，整个人类社会的发展，已经面临共同的挑战和未来。

家国情怀，在全球化下，扩展到更大区域、更大范围的情感交融、血脉相连。要以全球视野来看待和处理区域与世界性的问题，承担起“地球公民”的责任。要认识到世界上各个民族既不同但又紧密相连，接受自身在国际社会中的地位与价值，承担对他人和环境的义务与责任，包容与赞赏世界各种文化，认同各国人民，同舟共济、树立人地和谐的可持续发展观念。

这就是人类命运共同体的家国情怀，是大格局的充满人文关爱的全球各国共同的价值观，是源自中华五千年文明的家国情怀，是当今世界的现代与未来价值。

二、当前“人类命运共同体”的家国情怀发展面临的问题

人类社会发展史，是一个文明与愚昧交错、灾难与幸福并存、停滞与发展纵横的漫长的历史过程，人类社会的文明进步历经了艰苦卓绝的血泪旅程。人类大多数的冲突、战争、灾难都源于资源的稀缺。虽然，国际形势表面上面临着全球范围内环境污染、生态退化、资源枯竭的严峻局势，世界经济复苏乏力、局部冲突动荡频发、全球性问题加剧，但是它的本质还是整个人类为了自身的狭隘利益，对资源的无度贪欲。

原有的整个世界经济的发展模式是以各自国家的利益为重，各国为追求自己的利益而在全球范围内去掠夺，发生世界范围的冲突和争端，历史上所有大的矛盾冲突，都造成了人类的灾难和文明的倒退。生态环境的严重破坏和地球资源的过度开采，已经超过了地球的承载能力，严重威胁整个人类的生存和发展。我们只强调人类的需求，只关注如何从环境中去获取资源，而忽视了资源的环境价值。现在地球上整个生态环境的恶化对人类造成了严重后果，迫使我们提高责任意识，特别是在资源和环境的开采利用上，处于主导地位的个人或群体组织，必须对处于劣势的群体承担道义责任。

地球是全人类共同的家园，资源环境是地球村村民的共同财富，任何主体或组织，为了自身狭隘利益而强取豪夺的不负责行为，不仅直接损害其他利益相关者的生存和发展权利，而且危害整个人类的福祉、生存与发展。这要求强势组织和团体，尊重弱势群体的权利和利益。同样，当代人不应“预支”子孙后代的资源、剥夺他们持续发展的权利。发达国家不应该追求自身利益而侵犯发展中国家的可持续发展权。

在全球化时代的今天，世界各国日益相互影响、联系。可以说，发展已成为

全人类需要共同应对的主题，也就是人类命运的问题。我们应该本着和谐共存的原则，在国家之间、人与人之间，真正尊重自然规律、保护自然环境、合理利用资源，在人类社会的发展中，科学、客观、公平地对待发展问题。

三、共筑美好的人类命运共同体的家国情怀

家国情怀既与国家发展、民族富强一脉相承，又在人类命运共同体下，有了其独特性和时代性，增添了新的要素和内涵，如“全球意识”“地球村公民”。人类命运共同体对家国情怀大格局的延伸，又引发人们更加关注区域性与世界性的问题，它还使得家国情怀拥有全球意识、国际理解、多元文化和全球公民等理念。

随着全球化和区域一体化的加快，各大洲、各个国家和地区之间的联系充分而紧密，达到了“你中有我、我中有你”的相融一体。对于经济、环境、生态、人口、资源等问题的处理，单个国家或组织很难独立应对，需要全球通力协作。地球村的家国情怀，即为在情感和智慧上认同、维护、热爱共同体，并有意识承担共同体的责任；关注地球村民的生存、发展和幸福，具有全球意识和开放思想，尊重世界多元文化的多样性；关注人类面临的全球性挑战，了解人类命运共同体的内涵与价值；顺应全球化和信息化的浪潮，重视“地球公民”对共同家园——人类命运共同体的责任。

总之，“家国情怀”是中华优秀传统文化，“修身、齐家、治国、平天下”的思想与实践的传承和展示，是人类命运共同体思想的进一步升华和丰富。全球化的浪潮促使不同文化、价值观与意识形态，发生碰撞与冲突、交流与融合，体现包容、开放、平和、尊重的思想，在“人类命运共同体”大格局下铸造家国情怀。

参考文献：

[1] 陈杰 . 地理课程“家国情怀”培养研究 . 福建师范大学硕士论文，2017.

[2] 李惠军 . 海纳百川 有容乃大——从“人类命运共同体”高度审视“家国情怀” . 中学历史，2018(4).

[3] 王伟民，李伟 . 科学发展观——解决人类发展问题的锁钥 . 社科纵横，2009(1).

（指导老师：李丹）

从俗语中看当代青少年家国情怀的阙如

——由“家事国事天下事，事事关心”说起

□郑云天

国是千万家，家是国之根本，国是家之主干；国是大家，家是小家。自古以来，在中国人心中家与国就是密不可分的。家国情怀是一个人对自己国家和人民所表现出来的深情大爱，是对国富、民安的理想追求。它是对自己国家文化的认同感、归属感、责任感和使命感的体现。

一、从俗语中看家国情怀

西汉名将霍去病北击匈奴凯旋后，汉武帝为他建造了“豪宅”以表彰他的战功，霍去病委婉推辞，曰：“匈奴未灭，何以家为？”霍去病以保境安民为己任，宁可在大漠中率领军队赴汤蹈火，也不愿在豪宅中享受荣华。一句简单的反问，道出的是爱国之情。

明末清初著名的思想家顾炎武自小读书，青年时期投笔从戎，参加抗清义军。失败后迁居山东，潜心治学。年过半百时撰写了《日知录》，涵括了一生的学术观点和政治主张，其中有一句被梁启超提炼为“天下兴亡，匹夫有责”，体现了他坚守民族气节的豪情壮志。这句话也提醒当代青少年天下兴亡的大事，每一个人都有义不容辞的责任。

当前我国处于相对和平的时期，还是存在一些外患，如中美贸易战、中日钓鱼岛冲突等。作为青少年应怀着一颗爱国之心，遇到政治冲突冷静面对，仔细分析其原因，不得做出过激行为。同时时刻提醒自己“天下兴亡，匹夫有责”“一室之不

治，何以天下家国为”，在家里多为父母分担家务，并尝试着做“家庭主妇”。只有“修身”和“齐家”兼备，才能“治国平天下”。

二、由东林书院的一副对联引发的思考

无锡东林书院的大门口有一副对联，曰“风声雨声读书声，声声入耳；家事国事天下事，事事关心。”这是明代思想家顾宪成写的。上联将读书声和风雨声融为一体，劝学生好好读书，既有诗意又有深意；下联更进一步，说只读好书对一个读书人来说是不够的，要从小就有报国的凌云之志，劝勉读书人具备时代精神。让读书人既要认真读书，又要多关心国家大事，和“天下兴亡，匹夫有责”有异曲同工之妙。

当代青少年可以把它作为座右铭，提醒自己读书是为了给国家做贡献。读书的同时还要有时代精神，时刻关注国家动态，确定未来奋斗目标。

可是问题来了，究竟有多少青少年是为国家而读书的呢，有多少青少年真正知道家国情怀的内涵呢？

三、青少年对家国情怀的认知度分析

（一）通过问卷调查获得相关数据，分析青少年对家国情怀的认知存在的问题

1. 大部分青少年只知道家国情怀的概念，真正了解的仅占 14%。

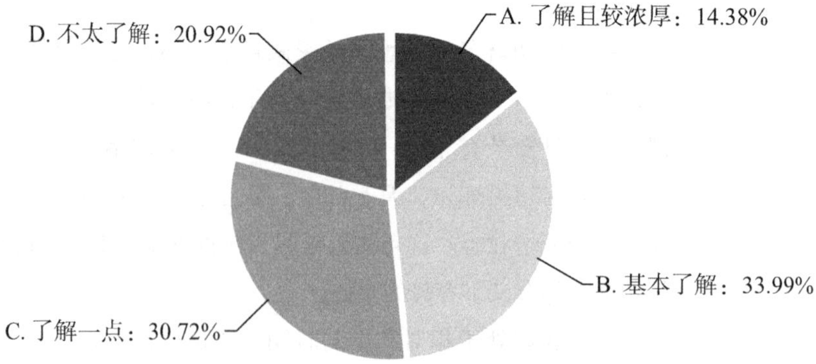

图 1　对家国情怀的了解程度

2. 绝大多数青少年认为关于家国情怀的俗语在当下有很大意义。

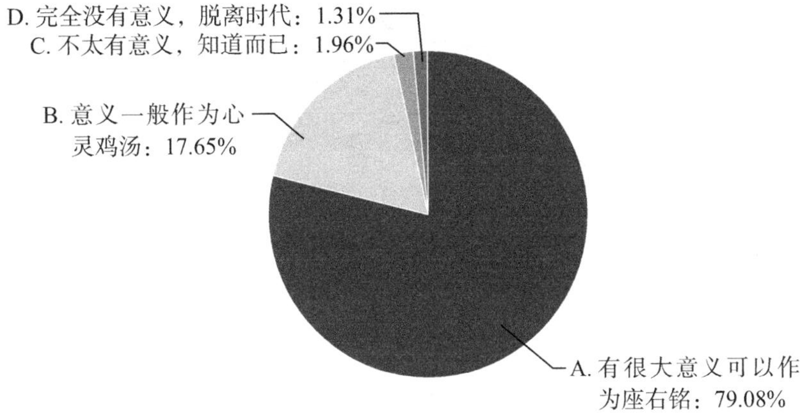

图 2　家国情怀俗语在当下的意义分析

3. 大部分青少年认为多关心国家大事可以提升家国情怀意识。

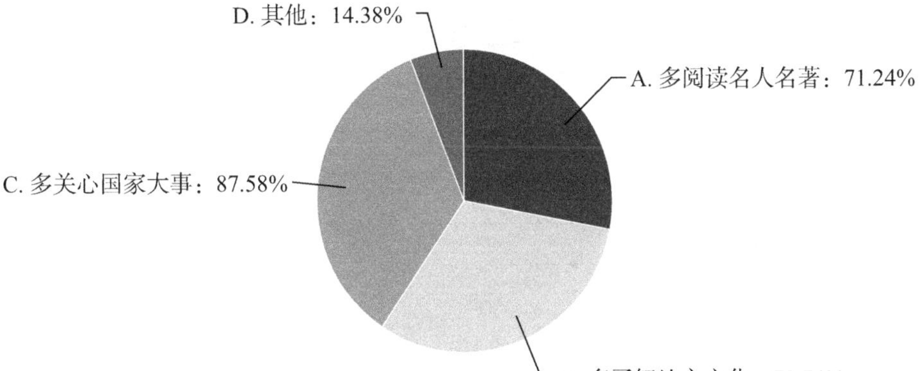

图 3　提升家国情怀意识的方法

4. 在电视上观看动漫或电视剧的青少年最多，看综艺节目的次之，看时事新闻的仅占少量。

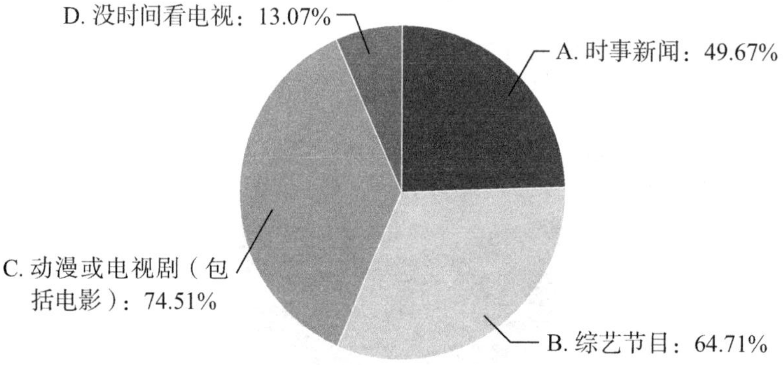

图 4　学生经常观看的电视节目

5. 仅从综艺节目角度分析，看娱乐性节目的青少年还是占了较大比例。

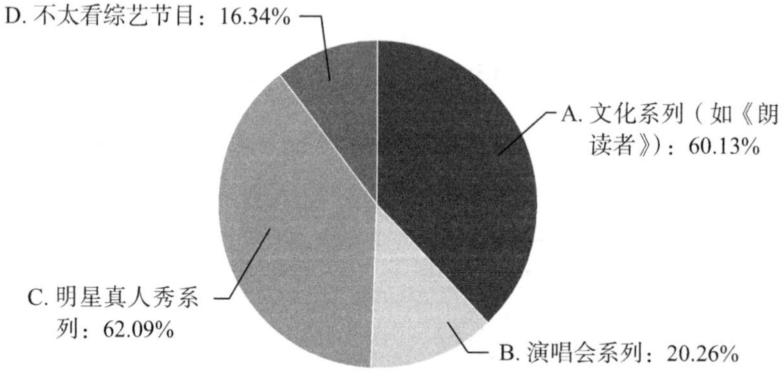

图 5　学生喜欢观看的综艺节目

6. 基本上所有青少年都会在网上关心国家大事，但是真正关心国家大事的仅占 35%。

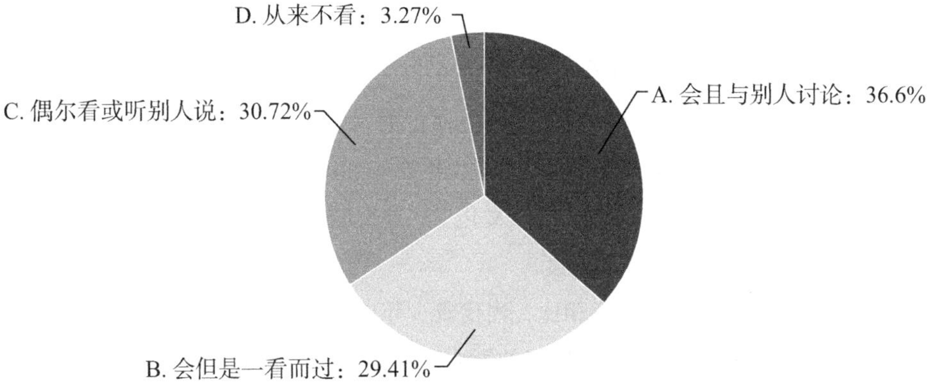

图 6　学生在网上关心国家大事的情况

根据调查结果，发现青少年在家国情怀认知方面做得明显不足，并且青少年只对理论知识进行认知，没有付出实际行动。

（二）对青少年读书目的的分析

从最后几张图可以分析出，青少年在信息技术发达的当下，不是利用互联网去关心国家大事，而是去关注娱乐性的消息，从而达到放松的目的。

所以，当代青少年读书的主要目的到底是什么呢？调查结果如下：

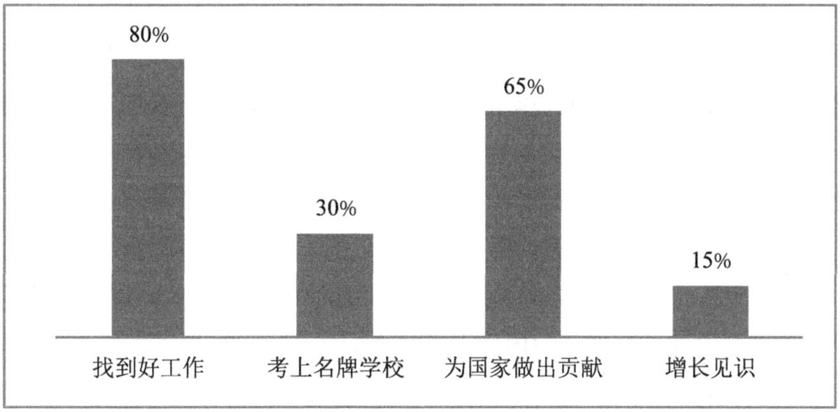

根据图表发现，当代青少年读书主要是为了找到好工作。结合最后几张调查图可以总结出，当代青少年“为国家而读书”的意识比较淡薄，如果青少年使用信息技术却不了解国家大事，“为国家而读书”的意识就会越来越淡，最终导致

对前途迷惘。

（三）对青少年家国情怀内涵理解不足的分析

当代青少年对家国情怀内涵的理解也存在很大偏差。有的学生认为“家国情怀就是学好知识，为建设祖国美好未来做准备”。也有学生认为“家国情怀不只是自身对祖国的贡献，还有自身修养文化”。这反映出另一个问题：青少年对家国情怀内涵的理解缺少深度和广度。

与受传统文化熏陶的古人相比，当代青少年的价值观已发生很大变化。当今社会瞬息万变，青少年容易受到网络的影响，再加上青少年有崇拜、从众、时尚心理，就会出现大规模的“追星族”。据统计，浙江省的“追星族”在全国占比很大，其中 85% 以上都是青少年。截至 2018 年 6 月，浙江省青少年的追星情况如下表：

年份	追星的青少年占追星族总数的比例	同期增长	追星的区域
2015	82%	3%	日韩
2016	85%	3%	中国港澳台
2017	88%	3%	日韩
2018（截至 6 月）	92%	4%	日韩

从表格中发现青少年在“追星族”中占比逐年扩大，且追星的范围大多脱离大陆，这直接导致了当代青少年家国情怀的缺失。

那么为什么青少年会追星泛滥呢？据了解，在广东、浙江、江苏等发达省份追星的青少年更多，由此可以得出，中国经济和互联网的快速发展是追星的直接原因。随着经济的发展，人们的生活由单一变成多元，审美情趣逐渐提高。收入的提高为追星提供了经济基础。社会媒体的宣传很大程度上影响着青少年的判断和选择，进而促使青少年为追星而消费。

青少年容易受外来文化的影响是致使追星泛滥的根本原因。在世界一体化的当下，各国文化互相交融，中国传入了西方的文化，部分国家也传入了中国文化。青少年文化意识淡薄，因此会忽视中国本土文化，导致青少年缺失中国文化涵养。这一点最大的弊端就是，使青少年偏离理性的轨道，采取一些极端手段去认可或反对西方文化，这是非常不理智的。

综合上述调查报告和分析，得出结论，青少年最缺乏两大教育，一是批判性思维教育，二是人文情怀教育。

四、对当代青少年家国情怀阙如的建议

（一）在平时学习中培养批判性思维

在信息爆炸的时代，大多数青少年缺少理性分析和判断能力，从而缺乏批判性思维。而中国最缺乏的便是批判性思维教育，对于青少年来说自行培养批判性思维是很重要的。

培养批判性思维首先是要有理性思维能力，不要轻易相信一切东西，有疑问就大胆质疑，并从多个角度去分析问题，不应思维受限。其次就是训练判断思维，这就要从点滴做起，培养阅读能力是训练判断思维的最好方法。多阅读不仅会增长见识，还会提高分析问题的能力，有效地培养了青少年的批判性思维。

（二）通过阅读国学培养人文情怀

中华传统文化源远流长、博大精深，在国学中蕴含着很多道德修养的精华，体现出中华民族特有的文化基因和价值理念，是培育我们人文素养取之不尽、用之不竭的文化源泉。

当代青少年的阅读局限性很大，一般不太会有阅读国学的，这就是他们缺乏人文涵养的根本原因。据专家介绍，青少年在诵读经典的同时会自觉使用古代思想家的言行来规范自己的言行、提高修养。同时，青少年也可以通过观看类似《中国诗词大会》之类的国学节目来积累国学知识，结合课内外学习，会收到良好效果。

对于如何培养青少年阅读国学的兴趣，笔者还在进一步研究中。

参考文献：

[1] 付海江．当代青少年追星问题研究——杨某疯狂追星事件及反思．广东经济，2017(16).

[2] 纪荧荧．论当代青少年社会主义核心价值观的缺失和培育．河北师范大学硕士论文，2012.

[3] 牛文．让新闻播报成为学生释放学习力量的平台．华夏教师，2015(6).

[4] 叶进赛．对青少年追星问题的思考．都市家教，2016(3).

[5] 曾乾辉．怎样培养公民的家国情怀．人民论坛，2018(5).

[6] 翟芳菲．高一学生数学批判性思维培养的教学研究．山东师范大学硕士论文，2014.

（指导老师：张雨潮）

家训——中国传统文化养成的重要途径

□范可欣

说到家训，大多数人都不陌生。举个再简单不过的例子，我们学生时代，父母总挂在嘴上念叨的“好好学，将来找个好工作”，就可以被称作家训。家训是一项有着悠久历史的中国传统文化，有记载的家训早在三千年前的周朝就已经出现。目前发现的最早的成文家训《保训》就是在周朝被编排出来的。这篇简书所讲述的是周文王在自己即将过世前叮嘱太子发要恭敬做事、严格约束自己。而民间所流传的关于大禹教育子孙后人的《五子之歌》更是能追溯到距今约四千年前的夏朝。

家训，别称家诫、庭训、家范，指的是家庭中的长辈对于子孙后代，关于为人处世及基于自己人生经历，在学业上、事业中的经验教诲。它的前身是在国家没有明确法律时，家族为了维持家中秩序，基于上辈人生经历、成长智慧、道德准则等，拟定的一系列行为规范。家训在一个家庭中有着相当大的作用，它在人迷茫时指明方向，也在人放纵时提醒要收束自己。不仅如此，它对于培养、提高人的品行和教养都有很大帮助。这也就是许多名家的家训被流传下来的重要原因。家中的晚辈常常会记录下长辈的训诫，以警醒自己和告诫后人。在中华五千年的历史中，不少让人受益匪浅的名家家训被传承下来并装订成册，如古代的《颜氏家训》《郑板桥家书》《曾国藩家书》，现代的《傅雷家书》等。一个国家有它的法律，一个家庭也有自己的规矩，家训的内容也就因各个家族而异。其中较常见的内容大致包括：1. 举止行为，如“举止要安和，毋急遽怠缓；言语要诚实，毋欺妄躁率”。2. 交友治家，如“人之生死，秉于有生之初。世俗愚昧，多倾家荡产听于巫祝，深可悯笑。神聪明正直，岂邀人祭祀，以为祸福？戒之戒之”。3. 和睦宗族，如“兄弟叔侄，须分多润寡；长幼内外，宜法肃辞严”。4. 孝敬长辈，如“百善孝为先”。5. 修身齐家，如“兴家两字，曰俭与勤”。

“勿以恶小而为之，勿以善小而不为”，这句话大家一定都曾听老师或父母说过。它出自《三国志·蜀书·先主传》，是刘备在遗书里对自己的儿子刘禅所说的话，意在告诫刘禅即使是一件很小的坏事也不能去做，即使是一件很小的好事也不要忽略它。距刘备说这句话已经过了近两千年，可是这句话所包含的道理仍然适用，以至于当今的中小学课本中仍收录有这句话。这句就可以归为“修身齐家”一类的家训，因为它起到了规范自身、加强自身修养的作用。

我的父亲也从小这样教育我。在我的印象中，他也一直是个会主动去做一些不起眼的小事，而又严格要求自己不做不道德事情的人。潜移默化中，我也养成了这样的习惯。前段时间台风过后，附近路上有不少被大风折断的树枝，甚至有整棵树都倒了。我没有能力去清理那些整根折断的大树，但却可以捡起地上的树枝放在不碍事的地方。这些树枝可能对行人没什么太大的影响，但对骑车的人来说却是潜在的危险。虽然也不一定真的有人会因为这些树枝受伤，但既然我想到了并且是能做到的事，就去做了。相信有很多有善心的其他人也在默默做着其他“小善”。比如最近寿光发生的洪灾，当地居民遭受了人、财、物三方面的巨大损失，许多人就尽自己所能，为灾区捐款、捐衣物，或是购买必需品送往灾区。有些网店店主得知是寄往灾区的，也主动免除邮费或是免费发出更多的货物。

这些人的行动让人温暖，然而这毕竟只是一部分人。在当今这个社会，随手做一件好事的成本变得越来越高，甚至高到人不敢去做。就说年年热议的“扶老人”。有老人跌倒了，若是以刚才那句话要求自己的人，是一定不会坐视不管的。可是，有些狡猾的老人却故意利用这些人的善心来坑害他们，一口咬定谁来扶就是谁把自己撞倒的，借此索要高额的医疗费。大多数情况下，通过其他目击者描述的真实情景，这些坏人不会得逞。可有时路上偏偏就没有其他人，而有人以老人的身份来博同情、歪曲事实，真让那些好心援手的人百口莫辩。这样恶劣的行径不仅给善良的当事者留下阴影，也为社会风气带来不好的影响。上前帮助有困难的老人本应是一件毫不犹豫的事情，可频繁发生的讹钱事件却让人心中浮起一个巨大的问号，到底敢不敢扶？虽然“扶老人”只是一个例子，可性质类似的事件还有好多。久而久之，人心也变冷漠了，等到有人真正需要帮助的时候，也没人会出手了。我们不能阻止恶人作恶，但我们能管住自己，“勿以恶小而为之”。即使小恶，放任不管的话也会变成巨大的危害。换言之，想要根除大问题，先要从不再忽视小毛病开始。正如《陆游家训》中所说：“后生才锐者，最易坏。若有之，父兄当以为忧，不可以为喜也。切须常加简束，令熟读经学，训之以宽厚恭谨，勿令与浮薄者游处。如此十许年，志趣自成。不然，其可虑之事，盖非一端。”说的是聪明的年轻人最容易学坏，如果出现了这种情况，家中的长辈不能把它当作是可喜的事，而要把它看作忧虑的事。一定要经常加以约束和管教，规定他们熟读儒家经典，训导他们做人必须宽容、厚道、恭敬、谨慎，不要让他们与轻浮浅薄之人来往。就这样十多年后，志向和情趣自然养成。不这样的话，那些可以担忧的事情不会只有一个。陆游的这番话更为重要的是它的教育意义，它在提醒家长们要注重对孩子行为上的约束及教育，并详细阐述了教育的方法。

家训是中国传统文化宝库中一项宝贵的遗产，是前人给后人留下的智慧结晶。运用家训来教导、告诫子孙这种教育方式已传承了几千年，在中华文化历史上留下了浓墨重彩的一笔。这些古人用自己生平经历总结出的经验值得我们学习，更值得继续传播下去。不仅是在中国传播，在当今这个全球化的世界，我们更应承担起向世界传播中华文化的责任。

参考文献：

[1] 陈寿 . 三国志 . 北京：中华书局 .2011.

[2] 王永彬 . 围炉夜话 . 北京：中华书局 .2008.

[3] 张天龙 . 万金家书 . 北京：中国文联出版公司 .1986.

（指导老师：范建华、王欣）

“诗史”里的家国情怀

□陈旭祺

一、引言

古代中国是一个诗歌的国度，诗歌是于诗人内心最真挚的情感，最可体现诗人在当时的经历与感受。西晋陆机《文赋》中提到“诗缘情而绮靡”，即诗歌是情感和志向的载体，可以表达美好动人的感情。刘勰《文心雕龙·明诗》中有：“人禀七情，应物斯感，感物吟志，莫非自然。”诗人们因为处于不同的环境中，接受了不同的刺激，而产生了独特的情感体悟，并以诗歌的方式，表达出发自内心的感受。被尊为“诗圣”的杜甫，更是由于其所处时代和人生经历的特殊，使其作品以浩浩“诗史”的形式呈现给我们他那悲天悯人的家国情怀。我们希望通过杜诗，来展现唐王朝的社会面貌，更可以之体味一位由治世入乱世的诗人的家国情怀。

二、“诗史”里杜甫的家国之情及其思想

杜甫此人，出身于京兆杜氏，是一个北方的奉儒守素的家族，其祖父为唐初诗人杜审言。杜审言擢进士第，为隰城尉，后转洛阳丞。可以说，杜甫出身于一个典型的“仕”的家族，这对其忠君恋阙的思想性格都有着深远影响。我们可以从他的诗歌中，窥见他的情志，也能感受到他那份胸怀天下的家国情怀。

（一）仕途波折——小家亦大家

早年的杜甫，是一个朝气蓬勃的少年，满心壮志豪情。他在《房兵曹胡马》中写道：

胡马大宛名，锋棱瘦骨成。
竹批双耳峻，风入四蹄轻。
所向无空阔，真堪托死生。
骁腾有如此，万里可横行。

此诗采用虚实结合的手法，在诗的前两句，详细地描绘了一匹神清骨峻的胡马，其轮廓神俊，神采奕奕。在后两句中，采用虚写手法，想象马奔跑而来，强悍驰骋的样子。尾联中“万里可横行”一句，一语双关，不仅仅写出了马的剽悍有力，也展现了少年杜甫的宏大抱负。

少年杜甫，身处盛唐，百姓生活安定，生产飞速发展，因而催生了许多如杜甫般的文人志士对于一展宏图的向往。但是，正如后世文人陆容所叹的“天下正直静退之士，每不为造命者所知”（《阿留传》），杜甫也没有被当权者赏识。在困守长安十年期间，杜甫奔波忙碌于汲取功名和谋求稻粱，一直无人问津。“残杯与冷炙，到处潜悲辛”，可以说是以其为代表的不得志的知识分子，面对温饱艰难和精神创伤时的悲叹。“纨绔不饿死，儒冠多误身”一句中，“纨绔”与“儒冠”两个简单名词的对比，更可见杜甫于长安的十余年里，碌碌无为的悲慨。

陈廷焯《白雨斋词话》道：“所谓沉郁者，意在笔先，神余言外。”杜甫那种抑郁不得志的痛苦，在短短几句诗中表现得淋漓尽致。所以，《唐诗鉴赏辞典》（上海辞书出版社，1983 年）评此诗时引用徐竹心的话，说其是“体现《杜诗》‘沉郁顿挫’风格的最早的一篇”。

“学而优则仕”的思想总是古代知识分子的精神动力，作为典型儒士代表的杜甫亦不例外。杜甫诗中表现出的沉郁情感，正是因为当时的杜甫将功成名就作为自己的追求。入仕做官、造福天下，是浸润在儒家思想中的读书人的长期信仰。古往今来，“不得志”也是无数诗歌的主题。事实上，渴望入仕做官，固然是希求富贵荣华，但更是企望为国家社稷建功立业、拯救天下苍生，从这一层面讲，杜甫青年时期满怀壮志又充满哀叹的诗歌，是他作为儒士阶级长期所受的思想熏陶，也是其家国情怀的另一种表现，是为“小家”也是为“大家”。

（二）博爱苍生——舍小家，为大家

杜甫的胸襟是博爱和宽广的，他经历了“安史之乱”，经历了妻离子散的悲哀，看到了生灵涂炭的悲剧，再加之其性格中的那份“悲天悯人”，使其关注点于“安史之乱”发生时，由其自身更加转向关注社稷民瘼。

《北征》一诗记录了杜甫从凤翔到鄜州所见所闻。“夜深经战场，寒月照白骨。潼关百万师，往者散何卒”，一路上他始终关注着战争带来的创伤。到家之后，看到妻子“衣百结”、女儿“补绽才过膝”的惨状，本该为自家悲泣，然而他并没有仅仅局限于一己之悲，又一次把关注点转移到国家社稷的安危之上，“煌煌太宗业，树立甚宏达”，希望唐王朝可以重现辉煌。因为，在杜甫的世界里，自己的小家自然是国家这个大家的一部分，国不兴，家自然不旺。其他如以《三吏》《三别》为代表的诸多诗歌，既见证了当时的历史，也见证了杜甫这位伟大的爱国诗人对人民疾苦的关注。杜甫关注民生，正可以体现他提倡“仁政”的核心思想。只有“制民之产”，让老百姓有生活上的基本保障，才可以达到“仁政”的最终目的，这促使他关注每一个普通百姓的生活。

著名思想家顾炎武所提倡的“天下兴亡，匹夫有责”，正是对杜甫一生的精简概括。杜甫以自己的诗歌为载体，热切地企望天下大治。有学者称杜甫《闻官军收河南河北》为杜甫“生平第一快诗”，晚年的杜甫得知收复失地之时的欢欣，远远超出了他对自身的关注，足以体现他对于天下、百姓的博爱胸襟。《茅屋为秋风所破歌》中，贫寒潦倒的他依然满怀希冀，“布衾多年冷似铁，娇儿恶卧踏里裂”的生活痛苦，无法和“安得广厦千万间，大庇天下寒士俱欢颜”的情怀相提并论。他提倡以民为本，希望统治者可以施“仁政”、反对战争，使得百姓可以安居乐业、使寒士有屋可居。可以说，他对于百姓的博爱，已经可以让他舍弃自己的小家，为社稷天下努力奋斗。

三、杜甫——立言不朽，以德励后世

人们称杜甫的诗为“诗史”。因为他以诗为我们展现出一幅中晚唐人民悲愁生活的画卷。“安史之乱”时的真实社会，深刻的忧国忧民之情，始终是杜诗的重要主题。

杜甫无疑是一个不朽的诗人，《左传》中有：“太上有立德，其次有立功，其次有立言。虽久不废，此之谓三不朽。”显然，杜甫没有做到立功，他并没有实现建功立业的宏愿、守护唐代江山。但论立德，杜甫显然是不朽的存在。作为一个失意的士人，他沉沦下僚，却心系苍生，一生中满怀炽热的家国之情。其品德操行，显然是值得尊崇的。

论立言，“诗史”是中国诗歌史上不朽的传奇。杜甫以其如椽巨笔，书写了中晚唐那段不凡的历史，呈现给后世鲜活的历史画面，让人们对盛世和寥落有着更深的体悟。从更深层次来看，“诗史”更是杜甫忠君恋阙、致君尧舜、仁民爱物的家国情怀的一种代表，这种精神价值带来的影响远胜于任何丰厚的物质。

四、杜诗之家国情怀对于当代的价值

当我们将目光回转到当代社会，我们今日所提倡的关注民生正是对杜甫关心民瘼精神的继承和弘扬。社会主义核心价值观的核心思想，也无不受到杜甫的影响。比如，社会主义核心价值观中所秉持的“和谐”观，提倡我们做到劳有所得、老有所养、住有所居。这种“以民为本”的思想、关注基础民生的理念，可谓是杜甫“安得广厦千万间，大庇天下寒士俱欢颜”的情怀的延伸。

人人皆知“穷则独善其身，达则兼济天下”，而杜甫却不顾已身潦倒，心怀天下苍生。这种“穷而兼济天下”的情怀更是成为当下社会中，难得的人生范例，是指引深陷困境之人的高张旗帜。

作为一个仕途失意的人，杜甫或许没有真正做到“立功”——建功立业、一匡天下。但是，他沉沦下僚却执着于仁民爱物的精神载体——“诗史”，已成为他“立德”不朽、“立言”不朽的丰碑。综观“精致”利己主义盛行、“丧”文化弥漫的当下，杜甫对于我们的启示就在于，哪怕前景黯淡、道路迷茫，我们依旧可以凭借一种与众不同的方式实现人生的价值。杜甫是使用诗歌的形式，影响了后世中国人的思想，而我们也可以同他一样，用更丰富的形式、更多样的姿态，来充分地实现自我的价值，使自己的生命更充实、更有意义。

清楚地认知自身，并能通过各个方式去实现个人价值，为社会做出自己应有的贡献，建设更好的家与国，这或许正是家国情怀之于每一个普通人的意义。

五、总结

杜甫一生中，“悲天悯人”的情感、“先天下之忧而忧，后天下之乐而乐”的志向、对于自身仕途和家国天下的期盼，实质上，都是将国、家紧密相连的表现。如杜甫一样，竭尽一己之力、用浸血之纸笔书写家国情怀，也可以是吾等凡辈之于家国建设的意义所在。

参考文献：

[1] 杜甫著，仇兆鳌注 . 杜诗详注 . 北京：中华书局，1979.
[2] 郭绍虞 . 中国历代文论选 . 上海：上海古籍出版社，2001.
[3] 刘勰著，黄叔琳注，李详补注，杨明照校注拾遗 . 增订文心雕龙校注 . 北京：中华书局，2000.
[4] 萧涤非等 . 唐诗鉴赏辞典 . 上海：上海辞书出版社，1983.

（指导老师：吴慧慧）

古诗词中的家国情怀

□国智惟

古诗词，是古代墨客骚人对于自己人生中事物的感慨：不论是迁官之喜，是贬谪之忧；是田居之清，是官场之浊；是太平盛世之乐，是国破家亡之悲；是抗倭杀敌之锐气，是乡途难启之愁思，是壮志难酬之慨叹，还是杜康为伴之洒脱，都化作或长或短，或潇洒或婉约的诗篇，供后世欣赏，留百年传唱。这几百年的文化沉淀、智慧结晶，便囊括了中华文化的方方面面，而这其中最为凸显的，便是家国情怀在古诗中的体现。

作为一名中国人，从小到大，我和其他人一样，都浸润在古诗词的熏陶中。光是在学生时代，所接触的诗歌便有百余首。所以，我耳濡目染地接受着古诗词中的文化滋养：古代文人的气势如虹、温文尔雅，在字里行间都透露出自己的那一份家国情怀。

杜甫，被人尊称为“诗圣”的伟大诗人，其作品可以说是家喻户晓。他的一生坎坷，仕途一波三折，为了躲避战事而流离失所，晚年向西南漂泊，最终长逝于江舟。杜甫一生虽然经历苦难，但他那时刻抱有家国情怀的坚强的心，却依然熠熠生辉。

对于个人，杜甫“淡泊名利”。“致君尧舜上，再使风俗淳”表现的是他为国尽忠效力之心。我们现在所盛赞的一代诗圣，将其尊为至高之位，可是在当时他的名声并不显赫，而他的人生追求也不过是辅佐当时的帝王，让帝王治国兴邦的功名、成就能够超过尧、舜之所为；在此之后，也要当时已经腐朽败坏的地方习俗和礼节回归淳朴、让中华优秀传统文化得以传承。杜甫不追求名利、不图流芳百世，其人生追求却紧紧与国家相连，愿意将自己的一生奉献给国家，只为了一个更加质朴安稳的太平盛世，这是杜甫的家国情怀。

对于家庭，杜甫“梦呓乡语”。杜甫在《春望》中留下如此的诗句：“烽火连三月，家书抵万金。白头搔更短，浑欲不胜簪。”战火纷飞、局势动荡，此时的一封家书胜过万两金。身处异地、挂念家乡，可是却是迟迟不能踏上归乡的旅途。有家难回的哀愁与思念终究让皱纹爬上了杜甫的脸庞，白了那须发，日夜的愁苦令杜甫搔头不止，却也只落得更加愁苦，最终连发簪都难以插上。短短几句诗，字里行间，却无不透露出杜甫因困于战事而只得苦苦思念家乡、与日思夜想的家人在梦中相见的莼鲈之思。在这样的危机局势下，杜甫心头挂念的，是他的家庭，是他那朝朝暮暮盼望见到的家。这是杜甫的家国情怀。

对于天下百姓，杜甫“胸怀四海”。在《茅屋为秋风所破歌》中杜甫说“安得广厦千万间，大庇天下寒士俱欢颜，风雨不动安如山”，“吾庐独破受冻死亦足”：眼前自己的茅草屋已经破烂不堪，杜甫却不担心自己的生活环境，而是首先想到救济天下，希望有千万间广厦来庇护天下百姓，就算自己受冻受苦，居无定所也在所不辞，这份苦难之时能够将天下百姓置于自己之前的信念，这份“穷则独善其身，达则兼济天下”的理念让杜甫有了心系天下的美名，从而真正从一代诗圣变成一代伟人而为人歌颂。这是杜甫的家国情怀。

当然，像杜甫这样的饱含家国情怀的诗人还有很多，在他们的佳作中也都能体会到这份对于家庭、对于国家的真挚情谊。家国情怀中的家，对于岑参，是“故园东望路漫漫，双袖龙钟泪不干”中，为了赶往边疆戍守，只能望向家中掩面而泣，却无法归乡的寂寞思念；对于宋之问，是“近乡情更怯，不敢问来人”中，抒发的游子思念家乡之情；对于孟浩然，是“我家襄水曲，遥隔楚云端”中，家乡仿佛在千里之外，自己心驰神往却只得以泪洗面的孤寂愁思。家国情怀中的国，对于文天祥，是“人生自古谁无死，留取丹心照汗青”中无畏牺牲的报国忠心；对于陆游，是“位卑未敢忘忧国”中，时刻把祖国的忧愁放在自己的心中而担于己任，不敢有一刻忘记祖国；对于苏轼，是“会挽雕弓如满月，西北望，射天狼”中，时刻准备好为祖国抗兵御敌，一直保留着保家卫国时冲在最前线的坚定信念；对于范仲淹，是“先天下之忧而忧，后天下之乐而乐”中，以国家之忧与乐为先，把国家的事挑在自己的肩膀上，以国家为大、以国家利益为重，甘居国家之后而默默奉献的爱国情怀；对于岳飞，是“怒发冲冠，凭栏处，潇潇雨歇。抬望眼，仰天长啸，壮怀激烈。三十功名尘与土，八千里路云和月。莫等闲，白了少年头，空悲切！靖康耻，犹未雪；臣子恨，何时灭？驾长车，踏破贺兰山缺。壮志饥餐胡虏肉，笑谈渴饮匈奴血。待从头，收拾旧山河，朝天阙”中慷慨激昂的赤子之心，抛头颅洒热血的浩荡激情，说到底，是那一份扎根于内心最深处的家国情怀。

回首远眺，在历史漫漫长河中，多少有志之士在他们的诗作中寄托了自己的家国情怀、抒发自己的壮怀情感；放眼观望，我们站在历史长河的渡口，坚守着这些无价的精神瑰宝。但这远远不够。我们更应该做的，是从中汲取精华，学习他们的精神、体会他们的情感。现在全国各地的学校里，不分年龄等级，全部都传授着这份精神上的宝贵知识，从课堂上对于古诗词的赏析与理解，到国家鼓励弘扬的优秀传统文化，无一不渗透着古诗词中的家国情怀。于己，“知行合一”，“诚实守信”，“厚德载物”，“勇于奉献”，“克己复礼”；于家，“尊老爱幼”，“百善孝为先”，“谨行孝悌”；于国，“廉洁为政”，“治国兴邦”，“天下兴亡，匹夫有责”等等妇孺皆知的术语，不胜枚举。前日社会上盛行“了解自己的家风”这一活动，这大有裨益。所谓家风，指的是家族世代相传的风气、风尚，也是各个家庭所坚守的优秀文化的核心，让家庭的每一代人都去了解、去学习、去宣扬，不但可以滋养人们的精神，更可以改善家庭内的沟通交流、促进和谐。从每家每户各不相同的家风中，我们看到的其实是一个“国风”，是一个全民族的高尚情操，是国家内每个人的为人之本。

家国情怀，以小家之情见大国之怀，是诗人们下笔作诗的灵魂与核心，但家国情怀又哪里只停留在字里行间呢？从古至今，家国情怀就是我们每一个中国人立足成人的根本，是我们引以为傲的中国魂。让我们传递知识的火苗，点燃家国情怀的火炬，照亮人们未来前进的道路。只要时刻将家国情怀系于心间，便能无惧黑暗、勇往直前。

参考文献：

叶自成．“原点”之思：历史典籍中的执政思想源泉．学术前沿，2014(1).

（指导老师：宗国君）

从“梧桐”看“意象”

□符茜文

一、“意象”的基本释义及语源

“意象”既是中国文学作品中的一种宗旨和形态，又是中国传统美学的中心概念。其中，“意”指的是在构思或审美中作者所抒发的情感与志趣；“象”则为寄托作者情思的客观物象，常取自于自然之物，但其功用不在“绘景状物”，而在“达意言情”。“意”与“象”的结合关键在于两者之间的和谐交融。

“意象”一词源自《易经·系辞上》中“圣人立象以尽意”一语，要求“用形象来包含、传达文字语言无法全部表达的主观意蕴”，揭示了客观形象与语言表达相互结合时所带有的一种含蓄之中蕴含深意的独特美感。而“意象”一词的明确提出还是在南朝梁代的文学理论家刘勰所著的《文心雕龙·神思》中：“窥意象而运斤。”这句话的意思是“探寻心中的意象而构思运笔”，首次提出这种在艺术创作构思中，内在意趣与外在物象相融合以表达内涵的审美概念。随着更多对于“意象”的研究以及在诗词等文学作品中的广泛应用，这一概念便在中国传统美学中深深地植下根来。

二、“梧桐”在古代诗词中的意象

“梧桐叶上三更雨，叶叶声声是别离”（周紫芝《鹧鸪天》）、“梧桐更兼细雨，到黄昏、点点滴滴”（李清照《声声慢》）……在古代诗词中，每每提到“梧桐”，笔尖纸上，时常是“怎一个愁字了得”（李清照《声声慢》）。梧桐是一种落叶乔木，在中国多作行道树。它们在春夏时节宛若巨伞，浓密的树阴郁郁葱葱，但每当秋之将至，却“梧桐一叶落，天下皆知秋”。于是，这种时节变迁的反差，这种秋风落叶的凄凉之景使得文人墨客将离恨、将愁思、将孤寂都寄托在梧桐之中，使“梧桐”成为古代诗词中悲秋的凄婉意象。此外，古代“梧为雄树，桐为雌树”的传说，再加上梧桐的高大挺拔、浓阴青翠，“梧桐”还是表现“坚贞的爱情”的意象。唐代诗人孟郊的《列女操》中，“梧桐相待老，鸳鸯会双死”就是典型的例子。“梧桐”还常常与高洁的品格相联系：“凤凰鸣矣，于彼高岗。梧桐生矣，于彼朝阳”（《诗·大雅·卷阿》）、“垂緌饮清露，流响出疏桐，居高声自远，非是藉秋风”（虞世南《蝉》），即以梧桐披朝阳、蝉栖于梧桐来比喻神圣高洁的品格。

三、从“梧桐”看“意象”

1. 同“象”不同“意”

“象”的特点并非是平面化的，而是立体化的，即，客观物象在不同的角度上能呈现出不同的特点。正如“梧桐”，有时浓阴青翠，有时落叶枯黄。因此，作者在构思中对“象”的特点的选择会略有差异。另一方面，人们从主观上对物象的情感寄托也是不同的。李清照的《声声慢》中，“梧桐更兼细雨”取的是秋季梧桐叶落的特点，渲染出了一种浓浓的、化不开的愁情——丧失爱侣、国破家亡、颠沛流离；而词人的另一首《念奴娇》中，“清露晨流，新桐初引”则取的是春季梧桐树刚抽出嫩芽的景象，描绘出一番盎然生机，抒发了一种反复涌来又退去的对夫君的怀念之情。由此可见，当人们将不同的“意”融入“象”时，即使是同一种物象，最后所构成的“意象”也会大异其趣。

词藻是不同意象的外观。在诗人的构思中，“意象”是脑海中的一个逐渐清晰的影，而词藻则是带有个人风格的定型。《声声慢》是李清照后期的作品，在一个颇不太平的时局下，她历经了亡国之恨、丧偶之痛、孀居之苦，过着颠沛流离的生活，反映到作品上，便是“梧桐更兼细雨，到黄昏、点点滴滴。这次第，怎一个愁字了得”，极显词人细腻、清丽的婉约词风。《卜算子·黄州定慧院寓居作》则是词人苏轼初贬于黄州时所作，首句“缺月挂疏桐，漏断人初静”描绘出了一个孤寂宁静的夜景，为整首词营造出了一种孤高脱俗的境界，彰显了词人洒脱豁达的风格。同样是选用“梧桐”这一意象，“梧桐细雨”之于“缺月疏桐”、婉约之于洒脱，在词人各自的精心编排中，字里行间流露出的是不同的情思、不同的风韵。

综上所述，“意”是“象”的中心，“意”有不同，意象也就有所区别；词藻是意象表达的中心，词藻的不同体现出的是艺术风格的不同。

2. 美在意象

在中国传统美学中，“美”不全在于客观物体本身，“美”也不全在于主观的情思——“美”在意象（即客观物象与情思之间的融合）。唐代文学家柳宗元曾提出“美不自美，因人而彰”，否定了纯粹建立于客观物象、与人相隔离的“美”。禅师马祖道一则提出“心不自心，因色故有”，否定了纯粹建立于主观的“美”。而“意象”的“美”正如叶朗先生在书中所述的“梅花的显现，是因为本心，本心的显现，是因为梅花”，强调了客观外物与主观情感的结合、不可分离。这种情景联合的审美概念的主要产生原因，在于“意象世界显现的是人与万物一体的生活世界，在这个生活世界中，世界万物与人的生存和命运是不可分离的”，人在审美活动中感知到与客观事物的联系，产生感性认识，揭示出人生、世界、自然等方面的意义。“美”也就无法与思想和外物之间的交流隔绝。这也就是同“象”不同“意”的一个主要原因。“梧桐”的不同意象便是情思与外物之间的审美交流的体现。

“意象美”还展现了“自然美”在中华文化中的重要性。古典诗词中的意象往往取自自然之物——植物、动物、自然景观等。自然中的“象”与人所思的“意”之间的联系正与道家爱慕、崇尚自然，讲求人与自然合一的精神追求和审美观相契合。自然是世界中纯粹的真实，是未经人为粉饰的原生状态，所谓“返璞归真”，归的就是最初的质朴，即为自然。这种理想就是道家哲学中对美的初步界定。这种美是一种体验，一种置身于真实之中领略出奥妙的体验，一种“意”与“象”、人与物逐渐融合的体验。

“梧桐”仅为“意象”一隅，但从中可体会到“意象”的变幻与美感。思绪寄情于外物，外物彰显出情思，其中的融合与“归真”传达出的是一番含蓄的美感、其间的词藻变换流露出的是不同的风韵。“意象”便是这样的一种精妙的概念，嵌在中国源远流长的文化中。

参考文献：

[1] 《中华思想文化术语》编委会 . 中华思想文化术语 1. 北京：外语教学与研究出版社，2015.
[2] 祁志祥 . 中国美学通史（第一卷）. 北京：人民出版社，2008.
[3] 叶朗 . 美在意象 . 北京：北京大学出版社，2010.

美与礼

□王秋实

有服章之美谓之华，有礼仪之大谓之夏，了解中国的服装与礼仪的内涵可以从深层次更好地理解中国人的思想、哲学、世界观以及各个方面。

一、华夏的含义

华夏，古代居住于中原地区的汉民族先民的自称。最早称“华”“诸华”或“夏”“诸夏”。“华夏”实际表达的是以汉民族为主体的中原先民对其共同的生活、语言、文化特征的一种认同和传承。秦建立以华夏为主体的统一的多民族国家以后，华夏才成为比较稳定的族群。自汉代以后，华夏又有了“汉”这一名称与之并用。后来华夏进一步引申为指中国或汉族。

我们知道，追求美丽是人类的天性，人类甚至会对一些美丽的事物赋予特定的含义，其中，在中国人的眼中服饰无疑是最有内涵的事物，对中国人而言，服装象征了他们对美丽的渴望以及礼仪的追求。

二、礼仪

中国人为什么把礼仪看得很重？这是一个非常好的问题。众所周知，礼仪是社会秩序的总称，用以规范个人与他人、与天地万物乃至鬼神之间的关系。“礼”通过各种有关器物、仪式、制度的规定，明确了个人特定的身份及相应的责任、权力，从而区别了个人在社会群体中长幼、亲疏、尊卑的差等。“礼”以这样的区别来实现对个体的安顿，并由此达成人与人、人与天地万物之间的和谐。

在中国的文化当中，和谐共处是一个不变的话题，我们千千万万年来一直苦苦求索，与邻国和亲、强大自己，就是为了赢得一个和平稳定的发展环境。在中国人的思想中，世界上最好的事情就是万事万物都遵循着自己的轨迹，不要有什么波折变化或是改变，大家都在一起平平安安的就是一件值得纪念的事情，这也是为什么中国人十分看重新年，因为这意味着他们又平平安安地度过了新的一年。

换句话说，中国人这个民族所追求的是致虚极、守静笃的人生态度。

三、美

（一）含蓄

中国的服饰纵观整个历史都是比较保守的，比如说，泳衣，笔者曾经到各个商场做过调查，发现一般的女性都是选购的比较保守的单色或双色的连体泳衣，这一点与国外不同，在美国的高中女生中，她们都是身着比基尼，甚至，如果身着连体泳衣会受到其他女生的耻笑。

中国的美是含蓄的，中国人心中的完美形象应是千古传诵的谦谦君子。正所谓："豫兮其若冬涉川；犹兮其若畏四邻；俨兮其若客；涣兮其若凌释；敦兮其若朴；旷兮其若谷；混兮其若浊。"这样含蓄内敛的君子形象是中国人的追求。举个例子，当代学生的家国情结无疑是非常深厚的，他们的心里都流淌着火一般的热烈。一般来说，学校里的学生对于国庆与建军节这样的节日并没有多少感触，我们不会像别的国家那样狂欢、流泪或是怎样怎样，甚至说，在一些社交软件中，并没有多少人宣称祖国的好，在一些别有用心的人心中这便是不爱国的表现。然而有一天，外国学生甲在学校里发表了不当的言论，之后的发展吓了我一跳：同学们群情激愤，都不禁站了起来，哪怕是那些经常讨论资本主义的优势的同学，这时候也是握紧了拳头，仿佛将会冲出去砸人一般。甲同学只好为自己的不当言论而道歉。由此可见，并非是中国人不爱国，而是他们并不知道如何把自己的满腔热血表达出来，这种汹涌的感情一旦爆发，便如雷霆一般，让星海都为之蒸腾。

（二）出尘

汉服传达给人们最直观的感觉是形态美，没有亲身穿过汉服的人，难以领略到汉服的这种美。峨冠博带、宽袍大袖，静止的时候，凝固着威严和庄重，走动的时候，流露出飘逸和洒脱。历代文人墨客对衣冠之美的吟咏素来不乏佳作，“兴庆池南柳未开，太真先把一枝梅。内人已唱春莺啭，花下傞傞软舞来”，“娉婷月下步，罗袖舞风轻，翩如兰苕，宛若游龙”，是何等飘逸婉约之美。爱国诗人屈原就曾言道：“余幼好此奇服兮，年既老而不衰。”屈子素以高洁出尘著称，一生都在歌咏香草美人，而他竟然推崇一件衣裳若此，可见这件衣服也足以与天然香草、绝色美人相媲美了。唐代画师吴道子笔下的人物，大袖飘飘，线条流畅，神采飞扬，潇洒秀逸，是谓“吴带当风”。这种审美心理是如此牢固，近年来古装影视剧的盛行，很大一部分原因，便是人们对汉服的审美复苏。

四、美与礼

礼仪可以让人变得越发美丽，就像我们都知道的那样，一个人的美丽不仅仅是像“俏丽若三春之桃，清素若九秋之菊”一般的外在美，更多的或者说更多人所在乎的是那根植于人们心中，历经千年而不变，一直上下求索苦苦探寻的内在美，也就是，我们人类心灵的美。不想看到无辜的人受伤的怜悯、看到人们的笑颜会因此而感到喜悦，面对大海而心胸宽广，会因内心的丑恶而失落忏悔，会因生活中的温暖而欣然喜悦，这，本就是人类最初的最本真的样貌。同样，作为不断奋进的中华民族，我们也会对美丽的事物不懈追求，体现出我们特有的内在美的毫无疑问便是礼仪了。礼仪在我们的心中是形如血液不断流动的传承，是中华儿女对厚重历史的解答，各个朝代都有属于它本身的礼仪，而这些礼仪的不断传承也体现出了中华文化的绵延不断。有人曾问我，到底什么才是“中华民族”，这是一个很难以回答的问题，有人说，这是五十六个民族的统称，有人说，这是具有中国身份证的人的身份，等等，各种想法、各种理论，奇思妙想，不一而足。我认为，民族的传承不仅仅是简单的生儿育女，也不单单是保持国土，更在于文化、理念、思想上的传承。只要，大家互相理解、互相尊重，世界就会因此而更加美好，我想，这就是中华民族的共同愿景吧。

参考文献：

张君浪 . 从汉服的审美层面看汉服的精神文化价值 . 才智，2009(28).

（指导老师：吴明新）

儒家文化在白族建筑中的继承与发展

□李灵灵

前言

千百年来，儒家思想在中国传统人文思想中据有主导地位，自西汉董仲舒“罢黜百家，独尊儒术”，儒家文化正式唱了主角，随着文化的交流和发展，儒家文化以其独特方式对少数民族地区产生了深远影响。

一、儒家思想在建筑中的体现

“礼”是儒家伦理纲常的典型代表，上下长幼有序、尊卑贵贱有别，是“礼”所规定的社会秩序的典型特征。

（一）建筑中的等级礼制

礼制，即礼法与法律的结合。《礼记·礼器》中有载：“礼也者，合于天时，设于地财，顺于鬼神，合于人心，理万物者也。”古代中国封建社会的建筑在讲究理性分等的礼法规定下，设定了极为严密的系统性建制规定。

1. 礼法有数的限定

《公羊传》何休注曰：“礼祭天子九鼎，诸侯七、大夫五、元士三也。”古代建筑中小到房檐上的走兽个数、铺作层数，大到房屋的台基高度、院落数目都有严格规定。

2. 礼法有结构的规定

以北方四合院建筑为例，四合院常由正房、耳房、厢房、天井、庭院五部分组成。正屋开间及井深为全院之最，以确保其主房地位。院中，正房居户主，耳房居长辈，厢房住晚辈。四合院坐北朝南，正房居全院正中，因面朝南方，其采光、通气性最佳，耳房其次，厢房最次。

封建伦理观对女子极尽苛待，反映到住宅上则呈现为严格的内宅、外宅之分。传统建筑内外分隔严密，外松内紧，内宅与外堂间有墙门之隔。此外，传统建筑常使用高墙围合不同院落，在设计的源头上封锁了内宅与外屋的交流通道。

院落的结构布局反映出正房与厢房的尊卑之序、男性与女性的地位之别，体现了儒家上下有别的伦理意识。

3. 礼法中的方位观

儒家思想讲究“中庸之道”。《论语·雍也》中载：“中庸之为德也，其至矣乎。”可见，中正之道在中国文化史上据有极高地位。“中庸”在建筑中体现为以中为贵。堂屋为一屋中心，位于外宅，体现男性为家庭中心，男性地位高于女性的儒家尊卑观念。

（2）建筑中的装饰观

山墙、柱、檐、照壁的装饰图案是儒家思想文化的形象载体，有愉悦人心、提振人气、教诲人性等作用。

1. 照壁中的艺术价值

照壁（又称萧墙），为中华传统建筑独有的装饰部分，其作用主要为：挡风并遮蔽视线，通过墙面装饰产生对景效果，利于风水，使院落“藏风聚气”（《水龙经》）等。装饰照壁的方法可归总为两类：一为加工大理石等自然石材，使之形成山水纹样，镶嵌于照壁中央；二为将石雕、木雕作为装饰元素置于照壁之上。石雕是表现户主地位的一种方式，受儒家“礼制”规范，雕刻的花纹、规制都有明确划分。

2. 山墙上的社会缩影

山墙，又称外横墙，是建筑物两端的横向外墙。古民居为了装饰厚重突兀的山墙，常于墀头上进行绘画或雕刻。如，瓶中插花代表四季平安、游龙戏珠祈求风调雨顺等等。山墙的装饰常从侧面反映出当地居民的生活状况、精神信仰、生产方式等多种情况。

二、白族院落中蕴含的儒家价值观

（一）结构布局的继承与发展

白族民居的基本结构单元是“坊”，由白族民居中“三坊一照壁”“四合五天井”两种院落并六方硬山顶楼房组合而成，俗称“六合同春”（六合为天地及东南西北，亦指天下）（见图一）。“六合”的谐音为鹿与鹤，鹿寓意为有福有禄，鹤象征着长寿。是以“六合同春”院落寓意阖家吉祥、福禄长寿。

以喜洲严家大院为例，房屋坐东向西，一进院落中堂屋正对照壁，正屋位于二进院照壁对侧，属一院中风水最上乘、居住性最佳之地。在坊与坊之间有主房、厢房之分，主卧室内地坪标高比厢房的室内地坪高 10 厘米（见图二）。白族民居两侧厢房开间一般为 3.3 至 3.6 米，中央为堂屋，其开间尺寸为 3.6 至 3.8 米。如前所述，正屋，作为院落中最为“中正”之处，其地位自然高于别屋，且房屋间地坪高度差体现了正房高于厢房的等级观念。

严家大院院落布局处处蕴含着儒家思想，正房、厢房、偏房的安排体现出儒家“正统”的思想特点。

图一

图二

（2）山墙画壁中的审美观

白族喜白，建筑外墙多为白色，通过绘制线条来划分区域，而不同位置的壁画中又以山墙壁画特点最为鲜明，纹饰最为复杂。

白族传统民居皆为硬山式住宅，其主梁搭于山墙上，是承重墙，故山墙上不设窗。为了装饰整块白墙，常就着屋檐坡度作画。图案内容多为植物，如牡丹（象征富贵）、莲花（与佛教信仰有关）、荷花（象征出淤泥而不染的高尚品质）等。少数山墙镶有六边形青色瓷砖，再于青瓷上作画，青白两色交相呼应，视觉效果极佳。

山墙上的图案设计严谨、完整，讲究对称，且绘画注重留白，虚实结合，疏密有致，真是“简而不陋，精而不繁[①]”。白族山墙图案内容丰富、构图周密、虚实相间，有很强的节奏感，直观的色彩对比和极富韵律感的花纹体现了白族的传统审美观。（见图三）

（3）白族建筑中的照壁文化

白族地区照壁主要由土基构成。通常为“三滴水”结构。照壁由上中下及基座组成。照壁顶为青瓦硬山顶，有向外挑出的屋檐，起到保护墙壁作用。以青瓦白墙为总特征的建筑象征了白族人民从自然中取材，以“清白”自律的美好品质。

1. 白族民居中照壁的功能

（1）围合院落。白族基本建筑形制为“三坊一照壁”，照壁将院落中的三座建筑连接起来，形成四方院（见图四）。方整、规则、对称的特点暗合了儒家思想中“正”的观念。

图三

图四

（2）计时和反射光源功能。白族民居中堂屋后常设有佛龛，后壁不设窗，故房门成为光线的唯一来源。白族喜用木雕装饰房门，但木雕遮光力强，合上房门

① 刘洋，朱海昆．大理白族民居传统山墙图案造型分析 [J]．商场现代化，2010（9）：80.

即失去光源（见图五）。好在白族堂屋正对照壁，且照壁主体墙面为白色，能将大量的自然光反射入堂屋，起到照明作用。同时，照壁投影范围会随不断运动的太阳而变化，通过判断投影范围可以测定时间，达到计时功用。

（3）人文内涵。照壁顶檐下的墙上常绘有图文，反映出白族“有画必有愿”的人文特色。照壁中央有各种装饰，或利用大理石天然石痕做成宝镜镶于墙面中央，或题有“福”字乞求好运（见图六），或上书四字暗示家主的身份信息。

图五

图六

2. 照壁书画的审美观念

除山墙壁画外，“三滴水”下的檐口墙上也绘有各类图案，或山水图文，体现白族居住地的优美风光；或男耕女织，体现白族的农耕文明；抑或竹简毛笔，体现白族对文化教育的重视。

檐口墙上及主墙体两侧有时会用浮雕进行装饰。以抗日民族英雄周保中纪念馆为例（见图七）。周保中纪念馆为典型的“三坊一照壁”白族民居建筑，其内照壁中央镶有大理石材质的山水图文，在照壁墙体上端，壁檐斗拱下刻有莲花浮雕。莲花象征“出淤泥而不染”的高尚品质，映照了周保中将军在极度困难的境地始终秉持本心，不为利益所动摇，坚持民族大义的优良品质。

又比如严家大院中转角的装饰性小照壁上雕有梅花鹿与仙鹤，既应和了“六合同春”建筑的谐音，又象征着福禄与长寿。（见图八）

图七

图八

照壁的核心装饰内容是白墙正中的题字，常由四字构成，使其典雅秀美、包罗万象。

照壁题字内容常分为三类：

（1）反应户主的官位、职位，如：扎染世家常题书“艺林藏秀”；

（2）暗含户主的姓氏，如：李姓题书“青莲遗风”；

（3）根据照壁方位题字，如：背山靠海则题书“苍洱毓秀”。

四、白族建筑文化的启示

尽管面临城镇现代化的挑战，但白族人民始终将保护传统民居置于首位，青瓦白墙建筑层层叠叠，生活在这里的年轻一代时刻在建筑的警示下铭记“清白做人”的祖训。壁画中的“琴”“棋”“书”“画”体现了白族人民重视文化传承的美好特质。在今时今日的大理，更多的是激励年轻一代奋发读书，学成归来后建设自己的家乡，报答父母、报效祖国。

千百年的文化交流中，白族人民不断学习并做出反思，发展出带有浓厚白族特色的本土儒家文化。“学他人之长，强自身之魂”的信念，契合当今社会在传承中寻求突破的诉求。

反观儒学发源地，现今中原地区的传统文化几乎无迹可寻。尤其在建筑方面，木榫等珍贵技艺几近失传。传统文化成为一味追求经济发展的牺牲品。以致今日竟有少年不明祖宗之建制、青年不知文化之渊源、国人不识民族之风骨！

文化危机由来已久，但并非药石罔救。为此我们首先要增强民众对本民族文化的认同和文化自信，加强宣传使公众熟悉并习惯传统文化。其次，加强爱国主义教育、培养民族向心力，以抵御外来文化的侵蚀。最后，可将传统文化学习列入中小学必修课程，从娃娃抓起，培养年轻一代对传统文化的认同。

参考文献：

[1] 刘洋，朱海昆. 大理白族民居传统山墙图案造型分析. 商场现代化，2010(9).
[2] 杨国才，李伟，王韵. 民族伦理与道德生活研究. 北京：中国社会科学出版社，2016.
[3] 杨国才. 白族传统道德与现代文明. 昆明：云南民族出版社，2011.

（指导老师：杨国才）

浅析“大滕王阁”战略对南昌文化旅游的积极影响

□梅苏男

2001年滕王阁核准为首批国家4A级旅游景区，却在2004年，因占地面积等问题，与5A级旅游景区失之交臂。为达到5A级景区的标准，也为了丰富滕王阁的文化内涵并完善阁内的功能设施，滕王阁自2011年开始了名为“大滕王阁”的扩建项目，这个项目分为东西南北四个方向的扩建，意在建设多层次、多元素的大型旅游景区，进一步凸显南昌文化的厚重。

一、建设结合文化与商业的街区，对促进景区贸易的意义

首先要搞清什么是商业化。“商业化是指以生产某种产品为手段，以盈利为主要追求的行为”[①]。把滕王阁商业化，就是让滕王阁变成一个不仅能游玩，而且能进行大量贸易的商业街区。

在扩建滕王阁这个大项目中分出数个小项目，其中一个名为“财富滕王阁”，主要针对滕王阁附近的传统街区，将其改造成结合南昌传统文化与现代贸易的商业区。此项目实施以前，滕王阁附近并无大型商业片区，仅有的店铺也只是当地人开设的一些小批发市场。这种商业行情对于滕王阁的影响肯定不利，因为它既没有体现出南昌当地的文化特色，也没有为南昌经济带来推动，如果任由这种情况下去，必定会对滕王阁的口碑带来负面影响。而说到这个“财富滕王阁”的项目，它与普通商

① 李和平，历史街区商业化动力机制分析及规划引导[J]. 城市规划学刊，2002(4)：105—112.

业区不同的是，将打造一条长约 390 米的“梦回唐朝”商业街，不仅吸引游客前来消费，同时其仿唐风格的建筑也会使他们仿佛身临唐朝，感受充溢在南昌的浓重的文化气息。届时来到滕王阁的游客，将不仅仅可以游玩景区，也可以享受购物的乐趣。

二、加强景区公共性，增强人与景区的互动

什么是公共性呢？“公共性是现代公民社会之公共生活的本质属性，具有开发、平等与社群的特性”[①]。本文所说景区公共性，指景区不单独针对外地旅客，也是南昌当地市民良好的休闲场所。

在项目策划中，计划在景区建立一个大型、开放的文化旅游休闲广场，并往广场中整合江西省科技馆、省博物馆、省图书馆等建筑，同时把地铁中山南站纳入景区并更名为滕王阁南站，再建一个大型的停车场。这些措施不仅给滕王阁增添了多重文化元素，也大大升级了景区的交通环境，为将来工程完成后大量涌入的人潮做好了准备。而在该文化广场中，景区还会不定时举行文艺演出，让游客在景区内就能体验先人在滕王阁莺歌燕舞之景。这个文化广场不仅仅针对外地来的游客，同时也为南昌本地市民服务，甚至可以说这个计划本就是为市民所准备，因为它所包含的很多，本就是南昌市民的主要活动地点，比如图书馆。这种定位将给滕王阁带来更多人气，同时也给“大滕王阁”项目中的其他计划带来正面、积极的影响。

三、构建绿化景区、美化生态环境

生态化旅游的定义是：“生态化旅游开发是有别于传统旅游开发的一种可持续开发与发展的理念，它追求的是生态、社会和经济综合效益的最大化。”[②]“大滕王阁”项目将通过联通滕王阁、赣江等地方，达到构成生态系统的目的，修建绿洲、增大绿化面积。

众所周知，滕王阁面朝赣江，当年滕王便是因为赣江旁景色太过美丽而定址滕王阁。然而随着时代变迁、战火波及、社会发展，滕王阁景色虽仍十分美丽，却远不及当年王勃潇洒作滕王阁序所描述的那般景色。我们不能完全还原当年的

---

① 袁祖社．“公共性”的价值信念及其文化理想 [J]. 中国人民大学学报，2007(1)：78—84.

② 简王华．试论少数民族地区的生态化旅游开发 [J]. 干旱区地理，2003(9)：286—290.

美景，但却可以让如今的景色更上一层楼。绿化，便是最重要一条。“大滕王阁”项目中，景区计划构建滕王阁园林、赣江沙洲等绿化景观，着重让游客体验滕王阁景区与赣江及其他附近地方的紧密联系。意在将滕王阁附近各种环境，联系成一个整体的生态系统。为让游客更深刻地感受这一理念，景区开通了游船，供游客乘船往返于赣江，更全面地欣赏滕王阁与赣江的景色。同时，为了充分契合“绿化”这一主要理念，滕王阁景区将会在八一桥下的滩涂建设一个生态绿洲，并在其上修建景点。为将此生态绿洲与滕王阁联系起来，景区又于赣江旁设立绿化堤坝和散步道，方便旅客通行于两者之间。此计划不仅将滕王阁与附近环境紧密连接，还极大扩展了滕王阁景区的占地面积，达到让滕王阁景区升级为5A级景区的目的。

四、更深层次挖掘歌舞文化

滕王阁歌舞文化，源于滕王当年于阁上编排的歌舞表演，经多年传承形成一种传统文化。

在“大滕王阁”项目中，无论是“财富滕王阁”还是修建文化旅游广场抑或构建生态系统，都脱离不了这个项目的本质，那便是对滕王阁文化的扩建。南昌是真正的中国文化古城，甚至不吝啬地说，南昌的赣文化算是中国文化中最重要的部分之一，所以对于本身即是历史遗迹的滕王阁来说，文化元素显得更为重要。在这个扩建项目中，有一条便是将滕王阁景区向北延伸至八一桥，建设一些古代戏台和古代乐坊，为的就是更真实地模仿当年滕王在滕王阁莺歌燕舞之情境，让游客逼真地感受到滕王阁的文化气息。另外，景区还会修建一个具有历史文化气息的区域，像长廊、亭台等设施，免费供游客在此乘凉聊天，品味滕王阁文化。

综上所述，“大滕王阁”项目在促进滕王阁文化发展的同时，也为滕王阁带来了环境、商业、硬件设施等方面的发展，这个项目对于滕王阁来说必不可少，对于南昌旅游业的发展更是一股强大的推动力。

（指导老师：喻琴）

浅析公共艺术视野下赣文化的传承与发展

——以赣文化长廊为例

□何港俊

1. 公共艺术的概念

大多数批评家、理论家认为，“公共艺术”这个概念迟到二十世纪六七十年代才出现。麦肯·迈尔斯（Malcolm Miles）在考察这个概念时说：“公共艺术这个概念在1967年几乎还没有人使用。”[①] 虽然出现晚，却有多种形式。如今的公共艺术被称为“后现代时期”公共艺术。“后现代”公共艺术以外，还有“前现代时期”公共艺术、“现代时期”公共艺术。这些不同时期的公共艺术都有它们特定时期的历史的规定性，以及它们特定的表现形式和内涵。

1.1 “前现代时期”公共艺术概念

“前现代时期”的公共艺术与我们现在所理解的公共艺术是有很大区别的。甚至按“后现代”公共艺术的定义，我们都可以不把前“现代时期”公共艺术理解为公共艺术。不过“前现代时期”公共艺术并非完全没有公共性，只是它的公共性十分有限。我们可以将它视作公共艺术的起源。也许在“前现代时期”，很多建筑和雕塑的建设意义并不在于它们的公共意义，古代的权利者通过建造这些东西以让后人所铭记，同时展现他们的权势和地位，然而随着时代的改变，人们逐渐将保留下来的这些东西视作公共艺术。这也是为什么大多数人不认可“前现

① Malcolm Miles. *Art, Space and city: Public Art and Urban Futures*. Rutledge, 1997：93.

代时期”公共艺术的公共性。

1.2 “现代时期”公共艺术概念

“现代时期”的公共艺术随着时间推移，已经不再是权力者的特权。它渐渐被艺术领域的专家控制，并更多地以建筑和绘画的形式向世人展示。同时这些公共艺术的创作意义也不仅仅是展示地位和权势，更多的是传播一种情感和思想。

1.3 “后现代时期”公共艺术概念

“后现代时期”的公共艺术也就是我们现在所公认的公共艺术。这种艺术形式与传统的艺术形式有很大的不同。它不仅仅是建筑、雕像、绘画、诗歌这些被“限制”的艺术形式，更多的是流动艺术、环境艺术、偶发艺术、行为艺术以及表演艺术。这种艺术提倡更多的“艺术自由”，意思是用任何方式去创造艺术。同时这种公共艺术也致力于消除观者与艺术本身的距离，使艺术与生活紧紧结合。

2. “赣文化长廊”的公共艺术体现形式

赣文化长廊是一个政府斥资四千万打造的弘扬江西赣文化的长廊。分为十个景点：开篇、先哲崇光、青铜广场、文学巨人、艺术巅峰、傩广场、书院文化、佛教文化、道教文化、往事钩沉。随着历史流逝，许多人和事将慢慢为后人所淡忘。为防止这种现象发生，人们往往会以诗歌、建筑、雕像等艺术表现形式，将这些历史文化资源传承下来。赣文化长廊就是以这样一种艺术表现形式，向人们展示江西区域文化的历史进程、历史人物、历史典故与历史文学作品。尽管这其中的丰富故事无法以公共艺术的形式充分表现，但它至少可以向人们展示曾经发生过的历史瞬间。赣文化长廊建设的意义在于，以一种公共艺术的形式表现在公共空间，让人们在闲暇之余可以切身参与其中。

2.1 铜雕公共艺术的赣文化

青铜广场、往事钩沉等景点以铜雕的艺术手法展现赣文化的著名历史人物、历史事件。例如《伏鸟双尾虎》以铜雕的艺术表现形式来再现商代栩栩如生的罕见青铜文物，凸显商代高超的青铜器制作工艺与文化内涵；《掏耳图》将平常人家简单掏耳朵的情景塑造得生动形象，向人们展示当年人与人之间的简单与和谐；《许真君御恶龙》同样以铜雕塑的艺术形式，回溯了许真君降妖除魔时的英勇身姿，雕塑的姿态生动形象地向人们展示许真君的道法高妙；《伶伦制乐》对黄帝时期的乐祖伶伦的制乐场景进行还原与重构，观者仿佛听见双凤齐鸣。

2.2 石雕公共艺术下的赣文化

文学巨人、书院文化等景点是以石雕的艺术手法，展现赣文化的历史人物、著名诗歌。例如《陶渊明》《文天祥》《汤显祖》等，以石雕刻画历史人物再附上人物相关的著名作品。傩广场景点以石雕圆柱的艺术形式刻画傩面具的人物形象与表情。傩面具在傩文化中有代表性的意义，在古代，傩面具象征祛灾纳祥、代表人们的精神信仰，具有很强的民间艺术特征。

信息的海洋是通过一定的载体和方式而流动的，除了商业性的广告和一般新闻传播的形式之外，通过艺术的形式来传递社会公共信息和文化精神，便是当代城市公共艺术的基本职责及自身存在的重要理由。[①] 赣文化长廊按照从商周到傩文化时期江西地域文化的历史演变，以公共艺术的形式向人们讲述了赣文化的璀璨人物、事迹与作品，勾勒出一幅代表赣文化的时间图。也许对于悠久历史来说，这些公共雕塑只是以一种艺术的形式，向人们展示了其中微不足道的一部分；但这些片段性的记忆，却也真实发生过，同时赋予人们对于历史时空无限的想象空间。这对于文化的传承与交流有着不可替代的作用。

3. 赣文化长廊对于“赣文化”传承与发展的不足与建议

3.1 公共艺术表现类型较为单一

赣文化长廊全长三千多米，以十个景点表现赣文化的璀璨历史，但是从艺术表现形式看，铜雕、石雕的艺术雕像占大部分，内容形式较为单一，对于受众群体的审美观感过于单调乏味，而且缺乏互动。建议在完善过程中，可以将彩绘艺术手法和赣文化中的水墨山水画结合，为城市公共雕像增添色彩，消除受众的审美疲劳。

3.2 无法生动体现赣文化的艺术特性

赣文化长廊在全长三千米中石雕和铜雕占据 80%。其公共艺术未能真正诠释赣文化的艺术特性。例如《八大山人》的石雕只是刻画八大山人的人物、几块石山、石刻的鸟，对于八大山人画的特性无法表现（鸟翻白眼的神态）。在公共艺

① 陈其端 . 现代城市公共艺术问题解析及其对策 [D]. 武汉理工大学硕士论文. 2003.

术上可以用镂空的雕像来表现其神态。

结论

公共艺术作为当代的艺术表现手法是城市艺术的必然趋势，它不仅影响城市空间建设艺术的发展，还能以当代的艺术手法传承与发展地域文化，存在一定的公共价值与历史传承功用。

（指导老师：喻琴）

创意文化产业视野中海昏侯墓文化的保护与传承

□张捷

2015年，一座沉睡于地下2000余年的王陵正在缓缓地揭开面纱，展现于世人的眼前，这是属于汉废帝刘贺的陵墓，一个一生跌宕起伏、命运坎坷的悲情侯王的安息之地。毫无疑问，海昏侯墓已经是世界文化的瑰宝，而我们在不断探索研究的同时，还要考虑如何将这颗东方文明的明珠展现在世人的眼前，再现2000年前我国古人的璀璨文明。《孟子》中有："今有璞玉于此，虽万镒，必使玉人雕琢之。"现如今，这座宏伟惊艳的陵墓恰如一块尚未雕琢的璞玉，我们不应只拘泥于挖掘它的历史价值，而应从多种角度展示它的内涵。

在21世纪全球已实现一体化的今天，文化产业成为每个国家都致力于发展的部分，把文化做成产业，不仅仅是为了继承和延续，同时也是为了可以将文化作为一种特殊的精神需求和经济形态以多种形式呈现、发扬。

文化产业的支柱即是内容，否则光靠夸夸其谈显然是空洞的，而海昏侯墓的规模之宏大，保存之完整，几乎是汉代陵墓之最，而且就海昏侯刘贺本人一生为王、为帝、为侯、为平民百姓的跌宕起伏、峰回路转的命运来说，他本人身上亦笼罩着十分神秘的色彩，而这些，无疑为我们提供了极大的遐想空间，所以不论是就文物方面的发现还是人物自身的故事都足以作为一个支撑文化产业发展的内容。只有丰富的内容显然是太过单薄，如何把这些"内容"变为成型成链的文化产业才是最重要的。而当今文化产业的发展趋势正在朝着全球化、全领域、大平台、大数据的方向发展，这种发展趋势与实体经济的发展相辅相成，缺一不可，无论是线上还是线下，都需要巧妙的构思将它们相结合。

一、海昏侯“陵墓遗址”的高端建设

建设海昏侯陵墓遗址，重建海昏侯国国都，能帮助重现汉代文明之瑰丽，优化文化产业的升级迭代，进而助推海昏侯文化的更好传播。

几乎在全世界各地不论哪里发现了世界闻名的文化遗迹都会将其藏品或遗址本身以藏馆的形式进行展出。其实这就是文化产业的一个最基本的形式，我们可以把海昏侯生前所用的器具分类而置，例如我们可以将它们分为金器馆、玉器馆、乐器馆、车马器馆等。因为侯墓中出土的万余件文物中，有数百件金器、铜器、琥珀、玉质宝剑、耳杯及象征身份的玉佩，还有数十吨铜钱、3000 余件铜车马器、成套的编钟等。除此之外，墓中还出土了大量的竹简木牍，单就这一点，足以再开设一个汉代文化别馆，因为年代久远，大量的书籍已经淹没在了川流不息的历史长河中，如果专家可以将这些出土文物上的文字考察出来，并译为现代汉语，编撰成书，绝对可以在文学的领域掀起巨大的波澜。我们也可以在馆中陈列这些古籍及翻译后的书籍。

但是只依靠海昏侯墓遗址这一个方面似乎不富有足够的吸引力，所以我们应该将其打造成为集衣、食、住、行、玩乐为一体的综合体。这样可以避免游客在游玩时过于单调，只花一两个小时走马观花，不能真正体会汉文化。就在发现海昏侯墓的不久，考古人员又在墓的附近发现了近 3.6 平方公里的古代海昏侯国的遗址——紫金城，并自此出土了大量的纹饰、陶器、罐、陶盆、缸等。我们应该在此遗址上进行大量的挖掘勘探工作，研究海昏侯国国都的基本构成形式，然后结合遗址的构成形式仿制汉代的艺术风格对古城进行重建、还原，建立昌邑王宫、海昏侯官邸、皇家狩猎场、汉代客栈，让人们体会汉代音律、歌舞、美食文化；还可以仿制汉代建筑戏楼、茶馆、药铺、书院、祠堂、镖局等，或是到夜晚还可以欣赏夜景小酌几杯的酒坊，这样可与古墓文化相得益彰，将海昏侯墓和汉代古国作为一个整体营销、宣传。在精心打造遗址公园的同时，应该利用中华文明源远流长、博大精深的特点，打造以“汉文化”为主题的游乐园、别墅村、VR 电影主题乐园（可拍摄 VR 短片来展示汉代的文化，或是刘贺的一生）。随着最近风头大盛的《盗墓笔记》《老九门》等书与电视剧的畅销，人们对于考古的好奇与热情持续不断，在许多人眼里古墓都是非常神秘的，我们可以同样利用这一点去开发一个考古探墓的园区，让人们实地体验一下考古的乐趣，体验书里一些神秘的情节。这样，海昏侯墓可以带给我们的就不仅仅是文化的展示，还有文化产业所带来的巨大经济收益。作为世界八大奇迹之一的秦始皇陵，每年吸引大量来自全世界各地的游客，据数据统计，秦始皇陵每年的门票收入只有六亿左右，而广东长隆的横琴湾度假村这样的集吃喝玩乐衣食住行于一身的商业综合体，年年收益大约都有数百亿之多，还为当地创造了无数的工作岗位和就业机会。所以如果我们可以把海昏侯墓这座巨大的宝藏在原有的基础上再加以雕琢，从历史文化和商业的角度上挖掘出它的最大价值，那么它为我们所带来的利润将不可想象。

二、海昏侯"影视艺术"的传播推广

借助大众媒体，凭借信息全球化和资源共享化的便利条件，通过影视综艺等表现手段，刻画一个栩栩如生的海昏侯，绘出一幅身临其境的山水画。

我们可以寻找好的制作公司、导演、制片人，将海昏侯墓拍成各种类型的纪录片或者是将海昏侯刘贺的一生拍成影视剧，这可以让人们更细腻、全面地了解海昏侯刘贺的一生，同时也可以以影视的形式对海昏侯墓进行宣传。2015 年有一部非常火的电视剧《琅琊榜》就是以江西省的梅岭作为取景地之一，在《琅琊榜》大火于中、日、韩等地之后，作为取景地的梅岭和雁荡山吸引了许许多多的人慕名而来，很多国内外的旅行社甚至推出了《琅琊榜》旅游专线。还有像《大汉天子》《雍正王朝》等历史剧的播出，都让我们对历史人物充满了更深刻的了解。从另一角度来说，我们也可以利用粉丝经济，找一些大众喜爱的明星在此拍摄一些综艺节目，同样可以加大对于景区的宣传力度。例如在中国一度很火的一档综艺节目叫作《爸爸去哪儿》，里面不仅有众人喜爱的明星，还有萌娃，每一期他们都去往全国各地不同的地区进行拍摄，而这些拍摄地点在综艺播出的同时也成为旅游胜地，所以借助影视传媒来宣传文化产业从而吸引参观者也是十分重要的。

三、海昏侯"手游产品"的创意设计

结合手游风靡全球市场的大众化趋势，借助大平台大数据的力量，将历史的史实与故事巧妙地融入游戏设计。

根据报告显示，中国在2016年1—6月期间，游戏用户达到4.89亿人次。国家新闻出版广电总局副局长、中国音像与数字出版协会理事长孙寿山曾表示，2015年我国游戏市场年销售达到了1407亿元。相信大家都玩过一些历史小游戏，如《三国杀》,《三国杀》是以三国时期的历史背景为线索，集合历史、文学、美术于一身，是一款以策略，打斗为主体的游戏。现在，我们也可以仿照《三国杀》的创作方式，开发一款融入汉代文化与历史背景，以海昏侯刘贺的生平为主线贯穿的历史游戏，再与和我们拥有相类似文化、游戏产业发达的日、韩等国家的游戏团队进行合作，共同开发、设计，进行全球化生产，利用大数据的平台，将它投入巨大的游戏市场去，可以让大量玩家通过游戏来认识海昏侯，这样不仅加大了趣味性，还可以通过网络的平台来宣传，吸引人们前来旅游。

四、海昏侯“通俗文学”的品牌打造

历史是一面镜子，它可以鉴古知今，了解政务，察识善恶，照亮人生。《中华思想文化术语3》(外语教学与研究出版社，2016年)释义“鉴古知今”时指出:“以过去、历史为镜鉴，可以了解现在并预知未来。也说‘鉴往知来’‘知古鉴今’。‘鉴’本指镜子，引申为借鉴、参照，审察、考察。所谓‘鉴古’‘鉴往’‘知古’主要指总结历史上朝代、国家兴衰成败的经验教训，考察历史人物的言行事迹以及是非善恶，来为现实的国家治理和个人的道德修养服务。‘知今’‘鉴今’‘知来’则是了解现在，以现在为鉴，预知未来。古代执政者为了使自己的决策符合国情、民情，具一定合理性，非常注重从历史中吸取经验教训，以避免重蹈覆辙。它包含着对于历史的现实意义和现实的历史景深的双重关注。与‘前事不忘，后事之师’意思接近。”海昏侯作为中国汉代较富争议的一个帝君，发掘他的历史史实，通过小说、戏剧戏曲同通俗文学方式进行创作，有助于激活他的历史价值。

以大众文学创作为基础，从两面着手，可以有效地弘扬千年海昏侯文化，激活它“鉴古知今”的价值。线上，我们可以通过出版社来策划与出版一些揭秘海昏侯墓的图书或者海昏侯生平传记；线下，我们也可以鼓励网络作家们创作与海昏侯相关的网络文学作品，通过互联网进行传播。事实上，文学上对于弘扬一个名胜古迹或者是宣传一个历史人物的作用是深不可测的，例如江西南昌的滕王阁名扬天下，尽管被毁坏达28次之多，但每一次无论在哪朝哪代都会有人去修复它，即使我们将它归功于其无与伦比的巨大历史价值，但不得不说这也是沾了它巨大的“名气”所带来的价值，毕竟还有谁记得那两座位于山东滕州还有四川阆中的滕王阁呢。当年诗人王勃那一首《滕王阁序》使江西滕王阁名扬天下，可见文学的宣传力、影响力和感染力。所以，我们可以利用语言的文字力量来塑造和渲染一个历史人物或是一个历史遗迹，或是可以寻找一些当代有影响力的作家例如莫言、余秋雨等来为海昏侯书写散文、小说，让人们通过阅读来传承文化。

五、海昏侯“文化旅游”的整合营销

优化资源配置，结合江西已有的丰富历史文化遗迹，搭配文化旅游线路，整合营销以海昏侯墓为中心轴的各种旅游项目。

江西的旅游资源丰富，有大量的考古遗址，有著名景点滕王阁、庐山、汪山土库、八大山人纪念馆，有景德镇、婺源，有夜游赣江……我们可以与旅行社进行合作，搭配一些精品的旅游航线，主要是以历史线、风景线或者是以文化线来贯穿整个游览过程，并且我们也应该加大广告力度。俗话说“趁热打铁”，趁现在全世界的目光都积聚于海昏侯墓，我们可以加紧申请世界文化遗产的步速，这样可以让更多的人知道海昏侯墓，并吸引世界各地的人慕名来参观。与此同时，增加一些南昌机场与国外的航线的通航，以便捷的交通来吸引游客，在初期宣传推出低折扣的机票和优惠的旅游价格等等。当年在靠一部《来自星星的你》使韩流风靡全亚洲后，韩国立刻借助明星效应，开发了数条以拍摄地美景和剧中美食炸鸡啤酒为主、韩国历史旅游景区和购物休闲为辅的旅游项目，并进行大力宣传，使“星你”效应不断提升，而仁川机场与我国很多三四线的小城市的旅行社都提供了包机往返的航线，使得韩国在 2014 年旅游收入达到了 147.82 亿美元。

通过多方面、多角度的发展，我们可以将海昏侯墓连一个完整的、丰富多彩的文化产业链条，并且满足于多种年龄的人群、不同消费层次的群体，让人们可以从自己的兴趣出发，从不同的渠道来探索海昏侯墓，了解墓主的生平，并且可以使得江西本地通过弘扬文化来得到经济上的发展，创造就业机会，文化搭台，经济唱戏。

参考文献：

《中华思想文化术语》编委会 . 中华思想文化术语 3. 北京：外语教学与研究出版社，2016.

白族扎染图案的多样性与内涵

□郭子瑜

一、图案的概述

（一）图案的源起

日常生活中，围绕着我们的大大小小、方方面面都离不开图案。产品包装的设计，人们穿的服饰、戴的首饰，等等，都是由图案构成的。如果产品包装缺少了图案，消费者将失去购买产品的兴趣；如果服饰首饰缺少了图案，人们也不必再争先恐后地购买新一季的成衣与饰品。由此可知，图案是我们生活中不可或缺的元素。所以，越来越多的学者开始研究图案。1928 年，图案教育家陈之佛提出："图案是构想图。"他在《图案构成法》一书中，介绍了图案的意义、图案理论法、图案资料、变化法、色彩法、平面图案法、立体图案等。随后图案教育家、理论家雷圭元先生也编著了《新图案学》《新图案的理论和作法》等，侧重于介绍中国传统图案的研究，并且归纳了格律体、平视体、立视体、喜相逢、冏形图案等样式规律。起初，人们对图案没有很深的概念，觉得它是微不足道的，后来这一领域慢慢被人注意、被更多的人研究。其实，在远古时代，史前人就懂得通过在山洞里作画记录每天发生的事情。可以说在早期人类出现的同时，图案也出现了。

（二）图案的特点与分类

以我国传统图案为例。众所周知，我国传统图案内容丰富、样式繁多，不但蕴含着悠久的历史和文化，也反映了社会的不断发展，是世界艺术宝库中的巨大财富。

在中国不同历史时期，图案也有不同的特点。新石器时期的图案庄重大方，表现了人与自然的和谐；商周青铜器的图案雄浑神秘；春秋战国时期的更活泼丰富，在样式方面更加灵巧多变；佛教传入中国，与中国传统文化相结合，形成了更加繁琐复杂的图案。由此可见，传统图案不论在设计还是造型方面都是经历了由简到繁、单一到复杂的过程。当然，不同的地域，不同的时代，人们信奉的事物不同，风俗习惯也不同，艺术风格大不相同，描绘的事物、绘图的手法也各有特色，所以也有了各自不同的艺术特点。如果将中国传统图案进行分类，可以从不同角度进行归纳：从应用载体上进行分类，可分为建筑装饰图案、家具装饰图案、印染织绣图案、瓷器图案、彩陶图案等；从图案题材上进行分类，将其分为人物类、祥禽瑞兽类、植物类、文字类、几何纹、器物组合类等。

二、白族扎染的图案及其创新

（一）传统白族扎染的图案——蝴蝶

白族人扎染图案内容丰富，大都源于日常生活并且贴近大自然。传统的白族扎染图案多为基本的几何图形、小碎花、小圆点、植物的叶子形状等，其中最具代表性的是蝴蝶图案。蝴蝶在白族人民的心里有重要的意义，大理的蝴蝶泉还有关于蝴蝶的美好传说，人们平时的服饰、首饰、鞋子上，几乎无处不在都有蝴蝶的身影。蝴蝶本身就是美的象征，被称之为“会飞的花朵”。而且蝴蝶自身的构造就非常对称，和谐统一，给人一种视觉的美感。蝴蝶是爱情的象征，它鼓励人们去自由追求自己喜爱的人，所以“蝴蝶纹”也用来象征幸福美满的婚姻。蝴蝶是多子的象征，具有繁衍生命的意义，蕴含着人们对求子的一种希冀和追求。因此在白族的传统中往往用蝴蝶来寓意人丁兴旺。基于以上的文化背景，蝴蝶便演变成白族民间信仰中的一部分，并升华为意识形态上的一种向往和追求。蝴蝶图案因此也被作为了吉祥和风调雨顺的象征。

（二）白族扎染图案创新的原因

随着社会的发展，生活的环境在改变，人民的思想也在不断进化。面对全球化大潮，白族人民也为适应社会发展趋势而对白族扎染图案进行了创新。刚开始，白族扎染图案只有几十组，而现在已经发展到了几千多组。改革开放以来，在社会功能、适用范围、消费人群、产品类型的变化下，为了更好地传承这一古老的艺术形式并让它与时俱进，大理白族扎染的图案纹样、艺术特征都走上了不断适应现代人们的生活需要与审美需要的道路。起初，传统的白族扎染颜色大多以板蓝根染料染出来的深蓝色布匹为主，而现在出现了彩色扎染，在色彩上增加了活力。起初，在布料的使用上也仅限于粗布、麻料，而现在也为了适应市场的需求，出现了纯棉面料、丝质染布。最主要的还是在基础的图案纹样上既保留了中国传统文化又吸收了外来文化的元素，将两者完美地结合在一起。白族扎染从最初的地区性已经开始向多元化方向发展。扎染的艺人们在工艺技法上不断提升，创造出具有更高艺术造诣的艺术品，将白族扎染提升到了另一个水平。越来越多的人认识到，只有这样在继承本族传统文化的同时也包容吸收其他文化的精神，才能最好地保留我们传统的民间艺术形式。

三、白族扎染图案中的人文内涵

（一）植物图案反映的人文内涵

白族扎染上经常出现各种植物的花纹，当然这些花纹也是蕴含了很多人文思想在里面的。就像蝴蝶花纹是对吉祥美满、风调雨顺的象征一样，这些植物花纹也有自己相对的象征意义：莲子象征着路路通，做什么事情都顺利，财源广进，连生贵子；麦穗象征着岁岁平安；竹节就像它的名字和形象一样，象征着竹报平安、节节高升，为人们祈求工作上的顺利；莲藕自身是非常通透的质地，代表着一点就透，寓意生下来的小孩子聪明伶俐；牡丹，这不但是白族地区喜欢的图案，也为其他各个民族所喜爱，牡丹是富贵平安的象征；还有一种花也经常在白族扎染或建筑上出现，就是出淤泥而不染的莲荷，不但象征着高洁、清雅，也比喻仕途顺利，为官清廉，所以做官的人很偏爱于莲荷图案。在最初的扎染图案中也是最贴切自然表达人与自然和谐相处的莫过于翠绿的树叶了，这应当是最常见的扎染图案，看似普通，但是它们象征着勃勃生机，意喻生命之树长青，而且，它还和“事业”谐音，同时象征了事业有成、事业顺利。

（二）动物图案反映的人文内涵

随着时间的推移，人们对于图案的纹样也不仅限于是植物花草了，白族人民开始在扎染布上印染动物图案，也是从简单到复杂。当然这些动物的图案也有着自己特殊的寓意。其中最具代表性的蝴蝶我们在上文已经提到，另一个在扎染布上时常出现的就是鲤鱼了。在中原地区，过年过节都可以在年画、供品上找到鲤鱼的身影，它象征着年年有余，是对新一年的祈福。在白族地区也不例外，扎染布上的鲤鱼跃龙门图案寓意平步青云、飞黄腾达，单个的鲤鱼也是对生活的祈福。扎染的发源地周城原是茶马古道的一部分，当年白族人民都是骑着马穿过蜿蜒曲折、遍布草莽的茶马古道去另一个地方卖布。茶马古道也是白族地区的另一种文化，络绎往来的马帮，带着各自的特产（丝绸、茶叶、瓷器）赶往交易的地点。这种文化也被印染在扎染布上，来封存对于一个时代的记忆。所以马、马帮，不但象征着马到成功、马不停蹄，也代表了白族文化的精粹。白族也是一个农耕民族，所以在扎染图案中也不会少了牛耕地的图案。牛不但象征着踏踏实实，殷殷勤勤，而且代表着一个人一步一个脚印做事，也表达了对来年庄稼有个好收成的祈求。

参考文献：

[1] 蒋群，赵琛 . 浅析大理白族扎染蝴蝶图案的象征意义 . 美术大观，2010(10).
[2] 于婷婷 . 三代人的白族染坊：生死不离的扎染 .21 世纪经济报道，2017-3-14.

（指导老师：杨国才）

龙门石窟中飞天形象比较研究

□张泠然

飞天是佛教中的生命化表现，缤纷绚丽、轻盈秀丽的形象为佛教文化增添了盎然生机。目前，学术界关注飞天形象，多集中于敦煌莫高窟壁画中的飞天解读。对龙门石窟飞天研究不多，若有也以对其服饰或舞蹈的研究为主。而对龙门石窟与敦煌莫高窟飞天进行比较研究的成果就更少。

基于此，本文以龙门石窟与莫高窟飞天为切入点，运用图文互证、艺术分析与理论概括相结合的方法，对龙门石窟和莫高窟中的飞天，展开较为系统的分析与研究，以期对飞天形象有一定的解析。

一、飞天与佛教文化

在西晋竺法护译的《普擢经》（公元308年）中，最早出现了对飞天的文字描述，而飞天形象在公元前2世纪出现在印度雕刻和壁画中。飞天是佛教中乾闼婆和紧那罗的衍变体[①]，起初仅存在于印度古代神话中，后期才随佛教一起传入中国。此后便与道家飞神羽人（即飞仙）相组合，在艺术形象上赋予了中国特色和民族风格。

飞天表达了人们对天空的向往和憧憬，与对自由生活的渴望。飞天还代表着一种中国传统之美，她们的姿态飘逸、色彩绚丽，符合中国人的审美观。可见，飞天是佛教艺术中一个不

---

① 王青茹．诸天伎乐雨众天华——龙门石窟北魏和唐代的飞天[J]. 中州今古，2001(6): 40-42.

可或缺的重要形象。[①]

二、龙门石窟与敦煌莫高窟飞天形象比较

（一）龙门石窟与敦煌莫高窟概况

龙门石窟开凿于北魏孝文帝迁都洛阳前后，历经东魏、西魏、北齐、隋、唐、五代等朝代，积累了大量的作品。目前东西山现存2300余座窟龛、10万余尊造像。其中，北魏洞窟约占30%，唐代洞窟约占60%，其他时代的窟龛造像约占10%，具体的飞天数目没有详细的统计。[②]

莫高窟坐落在河西走廊西端的敦煌。它始建于十六国的前秦时期，历经十六国、北朝、隋、唐、五代、西夏、元等历代的兴建，形成巨大的规模，有洞窟735个、壁画4.5万平方米、泥质彩塑2415尊，是世界上现存规模最大、内容最丰富的佛教艺术地。[③] 在莫高窟中有270多个窟绘有飞天图像。

（二）相同之处

龙门石窟和莫高窟中的飞天造像特征基本一致。

龙门石窟中与莫高窟中北魏早期飞天形象均属于西域式飞天。头部有明显的光圈，面庞圆润，嘴角略微上扬；上身半裸，双手持物；腰裹长裙，双脚露出且多翘起；身材粗短健壮，体态丰腴而沉重，动作僵硬笨拙，身躯成展开的U字形。典型例子如北魏开凿的交脚弥勒像龛中的飞天（图1）以及北魏莫高窟第260窟北壁飞天（图2）。

① 陈卫国．巩义石窟寺中的飞天艺术 [J]. 甘肃高师学报，2013（6）：61-62.

② 龙门石窟官网．龙门概况 [EB/OL]. http://www.lmsk.cn/Aboutus.asp?ID=94&Title=%C1%FA%C3%C5%B8%C5%BF%F6.

③ 甘肃省文物局．莫高窟 [EB/OL]. http://www.gsww.gov.cn/Web_Detail.aspx?id=2640.

图 1

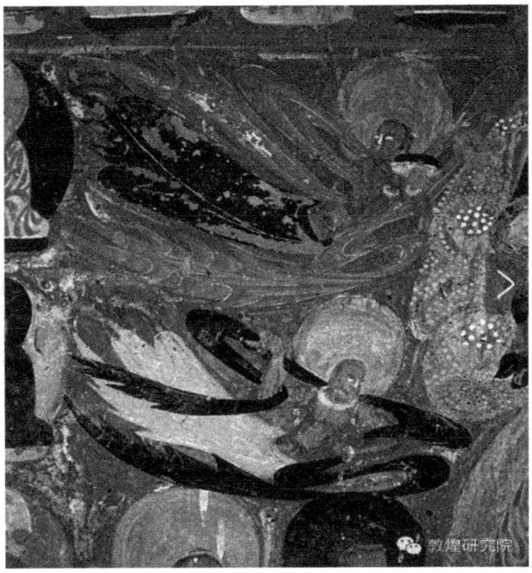

图 2

北魏中晚期之后，两石窟中飞天形象基本转变为中原样式。龙门石窟中以宾阳中洞、莲花洞、魏字洞为代表，如莲花洞窟顶上（图 3）飞舞着的六身飞天，她们大多面容清癯，头梳双环十字形高髻、飞天髻或四瓣形发髻，均为北魏流行发式；上身半裸，颈带璎珞，下身穿着长裙，不露足，但是膝盖以上在外，一前一后，交错成倒 V 字形；体态较轻盈，身姿变化多端，形象更为丰富。[①] 敦煌壁画中的飞天特征基本一致，体现出“秀骨清像”的审美特点。

唐朝开凿石窟中，飞天形象头发高高盘起，梳着唐朝妇女典型的高髻；脖子短粗且有三道肉纹，腹部隆起；两腿不再呈北魏的倒 V 形，而是靠在一起，与唐舞蹈动作中的“大靠腿”形象一致。整体形象更加生动柔软，身体丰满却灵巧。如龙门看经寺窟顶的六身飞天（图 4）。[②] 她们有的如青春少女一般活泼灵动，有的又体现出了一种成熟、雍容之美，体现出唐朝崇尚以胖为美、开放的风俗。[③]

① 李静，叶晶璟．从敦煌到云冈、龙门北朝隋代石窟天井飞天图像之演变 [J]. 大家，2011(22)：29-30.

② 饶开芹，周安文．龙门石窟唐代造像中的舞蹈形态探微 [J]. 中原文物，2016(01)：87-91.

③ 李艳华．敦煌莫高窟飞天形象的演变历程 [J]. 戏剧之家，2014(9)：255-255.

图 3

图 4

（四）不同之处

1. 材质不同

龙门石窟与莫高窟中飞天，最鲜明的不同之处就是它们的材质。

龙门石窟中飞天基本上都是石刻。这是由于石窟区开凿在峡谷两岸的崖壁上，崖壁由寒武系灰岩、白云岩形成的，成分较为单一，岩石强度大，比较适宜精雕细琢，而且洞窟开凿后稳定性好，不易受气候的影响。

而敦煌莫高窟中的飞天大多出现在壁画中。因为敦煌莫高窟的岩石在地质上属于第四系酒泉砾岩，并夹有砂岩。岩性变化很大，硬度、大小、密度都不一致，给表面处理加工带来了困难，无法进行石刻艺术。所以敦煌石窟的加工与造像都借助于泥作，把石窟的开凿与泥塑、彩绘结合起来。①

2. 北魏石窟数量不同

除了空间上的区别，两个洞窟在时间上也有许多不同。

龙门石窟是从北魏开始开凿的，北魏的洞窟占总数的 30%，大约 700 余个。而莫高窟中北魏仅开 11 窟，编号为：248、251、254、257、259、260、263、265、273、441、487。这是因为龙门石窟地处洛阳，为北魏的首都，在经济上得到皇家大力的支持；而敦煌地处偏远，经济方面只有当时的地方官吏出钱修建，②并且几经战乱，长年的征战和人口的流失，造成了这一地区“空虚尤甚”的局

① 马朝龙 . 地质、地形等因素对龙门石窟开窟造像的影响 [J]. 雕塑，2008(3): 45-47.

② 王亚楠 . 云冈石窟与北魏时期莫高窟的飞天艺术 [J]. 高等财经教育研究，2008 (S1): 140-140.

面，很难迅速恢复。是以石窟的修建就没有龙门石窟那么大的规模。[①]

3. 飞天对称性不同

龙门石窟中的飞天大多都是成双数出现的，或是窟顶环绕莲花一圈，具有极其强的对称性。如四燕洞中的飞天（图 5）。

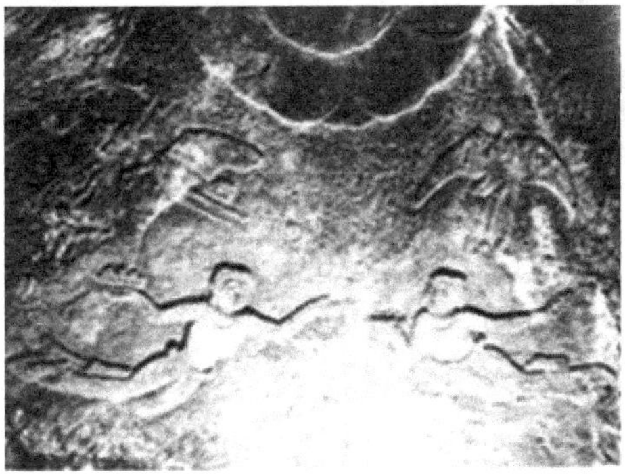

图 5

图 6

而莫高窟中飞天的数量以及排列灵活许多。北周 428 窟莲花平棋（图 6）、裸体莲花飞天藻井都无不体现变化统一的和谐美。上图中平棋四角的四身飞天不是对称形出现，形象姿态各异。飞天的角度和方向亦有变化。除右上角飞天之外，另外三个角飞天头部呈 3/4 侧角度，且面向朝左。[②] 由于空间更大以及画笔的灵活，莫高窟中的飞天也更加注重构图（图 7），通过装饰性构图、动静结合的节奏性构图、透视性构图以及满而有序的构图将飞天恰当的安置在画面上，给观者以强烈的视觉冲击。[③]

① 宝华寺 . 敦煌莫高窟北魏石窟鉴赏 [EB/OL]. http://www.baohuasi.org/gnews/2010419/2010419201730.html.

② 张玉平 . 莫高窟壁画飞天装饰性特点初探 [J]. 丝绸之路，2012(8): 98-99.

③ 吴迪 . 闪耀的艺术奇葩——飞天造型艺术研究 [J]. 中国包装工业，2013(4): 51-51.

图 7

4. 飞天巾帔不同。

龙门石窟中的飞天形象，臂间虽也环绕着飘逸的绸带，但由于石质材料的限制，无法刻得更加精美灵动。而莫高窟中飞天大多手绘，是以飞天的色彩更为丰富，身上的飘带更是比龙门石窟中的长了近两倍，给人飘飘欲飞的感觉，在五彩缎带的包裹下进入神圣快乐的佛教世界。

三、结语

本文首先介绍了飞天形象的背景。接着从飞天的材质、时间、刻画手法等方面比较了龙门石窟与敦煌莫高窟中飞天的异同之处。虽然刻画手法、石窟材质、飞天形象的细节上有许多不同之处，但整体上看，飞天体现出的时代特征是一致的，是融合了多种文化以及中国五千年文化乐舞精神的重要体现。由于时间短暂，个人能力有限，有些问题没能深入探讨，以后会继续努力。

（指导老师：褚红、霍华民、荣蕾）

景德镇瓷文化的成功因素解析

□易任远

1 制作技艺的不断创新

1.1 景德镇陶瓷艺术的历史发展

从东汉时期，古人就在昌南建造了窑房，这也标志着景德镇开始了烧制瓷器的历史。到了唐代，由于昌南的优良土质，这里的瓷窑开始吸收北方白瓷和南方青瓷的共同优点，烧制出了一种青白瓷。青白瓷颇有玉的质感。就在这个时期，青白瓷逐步走向世界，远销日韩、东南亚乃至西方国家。这为日后景德镇扬名世界，吸引四方游人到访奠定了深厚基础。

北宋时期由于战乱，北方五大名窑的技师和工人南渡到景德镇，改进了瓷器的生产技艺，景德镇也就吸收了五大名窑的优点，瓷器行业得到很大提升。元朝时期，二元配方法开始出现，该方法有意识地把本地的高岭土和瓷石混合使用，提高了烧制温度、减少了产品变形，开创了造大件瓷器的新时代，为陶瓷史的里程碑、中华瓷器史一个伟大革命。二元配方法的发明提高了瓷器的烧成温度，成为景德镇陶瓷生产的重要标志。随后，青花、釉里红、霁蓝、红绿彩的成功烧制，开创了世界彩瓷时代的新纪元。

明朝初年，景德镇大量烧制了气势宏伟、胎体厚重的大件瓷器，以釉里红、青花为主。青花瓷多半泛灰色或者偏黑，与深蓝色的元朝青花瓷反差不小。釉里红则进步明显变成了红色，但没有官款。万历时期出现了沥青这种国产原料，这种原料的应用成为万历时代的巨大特色。尤其突出了红色，终于做出了华丽效果。

清朝，是我国陶瓷历史最为辉煌、最为出彩的时期。尤其是在康熙、雍正、乾隆三朝。景德镇瓷业达到了历史上的最高峰，成为瓷器的都城。“料分五色”的青花瓷器、色彩斑斓的颜色釉、雍容华贵的粉彩都在这个时期出现。到同治时期，胎体厚重、质地松软绘画以福禄寿等如意图案为主，字多为红彩书。

到民国时期，景德镇出现了注浆法：先用石膏制造模具，再用瓷泥加入悬浮剂和水搅拌成泥浆，将其注入模具之内。模具迅速吸收水分，泥浆被吸附到了模具内壁，形成了上下左右厚薄一致的坯体。然后将没有吸附在模具内壁上的剩余泥浆倒出来。三到四小时以后坯体收缩与模具内壁自动脱离，再开模具取出成形坯体。

1.2 景德镇陶瓷艺术的多民族文化融合

景德镇在千百年陶瓷文化的发展历程中，也渐渐吸收了很多外来文化，从而不断丰富景德镇陶瓷文化的内涵。其中就包括藏族、伊斯兰、蒙古以及西方国家的一些元素。

历史上中国的文治武功、强盛发展，推进开创了“协和万邦”的格局，影响并助推了多民族文化融合。《中华思想文化术语 1》释义“协和万邦”时指出：“指古代有贤德的君主通过实行仁政，将天下诸侯都聚集在自己周围，以实现不同民族的融合和文化上的涵化，形成和谐统一的部落联盟或多民族国家。这一思想是中国文化整体和谐观的重要表现，是中华民族文化精神的核心观念。”元朝时期景德镇陶瓷艺术的发展，就是典型表现。元朝地跨欧亚，国土面积大，促进多民族文化交流与传播。这点景德镇瓷器就充分体现：钴蓝料自波斯引入中国，随后结合穆斯林饮食习惯生产了青花大盘，再远销回伊斯兰世界。蒙古人以白色为尚品，卵白釉就吸取了这一审美特点。从纹饰可见很多灵感来自西藏密宗，包括不少唐宋时期的纹饰，比如标榜为汉族纹饰的岁寒三友。很多瓷器出现了握柄，这种现象正是吸收了阿拉伯文化和风俗。这些文化交融也是景德镇陶瓷文化走向世界的第一步。

光绪朝，景德镇陶瓷产量位居全清首位，烧制出了水墨五彩甚至还有西式餐具，造型独特、令人瞩目。说明清朝末年随西方与中国文化进一步交流，西方的用餐习惯也被中国陶瓷接纳。

1.3 景德镇陶瓷艺术的当代制作工艺改进

当代，由于历史变革和社会稳定，景德镇的瓷器制造行业获得了新生，制作工艺也进一步改进。

1949 年 4 月 29 日，景德镇获得了解放，陶瓷业又进入一个全新的阶段。政府相继组建了人民、新华、东风、景兴、艺术、光明、红旗、红星、为民等十几家大型国营瓷器厂。从此以后，景德镇制瓷业实现了从手工到机械，从柴窑到煤窑、油窑、气窑等生产方式的转变，几十年间就推动景德镇瓷器事业飞速发展。

相比油窑、煤窑、气窑这些新型的窑，柴窑烧成的制品达不到如今的工艺高度。比如过去的青花瓷，由于烧制不到更高的温度，看起来没有那么晶莹剔透。所以这种生产方式的转变，确实推动了景德镇瓷器事业的发展。

2 陶瓷艺人的不断努力

2.1 美术工艺的不断提升

景德镇青花瓷最为精美，是最早成熟的青花瓷。釉里红瓷和青花瓷制作工艺基本一样，属于釉下彩但青花瓷以氧化钴为着色剂，釉里红瓷以氧化铜为着色剂。因为烧制工艺很难，元代景德镇釉里红常见发黑发灰和飞红迹象，红艳者少。

永乐时期制瓷业发展空前，进口了苏麻离青料，色彩深翠凝重构图优美，是黄金时代。釉面柔和温润；祭红瓷色彩红艳憨厚；釉上彩色彩单调，还出现了书年款之先河。到了清朝雍正年间，仿古工艺颜色釉开始层出不穷。产品主要有仿官窑青釉的粉青、梅子青、月白，仿哥窑的米色，还烧造了不少新的名贵品种，仿照宋代青白、明朝的甜儿白，几乎以假乱真。低温红釉中，胭脂水和珊瑚红均为一代名品，还在康熙的五彩上结合了珐琅彩成为洋彩，变成了主流品种。

乾隆官窑达到了空前水平，造型以瓶、尊等陈设瓷器为主，还创新了玲珑套瓶和镂空旋转瓶，刻意追求精、奇、巧。除了日常生活用品和文房用具，还生产了不少装饰器物。到了嘉庆时期产生了帽筒，一部分开始镂空装饰，以山水和景观为主，生出各式各样的名款。清朝末期仿古与美术瓷器独树一帜，有了新成绩、诞生了不少新粉饰艺人，为景德镇带来新的活力，为彩瓷发展开辟了新局面。

后来的民国时期，景德镇的刷花工艺开始盛行，其操作过程是先用胶水在器表糊上专用图纸，然后剔去图纸上的花纹，再用笔来蘸着新彩颜料，隔着铜丝来刷，让细小的颜色粉末透过空白花纹而吸附着在瓷面上，用彩笔勾线调整，最后经 700—800 度红炉烧烤，就成了色彩明丽柔美的刷花瓷器。

2.2 对古窑的保护

景德镇陶瓷制造业一直都在不断发展，即便面临战乱，制造业也从来没有停止传承。比如，明末清初就是景德镇民窑的一个重大转变时期，但战乱也没有阻止景德镇瓷器制造业的发展，甚至顺治年间的龙窑还烧造龙碗给皇帝。

无独有偶，民国时期为了振兴民族产业，中国资本家重组江西瓷业公司，借鉴资本主义的管理经营方式，改变了陶瓷业墨守成规的陋习：实行了流通生产一条龙，减少商行把庄剥削；又重视人才培养，在鄱阳分厂附设一所陶瓷业学堂。1915 年，由江西瓷业公司景德镇商会推荐参展的彩瓷板画获巴拿马国际博览金奖。

1934 年，江西省省主席熊式辉为了振兴江西制瓷业，特别聘请实业家杜重远担任陶业管理局局长，对于当地的陶瓷制造业开始改革。改革重点在窑业：取消窑禁，革除弊端；缩短窑弄，节约能耗，提高成品率；实施工资制度，调动瓷业工人的生产积极性；成立陶业维持会，规范生产秩序。杜重远在景德镇虽然只呆了三年，但是为景德镇瓷业管理以及促进生产发展做出了巨大贡献。

3 我国政府的大力支持

3.1 历代政府对陶瓷生产的重视

历朝历代，为保护中华民族这一优秀传承，政府从没间断过对瓷器制造业的关心和重视。

明朝时期御器厂开始出现，成为烧制瓷器的地方机构。这意味从明朝开始，瓷器制造得到了官方的重视和认可。到顺治十一年，御窑厂替代了御器厂的名号，平面布局发生了改变，并且任用了专门的督陶官。民国初年，袁世凯称帝，在景德镇烧造了带有“洪宪”帝号的御用瓷器，主要瓷铭有“洪宪御制”“洪宪年制”“居人堂制”等。民国政府重要人物徐世昌、曹锟等，也沿用明清两朝以瓷器彰显权力的形式，均在景德镇订烧瓷器，或属于专用或赠予友人。

1975 年，江西省委也发布了新任务，就是要求轻工业部陶瓷工业科学研究所于三个月内完成毛主席所用瓷器的研制生产任务。此项任务又被称作是“7501 工程”。该瓷器呈半薄胎状，大部分加盖，既卫生又保温，器形主要是茶具和餐具，画面以水点桃花或者水点梅花为主。该瓷器被称为红色官窑。

3.2 陶瓷文化生产的保护工作

中国自从经历了内忧外患的困顿，为保护老祖宗传承下来的这个传统技艺，近现代的中国政府也做出了很大贡献。

民国年间，中国社会处于内忧外患的背景下。在这种社会现实中，景德镇瓷器制造业也随中国一起，卷入西方资本主义世界的市场漩涡里，处于困顿衰落之中。但是政府在极其困难的条件之下，也并没有放弃这个老祖宗留下来的经典行业，景德镇人更是依靠坚强的意志和求变的才智，取得了不少不俗的新成就，为推动瓷器制造业向现代转型、为陶瓷艺术的改革做出了巨大贡献。

新中国成立初期，依照“保护、发展、提高”六字方针，景德镇对于瓷工给予了生活安置，并且实行了对私营工商业业主采取了低息贷款、组织生产自救等一系列措施恢复陶瓷生产。

二十世纪六十年代初期，随着“调整、巩固、充实、提高”八字方针逐步实施，陶瓷生产体制由合作社过渡到国有，陶瓷生产分工布局与生产体系也基本健全完备，瓷器制造业由个体瓷业者，变成了国营、集体工人，促成了瓷业生产方式之转型。

结论

我认为景德镇的陶瓷行业之所以可以走向全世界，主要原因是制作技艺上依靠历史的传承，同时不断吸收外来文化的营养，不断改进与提高制作工艺。而陶瓷艺人对于陶瓷文化的传承也做出了不可磨灭的贡献，他们不断提高美术工艺，并且保护一系列的古窑。同时，政府的作用也不可小觑，历朝历代政府对于陶瓷业一直保持重视的态度，也对陶瓷生产文化采取一系列保护措施，才使得老祖宗传下的这个行业可以保存至今，被人们不断传承下去。

参考文献：

[1] 《中华思想文化术语》编委会 . 中华思想文化术语 1. 北京：外语教学与研究出版社，2015.
[2] 傅光华 . 浅谈青花及釉里红的装饰艺术 . 景德镇陶瓷，2011(3).
[3] 王清丽 . 晚清民初的景德镇珠山瓷画 . 美术学报，2014(4).
[4] 熊微 . 近代景德镇瓷画装饰的基本特征 . 艺术百家，2008(2).

体验产业与传统手工艺的结合

——以陶瓷手工艺为例

□郑槿尔

美国社会思想家埃尔文·托夫勒，在其著名的《第三次浪潮》中曾大胆预言：未来社会的经济模式，在农业经济模式、工业经济模式和服务经济模式之后，将会进入体验经济模式。在体验经济模式形态下，一切经济活动和商业行为都将围绕着体验经济模式开展。不再满足于吃饱穿暖等物质生活条件的人们，开始追求精神生活的丰富。中国古人在探讨“知行关系”时，也强调了“行”对“知”的决定性作用，只有身体力行、实践体验，方能获得审美认知、美感愉悦。《中华思想文化术语2》释义“行先知后”时指出：“对‘知’‘行’关系的一种认识。王夫之等人在‘知’‘行’关系问题上提出了‘行先知后’的主张。王夫之承认对人伦日用之道的体认与践行是相互关联的，但就先后而言，只有先‘行’才能获得‘知’。‘行’是‘知’的来源，对‘知’起着决定性的作用。能‘行’必然对所行之事有所‘知’，但能‘知’却未必能‘行’。”随着经济和社会的发展，中国已经开始步入体验经济。体验产业应运而生，即以创设个性化体验、经营体验者个人感受为产品的产业。人们对个人感受、过程审美及自我参与性越来越关注，对体验产业的需求也不断提高。

在强调文化软实力的当今社会，中国对千年沉淀下来的传统文化的保护越来越重视，其中备受关注的就是传统手工艺等以人为载体、以手口相传为主要方式的缺乏成文记载的较脆弱的部分。目前对传统手工艺传承的方式有三种：一是以非遗保护为基础的核心技艺保护体系，二是建立手工技艺的科学性研究体系，三是以去文化体验为主的开放性文化产业策略，其中以一和二为主，比较常见的保护手段如建立博物馆、游览园以及拍摄纪录片等方式。但正因为传统手工艺以人为载体的特点，人也是核心关键，而现有的保护方式在飞速发展的现代社会已经因为不够时代化、不符合强调以自我感受为核心的现代潮流，而无法迎合广大群众的口味，因此需要着重发展第三种策略，也正是着重发展运用体验产业与传统手工艺的结合。

一、以人为核心是体验产业与传统手工艺相结合的基础

每一个受保护的项目都要追寻其历史价值和技艺中所蕴含的人文精神，并将它们以动静结合的方式合理地再现到文化观光体验路线中，使观众和体验者能领略生产过程中所体现出来的思想道德和人的创造力，同时实现物态化产品的文化附加值。传统手工艺强调传承人的重要性，体验产业强调体验者的个人感受，但其共同点都在于以“人”为核心，人的感知是关键。体验产业与传统手工艺相结合也要建立在以人为本的基础上，这里的“人”又分为传承人和受众群体。

传承人是传承传统手工艺的一把钥匙，当传统手工艺引进体验产业时，可以聘请传承人作为教授者，在为其提供工作机会、保障生计的情况下让他们施展自己所擅长的技艺，同时吸引更多年轻一辈的传承人选择学习传统手工艺。受众群体则是进一步宣传传统手工艺的催化剂，而体验产业所提供的亲身经历的机会能够深化受众群体对传统手工艺的认知和保护意识，进一步影响更多潜在受众对象。“人”在体验产业与传统手工艺结合的过程中既充当了牢固的基石，又作为一个能够扩大影响人群、进一步宣传传统文化的媒介。

二、体验场所的选择将决定体验产业与传统手工艺结合的效果

由于目前传统手工艺与艺术体验都属于小众活动，要扩大体验产业与传统手工艺结合的效果，实现其大众化的一大关键就是地点的选择。而地点选择的一大要求就是要保证客流量大、受众群体范围广。符合这一特点的特征场所就是旅游景点及商业娱乐中心，而这二者的不同也将决定体验产业和传统手工艺结合的效果的不同。

以“陶人画舫”DIY 手工体验区为例。它位于江西省景德镇市古窑民俗博览

区内，作为位于瓷都景德镇内的5A级国家旅游景点，古窑民俗博览区的来访者自然是络绎不绝，“陶人画舫”作为其中的特色体验区也受益成为游客必去之地。该体验区分两大区域，一为陶瓷成品展览销售，二为DIY制陶互动区。体验区内还设有茶室和书画间等休闲场所供游客享受。并且正因为在旅游景点内，游客能够在听过讲解和观看过传承人演示的基础上，将自己所吸收的知识通过实践操作进一步感受理解，从而对瓷文化具有更全面更深刻的认识。尤其对于青年游客，更能激发他们对传统瓷文化的热情。整个体验区高度还原了传统制瓷环境，“陶人画舫”从视觉环境、使用器具到教学体验，多方面为旅客营造了一种仿佛自己就是下一个陶艺传承人的感受。

与“陶人画舫”不同的是以现代化为主与传统元素融合的“艺起来”艺术体验馆。“艺起来”位于万达茂文化旅游区，作为文化商业旅游综合体的万达茂也是群众消遣娱乐的热门场所。其与古窑民俗博览区最大不同点在于，“艺起来”艺术体验馆没有还原传统工作环境而是使用更具现代化的工作环境和设备，将传统元素融合在内。其店面较大，将整个工作区从材料、器具到成品全部展示。由于地处热门商业娱乐中心，“艺起来”的受众对象以小孩为主，提供了实现家长教育目的的平台，且能够实现大众多次光临的可能性，通过收获常驻客打造店面口碑，扩大对传统文化的宣传力度。现代人在物质生活逐渐丰裕的条件下越来越注重精神生活的丰盈，因此滋生了越来越多的咖啡厅、茶室、书店及手工艺体验馆等流行休闲场所，而“艺起来”艺术体验馆正是瞄准了当下文艺风盛行的时期，通过体验的方式将原本看似小众的艺术变成了人人都可以参与的大众化休闲形式。

三、体验过程多样化、个性化有助于体验产业与传统手工艺的结合

体验产业提供了动态感受传统文化的平台，是群众可参与性强、形式新颖的一种文化传播行为。其有效方法是要迎合现在大众对美观性、实用性、多样化、过程体验、个人感受和参与度多种方面的要求喜好来设计体验环境、体验环节选择。先以新颖的方式吸引大众参与体验传统手工艺来激发他们对传统手工艺的热情和兴趣，同时也要注意保留体验活动的传统性和教育性，这样有利于进一步宣传发扬最质朴精进的传统手工艺。

“陶人画舫”的体验活动以体验原汁原味的陶瓷制作过程为主，其一大特色就是由非物质文化遗产传承人亲自教学，传承人教授过程的精进详细是一般体验

馆所欠缺的。但由于目前只有拉坯及瓷器绘画两个可体验环节，选择性和多样性较薄弱，因而也缺乏吸引力。

而“艺起来”艺术体验馆的体验活动目前可分陶艺、刻画、版画、国画、扎染五大板块，成品方面还分手帕、帆布包、丝巾和T恤等不同产品，顾客可以根据不同时间、不同需求进行选择。指导老师多是毕业于南昌大学及江西师范大学美术学院等江西知名美术院校的学生。相比“陶人画舫”而言，“艺起来”艺术体验馆从外形设计到内在环节设置都非常符合现代年轻人小资文艺的口味需求，且选择多样，成品样式时尚新颖，T恤、布包等体验环节的设置更满足了大众对实用性和美观的要求。这样的艺术体验馆是宣传和传承传统文化的一个可以利用的很好的平台，并且能够有效吸引更多年轻一辈人对中国传统文化的关注。“艺起来”艺术体验馆的偏现代化与传统结合的模式更适合作为发扬保护传统手工艺的窗口及媒介，来扩大对以年轻人为重点的广大群众的影响。

结语

体验产业日益融入社会的方方面面，传统手工艺的保护与传承也需要跟紧潮流、抓住时机，引进体验产业，在以人为核心的基础上慎重选择场所地址，不断创新体验过程，使其更加多样化、个性化，逐步加强对传统手工艺等非物质传统文化的保护和传承，在探索的过程中寻找适应时代潮流的保护文化的方式。

参考文献：

[1] 《中华思想文化术语》编委会编．中华思想文化术语 3. 北京：外语教学与研究出版社，2015.

[2] 王娜．“岁月静好”陶瓷体验馆设计方案．山东工艺美术学院硕士论文，2014.

[3] 邱春林，非遗保护如何介入体验型手工艺产业．中国文化报，2014-7-28.

[4] 薛保红，盛建华，肖沛宇．体验产业及其在我国的发展趋势研究．安徽大学工程学报，2015，30(6).

[5] 谢亚平．论传统手工技艺可持续发展的三种策略——以四川夹江手工造纸技艺为例．生态经济，2014(2).

（指导老师：喻琴）

从龙门石窟看佛教文化的变迁

□郭璐颖

佛教在迦毗罗卫国，也就是如今的尼泊尔境内，是由王子乔达摩·悉达多在距今三千多年时所创。在两汉之际传入中国，并在其后得到了广泛的流传与发展，佛教文化随之产生，对中国文化产生了深远的影响。到北魏时期，孝文帝大量实施汉化政策，佛教文化与鲜卑族“石室”情结相结合，促成了龙门石窟的建造。龙门石窟的造像在唐代达到了鼎盛。国内外学者对龙门石窟中的佛教文化有所关注，但是对北魏与唐代佛教文化变迁的研究不多。

本文从龙门石窟的特点入手，对其中所蕴含的北魏与唐代佛教文化进行了比较与分析，尝试揭示出佛教文化从北魏到唐代的历史变迁，为龙门石窟与佛教文化关系的研究做出一定的贡献。

一、佛教的传入及龙门石窟的建造

佛教在汉代传来中国，但在汉魏之际，佛教只是作为神仙、方术一类的东西，被一些上层贵族或宫廷祭司把玩，在社会上并没有什么影响。除了一些从印度或从西域来的僧人以外，汉人出家人很少。直到魏晋时期，随着孝文帝实施的汉化政策及佛经翻译的发展，佛教的教义和思想逐渐被介绍过来，在社会上尤其是在士大夫和文人学士之间，佛教开始流行了起来。

到了唐代武则天时期，她推广佛教，并大力开展了佛经的翻译工作，使中国佛教在她执政的这 20 年间出现了前史罕见的局面。

龙门石窟始建于北魏太和年间，也就是孝文帝迁都洛阳的前几年。之后在各个朝代，东魏和西魏、北齐和北周、隋、唐、五代、北宋、明都有修复和续作，但其中规模最大的开凿活动还是在北魏和唐代，长达150年之久。所有的洞窟中，北魏的洞窟约占30%，唐代的约占60%，其他的朝代只占了10%左右。

其实在那之前，人们并没有十分信仰佛教，而且皇帝派兵打仗，死伤众多，使得民心动荡，便大量地推广佛教，为的是安抚民心。龙门石窟便是那个时期社会思潮的产物，也是社会及老百姓们崇信佛教的继续和发展。

石窟选择在较为幽静的河畔山崖间开凿，为的是求得心灵上的安慰和解脱，和对美好生活的向往。百姓们可以去向佛像祈福，为自己的祖先家族祈求平安和幸福，皇上也可以祈求国运昌盛，并为自己祈求平安、健康以及延年益寿、长生不老等等。

二、佛教的本土化

龙门石窟是佛教文化的艺术表现，但它也折射出了当时的政治、经济以及文化时尚。龙门石窟是北魏和唐代皇家贵族许愿最集中的地方，也是皇家意志与行为的体现，蕴含着浓厚的国家宗教色彩。但是，北魏和唐两朝所创造的佛像反映出了截然不同的时代风格、时代特点，以及他们所信仰的不同派别的佛教人物。

1. 北魏的特点

北魏时期的石窟，生活气息比之前的要更加浓郁，趋向活泼、清秀和温和。而且这些北魏的石像大多脸部瘦长、双肩消瘦、胸部平直，石像衣纹的雕刻使用了平直刀法，坚劲质朴。且从大多佛像都是佛教的创立者释迦牟尼，表现出当时的皇帝、官员及百姓对释迦牟尼的尊敬与信仰。为什么北魏时期上至皇帝官宦、下至里巷平民都有崇佛者呢？因为北魏的佛教并不是很注重那些高深的道理和研究，它更重视宗教中得到的修行与实践。所以十分简单易行，也没有很多繁文琐义，更容易被一般的民众接受，所以佛教在那个时候可以被称为一种民众的宗教，故而在北魏时期流传得十分广泛。

2. 唐朝的特点

龙门石窟造像到了唐代之后算是其历史上最辉煌鼎盛的时期，龙门石窟中唐代建造的石像多达所有石像中的60%。在造像风格上，折射出了唐朝的艺术思想和审美情趣。唐代的服饰比较雍容华贵、博大自由、性感开放；舞蹈健朗明快、优美飘逸；仕女都比较温柔秀美、雄浑大气，这些都在龙门石窟的造像风格上得到体现。其中最著名的就是所谓武则天的化身“卢舍那”，“卢舍那”是龙门石窟中最有特色也是最有代表性的佛像，它证明龙门石窟造像与政治有着紧密的关系，对平民百姓承担着极为重要的宣传和教化作用。并且，到了唐代之后，人们开始更多地崇拜阿弥陀佛和弥勒，其中，弥勒代表了对未来的一种象征，武则天想用这种意思来告诉百姓们，她其实是弥勒的化身，表达了她想要安慰民心、使得广大百姓信任她的愿望。同时，她也是希望自己能够和唐高宗李治平起平坐，不希望大家对女皇帝有偏见。可是到了唐代后期唐武宗时期，因为佛院寺庙的经济过分增长、损害了国库收入，并且唐武宗深信道教、深恶佛教，所以进行了大规模的拆毁佛寺和强迫僧尼还俗的毁佛运动，导致龙门石窟的佛像受到了大量毁坏。

三、结语

综上所述，佛教自引入中国之后，在中国古代历史进程中占据了非常重要的地位，也对中国文化的发展造成了巨大影响。龙门石窟的开凿给佛教的发展添上画龙点睛的一笔，直到今天，龙门石窟也还是举世闻名的世界文化遗产。龙门石窟蕴含了丰富的佛教文化，从图像上大家更能直观感受每个佛像不同的形态特征，和每个朝代虽有不同却也都精妙绝伦的刀工艺术。

不得不提，这次对龙门石窟的研究发现，很多文物遗址没有得到足够保护，比如龙门石窟就有数不清的佛像不完整了，少了个头或是其他部位，这便是古代传统文化被破坏的标志。不仅如此，部分文物还是在古代的灭佛运动中遭到的损坏或是在战争中流落到了国外，这些都是我们巨大的遗憾。因此我希望大家可以用自己的行动去保护我们中华民族的传统文物，也呼吁身边的人不去破坏它，使我们中华民族博大精深的文化永远传承下去。由于时间仓促，自己的水平有限，很多方面都没有考虑周全，以后会继续努力，对这方面的文化进行更细致的研究。

参考文献：

[1] 白洁 . 从龙门石窟看佛教造像的世俗化本土化 . 魅力中国，2010(25).

[2] 傅云仙 . 佛教的传入、兴盛与佛教艺术之演变 . 云南艺术学院学报，2004(04).

[3] 郭画 . 佛教文化在龙门石窟的演变 . 南方文坛，2011(06).

[4] 赵云旗 . 武则天与唐代佛教 . 五台山研究，1989(4).

关于少数民族认同感的调查报告

——以土族为例

□张芮

一、研究背景

“认同”作为一个心理学的概念最早由弗洛伊德在1899年提出，他认为认同是指个人与他人、群体或模范人物在感情上、心理上趋同的过程，后来埃里克森在此概念上开展了更多的研究，提出自我发展最初是通过心力内投和投射的过程产生的，继而是通过自居作用，再后是通过同一性的形成而实现的。认同分为自我认同及社会认同，自我认同一般指以自我发展为认知，社会认同是指社会个体与外界的融合。本文关注的是民族自我认同感，在这个多民族世界中，各民族内部关系对整个国家及世界都有重大影响力，因此密切关注民族认同感对于和平构建国家民族，弱化或消解各种抵抗性、冲突性因素是十分必要的。

二、民族认同的研究现状

笔者借用了Phinnery Lochner和Murphy的民族认同发展模型，有三个阶段，第一阶段：族人通常对本民族持有消极观点，自尊感和自信感偏低；第二阶段，族民认识到了通过自我认识而非主流文化去了解民族文化的重要性，但常常会导致两种相反的后果——希望对本民族文化有更深的认识，同时表现出一些对主流文化的抵制；第三阶段，个体认识到需要将自己对母文化的积极态度与民族认识融合来收获更多的民族自信自尊。借此模型，笔者可以评估调研民族自我认同感的发展程度，了解到这个民族的心理状态及发展的优劣势所在。

三、土族概况

基于上文所提到的自我认同与社会认同以及民族认同的重要性，笔者在此次调研中重点选取了土族为例来具体研究民族认同感。土族是我国人口较少的少数民族，全国的土族人口约为28.95万，主要分布在青海省、甘肃省、云南省。青海省的土族人主要居住在三个土族自治县，其中互助县有将近8万土族人，是唯一一个土族自治县。由于其族源的神秘性、传统文化的完整性、民族特点的鲜明性，土族近几年在学术界引起了高度关注。

四、影响民族认同感的因素

（一）族源认同

族源认同是一个民族对于本民族来源的认识，这种认识多半来自族群的历史记忆。土族族源在历史上一直备受争议。最有代表性的吐谷浑说认为，土族是由鲜卑族慕容部吐谷浑人为源泉，以不同时期的蒙古人为重要补充，还融入了汉族、藏族的文化因素。蒙古说则认为："土族是以蒙古人和蒙古化的沙陀人为主，吸收畏兀儿、汉、藏等民族的元素而形成。"虽然在学术界土族来源众说纷纭，但就调研结果来看当地土族居民和学者都认为土族是吐谷浑的后裔。由此可见土族人民在族源认同上已经达成了一致。这种认同感能够让土族人民感受到与其他族民最基本的共同性，从而更大程度上收获到民族认同感。

（二）宗教认同

宗教认同是指个体借用某种宗教来定义、认知自己的身份和行为，在民族记忆、族源认同、语言、民俗以及文字等方面都很大程度上影响着民族认同。笔者所研究的土族现在的宗教信仰是藏传佛教，分为两个层次：一种是职业信仰，即出家为僧，在历史上的土族颇为流行。另一种是民间信仰，主要是请僧人诵经，多在人病危、去世、送葬时候；在节日时候土族人也往往会煨桑、点灯、祈福。由此可见，虔诚而单一的土族的宗教信仰（最初是萨满教后来变成藏传佛教）不会导致因为宗教不同而产生的民族分异。这种宗教认同很大程度上成为巩固民族认同感和维护民族统一和谐的重要因素。

（三）其他方面

除此之外，影响民族认同的其他因素还有语言认同、文字认同、饮食认同等等，在此由于篇幅限制笔者就不再详细论述，但是从已有的调查来看，土族作为一个人口较少的少数民族在族源、宗教、语言等方面都达到了很大程度上的认可。

五、土族民族认同感问卷调查

为了切实调查土族人民的民族认同感，笔者做了一个简单的关于民族认同感问卷调查，问卷共有八道题，采访对象主要是互助土族景区的土族人民，参与此次问卷调查的一共有三十人。

问卷调查：

1. 对土族民族发展历程的认识：

世界上最优秀的民族	处于先进水平的民族	是一个普通民族	生产力比较滞后的民族	没有什么认识，说不上来
22	7	0	1	0
73.3%	23.3%	0	3.3%	0

由此数据看出，约 73% 的土族人认为土族是最优秀的民族，约 23% 的土族人认为土族是一个比较先进的民族，3% 的人认为土族是比较滞后的民族。几乎所有的土族人都认为土族是个比较优秀的民族，说明土族是一个极具民族自豪感的民族。

2. 对土族文化的了解程度

非常了解	比较了解	一般	不太了解	完全不了解
16	11	3	0	0
53.3%	36.6%	10%	0	0

根据此数据调查，约 90% 的土族人对土族文化比较了解，约 10% 的土族人对土族文化了解不够深入。在访问中，笔者了解到对土族文化了解不足主要是由于受教育程度不够，但是也有一个个例，有一个小姑娘解释道，因为她要上学，所以接触到土族文化较少。这说明很多汉族学校在教育少数民族的时候，应该更大程度地涉及民族文化的教育，也提醒少数民族儿童在接受汉族教育的时候，不能忘本。同时牵连出另一个问题，为什么少数民族更倾向于上汉族学校而不是民族

学校，除了我们所一直关注提倡的民族融合的重要性，笔者在此认为应该还因为少数民族学校的教育质量普遍低于普通学校，教授的知识范围也比普通的汉族学校要窄。另外一个不能忽略的问题就是，在汉文化如此强势的影响下，土族等少数民族为了融入现代社会，必定需要学习和了解汉文化。因此，提高少数民族学校的教育质量、优化教学课程是我们为民族融合和增强民族认同感下一步该做的。

3. 对民族语言的掌握：

很熟练	一般熟练	不熟练，只会一些短语	完全不会
19	10	1	0
63.3%	33.3%	3.3%	

从调研的数据来看，大部分的土族人都能很熟练地使用土族语（约为 63%），对土语一般熟练的土族人占到了 33%，不熟练的只有一个人，而且这一个不熟悉土语的老爷爷在访问中告诉笔者，他是因为十八岁的时候就外出打工，很多年都没有回来，才导致他很大程度上遗忘了土语。除此之外，这份数据反映了大部分土族人民对本民族语言能够较为熟练地掌握。

4. 认为土族地区开设民族语言课：

非常有必要	有必要	无所谓	没有必要	反对
13	17	0	0	0
43.3%	56.6%	0	0	0

从所收集到的数据来看，所有土族人都认为开设民族语言课是必要的，由于笔者调查的范围和人群数量不够多，且对象多为景区的土族工作人员和传承人，他们由于长期对外宣传土族文化，会趋向于更加重视土族文化，因此这个数据可能过于绝对，但一定程度上反映了土族人民对于土语的重视程度，再次从旁佐证土族的民族认同感是十分强的。

5. 介意和其他民族的人结婚吗：

非常介意	介意	无所谓	不介意	非常喜欢
0	0	3	26	1
0	0	10%	86.6%	3.3%

由本次的调查结果可以看出，几乎所有的土族人都不介意和其他民族的人结

婚，这可以反映土族人民不排斥与其他民族的民族融合。在世界多元化的氛围下，民族融合是解决一切民族问题的根本方法，也是世界潮流的大势所趋。

6. 喜欢本民族的传统活动吗：

非常喜欢	喜欢	无所谓	不太喜欢	不喜欢
26	4	0	0	0
86.6%	13.3%	0	0	0

从本次的调查结果可知，基本上所有土族人都对土族文化表示喜爱，这种高度的对本民族文化的热爱会坚定土族人民的自信心和民族自豪感，再次加强土族人的民族认同感。

7. 听到其他民族的语言会：

非常讨厌	不太喜欢	无所谓	喜欢	没有了解，不知道
0	0	1	29	0
0	0	3.3%	96.6%	0

从调研数据中看出，基本上土族人都喜欢其他民族的语言。这样的结果虽然不能直接证明大部分的土族人都走出民族的狭隘意识，但是同 5 题一起，能在一定程度上说明土族是个较为开放和包容的民族。

8. 喜欢本民族的舞蹈和音乐吗：

非常喜欢	比较喜欢	不喜欢	没有了解，不知道
22	8	0	0
73.3%	26.6%	0	0

根据调研结果，再次提到由于本次调研的范围不够广阔，大部分集中于景区的土族人与传承人及其家人，所以这些调查对象偏向于擅长和喜爱土族的音乐和舞蹈，但能够比较客观地证明大多数的土族人是喜爱土族音乐和舞蹈的。

缺陷：在具体的分析中笔者已经提到过，由于笔者调研时间以及地点的限制，本次调研结果难免会有所偏差。首先，调查对象多为景区工作人员，他们可能比一般的土族人更了解热爱土族文化，调查结果会比较偏向对土族文化积极的态度。第二，本次调研的人数较少，调查结果缺乏普遍性，但一定程度上客观地说明了土族对本民族的民族认同感。笔者特此说明这两点缺陷，希望能够最大限度地做到在调研时公平公正。

结论：从对本民族文化的了解和认同程度，到对其他民族文化的排斥程度的深入调研，土族是一个典型的热情、包容、民族认同感极强的少数民族。从土族的族源、宗教、风俗、语言等各方面来看，土族人民都不仅具有强烈的自豪感，同时也对自己的民族有很深的民族认同感。在多元世界中，有强烈民族认同感的土族无疑能够在吸取其他民族的优良传统，以及传承本民族文化的道路上走得更快更好。

参考文献：

[1] [美] 埃里克·H 埃里克森．同一性：青少年与危机．孙名之译．杭州：浙江教育出版社，1988.

[2] Phinney J.S., Lochner B. T., and Marphy P. *Ethnic identity development and psychological adjustment in adolescents*. In: Stiffman AR, Davis LEed. Ethnic is suesin adoles centmental health. London: Sage, 1990.

[3] 车文博．弗洛伊德主义原著选辑．沈阳：辽宁出版社，1988.

[4] 李克郁．青海土人部落的记载与考证．青海民族研究，2006(1).

[5] 宋玉瑞．民和土族宗教信仰简述．http://www.mhzx.gov.cn/article/881.html

（指导老师：李琪）

从相声和脱口秀看中美文化差异

□宋雨霖

新世纪以来，我国经济、政治、文化各项事业迅速发展，国际交流日益频繁，特别是与美国在各个领域的交流与合作日益深入，研究中美文化差异也成为一个重要的课题。

受家庭影响，笔者从小喜欢相声，起初听一些传统段子，或者是讲历史的，最爱听的还是北京德云社郭德纲的相声。我觉得相声不仅能带来轻松和欢笑，还是一门传承中国历史文化的语言艺术。初中二年级，我和同学一起参加了河南地区著名相声演员范军老师的相声社，开始学相声，也参加了一些学员相声演出。初三作为交换生去美国上学，开始接触美国电视上的脱口秀，也就喜欢上了。相比相声而言，脱口秀不仅是很辛辣很直接的语言“快餐”，亦是不可多得的学习英文的好材料。

相声和脱口秀，都是语言的艺术，一个是标准的中国传统曲艺，一个是美国味十足的快餐演讲，它们都是各自国家和民族记录文化与历史发展的独特载体。从相声和脱口秀的异同去探究中美文化的差异，无疑是个客观又有趣的视角。

一、相声与脱口秀的共同点

（一）两者起源时间相近，皆繁荣于当代

“相声”一词，古作“象声”，原指模拟别人，后经民间说唱曲艺进一步演化发展，并融入口技等曲艺形式。其创始人张三禄是咸丰、道光年间人，具体出生年月日不详，于清道光年间脱离八角鼓行艺，改说相声，因此一般认为相声真正成型于晚清，后盛于当代。

脱口秀的起源可追溯到18世纪英格兰地区的咖啡吧集会，在集会上人们讨论各种社会问题，但脱口秀的真正发展是在美国。20世纪，随着广播、电视的产生，越来越多的人热衷于通过广播、电视等新媒介参与公共集会，这也催化了专业脱口秀节目的诞生。

（二）两者都是承载文化与历史的泛曲艺表现形式

相声与脱口秀均是采用口头方式表演。相声表演有单口相声、对口相声、群口相声等，其题材扎根于民间、源于生活，讲究“说”“学”“逗”“唱”四项基本技能。“说”指说笑话、故事、灯谜、酒令；“学”指学人言、鸟语、市声、叫声；“逗”指插科打诨，抓哏逗趣；“唱”指唱太平歌词、戏曲小调。相声艺人把这四项技能当作培训相声演员的四门功课。2008年相声被国务院列入第二批国家级非物质文化遗产名录。

脱口秀，则是通过节目主持人对某些新闻和社会现象进行评论、阐述观点，从而引起大众关注社会问题的一大时尚。20世纪80年代以来，美国各类脱口秀节目已占到电视节目总量的40%，无论是大牌的体育明星、奥斯卡奖获得者、作家、科学家甚至是总统，都会积极地参加脱口秀节目。在脱口秀发展的60年中，它形成了自己“用娱乐的方式影响严肃的政治”的特征。

二、相声与脱口秀的不同之处

（一）表现形式上的不同

上文所言，相声分为单口相声、对口相声和群口相声，而大众最喜闻乐见的还是对口相声。从分工上来讲，对口相声有捧哏和逗哏的区别。“逗哏”是在演出时不断地说出笑料以让人发笑的，主要叙述故事情节的演员，即相声中的“主角”。“捧哏”则是铺垫、配合“逗哏”的角色，又称“配角”。在对口相声中，通过捧逗的衬托、铺垫，逗哏与捧哏合作，使叙述中逐渐组成包袱、产生笑料。捧哏如果想要说好比逗哏的难，但是二者缺一不可。从表现形式上呈现出协同协作、珠联璧合、缺一不可的特征。

而脱口秀大都是一言堂，即一位表演者向听众发表观点，起初没有听众的参与。从1933年开始，许多新的脱口秀形式出现，观众也有机会主动参与讨论。但无论有无观众，主演只是一个，或是著名演员、时事评论员、社会活动家，甚至是总统本人。节目中往往是一个人针对社会问题语出惊人、铿锵有力，有时甚至舌战群儒，呈现出明显的个人英雄主义特征。

（二）表演技法上的不同

相声和脱口秀都讲究“抖包袱”，这是没有区别的。但是相声讲究铺垫，这是它自身属性决定的。相声毕竟归属曲艺，它要讲故事，兼带塑人物。它有一定的格式，有一定既成的审美取向。它倾向于隽永的、醇厚的、有智慧的“包袱”。脱口秀最重要的任务就是搞笑，兼带输出价值观。它也有一定的格式和审美取向。它倾向于爆烈的、直接的、有巧思的“包袱”。为了达到各自的目的，它们选择了截然不同的铺垫技巧。相声要铺平垫稳、要三番四抖。也就是说，一个“好包袱”最少要四句话以上构成，甚至有的会有四十句、四百句铺垫来构成。有的构思巧妙的“底包袱”，往往是由整段相声的内容作为铺垫，甚至是由之前的一系列“包袱”来做铺垫的。而脱口秀，“包袱”往往低于四句，甚至一句话就是个很好的“包袱”。

因此，从表演技法上看，相声强调委婉、徐徐道来。脱口秀则直接、爆烈。

（三）表现内容的不同

相声是在一个漫长的历史阶段，吸收了各种艺术和生活的营养逐渐形成的。同所有的民间文学一样，传统相声有它的集体性、口头性、变异性和传承性的特点，一般没有专业作者，也没有固定的文学底本，往往经过了无数艺人的实践，经过了观众的选择、比较，最后才成为臻于成熟的作品。因此，相声突出传统和继承。

而在脱口秀发展的 60 年中，它形成了自己“用娱乐的方式影响严肃的政治”的特征，其主要包括 NBC 的《杰来唠今夜秀》、CBS 的《大卫·莱特曼深夜秀》、ABC 的《吉米秀》以及有线网喜剧中心的《囧司徒每日秀》等等。虽然脱口秀看似在说笑话，但脱口秀主持人对新闻事件的解释确实直言不讳、一针见血，其嘲讽的对象不仅仅限于政客们的漫天谎言、无能腐败，更有对充当国家“第四权力”的媒体在面对这些现象集体缄默时的抨击，所以很容易在观众中间引起共鸣。所以，从表现内容上看，相声更突出传统文化传承，脱口秀则具有很强的时代感和尖锐性。

三、从相声和脱口秀看中美文化差异

（一）团队协作与个人主义

相声讲究捧逗配合、珠联璧合，著名的相声搭档有侯宝林与石富宽、郭德纲和于谦、岳云鹏与孙越等。脱口秀则是强调个人魅力，以一敌十。大牌的体育明星、奥斯卡奖获得者、作家、科学家甚至是总统，都会积极地参加脱口秀节目。对应于双方文化，中国传统文化讲究和合、和谐，讲究团队协作，强调个人与集体的关系，主张建立一种以集体主义为主要特征的社会文化。美国文化则是突出个人主义，崇尚个人至上、自我奋斗，深信个人尊严、为自己而生活，讲究个人特色，追求自我表现。美国人有强烈的自我意识和独立意识，不喜欢过分依赖他人。做任何事情都要自信、自律，要不断地自我提高。美国的父母从孩子很小时，就开始培养他们的独立自主能力，孩子们从小就要学会独立思考、自己动手。他们为自己而思考，下判断、做决定，父母的建议和看法只供参考，是否采纳最终取决于他们自己。等孩子长到18岁后，父母让他们自食其力。只有这样，才能让他们在高度商业化的竞争社会中得以生存、崭露头角。

（二）中庸委婉与尖锐直接

从结构上来看，相声讲究完整的叙事，铺垫20分钟或整个故事，最后才“抖包袱”。而脱口秀是在表演之外完成铺垫的。好的脱口秀节目，并不在段子里建立情境、竖立性格，而是用常识、新闻、社会现状、名人逸事等大家熟知的材料作为铺垫的。这也是为什么很多脱口秀节目都选择依托于时事评论本体，因为没有铺垫，就没有心理预期和判断的过程。之所以相声能“刨活”、脱口秀很少能“刨”，就是因为它根本不铺垫，所以“包袱”抖于无形，绝对地出人意料。这样的笑声就容易劲爆。延伸于文化，就是“直率”与“委婉”的对比。美国人喜欢坦诚相待、直截了当。朋友之间、同事之间，言必由衷、不喜欢阿谀奉承，敢于发表不同的观点、讨厌拐弯抹角。例如，中国人见面总喜欢问“Have you eaten?”，就时常被他们理解成邀请一起吃饭的美意。再则就是到美国人家中做客，当他们问你“Would you like some coffee ? ”时，如果你想喝，就千万不要客气，否则你只好口渴着回去了。

（三）注重传承与开放创新

相声强调传承，“说学逗唱”承载多种传统文化形式，表演上坚持长袍马褂、对口的形式。脱口秀节目则形式多种多样，不仅有在演播室现场录制的谈话节目，也有利用卫星通信技术，让不同地域的嘉宾同时进行交流的谈话节目。节目制作越来越精良，甚至针对不同受众的需求来制作电视节目。中国文化坚持传承，体现了顽强的生命力，是长期延续发展而从未中断的一个重要特征。美国文化强调个人特性和自由，是一种以个人主义为主的社会文化，美国人因此喜欢标新立异。美国传统中贯穿了在竞争中求生存求发展的信念，他们为了在竞争中处于不败之地，永远愿意进行创新、渴望寻求解决老问题的新办法，也愿意迁徙，接受新的工作、进行冒险，而这也正是很多中国人所缺乏的，很可能是因为这一点，近代中国社会发展缓慢而美国则经历一个又一个飞跃。

由上可见，艺术表达形式的异同，体现了国与国之间的文化差异；不同的文化孕育出不同的语言艺术形式。在如今这个文化交流日渐深入的时代，不同国家间的相互学习和借鉴，取长补短、与时俱进，则显得更具积极意义。那么相声与脱口秀能否相互借鉴与学习呢？其实，中国相声在这方面的借鉴和创新早在30年前就已经开始了。改革开放后，随着电视大众传媒的日益普及，相声也由剧场搬上了银幕，形成了“电视相声”。而电视传媒具有的快节奏与表达方式劲爆的特点，在客观上也迫使姜昆等新一代相声表演者们，甩开传统的“铺垫”旧包袱，借鉴脱口秀的创作思路和快节奏，短平快、劲爆脆，让观众在短时间内更快地发笑，这样，这一代演员及他们的作品真的在电视上迅速走红了。当然，这也可算是客观上的被动变革。但是中国相声历来流派众多、有各家之所长，随着现代社会的日益发展、观众品位和需求的多样性，笔者认为，应鼓励学习创新，形成一家能够借鉴脱口秀的即兴、直接、劲爆、针砭时弊、追求爆笑的相声门派，也不失为一件好事。其实，说起当今相声，绕来绕去也绕不过郭德纲这个人。在剧场听郭德纲相声的观众都会发现，郭德纲相声中其实有很多的即兴表演，和众多没有铺垫的包袱。笔者认为这不能不说，是他博采众家之长、借鉴脱口秀的技法和元素，而实践也证明，他这种风格和表演形式是成功的。

反之，随着中国的强大和崛起、在文化上日益自信，学习中文和中国文化的西方人越来越多，来中国读书和学习相声的欧美留学生也越来越多。这些天生具有“公民社会”基因与平权思想、追求个人独立奋斗且善于演讲辩论、批评时政的西方年轻人，在学习和借鉴了中国的相声艺术之后，必能帮助弥合中西文化差异的鸿沟、促进彼此间的理解与交流，从而创造出新的艺术形式。

参考文献：

[1] 付焱 . 浅谈美国电视脱口秀节目的特点 . 新闻研究导刊，2015(14).
[2] 卢昌五 . 曲艺表演的流派与体系 . 曲艺，2013(12).
[3] 牛婵 . 郭德纲相声艺术研究 . 内蒙古大学硕士论文，2013.
[4] 王爱民 . 侯宝林相声语言艺术研究 . 华中师范大学硕士论文，2007.
[5] 赵源海 . 相声语言艺术浅谈 . 中国民航学院学报，1989(3).

丝绸之路与中原文化传承和发展刍议

□邓雨彤

站在这里、回顾历史，我仿佛听到了山间回荡的声声驼铃，看到了大漠飘飞的袅袅孤烟。不断更新的认知，丰富了人们的精神世界，精彩真实的世俗生活也在继续。在洛阳地下出土的许多文物，都定格了一个个生活的片段，这些场景，还原了千百年前先民们的喜怒哀乐：中国特色狮身人面像，印度佛教护法神，中国武士头盔，市井妇女的发型、眉眼以及唇部的化妆效果，街头男子胡须样式的流行风格。另外还有丝绸之路上万里跋涉的骆驼和商人，跨上战马、等待出征的武士，威武雄壮的气势仿佛再现了中华民族当年的宏大。他们共同构成了洛阳当年一幕幕世俗的生活状态和表情，再现了当年洛阳城的文化多样、东西方文化交融的大度气概。

1. 丝绸之路的发现及发展

1.1 丝绸之路的发现

1981 年在洛阳玻璃厂附近发现一座唐代古墓，墓主是安菩，通过唐朝古墓的朝向，洛阳文物工作队的人员分析此墓主与西域的居民有关。考古人员在他的墓里发现了大量的陪葬品，其中他的随身物品只有一枚罗马金币。工作人员在墓中发现了一块墓志铭，即《安菩墓志铭》："其先安国大首领，破匈奴，衙帐百姓归中国。首领同京官五品，封定远将军，首领如故。曾祖讳钵达干，祖讳系利。……"安菩的一生被三百多个文字浓缩，而他的祖国安国就位于今天的哈萨克斯坦。从这就可以看出丝绸之路与中原文化有着密切且不可分割的关系。

1.2 丝绸之路的发展

1877 年德国地理学家李希霍芬在他著名的作品《中国》中，提出了一个崭新的地理概念——“丝绸之路”。这个富有诗意的名词，后来传遍了整个世界。今天的人们认为，丝绸之路就是汉唐年间，连接东方中国和西方罗马以丝绸为主要商品的贸易之路。汉武帝时期，张骞两度出使西域。第一次是公元前 139 年，首要目的是联合西域诸国共同抗击匈奴。第二次是公元前 119 年，这一次张骞只花了四年时间，便完成了大汉“凿空西域”的使命。西域使者开始频繁和大汉往来。这也成为丝绸之路正式形成的标志之一。

两次出使西域，张骞把大汉王朝的声威推广到了整个西域。在洛阳出土的一些汉代文物中，典型的罗马符号扑面而来，但是当年张骞出使西域并没带回这些东西。河南孟津县有一处墓地，它是班超的墓地。在张骞出使 200 年后，东汉末使班超再次出使西域，因战乱而一度中断的丝绸之路上，再次传来绵延不绝的驼铃声。最终班超的副将到达了波斯湾，那里距离罗马帝国的疆界不到 100 公里。《后汉书》中记载中国历史上第一个罗马使团的到来，那一年是公元 100 年，距离班超的副将到达波斯湾后整整 3 年。这说明，他到达波斯湾的消息被罗马商人获悉。7000 公里的丝绸之路穿越了欧洲大陆和东亚大陆，罗马使团带来的新奇异域货物也让东方的艺术家有了新的创作灵感。

1.3 丝绸之路上中西方的交融

从两汉至隋唐，东西方的许多国家和地区都是沿着这条古道，与中国进行着商品贸易、文化交流。“丝绸之路”后来实际已成为古代亚洲人、欧洲人在亚欧大陆上架起的一座具有商品交换、文化交流、友好往来等多功能的桥梁。

东汉定都洛阳以后，汉朝的朝廷派班超出使西域，重新打通了丝绸之路。要说古长安也就是西安是丝绸之路的起点也许是对的，但是在历史的发展长河中，洛阳作为东汉的首都，为第二次打通丝绸之路的起点也是没有错的。据史料记载：在北魏、隋、唐，洛阳已经把丝绸之路的东西方商贸、文化交流推到鼎盛。北魏时，洛阳作为都城，与西域各国的商贸交流非常繁盛。据《洛阳伽蓝记》记载：“自葱岭以西，至于大秦，百国千城，莫不欢附，商胡贩客，日奔塞下。”隋唐时期，洛阳和长安东、西两京并重，是当时闻名世界的国际都会，昔日洛阳的繁华可见一斑。阿拉伯、波斯以至欧洲的商人络绎不绝地来到长安和洛阳，载运商品的骆驼商队，每天都穿梭在天山南北的丝绸之路上，把中国的商品运到西域，带回来各种奢侈品给达官贵人和宫廷里的人享受。

2．丝绸之路与中原文化

2.1 丝绸之路与中原文化的关系

在安菩墓中还出土了洛阳体型最大、最精美的唐三彩，它的整个造型非常优美、釉色非常鲜艳，是洛阳新中国成立以来出土唐三彩最精美的一批。其中以胡商为原型的胡俑牵着骆驼牵着马，其中有一匹骆驼背上还背着丝绸，好像长途跋涉，从西域到唐朝这边来经商了。能过来也就能过去，这人想必曾到过罗马。那么当时的洛阳艺术家是怎样刻画出如此生动的罗马面孔呢?

在今天，唐三彩已经成为中国最著名的工艺品之一。三彩马和三彩骆驼更成为中国外交部礼宾司采购的国礼。这种介乎于陶器和瓷器之间，并用高温釉变产生色彩的工艺品，散发着一种独特的魅力。据说唐三彩是这样被发现的：1928 年陇海铁路修到古都洛阳，人们沿邙山脚下挖掘到一批古墓，在墓中发掘出了大量陶瓷雕塑，其色泽晶莹，斑驳淋漓，造型生动，从模拟逼真的生活用具、各类器物，到形神兼备的运输工具、人物形象等，引起了人们广泛的注意。经研究这些陶瓷雕塑属唐代制作工艺品，又因为釉色丰富，分别呈翠绿、浅绿、蓝、黄、褐、白等多种色彩，故而统称作“唐三彩”。

通过对唐三彩的重视和修复，人们逐渐窥探到了大唐盛世的工艺奥秘。这种失传已久的工艺才得以重现。唐三彩不仅用于丝绸之路上的商贸交易，同时也出现在很多古墓中。唐三彩不仅仅是一个器物造型，更是人们的一份情怀。在许多古墓中我们发现了很多三彩的造型为骆驼俑和胡人俑，这再次说明丝绸之路与中原文化紧密相连。穿越时空，让人梦回唐朝，那时也许在一个热闹的集市里，或是在一处唐三彩的作坊旁，有那从远方而来的客人。

从东汉、北魏开始，洛阳已经成为国际大都市。往来的各国客商在洛阳甚至都有自己的定居之所。洛阳是丝绸之路的起点，丝绸之路连接了洛阳和西域。他们把丝绸运到西域，同时也把西域的货物运回洛阳，这就是丝绸之路发挥的重要连接作用。

2.2 中原出土文物与西域文化交流

2.2.1 “南澳一号”

明代万历年间，一艘装载着大批中国青花瓷器的商船在航行到南澳岛附近海域时，不幸沉没。数百年来，沉船历经浪击沙掩，委身海底。在近年来，水下考古队员的探索与发掘下，古船得以重见天日。水下考古人员根据在沉船表面及外围采集到的上万件青花瓷推测，其生产年代不晚于万历年间，应属早期漳州窑系青花瓷。因此，这艘船被推断为明万历时期的商船。那么这艘船就是远去丝路的，只是很不幸，在南澳岛沉没（后来人们把这艘船称为“南澳一号”）。现在藏于洛阳博物馆的青花花鸟纹瓷盘，就是从这艘沉船打捞上来的文物。来自古沉船上的“出水”文物勾勒出了繁荣的明代海外贸易以及明代东西方海洋贸易的全景。万历年间是明代海外贸易最活跃的时期。万历时代海洋贸易的兴盛，从沉没于世界各大海洋中大量商船可见一斑，沉船上的文物带着我们一起回到遥远的明代探寻神秘的海上丝绸之路。

“南澳一号”沉船中打捞出来大量瓷器，具有重要的文物史料价值，让我们了解到明代开放时期，瓷器的贸易情况和生产情况。15 世纪末至 16 世纪中叶，欧洲诸国从殖民地运回大量贵金属，导致银价下跌、物价上涨。与当时欧洲相比，明代晚期的民间资本和手工业生产得到极大发展，广东、福建两省成为中国海外贸易的主要地区。丝绸、瓷器、茶叶、金属制品和农产品等物美价廉，成为海洋贸易中最主要的商品，深受海外市场欢迎。随着中国海洋贸易黄金时代的到来，这些商品大量输出国外。商贾有往自有来，伴随中国商品沿海路源源输出，是各色海外货物不断输入。非洲的象牙、犀角和南洋的动物类产品以及宝石器物、香料、农作物和贵重木材等外来物品、物种大量进入中国。可见，早在明朝的时候，海上丝绸之路已然热闹非凡，开始频繁与海外交流，开启了广阔的商贸业务。

2.2.2 蜻蜓眼琉璃球

蜻蜓眼是古代一种饰物的俗称。蜻蜓眼为玻璃制成，玻璃又称琉璃，因后期发展中在玻璃珠母体上镶同心圆，制造出“眼睛”效果的镶嵌玻璃，猜测因形似蜻蜓的眼睛，故称蜻蜓眼。

蜻蜓眼琉璃珠传入到我国的途径共有南北两条。南来蜻蜓眼式玻璃珠首先通过商业贸易传到印度等南亚地区，再通过民间往来辗转经我国的云南等地进入楚地。而北来之路则通过赵与北方游牧民族的互动而实现。进入战国早期，作为楚文化腹地的湖南、湖北两省，出现了数量令人咋舌的蜻蜓眼。随着蜻蜓眼在楚国的盛行，到了战国中期，深受楚文化影响的河南、陕西、四川等秦国属地境内也出现了蜻蜓眼。在楚国强盛经济实力和深厚文化背景的复合作用下，全国形成了一个以湖北湖南两省为中心的蜻蜓眼辐射圈，被辐射的范围包括秦国、鲁国、齐国、魏国等。蜻蜓眼式琉璃珠最初在西亚出现，多用作护身符以避邪攘灾、多只眼睛可以助人防卫。蜻蜓眼琉璃珠辗转而至楚地，以其如蓝天白云般亮丽色彩，别致的造型，马上征服了好奇喜新的楚人。虽然至今无法彻底查清它的由来，但是我们能确立丝绸之路在中原一带促进了中外文化交流，使中国传统文化传入西域，同时也把西域风韵带到了华夏。

3. 丝绸之路的传承

3.1 从“丝绸之路”到“一带一路”

贯通于两千多年前的丝绸之路，不仅是一条连接欧亚大陆的商贸通道，更是一条东西方独特文明间的对话之路。作为丝绸之路的东方起点之一，洛阳与丝绸之路的发展、繁荣有着天然的历史联系，大量的史料文献和出土文物讲述着洛阳与丝绸之路结缘的故事。河南是华夏文明的发祥地，有着丰富的历史文化遗产，无论是古代还是新时期，这些积淀的历史文化遗产都需要通过新丝绸之路向世界传播。随着国家“一带一路”倡议的实施，作为新亚欧大陆桥经济走廊的重要节点城市，挖掘拓展丝路文化资源、传播丝路“包容互鉴”精神、助推洛阳改革开放和人文交流，是洛阳博物馆不可推卸的责任和使命。博物馆力求从不同角度呈现出丝路沿线，或宏大或微观的自然人文景观的精彩与精致。

3.2 新丝绸之路与西域的文化交流

过去一年，在文化旅游领域，中国加快了向西与丝绸之路主要辐射区的交流与合作。中国将文化交流的舞台搬上了国际。2014 年 9 月，“洛阳 · 丝绸之路与大运河交汇的城市”展览亮相巴黎。展览中有不少丝绸之路与中原文化有关的一些文化创意产品，在巴黎当地引起了强烈反响。2015 年春节期间，河南省文化艺术团赴中亚“丝绸之路经济带”国家开展“欢乐春节”演出活动，进一步加强了与“丝绸之路经济带”沿线国家的人文交流。

4．结语

人们重视文化传播和对外宣传，发挥文化先行作用，加强了与“一带一路”沿线国家的文化交流和民间往来，提升了世界对中原文化的认同感，也增加了中原文化在世界上的亲和力和影响力。中国通过建设网站、拍摄大型纪录片、出版相关图书和电子出版物，加深外界对丝绸之路与中原文化的了解，使丝绸之路的中原文化在世界上有了较大的反响。越来越多的中国人注意到这片地区的文化保护与传承，通过大家的努力，也有越来越多的人深入学习，感受历史沧桑带给我们的神秘知识与内涵。

（指导老师：褚红）

土族语言文化的历史和发展

□付可欣

一、土族语言文化的历史背景

（一）土族的历史背景

土族是一个历史悠久、民风独特的民族，在青海、甘肃、云贵高原等地都有其血脉的流淌。但这个民族以前并不被内地人所熟知，外族人称他们为土人，然而蒙古族有对他们的专称——霍尔，代表北方的草原人民。土族主要居住在青海省的互助土族自治县、大通回族土族自治县、民和回族土族自治县、同仁县、乐都县和甘肃省的天祝藏族自治县、永登县、卓尼县等地，约 28.95 万人。由此可见，土族的人数并不多，且属于我国需要特殊帮助的“人口较少民族”的范畴。但土族依然能在与两大强势民族（汉族与藏族）的交流融合中，保持并传承专属于自己的文化，为人所熟知，成功获批国家级非物质文化遗产的有：土族婚礼、土族服饰、盘绣、轮子秋、土族安召舞、丹麻土族花儿会等。

关于土族的历史，国内外乃至互助县的说法各有不同，其中最让土族人信服的是 2014 年的“吐谷浑说”：认为土族最初是古代皇帝的大儿子——鲜卑慕容部吐谷浑，从辽东往西迁徙时带走的子民。后来建立了国家，不同时期蒙古族以及部分汉族、藏族加入补充，最后才形成这个辉煌的民族——土族。土族历史上曾信奉萨满教，也就是对自然的崇拜。后因元朝忽必烈极力扶持藏传佛教，而转而崇拜至今，相传章嘉活佛第一世就为土族人。土族也被称为“彩虹民族”，这是因为他们身穿七彩袖，这是土族人的标志。此外他们还有丰富多彩的节庆民俗，如纳顿节、五峰寺花儿会、二月二擂台庙会。

（二）土族的口语

土族的土语是一种非常古老的语言，是民族特有的语言，以口口相传的形式流传至今。然而土语属于阿尔泰语系蒙古语族，语言词汇保留着现代蒙古语已消失不见的古代蒙古语语音与词汇，土族基本词汇与蒙古族基本词汇也基本一致，共同信仰藏传佛教的两族，宗教词汇也大致相同，只有在政治、经济方面的新词汇才有所分歧。同时，在长期的文化交融中，汉、藏两族的语言文化也同样影响了土语。例如，一些信藏传佛教的土族人给自己的小孩起宗教名，就是用藏语，藏文化在不知不觉中进入土族人的生活，成为其中不可分割的一部分。同样，土族人也学习日常生活方面的汉语，便于出售自己的手工艺品。这有助于民族间的交流，又促进了经济的发展，表现出土族人广纳包容优秀文化的胸怀，这也是土族文化得以传承、发展的动力所在。但在民族与民族之间，以及民族内部（土语共有三种方言，分为互助、民和、同仁），尽管词汇相同依旧存在着交流问题，如语音语法的不同。

（三）土族的文字

文字是文明的标志。然而，土族是一个没有传统文字的民族，土语的传承方式也是口耳相传，需要从幼年学起并接受语言环境的熏陶，这一直是土族人民的一大遗憾。在新中国成立后的 1952 年，土族人民提出创造文字的心愿。1957 年为了促进文化发展，周总理邀请苏联文字专家斯拉夫，为土族创造了拉丁字母形式的拼音文字——《土文方案》，后被束之高阁。直到 1979 年，土族才有了自己的文字，这就是新创文字。进入新世纪后，土族在学校等场所实施了新创文字的推广，但不强制学习。现今，新创文字多用于古籍整理和一些口头文化的记录，并只在本民族保存，范围比较局限。但不得不说，土语文字的创造让这门古老的语言更加生机勃勃，是土族文化历史上无比绚烂的一页。

二、土族的语言符号

上文说过土族曾是一个没有文字的民族，他们不能用文字来表达自己的想法、传承自己的知识，于是他们采用了另一种方式——符号。语言符号是人与人之间交际的工具，而且是人类社会最重要的媒介之一。土族的传统服饰大都多彩绚丽、色彩鲜艳，就比如说“五彩花袖”，由红、绿、黑、黄、白构成。据说这是土族先民根据仙人的指点而缝制的，红色代表太阳和光明、绿色代表庄稼和希望、黑色代表土地和诚实、黄色代表麦浪和丰收、白色代表乳汁和纯洁。人们可以直接从土族人民身着的服饰上看到他们积极乐观的生活态度。除此之外，这些服饰上都有土族的盘绣，这也同样是一种符号、一种不使用言语的表达。土族女子从小学习盘绣，日日夜夜劳累、准备自己的嫁妆，上面的各种图案承载了她们对自己未来婚姻、生活的美好期望。接下来介绍几种主要的图案：孔雀代表吉祥幸福，几何图形富贵不断头代表了财富源源不断，桃子代表老人身体健康，还有蝶恋花表达了少女对纯洁爱情的向往。就算一些形象丑恶、平日不受欢迎的动物也同样被赋予了美好的意义，土族女子的辫套上就常绣有老鼠，因为老鼠意味多子、出生的孩子可以像老鼠一样活泼好动。蜈蚣因为多足，同样被认为是多福多子的象征。蝙蝠，谐音“福”，也代表幸福美满。不只是服饰，土族人的生活中充斥各种各样的符号，像一种与众不同的文字，记录着他们所有美好的心愿和企盼。充满智慧的土族人民借助这样的语言符号，使思想得以表达、感情得以传达、知识得以交流。

三、调查：土族人眼中的土语

和任何一门语言一样，土语也是一种独特且珍贵的传承。然而，在这个国家间、民族间文化大交融的时代，一些独一无二的文化正濒临灭绝，有的甚至已经消失在历史的长河之中。如何辨别一个文化是否处于灭亡的边缘，最直接最有效的方式就是调查这个文化的创始族对它的了解程度，以及这个文化传承的现状。那么土族人是否会说土语呢？土族人是否了解自己的语言呢？以及最重要的问题，土语是否也面临着消失的厄运？ 2016 年 8 月，笔者跟随团队来到青海省的土族互助自治县进行调研，主要调查如今不同年龄阶段的土族人眼中的土语。

第一位被采访者是民俗文化传承人祁金花，年龄约四十左右，在纳顿庄园从事民俗讲解工作，她表示自己与家人同事都说土语，将土语作为生活中不可分割的一部分，因为是文化传承人以及工作上的需要，所以对土族土语等各种文化都十分了解。她还参与过新创文字的推广活动，并且表示支持，因为没有文字的话，所有东西都凭口传施教不利于保护，而有了文字就可以使古籍等记载更加原汁原味。对于土语是否会消失，她的答案是否定的，因为在整个民俗客栈中，百分之五十的服务人员都是土族并且都会说土语，并且汉族只要学上十句土语就能获得奖励，这是一种良好的风气，在这样的奖励机制下会有很多的人来学习土语，把它传扬出去。

第二位接受采访的是盘绣传承人以及她的家庭。老人自己名字年龄都忘了，她从小就在耳濡目染中学习了土语，和汉族人学说语言的过程一样，土语是她的第一语言，而青海方言以及汉语是后天学习的。对土族文化的了解来源于儿时父母讲的神话故事，小时候听着好玩有趣，现在也讲给自己的儿女。老人的两个女儿也都会说土语，招待我们的时候她们就用汉语，自己姐妹间交流就用土语。虽然两位阿姨并没有参与新创文字的推广活动，但知道自己的民族已经有了属于自己的文字，并且十分开心。被问及土语是否会消失，她们都非常坚定地回答“不会”：“一个没有了自己语言的民族还有什么存在的意义呢？”她们表示会尽自己所能保护土语，把它教给自己的儿女，再要求他们传授给他们的子女，就这样一代一代传承。这家还有一位 15 岁的小女孩，跟家里人用土语沟通毫无压力，并没有出现年轻一辈不接受传统文化的现象。并且通过她，笔者了解到她所在学校的青少年的情况，他们在学校交流既说土语也说汉话，只有极个别的土族不会说土语，甚至一些汉族、藏族学生都能说上一两句。小女孩同样知道土族有自己的文字，但没有接受过这一方面的教育，学校并没有开设课程。但她表示如果有机会她非常乐意去学习，只因为她是土族人，她有义务学习并传承土族的文化。

由以上两个例子，我们可以看出土族语言文化正欣欣向荣地发展，土族人对土语的认同程度较高。但由于两个被采访者都是文化传承人及其家庭，所以掌握的土族语言文化的认识必然多于其他人。那么普通的土族人家以及生活在自治县的其他民族又是怎样认为的呢？笔者来到青海省互助县的一个小村庄，随机找到几位性别年龄不同的土族人进行调查。

首先被采访的是一位 12 岁的小男孩。他表示家长教过他一些土语，但是家人平常交流不经常采用土语，而是说汉语。同样在学校里，几乎没人会用土语交流，这一点就和传承人家中的女孩很不一样。他并不知道新创文字的存在，但和大多数被采访者相同，他听说后表示非常喜欢，并希望能够学习到。

在离男孩家不远处，笔者采访到一个 13 岁女孩和她的妈妈。与男孩的情况一样，女孩的父母教了她一点土语，家里人却不怎么使用。但是女孩并不喜欢土族的土语，对土语的学习不感兴趣。当调查到她的母亲时，回答让人十分惊讶：这位妈妈表示觉得土语没有什么作用，就算消失不见也对自己的生活没有影响，不会难过，持无所谓的态度。至于开设有关土族土语和文字的课程她表示并不会参加，自己的小孩也不会参加。这位母亲与别人还有一个很大的不同，就是她非常清楚地知道新创文字的存在，她说曾拿到过一本介绍的小册子，但因为没得到很好的推广，所以大多数土族人都不知道。而且她依旧认为这并没有什么用处："学土语还不如学汉语，全国统一的语言就是普通话，从我嫁到这个村子里我已经学了 20 年的普通话了。"

并不是只有这位母亲这么想，还有好几位土族男士也认为，虽然现在依然在讲土语，但是以后消失了也不会怎么样，有的东西是会被时代淘汰的。另有一位 29 岁的土族男子因为长期在外打工，即便属于这个民族却完全不会说土语，对学习也不是很感兴趣，觉得在工作闲余时间可能会去参与（学习）。

从调查的人中笔者发现，文化传承人的家庭都对土族文化十分了解爱惜，或是因为从小就生活在文化氛围良好的家庭中，又或是因为工作和生活的需求（政府的调查，调研者的到访）。然而普通的土族家庭，则在对土族语言文化的看法上存在很大分歧，老一辈的土族人依然使用和喜爱这门古老的语言，而年轻一代受到来自生活环境（一个开放的旅游业繁荣的旅游景区）以及生活需求（为了经营商店学习汉语等）的各种影响，导致看法各不相同。小孩的价值观则会受到父母的影响，所以也和大人差不多一致。判断一种语言是否濒临灭绝不在于使用的人数，而在于使用者的年龄。这两种略微极端的看法之间，恰好是普通人家中年轻一辈的想法（认为少数民族语言落后）占有的分量更大一些。如果按照他们所说，并不想将土族语言文化传承下去，那下一代的年轻人将不知土语为何物，而少数几个传承人也不可能做到让所有人都知道土语。

四、土族语言文化的现状

通过上述报告，可以看出当今土族土语的传承情况堪忧，需要加强保护力度，改变部分土族人不支持的观念。那么和其他民族相比，土语的保护措施有什么不同和缺点？如今作为自治县主要收入来源的旅游业是否对土语传承产生影响呢？

（一）土族语言的保护与其他传统文化的不同点

土族土语和其他土族传统文化相比，便于传承，却难以保护。首先，通过调查，我们知道现在自治县的本民族语言教育远远落后于中国内地，甚至其他少数民族，比如说为藏族人民设有专门学习藏语的高等教育体系，而土语的学习仅局限于和家人的交流。其次，政府对土语的宣传不够深入人心，人们可以在电视上看到关于藏族的节目、藏族歌手在舞台上演绎藏语歌曲，藏族特色宣传片中人们也说着藏语，还有许多有名的大型藏族歌舞表演中也有藏语的配乐。不知不觉中，藏族拥有自己语言这一事实就被人们铭记于心，变得流行起来，甚至还有人专门去学习。与此相比，大众媒体上很少有以土族文化为核心的节目或影视作品，不被他人了解的土语怎能得到更好的保护呢？

（二）旅游业对土族语言保护的影响

如今是一个旅游业极其繁荣的时代，人们乐于去参观一些从未见过的东西、去发现一些别的地方没有的文化。于是老一辈土族人在政府帮助下，带着土族的传统文化走出一个个偏远的山沟，让土语、让盘绣、让安召舞被天下人知道、被更好地保护，同时还带来了出乎意料的经济效益。在那个久远的封建年代，想要冲破这样的枷锁是一件无比艰难的事，安召舞传承人用亲身经历让我明白，在当今这个光芒万丈的产业背后，有着多少心酸的血与泪：村民的鄙夷和不理解、家人亲戚的打骂、夜里无声的哭泣、对子女的眷念，还有青海湖畔模糊的舞动着的身影……当传承人回忆起这无助的过去时，泪如泉涌，但正是有了这些前辈无私的奉献，才有了土族的今天：先是前来考察的政府、资金的补助，接着是小小的农家乐、稀稀拉拉的顾客，最后是蜂拥而至的游客、日益兴旺的旅游业。

对于土族土语的保护，旅游业无疑起到了“催化剂”的作用。因为保护一种文化最好的方式就是让更多的人知道它，无论是不是本民族的人，只要世界上还有一个人知道这种文化它就不算失传。旅游业将土语文化带到全国乃至世界各地，各国专业人士来到自治县，以各种各样的新时代科技记载土语。同时，它也为很多土族人提供了就业岗位，民俗客栈、旅游景点比比皆是，从前不乐意传承土语的土族人，为吸引游客眼球也开始学习土语，这让更多土族人接受传承。还有之前民俗文化传承人所提到的，为了工作需要，同样有其他民族的人学习土语。无论出于自愿还是必须，这都使土语得到的保护更加全面和多样化。当然不排除旅游业飞速发展也会带来一些不好影响，本地也有土族人为了沟通方便、经营效率而去学习汉语，久而久之，汉语可能会取代土语在他们心中的地位。对比藏族，一些藏族旅游区的客流量远远大于土族自治县，但他们的本土文化发展依旧在蒸蒸日上。所以总的看来，旅游业对土族语言更多的是积极的影响和保护，也就是利大于弊。

五、结语：觉醒

通过这次的调研，笔者意识到如果再像这样下去，不只是土族，还有更多少数民族语言文化传承会渐渐消失。人们茫然漠视的态度应有所改变，自古以来的民族凝聚力和民族自豪感时刻提醒着人们曾经的辉煌。民族间的交流融合并不意味同化，并不意味其中一方的语言文化应该消失，普通话的普及并不就意味着土语应该被遗忘，想要跟上时代的步伐并不意味着要将过去的东西全部抛弃。每一个民族的语言都有其存在的意义，是我国不同地区人民智慧的结晶，每一个人都应该接纳包容它们、每一个人都应积极参与对语言的保护。保护语言多样性的关键在于，让人们在接受主流语言的同时学习他们祖先的语言。

参考文献：

乔治良 . 互助土族民俗文化 . 西宁：青海民族出版社，2015.

（指导老师：李祺）

试论景德镇“瓷元素”创意产品开发现状、问题及对策建议

□黄珂

引言

随着全球经济的全速发展，人们日益提高的生活质量催生了文化创意产业的雏形。创意产业在未来将成为国家软实力的象征参与国际竞争，因此在全球化经济带动下的中国也开始重视起创意产业的研发与推广。

号称“千年瓷都”的景德镇，凭借着得天独厚的地理位置及历史优势，其特有的“瓷文化”由古至今都吸引着来自世界的注视。随着近年来由政府大力宣传的“三宝国际陶艺村”及创意市集的成功运作，景德镇的陶瓷文化创意产业由此拉开序幕。出彩的文创产品带来的是对当地历史文化特色的宣传、是对中华传统文化的传承。而据亲身调查及拜访，景德镇景区在其文化创意产品的开发及销售上尚有不足。

本文将以带有瓷文化的创意产品为切入点，浅析其开发现状并提出发展建议。

一、“瓷元素”创意产品开发的基本现状

目前景德镇拥有大小作坊约三千家，注册的民营陶瓷企业四百多家。单就古窑民俗博览区来看，内部的瓷器商店虽多，但都是茶具餐具和家装，少有文创产品的售卖。不少儿童表示随着父母参观，自己什么也买不了。说明在针对儿童及青少年纪念品的市场上景德镇仍处于空缺状态。

此外，据调查，多数青年反映传统瓷器店里的瓷器价格不

符合年轻人消费水平，外形设计也不符合大众审美，传统瓷用品对于他们来说利用价值不高，缺少结合古典与科技时尚的创意产品。只有少数对于传统文化有强烈爱好的年轻人会购买瓷器。

二、“瓷元素”创意产品开发存在的问题

（一）缺乏新颖性

文创产品市场仍处于空缺阶段。扎堆的传统瓷器店眼花缭乱，新颖的文创产品才能使消费者眼前一亮。有一条街上全是瓷器店，店内商品却大同小异。

（二）缺乏先进性

少有结合科技技术的产品来适应时代发展。大多是传统日用瓷器如餐具、茶具，没有高科技产品如瓷外包装的数码。

（三）缺乏独特性

少有充满独一无二的“瓷都”气息的文创产品。瓷器琳琅满目，却没有以“瓷”为元素的衍生产品，如文具、服饰。

（四）缺乏功能性

未结合当下的日常生活，纪念品多是华而不实的摆设，如瓷瓶。

三、“瓷文化”创意产品开发的对策建议

（一）思想上：转变发展理念，形成创意思维

要想走创意之路，首先要从思想开始变革。《周易》讲通变，倡导“革故鼎新”，认为只有从思想深处率先变革，方能闯出一条光明大道。所谓革故鼎新，指的是:“革除旧事物、创建新事物。‘革’与‘鼎’是《周易》中的两卦。在《易传》的解释中，革卦下卦象征火，上卦象征泽。火与泽因对立冲突不能维持原有的平衡状态，必然发生变化。因此革卦意指变革某种不合的旧状态。鼎卦下卦象征木，上卦象征火。以木柴投入火中，是以鼎烹饪制作新的食物。因此鼎卦象征创造新事物。后人承《易传》之说，将二者合在一起，代表一种主张变化的世界观。”(《中华思想文化术语 3》)《周易》的通变之道启示我们，当下要想做大做强瓷文化创意产业，不应固守成规，为产品融入文化元素，使产品创意化、艺术化、现代

化，贴近人们生活、融入大众审美，生活即艺术。要做成一种产业，就应满足大众的口味和需求，运用新业态、新模式、新方法，突破传统发展理念模式，不要仅把目光放在日用瓷的制作上。

（二）政策上：政府加强引导，形成创意集聚地

政府应重视起景德镇的创意产业，投资成立创意产业研究与设计机构，培养复合型人才。且设置机构专门负责相关宣传、管理等事务。鼓励高校与企业合作，开展技术性与创意性并兼的产品研发设计。可以定期举办“文创产品博览会”“文创产品设计大赛”，吸引来自各地的设计者参加，增强创作者的积极性、倡导友好竞争，促进景德镇文化创意产业交流。提供设计者一个文创产品展示的平台，将会吸引来自各地的人才，又吸引消费者视线，同时弘扬了主流价值观，提升了审美品位。定期在网络平台如景德镇陶瓷博物馆官网、微博、微信公众平台设立投票，选出民众最喜爱的展品，根据人气决定文创产品加入的元素和设计，再寻找设计公司完成设计。

为顺应时代发展，如今的人才不应仅仅拘泥于传统瓷器制作和传统审美，应多接触外来和现代化文化熏陶。一方面要提高本地陶瓷从业者的福利薪资、打造舒适环境和文化设施以保留人才，同时增进文化交流。一方面通过宣传吸引外来人才，特别是既对传统文化了如指掌又有国际化视野的海外归国人才，形成类似“三宝国际陶艺村”的艺术家聚集地，为文化创意产业提供丰富的人才资源。

（三）市场上：细分目标受众，形成创意产业链

一方面，我们可以根据年龄来细分创意产品的目标受众，形成不同层面的市场。

儿童产品特征是低龄化、有趣、寓教于乐。现如今儿童的消费市场潜力可观，针对孩子的好奇心强的情感性冲动消费，可以开发瓷制玩偶、彩色陶瓷摆件、积木、拼图等。

青年产品特征是独特、文艺。随着经济发展，现如今青年消费者群体的购买力也不可小觑。在开发文创产品上可考虑加深其内涵。例如：粉彩花卉纹便签本、八吉祥纹鼠标垫、宣德青花纹手帕等。

中老年产品特征是凸显品味、古典。中老年的购买力始终是消费者市场中的一大支柱，在文创用品开发上不仅要考虑其深层内涵，还应保证其产品质量与品位。例如：珐琅彩纸巾盒、手绘矾红五龙图收纳盒、石湾流水六层荷叶流水盆喷泉等。

另一方面，丰富“瓷文化”创意产品的类别，形成产业链。

针对文创产品类别的贫瘠，建议发展多样类型和外貌的产品。如利用景德镇多式多样的古窑造型设计：以千奇百怪的馒头窑、龙窑、葫芦窑造型为灵感的复古蜡烛台、积木。抑或加入瓷元素，如以四大名瓷青花、玲珑、粉彩、颜色釉花纹为元素设计的服饰，以青花瓷为外壳的胭脂，以青花瓷为装饰的发簪。还可以运用茶元素——浮梁茶是江西特产，可将茶叶与茶具捆绑销售，进行茶艺表演来吸引游客。

除此之外，产品用途还可扩张，如下表所示：

类别	描述	详细	目标人群	定位
美妆	包装外壳独特	腮红、粉底	女性消费者	中端
服饰鞋包	个性花纹	手链、项链、耳环、披肩、旗袍	所有消费者	低中高端
图书及音像		书籍（如摄影集、文史集、名作名家介绍、瓷器鉴赏等）	书籍爱好者、对景德镇文化历史感兴趣者	低中端
		影视作品（如景德镇纪录片 DVD、瓷器制作纪录片等）		
装饰	造型可爱独特，放置家中赏心悦目	画、瓶、摆件	所有消费者	低中高端
文娱	将景德镇名瓷印在明信片上抑或是手绘，具有独特的纪念意义和收藏价值	笔墨纸砚 明信片 邮票 书签 印章 拼图	学生、上班族、收藏爱好者	低中高端
日用数码	人们的日常生活当然离不开日用品和数码，独具一格的设计让生活锦上添花	水杯 餐具 伞 硬盘 充电宝 手机壳	所有消费者	低中高端

结论

由此可见，景德镇的文创产品市场仍有极大空缺，发展前景良好。在产品的开发上缺乏创新和迎合大众品味的设计。通过转变发展理念，建立专属机构，召集设计人才和定期举办表选、展会及比赛等方法，可以唤起人们对景德镇创意产业的关注度。通过本文提供的产品定位和分类，可丰富文创产品的类别以形成完整产业链、推进景德镇创意产业的发展。

参考文献：

[1] 《中华思想文化术语》编委会 . 中华思想文化术语 3. 北京：外语教学与研究出版社，2015.
[2] 李猛林 . 浅议景德镇陶瓷文化创意产业的发展 . 景德镇高专学报，2013(1).
[3] 林明华，杨永忠 . 创意产品：文化、技术与经济的融合物 . 科技进步与对策，2013(7).
[4] 徐卓 . 湖北省博物馆文化产品创意设计开发研究 . 湖北工业大学硕士论文，2014.
[5] 杨振陵 . 中国文化创意产品出口影响因素分析 . 南京大学硕士论文，2015.

（指导老师：喻琴）

白族建筑艺术中的哲学意蕴

□黎磊

引言

密斯[①]，在其《建筑作品的先决条件》中，提出建筑艺术是仅有一条途径去研究的，即从精神上理解。如同罗素在《西方哲学史》[②]中论述亚里士多德“形式”和“质料”的辩证方式，也在多次讲话中运用类似论证去描述建筑“物质—形式”的联系过程：“去将内在的‘潜能’实现出来。”[③]据此，笔者在考察白族建筑艺术时，将建筑艺术分作多方面——屋脊、彩绘、雕刻、花纹、门、家具陈设等。

一、白族建筑艺术中的哲学概述

（一）白族的主要宗教信仰

1. 佛教

佛教在大理白族地区的发展大概可分为两个阶段：一为元朝前阿吒力教的传播，二为元朝后禅宗的渗透。据胡蔚本《南诏野史》记载，大理国九位国王禅位出家，这一现象展现了佛教在大理白族地区当日之盛况。现今，传统白族家庭仍是家家佛堂、户户观音。这里还有除天津蓟县独乐寺观音阁外，世间少有的四层楼高的十一面观世音菩萨。笔者透过不同佛号（救

① [美]密斯·凡·德·罗，20世纪中期世界最著名四大现代建筑大师之一。

② [英]罗素．西方哲学史[M]. 北京：商务印书馆，2015：210.

③ [瑞士]马库斯·布雷茨梅德．建筑的“艺术—形式”是否可以出自“建造”[OL]. https://book.douban.com/subject/4022982/,2004,2.

苦救难观世音菩萨，除怨报观世音菩萨等）认为这是佛教在传入大理地区后为满足人民精神需求所做出的细微改变。

2. 道教

虚实、有无作为道教美学思想——“凿户牖以为室，当其无，有室之用”（《道德经》第十一章），白族建筑特有的“三坊一照壁”“四合五天井”是其典型代表。古戏台、堂屋上的八仙过海，《南诏德化碑》上的阴阳二气宇宙起源论也足以反映出白族建筑艺术深受道教思想文化影响。而其依山傍水的人工美、自然美体现出“天人合一”思想，例如诺邓村有层次的、密集的古代建筑则体现了以小演大、大象无形。

3. 儒教

笔者所见其一：除长辈或有权力威望的人可坐太师椅外，其余均按辈分入座。其中包含的正偏、前后、左右表现了“以血缘为纽带、以等级分配为核心、以伦理道德为本位的思想体系和制度”的礼制。[①] 俎，一种源自周朝的礼器，用于祭祀并沿用至今——供桌和香案（《周礼》天官冢宰篇）。作为一种信仰和习俗的具体表现，它们在大理地区的运用展示了除实用或观赏价值外，还体现出对等级制度的传承。

其二：顺两旁厢房而入的角门（侧门）多为仆人等地位较低下者出入所用。除了前后庭院串联及层层门院，这一“内外有别”现象再次反映了儒教的封建宗法要求。此外，中国人民大学哲学教授宋志明先生认为，儒家以“诚”替换了“真”，这一思想在大理现代白族建筑的外墙上得到彰显。

（二）外来文化表现

从发展来看，《后汉书》有言：“益州刺史……是时郡尉府舍皆有雕饰。”虽然这一史料只能证明当时高级官员所住房屋存在此情况，亦无法考证大理白族地区的建筑绘画装饰情况，然而白族建筑艺术中的彩绘是大理民居典型特色，故可将“郡尉府舍”当作汉建筑彩绘文化在大理白族地区开端。

因为中国传统木结构建筑易受雷击而致火燃，历朝统治者就以鸱尾含脊吐水之状来稳定人心。白族建筑文化也是如此，用有迷信色彩的神话鸱尾置于屋顶之上，祈求安康吉祥。

---

① 侯幼彬 . 中国建筑美学 [M]. 哈尔滨：黑龙江科学技出版社，2002：147.

宋时大理国描工张胜温《画梵像卷》描绘了一种融白族民居建筑壶门结构和唐代牀为一体的床，床细部的彩绘装饰则吸收印度、中国西藏密教元素。同样，王明达先生表示大理佛寺主供的阿嵯耶观音像，形态类似藏族风格[①]；相反美国教授哈马达认为其类型应属印度，而后还总结道“严格意义上这种佛像不会在中国制作”[②]。

（三）山水哲学

苍山洱海边的大理白族古建筑从地理环境上反映了中国古人源于水墨画的山水哲学。其实，中西方都对自然放之生活哲学的形态进行探索。佛教的“一花一世界”有灵观念和道家中的“有与无”辩证统一关系，在大理白族地区引导民众感悟生命，并思考“天人合一”的哲学思想。而赖特先生的 Fallingwater 则体现了他对山水“有机主义”的理解。[③] 山水孕育、生长、繁荣、衰亡的过程，从主客体角度来看不重要，但从哲学的角度来看却是“道”之所在。宽泛而言，大理白族建筑中夹含的山水哲学是非泛神论的和感召价值观的。

二、白族建筑艺术中的哲学特点

（一）兼容并包

云南师范大学教授杨志明先生认为白族人民对于本主的崇拜是白族本土的事实非宗教信仰。自然、祖先等都可为当地村庄的“本境之主”。古戏台与本主庙在包容性这一方面体现得极为明显：古戏台正面一图中间为释迦牟尼端坐莲花，左边为一儒家人物执一书，右边为道家人物执一浮尘；本主庙屋梁双龙戏珠另有解释“珠”是太阳，这就体现了初始的自然崇拜和龙本主崇拜。

调查得知，在白族民俗祭祀的纸质画符——甲马的选择中，阿吒力教以观世音菩萨为代表，本主崇拜以大黑天神为代表，道教以太上老君为代表并且将财神收纳其中。因此，有外国学者菲茨杰罗德表示白族人不会因信仰相悖而苦恼并否定了宗教教义的排他性。此外，开放性展现在对佛教和道教的神祇、教义的吸纳

---

① 王明达 . 南诏大理国观音图像学研究 [M]. 昆明：云南人民出版社，2011.

② 海伦・查平 . 云南的观音 [J]. 哈佛亚洲研究季刊（卷八）. 波士顿：哈佛亚洲研究出版社，1944.

③ [美] 弗兰克・劳埃德・赖特，著名建造学派“田园学派”代表人物。

和采用，例如本主祭文。

（二）文化的认同

“谁知今日慕华”“略本于汉”“犹有故国之遗风”① 都反映了南诏、大理国对于汉传统文化和中原王朝政治的高度认同与吸收。从建筑结构上看有以下特点：首先表现是屋顶。多卷棚、悬山而少歇山的景象因封建等级需求保留至今。第二是整体建筑。白族建筑偏向高、中、多的特点，即在均衡对称的建造基础上，中轴尽量多建筑且层级高低顺序排布。第三为屋脊走兽。戗脊上一串雕刻，即一个纵队以仙人为首紧接龙、凤、狮子、天马等走兽并以行十结束的最多九个小兽（此范例除北京故宫太和殿拥有），作为世界不同区域建筑文化相似又不同的所在。第四是梁柱间架结构（广泛采用的穿梁式和抬斗式），汉族审美观——华丽而不俗气、朴素而不黯淡——很大程度上影响了白族古朴而淡雅的白墙和多彩新奇墙绘、雕饰的出现。另外，调查发现，几乎白族所奉门神都为唐太宗时期的大将秦琼和尉迟恭。

（三）公共理念的构建

如中国人民大学哲学院副教授臧峰宇先生所关注，社会共同体在社会公共构建中起到的作用，大理白族建筑作为白族人民的智慧结晶，本主庙反映出白族本主信仰，从日常的集体无意识形式到本主生日的集合，在白族人民中发挥了相互认同和凝聚作用。从盛大本主庙会，偶然的商业行为已经转变为成熟的商品交易活动这一方面看，经济对本主信仰的巩固和加强，起到对思想上层建筑的决定性效用。伦理方面，本主庙所挂联批、字画均培养了白族人民的优秀品质，如周保中将军的爱国主义和英勇仁义。

综上所述，本文运用比较分析、归纳演绎和因果分析等思维方法，系统剖析了大理白族地区的建筑艺术及其哲学蕴含，并阐释了中原地区的建筑艺术及其文化对白族地区的影响。在传统文化被人们淡忘的今天，对其包含的文化元素进行回顾，不仅是对传统文化的理性传承，也是塑造民族精神、繁荣民族文化的需要。希望本文能对此起到抛砖引玉的作用。

---

① 王叔武．大理行记校注 [M]. 昆明：云南民族出版社，1986:20.

参考文献：

[1] 刘文征.《滇志》(卷十三). 昆明:云南教育出版社，1991.
[2] 杨志明.白族本主崇拜的功能初探.云南民族学院学报，2000(5).

（指导老师：杨国才、朱端顺）

龙门石窟与莫高窟造像风格及保护现状比较分析

□李欣遥

龙门石窟与莫高窟同为我国著名石窟古迹保护区，它们的存在也为我国古代灿烂的艺术文化添上了浓墨重彩的一笔。敦煌莫高窟开凿于十六国时期，经过漫长时间的扩建完善而发展成为现存最大的佛教艺术圣地，并享有“东方卢浮宫”的美誉。而开凿于北魏孝文帝年间的洛阳龙门石窟，时间长度和规模虽不及莫高窟，却也因其重要的历史地位以及丰富的造像背景而别具一格，与莫高窟并入中国三大石窟之列。虽然都是以描绘佛教文化而著名的石窟，根据地理位置及所处时代的不同，两石窟的造像方法和风格又有不少相异之处。而由于所处地域差异较大，两石窟在文物保护方面所面临的境况也各有不同。本文拟从上述两个角度试分析两石窟造像风格及保护现状上的相似与不同。

1. 地域差异及时代间隔所导致的造像风格不同

莫高窟始建于十六国的前秦时期，元代逐渐衰落、仅以修缮为主，其间经历了佛教在中国的传播、兴盛及与中华文化的融合，造像风格变化较大。地处丝绸之路连接中西方要道的莫高窟，造像上也多残留有未融合完全的西方文化痕迹。而北魏时期建立在唐朝开凿达到顶峰的龙门石窟，所经历的时代跨度较小，造像形式及雕刻风格整体上较为统一；位于丝绸之路起点的中原地区，所受东方文化的浸染也多于西方佛教文化的传入。

1.1 莫高窟的造像风格

敦煌莫高窟地处河西走廊，历史上曾是西域都护府所在地。作为连接中原和西域的交通要道，敦煌优越的地理位置决定了它在中西文化交流中不可或缺的沟通作用，给予它在陆上丝绸之路中至关重要的地位。一望无际的戈壁荒漠之中的敦煌可说是沙漠中的一片绿洲，作为来往旅客的驿站，经济得到了长足的发展。远离长期战乱的中原地区也为敦煌地区文化的沉淀提供了优势。来自西域与来自中原的文化艺术在此融和，形成了独具特色的敦煌艺术风格。以敦煌莫高窟最著名的飞天形象为例，早期十六国时的飞天沿袭印度佛教中的常见形象，身材较为粗短，而随着中原工匠的活动，面容清秀、身材纤长的飞天形象也开始出现。北周到隋朝处于过渡期，飞天形象多变，脸型、身材乃至服饰都有较大变化，可以看出文化交融的痕迹。繁盛时期的唐朝，飞天的形象越发世俗化，更加贴近当时人们日常生活中的仕女形象，也具有了中原与西域兼并的独特风格。

1.2 龙门石窟的造像风格

龙门石窟建于北魏孝文帝时期。孝文帝执政后采取汉化政策，全面学习汉人的文化传统，都城也由大同迁至了洛阳。龙门石窟的开凿就是从迁都后开始的。洛阳自古便是汉人活动地区的核心，中原文化在此沉淀、汉文化气息浓郁，自然成为鲜卑人汉化初期的资料库，因此龙门石窟早期石造像虽仍有不少以鲜卑人小眼睛大鼻子的面相进行雕刻，但衣着却全部是汉族服饰。而迁都的北魏鲜卑人也学习了汉人的雕刻风格及技术，并将汉化的成果运用在了石窟的开凿中，相较北凉时期的粗犷雄健，龙门石窟绝大多数石造像已经拥有了汉人佛像雕刻中具有代表性的清秀面貌。龙门石窟的繁盛期在前唐，尤以武则天时期为最盛，这时的造像风格已经完成中原化，造像秀美沉静、面庞温润，更加切合当时中原人民的审美观。总体来说，龙门石窟的石造像虽带有西域文化的残余，但占主导地位的依旧是与中原人审美相符，具有汉化后风格的“秀骨清像”。

2. 地域差异所导致的保护情况不同

龙门石窟及莫高窟在地理位置上差异较大，前者位于降水相对较多的中原地区，而后者地处西部荒漠中，降水、石质、风向等一系列自然因素是造成两者之间差异的重要原因。

2.1 莫高窟的保护措施

莫高窟位于甘肃省酒泉市，被荒漠环绕，全年降水量仅39毫米。拜干燥的气候所赐，石窟中大量的彩塑壁画得以较为完整地保存至今。洞窟围岩以及前室区域的构造能够调节空气温度，保证了洞窟内温度的均衡。东面的林带和西面的崖面也起到了遮挡阳光的作用，太阳辐射强度和时间的减少无疑给莫高窟内文物的保护创造了条件。不仅如此，窟前年均风速也低于窟顶戈壁3.5m/s，风速的降低同样抑制了水分蒸发和盐分残留。凡此种种优势使得莫高窟内大量文物壁画得以较为完整地保存至今，未受到严重的摧残破坏，由于盐分较少残留在洞窟内，彩塑的掉色现象相对而言也没有那么严重。

干燥的气候和稀少的降水利于文物壁画的保存，砂岩山体也为莫高窟提供了合适的雕刻材料。莫高窟所处的鸣沙山属酒泉系砾石岩层，石质较为疏松，便于洞窟的开凿，但也正是因此并不适合佛教中传统的石雕技术，因此敦煌莫高窟现存的造像除几尊大佛以石胎塑成以外全部为木骨泥塑。古时工匠在石窟壁上抹上泥灰使其平整，后涂以白粉并在上面绘画。因此，整个石窟内保存的文物多以彩塑及壁画为主，而由于壁画相比雕塑耗时耗力较少，所描绘的内容也更为详尽。

2.2 龙门石窟的保护措施

龙门石窟地处洛阳市洛龙区，黄河的一条支流伊河横贯其中，将龙门山及对岸的香山分隔。龙门山山体由石灰岩构成，相比莫高窟，龙门石窟的石质更加坚硬致密易于雕刻，是制作石刻雕塑极为合适的材料。从密布在山体上的大小石窟及石佛像也可以看出，龙门石窟的造像几乎全部为石刻塑像。

而比起莫高窟的干旱少雨，龙门石窟所处地区洛阳的年均降水量显然高出许多，达到了578.2毫米，这也赋予了龙门石窟富有代表性的喀斯特地貌。石灰岩石质易受水等含碳酸液体的腐蚀，在充足水分的溶蚀下，龙门石窟山体内便存有不少自然生成的石窟，存有龙门二十品中十九品的古阳洞便是建造在天然溶洞之中的。溶洞的形成一方面为石窟的开凿提供了便利，另一方面也是造像保护的巨大威胁。石窟中随处可见呈水流形状的白色物质以及因此而扭曲变形的塑像，那就是岩壁与水发生化学反应后形成的石灰岩凝浆。水中含有的多种无机盐也会对彩塑中使用的无机颜料进行腐蚀，经年累月，龙门石窟中原本色泽鲜丽的彩塑壁画，时至今日早已失去了当年的色彩。由此看来，虽然龙门石窟保存石刻雕塑较多，但彩塑的留存情况相比莫高窟依旧是不容乐观。

3. 结论

龙门石窟位于中原文化的中心地带洛阳，石造像风格较为统一，呈现出典型的中原文化风格；而莫高窟由于建造时代跨度大且地处东西文化交流的节点，彩塑及壁画更多反映了中原文化与西域文化碰撞融合的过程，是文化融合合适的研究对象。龙门石窟山体为石灰岩，属喀斯特地貌，适宜进行石刻；相反，莫高窟的石质以质地疏松的砂岩为主，难以进行塑像，因此莫高窟现存文物多为彩塑及壁画。湿润的环境使水分更易腐蚀龙门石窟内的石造像，地处荒漠的莫高窟也在逐年经受着风化的摧残。对文物工作者而言，两石窟同为我国重要的文化遗产，但时代跨度及地域环境所带来的巨大不同之处，也应分类思考。针对不同的文物，应当选择与其条件及境况相符的方法进行保护。

参考文献：

[1] 黎臻，袁济喜 . 从北魏龙门石窟艺术透视南北审美文化的交融 . 中国人民大学学报，2011(5).

[2] 李红寿，汪万福，詹鸿涛，邱飞 . 环境因子对敦煌莫高窟水分蒸发的影响 . 干旱气象，2014(6).

[3] 李艳华 . 敦煌莫高窟飞天形象的演变历程 . 戏剧之家，2014(9).

[4] 李映洲 . 敦煌壁画艺术论（欧亚历史文化文库）. 兰州：兰州大学出版社，2013.

[5] 刘洪丽，王旭东，张明泉 . 敦煌莫高窟降雨分布及入渗特征研究 . 文物保护与考古科学，2016(2).

（指导老师：褚红）

论中国古代思想发展对服装的影响

□刘瑰琦

一、夏商西周

“阶级分化是文明的特征之一，中国文明同其他所有文明一样也存在不平等。”（斯塔夫里阿诺斯《全球通史》）夏朝和商朝的奴隶制社会，不同于上古炎黄传说中崇尚平等的部落社会。社会上不同人所占有生产资料的多少不同，由此产生了阶级意识。随着人们阶级意识的增强，服装中加入的阶级意识越来越多，使服饰逐渐趋向制度化，作为阶级身份的标记。

“昔者桀之时，女乐三万人，端噪晨乐闻于三衢，是无不服文绣衣裳者。”（《管子·轻重甲》）其中“文绣衣裳”是夏王朝时期已经出现并流行的一种绣着图案的丝织衣服，只有贵族妇女和宫廷乐女有机会穿。一般的平民百姓，以穿着麻、葛布缝制的衣裳即麻衣、细葛布衣等为时尚。由殷墟出土的商代玉人像可知其服装样式：衣领作交叉状，左襟压右襟，长袖，腰间系束带，前腹束带下垂一过膝的韨（即蔽膝），全衣似连成一体作深衣状，逐渐形成深衣制。

西周时期宗法制（与封建制互为表里，数千年来对中国人的生活方式、思维方式影响深远）产生，周公旦作《周礼》，这本皇权时代的经典著作捍卫了阶级分化思想，由此象征帝王威严的冕服逐渐形成。

二、春秋战国

春秋时期我国奴隶社会瓦解，战国时期我国封建社会形成。春秋战国之“诸子百家”时期是中国迄今为止最黄金的思想期，也是中华文明第一个辉煌高峰期，产生了以儒、道、法等三家为主的众多思想基础。同时也产生了第一次服装大变革，是中国古代服装基本定型期。

生产力的突破性发展和随之而来的思想大解放冲击了服装等级制度。春秋以来服装的违礼现象多有发生，然常会遭到制裁。如“郑驷秦富而侈，嬖大夫也，而常陈卿之车服于其庭。郑人恶而杀之”（《左传・哀公五年》）。但等级观念仍然深重，一方面仍有奴隶制下严格的服饰等级，另一方面新的封建服饰等级制也逐步形成。受正名（是维护封建社会等级秩序的重要方法，“名不正，则言不顺”《论语・子路》）思想影响，其主要举措一是明贵贱、辨等级。“王之吉服……大裘而冕”（《周礼・春官・司服》），而卿大夫一般以礼衣、礼帽为朝服。二是正服色。“衣正色，裳间色，非列采不入公门”（《礼记・玉藻》），是知古人以正色为贵，而视由正色相杂产生的间色为卑。三是“上以为政，下以为俗”（《列子・汤问》），好恶取舍，动静无常，随君上之情好而形成某种服装时尚，即习俗范畴服饰的世态性。“齐王（桓公）好衣紫，齐人皆好也”，“邹君好服长缨，左右皆服长缨”。（《韩非子・外储说左上》）

思想上的百家争鸣在军事上，一定程度地体现于诸侯之间的征战不休，由此引发了意在提高战斗力的胡服骑射，但受到狭隘的民族主义和民族优劣论以及固有传统观念的阻碍，不过民族融合的加快也加速了服装融合。

三、秦汉

秦汉两朝都是大一统的王朝，其思想也是基本统一的。秦代以法家思想为主，汉初“文景之治”提倡道家无为而治，所以服饰并无太大变化，但是在汉武帝“罢黜百家，独尊儒术”之后，儒家思想逐渐占据统治地位，一种“复古主义”社会思潮兴起，服装等级制再现，服装的纹饰和颜色均有严格的规定，并逐渐形成了定制，对以后的历代封建王朝有深远影响。

四、魏晋南北朝

这一时期是封建国家大分裂的时期，是民族大融合的时期，也是第二次服装大变革的时期。服装变化主要分为南方和北方两方面。

从南方来看，儒家思想暂时消沉，新道家思想兴起。他们讲究“道”（万事万物所遵循的普遍法则，偏重其空无方面的含义）、“虚”（万物皆由虚无中来，

《庄子·人间世》“唯道集虚，虚者心斋也”）魏晋玄学，竹林七贤把儒家思想注入道家学说中，衣着也以追求仙风道骨为主，所谓“宽衣博带峨冠”是也。魏晋的名士们多身着宽大外衣并不穿中衣，此衣式仅见于这一时代，而南朝服装等级尊卑也比北朝严格。从北方来看，北方少数民族受汉族思想文化影响，民族融合得到了更好的体现，毛纺织品开始大量出现。

此外，佛教的盛行也与服装发展有密切关联。一方面当时雕凿的石窟佛像衣着多以飘逸为主，另一方面世人服装上的纹饰也多有佛教印记，如莲花、忍冬等。

五、隋唐

隋唐重建了中国的统一，文化也发展到顶峰。儒家再度兴起，并在思想界建立起主导地位。隋唐两代的国君都对服装制度进行了一定的改革，隋唐时期是第三次服装大变革时期。隋炀帝“宪章古制，创造衣冠，自天子逮于胥皂，服章皆有等差”（《隋书》卷一二《礼仪志》）至武德四年正式颁布车舆衣服之令，规定了上至帝王后妃，下迄文武百官及其妻女的服装，是自汉明帝恢复礼制以来及隋炀帝制定冠服制度之后，最系统最完备的冠服制度，在我国服饰史上具有重要的意义。唐太宗也对服装进行了改革，他于贞观八年创制了翼善冠，贞观四年制定了百官的“品色服”（《旧唐书·舆服志》）规定，改变了汉魏以来一直以皂色为尊的惯例，确定以紫色为上品服色。

隋唐时期是思想的鼎盛时期，各种文化兼容并包也表现在隋唐服装的开放性。一是国内外各民族之间的开放，民族同化加深；二是服装等级的开放，君臣可以用同一种服装只需区别颜色；三是男女界限不严，男尊女卑的思想和男女授受不亲的传统观念不像后世那样森严，从周濆《逢邻女》诗“慢束罗裙半露胸”就可看出。

六、两宋

如果说秦汉隋唐文化犹如中国北方男子的大气，那么宋代文化就如南方的小家碧玉。这时逐渐僵硬化的儒学——程朱理学（事物的本原，理学是阐发“理”的学说，《二程遗书》卷十八“有物必有则，一物须有一理”）开始兴起并逐渐居于统治地位，主张“存天理（是天的本质意义，决定着人与事物的本性，常与‘人欲’相对），灭人欲”，其势甚于汉朝。服装风格趋于保守，等级化大大加深。

宋代确立了更严格的制度来规范贵贱、严防僭越。如端拱二年明令规定："县镇场务诸色公人并庶人、商贾、伎术、不系官伶人，只许服皂、白衣，铁、角带，不得服紫。""幞头巾子，自今高不过二寸五分，妇人假髻并宜禁断，仍不得作高髻及高冠。其销金、泥金、真珠装缀衣服，除命妇许服外，余人并禁。"（《宋史·舆服志》）

七、元明清

元朝是古代少有的少数民族政权统一整个中国国土的时期，儒教受到严重的破坏，以藏传佛教为国教。一方面，元朝的服装民族特性明显，各民族的服装特点都不同；另一方面，元朝民族压迫、阶级性加强，元朝是少有的以法律形式固定服饰等级的朝代。延祐四年规定"上得兼下，下不得僭上。违者，职官解见任，期年后降一等叙，余人决五十七下"（《元史·舆服志》）。如当年明月所说："蒙古人们即使在占据了中国后，好像仍然把自己当成客人。"（《明朝那些事儿》）

明清政治制度、治国思想基本相同。这个时期政府大力推捧宋明理学，"四书五经"成为考试和仕途教材，思想开始收缩。明朝等级依旧分明，只是服装更加精美。但是从正德起至嘉靖万历年间的明代中后期，随着市民文化的兴起，富商大贾不再甘于礼制的约束，僭越等级的现象很常见。如"成化以前，平民不论贫富，皆遵国制，顶平定巾，衣青直身，穿皮靴，鞋极俭素；后渐侈，士夫峨冠博带，而稍知书为儒童者，亦方巾彩履色衣，富室子弟或僭服之"。（《风俗志》新昌县志）而和元朝相比，清朝在民族政策方面更为宽和，在汉族思想影响下发起了满服改革，到乾隆中期，最终形成了既有满族特色又有汉民族传统等级标志的、系统完整的服装制度，这是古代服装的第四次大变革。

参考文献：

[1] 当年明月 . 明朝那些事儿 . 杭州：浙江人民出版社，2017.

[2] 斯塔夫里阿诺斯 . 全球通史 . 吴象婴等译 . 北京：北京大学出版社，2006.

浅谈龙门石窟佛像服饰特点

□糜蝉阳

龙门石窟位于我国河南省洛阳市，开凿于北魏中期，现存窟龛2345个，造像10万余尊。龙门石窟历经魏、唐、北宋等多个朝代，凿刻时间长达400多年，其中北魏和唐朝的佛像洞窟的规模最大。在龙门石窟中，众多佛像的神态、服饰、雕刻等等都成为学者们研究的方向。而研究佛像的服饰文化不仅能够反映出当时朝代人们生活的精神状态，而且能够折射出当时社会文化发展程度。龙门石窟是我国石刻艺术瑰宝之一，展现了我国源远流长的历史文化和博大精深的佛教文化。

1. 北魏时期与唐朝时期佛像服饰的相同点

北魏和唐朝的佛像服饰雕刻中都带有一种洒脱、飘逸之风。北魏孝文帝统治期间，为了加强中央集权，实现国强民富的目标，孝文帝迁都洛阳，并且开始大力推行汉化政策。北魏百姓以鲜卑族为主，原本的服饰特点主要是短衣窄袖，便于骑马射箭，穿长靴便于在草原上行走。但是在公元494年，孝文帝改革鲜卑族夹领小袖紧身服饰为汉人宽袍大袖服装，衣服衫领敞开、袒露胸怀，这是北魏文人雅士的典型服饰。当时北魏处于上层阶级的人大多衣着特点是宽松肥大，袖子宽阔，让人看上去洒脱、大气。宾阳中洞是北魏时期的代表性作品。洞窟正壁刻主像释迦牟尼，其雕刻的服饰是宽袍大袖袈裟，典型的汉族服饰特征。

唐朝以汉族人为主，其服饰带有明显的汉人特点，而僧侣的衣饰有通肩式、袒右肩式和褒衣博带式，更多的是方领下垂式，衣料质感柔和轻薄，前襟敞开，衣袍宽松。最为典型的就是唐窟中的卢舍那佛坐像，金佛佩带通肩大氅，自右肩缭绕至左肩，遮盖全身的和缓衣褶，飘逸而浩大，看似流水，但是在薄薄的衣襞下却显现出壮硕躯体的健美质感。

在龙门石窟中，北魏和唐朝佛像的服饰使得佛像的整体形象更鲜明，反映出人们心中神化形象的特点，折射出当时社会的文化风气。北魏佛教文化兴起，龙门石窟的魏窟中佛像端坐在莲花之上，衣袍纹理清晰，衣襟敞开，犹如现实生活中深山中的仙人，展现整个佛像的仙风。唐朝多元的佛教文化使得佛像的服饰、神态等都贴切当时的社会，以奉先寺的主佛形象为例，主佛身着通肩式袈裟，衣纹简朴，一圈圈的同心圆式的衣纹把主佛衬托得高大、神圣。

2. 北魏时期与唐朝时期佛像服饰的区别

2.1 龙门石窟中北魏佛像的服饰具有典型的“胡汉”风格

龙门石窟是孝文改革之后建造的，但是雕刻佛像仍然带有明显的胡人民族风格。在魏窟中，一些小型的佛像是通肩佛衣，即上衣自背部覆盖双肩，右衣角自颈下绕过搭向左肩，佛衣的衣褶为相互咬合的勾连纹或者窄浅阶梯纹。孝文帝统一服饰，因此佛衣类型也发生变化，龙门石窟的佛衣类型可以细分作两类，分别是上衣搭肘佛衣和中衣搭肘佛衣。上衣搭肘即上衣自背部覆盖双肩后，上衣右衣角自胸腹前绕过搭向左肘，中衣在胸口下端隐现，衣褶为宽深阶梯纹；中衣搭肘则是指中衣的右衣角搭在右肘上，上衣自背部覆盖双肩后，右侧沿肩臂处经右腋下绕过搭左肩。龙门石窟的佛衣类型改变影响了此后开凿石窟的佛衣形式，代表了佛衣从沿袭印度传统到偏重汉族传统的发展过程，体现了胡文化逐渐“汉化”的过程，是胡汉文化融合的表现。

2.2 魏窟佛像与唐窟佛像在服饰风格上呈现出细节的不同

北魏孝文帝时期，佛像已被改变为更贴近中国北方民族的面形，袒胸露臂也逐步被褒衣博带式佛装替代。同时，北魏后期佛教造像追求风雅，秀骨清像，仪态万千。因此，龙门石窟北魏时期的造像多为削瘦的“秀骨清像”，早期的衣纹紧窄、偏袒右肩式袈裟也被褒衣博带式的服装所代替，衣裙层层垂悬，形成疏密间杂、通体流畅的衣饰线条，从而达到飘逸豪迈的艺术效果。

唐代作为中国封建社会发展的繁荣鼎盛时期，出现以龙门石窟为典型的佛教石窟建筑，为我国雕刻文化奠定了物质文化基础。唐朝时期，龙门石窟造像艺术语言的形成，反映出当时人们对服饰的审美。同时这也促进了佛教的繁荣，使佛教造像艺术再迎新高峰。当时的佛像在艺术上追求成熟美，即雍容华贵、庄重典雅。于是佛造像一改南北朝时期的清瘦飘逸，转向丰满端丽、透露着圆润柔和的美。佛的面相圆润丰腴，衣褶线条舒畅、随着身体的曲线而起伏流畅；力士浑身肌肉突起，充满了雄强的气势和向外迸发的力量；飞天长裙曳地，飘带飞扬，凌空起舞。人物性格与形体优美，被巧妙写实地表达出来。

3. 龙门石窟佛像服饰文化对后世的影响

3.1 龙门石窟提示了雕塑艺术创作的各种规律和法则

自石窟艺术传入中国后，新疆等边远地区的早期石窟艺术，乃至云冈昙曜五窟都较多地保留了犍陀罗和秣菟罗艺术的成分。而龙门石窟则是远承印度石窟艺术，近继大同云冈石窟风范，与魏晋洛阳和南朝先进而深厚的汉族历史文化相碰撞、融合开凿成的。所以龙门石窟的造像艺术，一开始就呈现出了中国化、世俗化的趋势，其造像的神态气质、衣着服饰、雕刻手法都为之一新，造像特征表现出一种“褒衣博带”、秀骨清姿、宽袍大袖、表情温和、潇洒飘逸的风格。入唐以后，龙门造像受雍容华贵、富丽健美时尚的影响，演变为体躯丰腴、面相圆润、隆胸细腰、典雅端庄的风格，并精雕细刻，毫无繁缛、臃肿之感，达到了形似完美的境界。这两种划时代的中原艺术风格，在龙门石窟一经形成，便借其政治上的优势而迅速风行全国，甚至影响到域外的造像艺术。

3.2 从龙门石窟北魏造像到唐代时期造像，形成了两大造像高潮

北魏时期秀骨清风、宽袍大袖、表情温和、潇洒飘逸与唐代体躯丰腴、面相圆润、曲线优美、典雅端丽的造像风格，并称为中国古代民族雕塑艺术的典型范例。龙门石窟艺术，更多表现外来文化和中国文化相融合的特点，是时代发展的产物，因此，龙门石窟自开创之日起，就具有世俗化、中国化的发展趋势和典型特征，这在中国石窟史上是毋庸置疑的。

4. 总结

龙门石窟的服饰风格与时代的变迁是分不开的，每个时代的造像具有不同的审美标准和浓郁的时代特点。石窟艺术是佛教影响下的产物，它的兴衰是受到当时政治、经济、文化的制约的。政治的需要、时代的崇尚以及民族风俗等方面的影响和作用，都给石窟艺术打上了时代的烙印。

龙门石窟是北魏和唐朝两代盛期皇家经营的造像艺术。北魏太和十七年至唐天宝十五年，是世界石窟艺术中最为辉煌壮美、璀璨绚烂的篇章。龙门石窟在雕塑艺术上形成的中原风格，既遵循了经典又突破了宗教仪规，不同佛像衣着各具特色的服饰，充分展现了当时社会的民风民俗。佛教文化与服饰、绘画、雕刻等内容结合在一起，丰富了我国历史文化，也展现了我国弥足珍贵的文化遗产。

参考文献：

[1] 樊珂 . 北魏时期石窟造像中国式服饰初探 . 西安美术学院学报，2014(2).
[2] 纪瑞婷 . 龙门石窟佛教服饰世俗化研究 . 天津师范大学硕士论文，2013.
[3] 姜文 . 浅析北魏时期云冈石窟与龙门石窟佛像造像风格的比较 . 美与时代·城市，2014(2).
[4] 刘芳 . 论龙门石窟造像中唐朝服饰的文化体现 . 现代国企研究，2015(2).
[5] 王青茹 . 北魏和唐代服饰在龙门石窟造像中的体现 . 中州今古，2001(5).
[6] 王晨琳 . 论唐代龙门石窟佛像服饰的审美特征 . 美与时代，2014(10).
[7] 杨建宏 . 从龙门石窟造像艺术看唐代审美特征 . 时代文学，2010(7).

（指导老师：褚红）

试论王铎在南明弘光朝的政治角色

□任翼诚

王铎，河南孟津人，字觉斯，天启二年（1622）中进士，崇祯十七年（1644）三月擢礼部尚书。当月李自成攻占北京，王铎“忽闻变故，补天无力，驱走江南，誓隐山窟”。在福王南京登基，建号弘光后，王铎于当年五月被封为东阁大学士兼礼部尚书，在弘光朝中地位仅次于史可法（时任武英殿大学士兼兵部尚书）与马士英（时任东阁大学士兼都察院右都御史）。弘光朝廷建立以后，党争进一步激化。与天启崇祯两朝一样，朝中的两派主要为东林党及阉党。东林党人以史可法为首，以江南“清流”为奥援，占据了朝中的主要职务。而阉党则以马士英及其支持者阮大铖为首，与被打入“逆案”的旧臣及江北武将声气相通。王铎身为弘光朝廷第三号人物，在党争中并未明显表示倾向某一方，因而后世对其政治角色的看法颇有不一之处。如，黄宗羲等浙东学派史家将其归为阮马一派，对其人格加以贬低。本文依据文献资料，通过对王铎在“定策”及“顺案”中作用的探究，分析其在南明弘光朝所扮演的政治角色。

1. “定策”之案及王铎在“定策”之案中的角色

1.1 “定策”之案

崇祯十七年三月十九日，李自成攻陷北京，崇祯帝自尽。其后，由于南北消息不通，崇祯自尽的消息直到四月初八方才传到南京。随后，南京众臣开始谋划拥立在南京的藩王登基。当时，福王、潞王、周王、恒王都因为战乱避居淮安城外。由于福王朱由崧在血统及辈分上更为正宗（万历帝之孙，与崇祯帝是平辈），因此当时南京众臣大多希望拥立福王。淮安巡抚路振飞便上书史可法："伦序当在福王，宜早定社稷主。"刘城也在《上阁部史公书》中说："伦序应在福藩，大宝之御无可迟滞之端。"可是，以在籍礼部侍郎钱谦益为首的一部分江南东林党人却认为，福王祖母郑贵妃曾经在万历及天启年间卷入过"妖书""梃击""移宫"三案，名声恶劣，福王因而不可立。另外一方面，当年正是由于东林党人的力争，神宗和郑贵妃才没有立福王朱由崧的父亲朱常洵为太子。正如钱谦益所说："福恭王昔者觊觎天位，几酿大祸，今立其子，势必翻三案以报私仇，视吾辈为俎上肉矣。"于是，众人"群起拥潞王"。史可法也认为福王"有七不可：贪、淫、酗酒、不孝、虐下、不读书、干预有司也。潞王常淓，神宗侄也，贤明当立"。然而，阉党首领马士英等"拥福派"却抢先联络了高杰等武将作为后援，将福王护送至仪征预备登位。史可法得知后已晚，"知事势已决，始具舟启迎"。福王遂于四月二十九日登基监国。

1.2 王铎与登基前的福王的关系

早在福王登基之前，王铎已经与福王相熟。谈迁曾经在《国榷》中提及："监国（福王称帝前自称监国）故与铎有旧。"王铎的家乡在孟津，与福王的封地洛阳相邻。加之崇祯十四年李自成攻占洛阳，老福王朱常洵被杀，其子朱由崧逃难至河南怀庆（今河南卫辉），王铎当时也避居于此，二人有来往也并非不可能。此外，王铎的姻亲吕维祺曾经于崇祯九年（1636 年）在洛阳创立"伊洛社"，又于崇祯十一年（1638 年）在洛阳创明德堂讲会，在河南文人中颇有名声，也可能与老福王朱常洵亦有交集。

1.3 王铎在"定策"之案中的角色

有史家认为，王铎曾经参与了立福王之事，而福王因为旧交而将其擢为次辅，将其作为王铎厕身于阉党之列的证据。然而，王铎当时根本不在南京。王铎自北京逃出后，并未到南京而是居住在杭州。他在《甲申旅处夜哭》其六中写道："痛洒孤臣血，余杭起夜风。"这也可以从"铎与詹事姜曰广并授东阁大学士，道远未至"得到证明。此诏书颁发于五月初五，弘光宣布监国的第三天。而王铎直到六月十三日才正式到南京见朝，此时福王早已称帝一月有余。综上，王铎在"定策"之案发生的时间，根本不在南京，也未有史料记载其与"定策"各方人物有任何联系。

弘光帝擢王铎为弘光朝次辅的原因有两点：其一是因为王铎在崇祯朝时素有“清刚”之名，其二则是出于平衡各派政治势力的考虑。王铎颇有正人君子之名，以直言敢谏著称。天启六年，魏忠贤得势，下令编写臭名昭著的《三朝要典》。王铎时任翰林院检讨，他认为，编写《三朝要典》这类东西，是“污简牍哉”，见后曾拂袖而去，因此遭阉党所恨。崇祯十一年七月杨嗣昌主张与清朝议和。王铎闻之，连上两疏，直陈边事不可抚，将矛头指向杨嗣昌。杨嗣昌大怒，甚至请求崇祯帝以廷杖杖责王铎。当年秋，王铎在经筵进讲时，向崇祯大胆进言，力陈加派赋税之害。崇祯帝“变色”，斥责了王铎，但事后也承认“王某言是也，但太戆”。这几件事，使得王铎在士人中获得了“清流”之名。另外，王铎性格谨慎，待人宽厚。他在《家诫》中写道：“满招损、谦受益，时乃天道，敬以持之。”从而与各臣私怨甚少。他在崇祯朝时因为与魏忠贤的斗争而赢得了东林众人的赞扬。而因为王铎没有卷入“定策”之案，所以阉党也可接受他。他的名字也未尝被列入《东林点将录》等书。

尽管王铎并未直接参与“定策”之案，但他在福王登位之后在朝中发挥了缓和及调停党派矛盾的作用。弘光帝登位后，马士英、阮大铖等人请求弘光帝重设明末恶贯满盈的东西两厂及锦衣卫，以“痛打落水狗”的姿态打压东林党人，进而将党争全面扩大。王铎深知其害，先后两次上书坚决反对设立厂卫，甚至以辞官相抗。王铎在一封给弘光帝的奏折中写道：“国家新造，人心易涣，当以安静为主，厂卫应行禁止。”可见，王铎反对厂卫的原因是担心厂卫加剧党争，导致朝中人心不稳。可是，在当时“阮与马共天下”的政治背景下，厂卫最终还是设立了。在这种不利的态势下，王铎仍继续在后续事件中坚持扮演他的调停者角色。

2.“顺案”及王铎在“顺案”中的角色

2.1“顺案”

崇祯十七年三月李自成进京时，绝大部分明朝官绅都上书请用。清兵占领北京后，一批前明官员趁乱南逃。“南来缙绅不下百余人。”其中大多是东林一派。当时，东林党时常以“逆案”做文章，打压阉党诸人，特别是名列“钦定逆案”的阮大铖。在这种情况下，阉党众人需要一个机会来反攻东林党。周钟的南下给了他们这个机会。周钟是东林名流，在北京投降了大顺后，深受丞相牛金星器重。周钟先上书李自成劝他登基，又劝他早日攻取江南。从封建纲常的角度来看，他的这种行为的确是厚颜无耻。此外，周钟与阮大铖也有私怨。在阮大铖身入逆案后，周钟曾在南京的酒店里大肆羞辱过他。于是，阮大铖与马士英制定了“彼攻逆案，吾作顺案相对耳”的方针，准备将“顺案”扩大化。

2.2 王铎在“顺案”中的角色

崇祯十七年十二月，刑部尚书解学龙开始治“从贼”狱。当时一共分六等定罪，而周钟定为次等。马士英闻之不悦，希望将周钟置于死地。解学龙于是和王铎密议，希望延缓周钟之死。解学龙于是先将周钟的定罪升为从一等，但又上书请求停刑。王铎便立刻批准。马士英知道后大怒，将解学龙罢免，又指示张孙振、刘光斗二人攻击王铎。王铎无奈，只好上书请辞。

王铎之所以援救周钟，是出于缓和党争的考虑。早在当年六月，弘光朝便下令禁止北来的官员进入南京。王铎闻之，上书请求弘光帝对他们宽大处置：“北都文武降贼，即归来，必酌而恤。”与他持同样看法的还有史可法。在顺案愈演愈烈之时，王铎仍坚持从统一战线的角度提出：“当沛仁施宽，除先朝之虐刻，洒然与天下以乐生。”尽管周钟最后还是被诛杀，但王铎也保护了大量受到牵连的官绅。史载王铎“免籍北来荐绅三十余家”。文人陈贞慧因为曾参与发布声讨阮大铖的《留都防乱公揭》，也被逮捕入狱。王铎闻之相救，陈贞慧终免于缧绁之灾。

3. 结语

综上所述，王铎在“定策”与“顺案”两案中，都并未直接参与阉党与东林党的党争，而是主要以“孤臣不党”的政治面目出现。王铎无党无派的面目及宽厚公允的处世之道，方便其作为调停者介入两党冲突。尽管王铎所做的调和两党矛盾的努力由于政治环境大多未能奏效，但他也尽己所能保护了一批党争中的受害者，应受到历史的肯定。王铎虽尽到了他自己作为调停者的责任，然而此时南明早已积重难返，无力回天。纵观南明十九年历史，南明各小朝廷之亡，皆亡于党争。倘若王铎的调停方针得以贯彻，则南明必不至速亡。

参考文献：

[1] 陈贞慧 . 书事七则·防乱公揭本末 . 上海：上海书店出版社，1990.
[2] 戴霖 . 明代洛阳地区讲会论略 . 河南科技大学学报，2003(4).
[3] 顾诚 . 南明史 . 北京：中国青年出版社，1997.
[4] 归庄 . 归庄集（卷八）. 上海：上海古籍出版社，1984.

[5] 扈耕田，杨晓塘．王铎与弘光政治．洛阳理工学院学报，2001(1).
[6] 计六奇．明季南略．北京：中华书局，1984.
[7] 姜曰广．福王登极实录（附过江七事 金陵纪略）．北京：商务印书馆，1917.
[8] 李清．南渡录．杭州：浙江古籍出版社，1988.
[9] 李清．三垣笔记．北京：中华书局，1997.
[10] 刘城．峄桐文集．北京：北京出版社，1997.
[11] 孟羽中．从王铎立身处世看明末清初的政治环境．殷都学刊，2013(4).
[12] 谈迁．国榷．北京：中华书局，1958.
[13] 王铎．拟山园选集 文集（点校本）．郑州：河南人民出版社，2013.
[14] 王绍徽．东林点将录．北京：北京出版社，1996.
[15] 王仲翰．清史列传．北京：中华书局，1987.
[16] 温睿临．南疆逸史．北京：中华书局，1959.
[17] 温睿临，李瑶．南疆绎史．台北：台湾大通书局，1987.
[18] 夏完淳．续幸存录．北京：京华出版社，2001.
[19] 徐鼒．小腆纪传．北京：中华书局，1958.
[20] 杨士聪等．甲申核真略．杭州：浙江古籍出版社，1985.
[21] 张缙彦．觉斯先生家庙碑记．依水园后集．上海：上海书画出版社，2007.
[22] 张缙彦．依水园后集．转引自张升《王铎年谱》．上海：上海书画出版社，2007.
[23] 张廷玉等．《明史·史可法传》．北京：中华书局，1974.
[24] 周璐．王铎仕明时期政治生涯及立场考论．安阳师范学院学报，2015(1).

（指导老师：褚红）

龙门石窟破坏与保护的古今纵谈

□王业程

龙门石窟始建于北魏孝文帝年间，露天坐落于距洛阳市区约 12 千米处，自开凿至今，始终面临着人为破坏和自然风化等重重危机。如何对龙门石窟进行妥善保护，成为自北魏以来一直困扰着大众的严峻问题。无论是古代的僧人商贾，还是近代的龙门镇居民，再至现在的龙门石窟管委会，他们运用不同的方法为塑像的完整保存做出了不懈努力。

1. 龙门石窟遭受破坏的原因

1.1 三武一宗灭佛

所谓“三武一宗灭佛”，即为“北魏太武帝灭佛”“北周武帝灭佛”“唐武宗会昌法难”“后周世宗灭佛”。灭佛运动的起因有两个共同的特征：一是由于僧尼不用缴税、不用耕作，严重阻碍了社会经济的发展以及良好社会风气的建设；二是这四位统治者皆信奉道教。四次灭佛运动龙门石窟承受了后三次，灭佛诏令的颁布使初建于北魏的龙门石窟遭受了巨大磨难。其中以唐武宗时期的为最盛，佛像被大量焚毁、砸碎。据有关记载，唐武宗为“惩千古之蠹源，成百王之典法，济人利众”而“拆寺四千六百余所，还俗僧尼二十六万五百人，收充两税户；拆招提、兰若四万余所，收膏腴上田数千万顷，收奴婢为两税户十五万人”。虽然恢复发展了经济，却给龙门石窟乃至中国佛学文化造成了不可磨灭的损失。元代文学家萨都剌在其所撰写的《龙门记》中写道：“然诸石像旧有裂衅，及为人所击，或碎首，或损躯，其鼻、其耳、其手足或缺焉，或半缺、全缺。金碧装饰悉剥落，鲜有完者。”

1.2 清末外国势力的盗凿

20世纪末，日本人关野贞、常盘大定、泽村专太郎、水野清一、长广敏雄，以及法国人沙畹曾专程赴龙门石窟进行考察。他们将所见所闻整理成书进行发表。沙畹于清光绪三十三年（1907）赴龙门进行了摄影、捶拓，所拍摄的照片在《北支那考古图谱》中刊登。该书的发行向西方世界的人们展示了龙门石窟的精美石刻，龙门石窟的盛名大著于世。它给龙门石窟带来的并非是越来越多的敬仰者，反而引狼入室，许许多多贪婪的外国商人纷纷涌入。这直接导致了现如今众多无头佛像的产生。清宣统三年（1911）阴历四月，有两人来河南收购古物，游历龙门时记载了石窟遭到破坏的现象：“近泰西人游此者甚多，得出资令工人凿之。使官吏不为保护，则寺僧窃卖，旅客凿之，此名迹将日见颓废。”一些酷爱石刻艺术的人为了满足自己的贪欲不惜破坏他国优秀历史文化遗产。这也是20世纪前半叶龙门石窟惨遭盗凿的根本原因。

1.3 民国以后的盗凿

民国以后，龙门石窟的命运更加惨淡。盗贼从清一色的洋人变成了无知的中国人。洛阳县知事曾对龙门石窟金山洞窟进行了一次调查，结果惊人：大佛四百七十六尊，有一百八十尊破损；小佛捌万玖仟叁佰七十五尊，有七千二百七十五尊破损，数目实在惊人。诸多奸商勾结外国人，造成了龙门石窟不可估量的损失。

1.4 自然破坏

自然破坏的原因多种多样，以温度和水的影响力为大。龙门石窟的石质属于石灰岩，极易受到热胀冷缩的影响。在洛阳，地表的最高和最低温度相差极大，可达62.4摄氏度，由此可知石头遭受的温差应力极大。更有甚者，如果在夏季极端温度的情况下降下一场大暴雨，温度急剧下降，石刻所遭受的破坏作用就更加明显了。那么为何不在龙门石窟的大佛上搭建屋檐，抑或是增加洞门来防止雨水的侵袭，保持洞内常温呢？那更要提及溶洞的渗水溶蚀问题。龙门石窟山体多水，在封闭保护的时候经常导致洞内长期潮湿，洞内凝结水冲刷使石窟塑像模糊不清，反而加大了破坏情况。

2. 古今保护的措施分析

2.1 古代人民的保护技巧

古代人民知识水平有限，保护方法自然也就较为贫乏，保护成效比起现代来说差强人意，但古人仍有可圈可点之处。

2.1.1 木质窟檐

我国先人在建造时就已经设计有了木质窟檐。早期与龙门石窟一起设计建造的窟檐的效果较好，在很长一段时间内起到了防雨侵蚀的作用。龙门石窟的看经寺、浅溪寺便是最好的代表。由于在开凿时便已留出建房空间，所以这两座寺庙看上去布局合理、风格统一。而后来新加至石窟当中的，就实属于破坏性保护了。据史料记载，在我国宋代时期，在卢舍那大佛处建造了卢舍那大佛的佛龛，俗称“九间房”。这九间房无论如何也无法避开九尊大佛像，于是便在主佛背光处打出梁孔，安装屋架。由于年代已久，屋架的真实面貌已不可考证，但从屋架与佛像主体格调完全不一致来看，卢舍那大佛的屋架确实是后人的创作，也确实存在过。如此破坏雕刻艺术且使大佛承受房梁重量的行为，不得不让人扼腕叹息。

2.1.2 排水工程

洛阳地处中原，属于温带季风气候，夏季降水频繁。如何解决雨水的堆积浸泡不仅仅是当今人们所思考的问题，在古代，先人也想到了这一点。在设计建造之初，在窟顶崖边设置了人字形排水沟。长 120 米、宽 0.6 米、深 0.5 米，依山势而建再加之坡度很陡，所以不会造成积水。

2.1.3 防风化涂层

龙门石窟带给人们的惊喜远不止壮观的佛像。龙门石窟的万佛洞、奉先寺中均有一层厚度达到 0.05 毫米的涂层，颜色暗红发亮。而北魏洞窟——古阳洞、莲花洞中，在其局部造像题字上也发现了类似材料。在一次文物现状方面的调查研究中发现，有了涂层的造像题字与无涂层的相比，溶蚀与风化程度差别甚大。古代保护技艺远不止其破坏性保护的一面，如此保护技艺纵观古代，也仅有巩县石窟能够与之匹敌。

2.2 现代人民的保护技巧

龙门石窟并不仅仅受到历代帝王的敬仰，时光荏苒，它的千古美名更是流传到了现代。随着改革开放的不断深入，人民生活水平不断提升，文化事业同样蓬勃发展着。龙门石窟接待游客的数量居全国石窟之首。

龙门石窟基于中寒武纪石灰岩岩层上开凿，一千六百多年的风吹雨打，造成其中裂隙情况尤为严重，在岩体和雕塑上星罗棋布，时时刻刻威胁着石窟的安全。而已经遭到破坏的，如卢舍那大佛像的双手、迦叶的头部、南部的天王力士已然无可挽回。树木杂草的无限制生长客观上增强了山体蓄水能力，再加之树木根系死亡腐烂后释放出来的酸性物质，增大了山体的溶蚀。以上是自然环境方面龙门石窟所面临的严峻问题，而之后要写到的，就更令人发指了，那就是现代的人为破坏。刨除盗窃盗凿现象，竟然有人朝着佛像投掷石块、攀登佛像、对着佛像大小便，以及随处可见的“到此一游”，无疑增大了保护难度。

2.2.1 景区内安全的保障

东西二山山顶开阔，有多条通道，人们可以肆无忌惮地进入石窟的中心洞窟区域，盗凿石窟。针对此现象，管理人员堵住了意外事故通道，于 1990 年修建了西山围墙 1190 米，次年修建了东山围墙。但由于文物保护与景区规划仍有矛盾，不得已在围墙上留下了 3 个洞口，无法做到 24 小时监管，文物安全仍无法保证。

为了进一步保障文物安全，防止刻画文物，我国于 1982 年开始修建护栏，同时焊接了河边矛头护栏，杜绝了人们在非开放时间的进洞行为，卓有成效。但其仅仅只能阻止一般游客对石窟带来的威胁，具有一定局限性。近年来，随着科技的发展，龙门石窟的保护单位在洞内加装了监控摄像、红外线感应探测系统，一旦有游客入侵，系统便会第一时间上传信息，使龙门石窟保护的应急小组做出快速反应，及时阻止游客破坏行为。从立法角度讲，我国已经将盗窃破坏文物列入刑法，犯罪成本的加大让许多盗窃者望而止步。

2.2.2 石窟修补的艺术

石窟修补具有若干原则。其一，窟龛的修复要以保护为原则；其二，做到最小干预；其三，注重与周边环境的融合、保持外观的整体性；其四，做到修复的可逆性，在不需要这种修复时可以随时拆除；最后，修补同时也要做好文字图片记录，以便随时提档。

基于以上原则，以龙门石窟 683 号窟为例，简述现代修补技艺。683 号窟所面临的问题囊括了石缝裂隙、凝浆物质的覆盖、石像结构性崩塌以及微生物的腐蚀问题。龙门石窟的文物保护人员计划修补部分屋檐，具体行动包括通过清扫山石，选择色泽相近的石料、钻孔锚固，先使用大力士胶黏住即将崩塌的石块，后用环氧树脂胶泥填补缝隙，最后灌浆加固，保证其牢固性与一致性。看似修补后的窟檐仍旧破烂不堪，但实际上效果极佳，有效地避免了雨水的冲刷，也避免了苔藓类植物的生长对石窟所造成的破坏，将实用主义展现得淋漓尽致。这也体现了步入现代以来人们对文物保护的细心程度。

3. 古今保护技艺的对比思考

古往今来，从兴建之初，设计者就考虑到了未来的保护问题，在唐朝时期便有了木质屋檐，这是极为科学合理的。但是到了宋代，人们盲目地加盖“九间房”，肆无忌惮地在佛像的背光上打出钻孔，直接以佛龛为承重墙进行建房，盲目地进行保护。随着朝代的更迭，在清末龙门石窟仅仅依靠魏湾村和龙门村村民进行非正式保护，这段时期佛像屡屡遭窃，保护力度达到自兴建之初的最低点。由此我们可以看出，人们对于佛龛的保护随着封建王朝的衰败一步步减弱。那么是什么造成了这种现象呢？在深入探究之前，我们初步认为，佛教在王朝中思想控制作用被削弱、越来越被世人忽视；外来民族对中国的统治，佛教文化并非统治者的主流追捧；国力衰弱，无力进行维护保护。这些推断也许可以解释保护逐步缺失的真实原因、揭露谜团。

5. 目前面临的问题及未来的展望

从上看来，我国目前对文物所做的保护已经非常到位，但是景区管理的不足之处依然非常明显：旅客大量涌入，带来诸多保护难题；譬如乱刻乱画、随地吐痰；游客抚摸佛像使其面目全非；抑或是景区过于追求商业利益，开展商业演出等活动。

2007 年 4 月开展的夜游龙门项目是一个很好的例证。点亮工程很好地开辟了旅游资源，吸引了来自四海八方的游客，提升了龙门石窟的国际影响力。但值得思考的是，夜游龙门项目的灯光设施是否破坏了文物保护的完整性、破坏了自然夜景？其五彩斑斓的灯光配以烟雾等效果营造“佛光普照”之意境本为好意，但是原本宁静祥和的自然和历史底蕴被人为篡改；另外，景区佛窟、扶手、台阶都布置了灯光带，使整个景区看起来现代感太过于强烈，影响日间观赏效果；最后，2886 个灯具、五千米长的灯带、设备的制作和安装，再加之特种设备自重对山体带来的负担影响，势必对山体造成破坏。

时代不断在进步，国家对于龙门石窟也越来越重视。现如今，文物工作者可以类比 2010 年一场大雨造成庞贝古城坍塌，仔细从中吸取教训，展开专业研讨会仔细分析、广开言路，为龙门石窟提供宝贵的参考资料。云冈石窟、敦煌莫高窟也无一不为龙门石窟的保护，提供弥足珍贵的经验。科技不断发达，文物保护技术越来越成熟，人们文化素养也普遍提高，龙门石窟的保护正在走向一条健康的、已经经过实验论证其可行性的向荣之路。

参考文献：

[1] 卜琳，赵淑梅．试论文化遗产保护与旅游开发——以“夜游龙门”为例．西北大学学报，2012(4).
[2] 陈建平，高东亮．龙门石窟小型坍塌窟龛的修复．文物保护与考古科学，2008(1).
[3] 陈建平．龙门石窟石质雕刻品的保护．雕塑，2008(6).
[4] 高东亮．龙门石窟古代的保护方法及其借鉴使用．雕塑，2008(4).
[5] 李心坚．龙门石窟保护中的灌浆技术．雕塑，2008(6).
[6] 刘景龙．龙门石窟保护．北京：中国科学技术出版社，1993.
[7] 刘起霞，李化，张彦．洛阳龙门石窟的地质保护工程．工程地质学报，2007(15).
[8] 龙京红，石佳．龙门石窟的保护管理现状，问题及对策．首都师范大学学报，2008(5).
[9] 庞萍，杨现国，朱玉新．浅议龙门石窟风景区旅游资源的开发利用与保护．河南地质，2000(4).
[10] 赵莽等．龙门石窟裂隙防渗灌浆新材料试验研究．长江科学院院报，2016(6).

（指导老师：褚红）

中国封建法治进程中侠客群体的兴亡

□向鋆君

关于“侠”的概念，最早是在韩非子的《五蠹》就有：“儒以文乱法，侠以武犯禁，而人主兼礼之，此所以乱也。”由此可见，从一开始，侠已经被法家定为不安定分子。

游侠这个社会阶层是在春秋战国时代发展起来的，侠客前身实则为刺客，《史记·刺客列传》中记载了豫让、专诸等人，他们以躯体报恩于人主，毫不吝啬自我性命。所以崇尚以法、术、势结合统治国家的法家认为侠很大程度上威胁到了以集权为中心的理想社会。

战国是中国的“轴心时代”，社会动荡，各国亟需人才、盛行养士之风，士即游侠。著名的战国“四公子”魏国信陵、赵国平原、齐国孟尝、楚国春申都以养士闻名。

从社会条件上看，侠客的出现是因为原有社会秩序的瓦解，社会阶级内部的流动性加强。班固认为侠客兴起在于“周室既微”。他们被造就于乱世，但历史性加身却又不等于英雄，在贵族、封国的政治斗争中，侠很大程度上作为牺牲者被使用，但侠这一群体本身意志上又趋向于完成属于他们的行为使命，“不爱其躯，赴士之困厄。”这大概就是这个群体最为崇高的自我实现。

但此时的法家提倡社会制度的变革，主张君主以法治国、以术驭臣、以势威民，建立大一统的专制国家。但从分裂走向统一，必须消灭统治行为中的一切不利因素，其中就包括了侠。商鞅在秦国的变法过程中实行“二十等爵制”，严禁私斗，违者处刑。利用国家机器规范公民行为使之符合统治需要。这一点即使在后来汉朝确立后也没有改变，不管是汉景帝大肆捕杀游侠，还是董仲舒改造儒学、实行外儒内法，都对游侠这一社会群体造成了毁灭性打击。

照此来看，当法家之法治被历朝历代沿用成制之后，侠客的生存空间被压缩至极点，除非逢上乱世侠义之行如春风过草之疯长，就只能濒于灭绝。但在中国历史上极度辉煌、社会繁盛安定的盛唐时期，尚侠之气反倒胜于前朝。这虽与唐朝前期极具包容性的文化不无关系，但我认为其还是在于侠这一群体的性质本身符合历史需要，这种需要不仅见于日后起义愈演愈烈的农民，亦见于将理想或者现实侠行注入浪漫主义的文人。

在漫长封建中国从未完成的法治化过程中，封建经济基础和封建阶级政治，注定了以主观判断的人治占有主导地位，维护社会正常秩序的法律往往落不到实处，日益尖锐的社会矛盾在转移时有一部分倒向了救世理想即对英雄的幻想。悉尼·胡克在论述公众的英雄需要的心理根源时，列举了三个原因，一是“心理安全的需要”，二是“要弥补个人和物质局限的倾向”，三是“逃避责任”。群众在精神上将自己置于弱者，但现实中侠客并不能铁肩担道义，封建法制的不彻底最终导致了农民起义，黄巢、朱元璋、《水浒》中的方腊、梁山，皆是如此。

而对于历代文人来说，侠行更是一种情怀，李白《结客少年场行》写道：“笑尽一杯酒，杀人都市中。”龚自珍《己亥杂诗》也尽显恣肆：“一箫一剑平生意，负尽狂名十五年。”但文人抒情，并不止于对侠客的膜拜，如李白这样的“行为艺术者”年少时虽然“喜纵横，击剑为任侠”，但对仕途的期望更大。反观唐朝不以好侠闻者，如王维，其《少年行》中的侠客，实则也是融合文人意气之后的体现，从四方游历到为帝王征战，最后“天子临轩赐侯印”，还是将侠客推向了政治。

然而不管社会如何变化，侠客属性中游离于法外的一面仍然存在，无论是唐代裴铏的《传奇》还是清代石玉昆的《三侠五义》，白玉堂之类的怪侠人物总是层出不穷，这在以金庸、梁羽生等人为代表的新派武侠中表现得更为明显，从与令狐冲关系莫逆却为世人不齿的采花大盗田伯光，到几乎整本书与英雄大侠无关的《欢乐英雄》中的所有人，都是“不正经”的侠，可他们立于法治之外却偏偏又在情理之中。

也许在“天下大同”的理想社会，侠或许已经完成了其本身意义上的使命，但侠这一种由大众精神寄托而成的理想人格仍会存在。正如陈平原先生所说：“侠客形象代表了平民百姓要求社会公正平等的强烈愿望，才不会因为朝代的更替或社会形态的转变而失去魅力。”

第一代海昏侯刘贺其人其事之辩

□杨一晗

刘贺（前93/92—前59年），汉武帝刘彻之孙，是西汉历史上在位时间最短的皇帝。他的一生跌宕起伏、命运多舛。在他仅仅30多年的生命里，身份经历了昌邑王、汉废帝、庶人再到海昏侯。他是雄才大略的汉武帝与倾国倾城的李夫人的孙子，他是4岁便继承了昌邑王位和财物的小王爷，他是仅仅在位27天就被霍光废掉的汉废帝，他是在生命的最后也没能赢得汉宣帝刘询信任而凄凉死去的海昏侯。

《论语·颜渊》有言："季康子问政于孔子，孔子对曰：'政者，正也。子帅以正，孰敢不正？'"《中华思想文化术语3》释义"政者正也"："'政'就是'正'的意思。'政'即政治、治理国家；'正'即坚持原则、端正品行、处事公正。'政者正也'有两层意思：一是强调为政者在施政层面应坚持原则、端正品行、处事公正；二是在道德层面强调为政者应严格要求自己，通过自身的示范作用，影响下属和民众一起循行正道、遵守社会规范。它是古代'人治''德政'思想的具体体现。"[①]可见，古时儒家评价帝君及政治家往往采用严格的道德标准，以此规范为政者的言行举止。正是受这一思想的深远影响，从古至今，我们对于汉废帝刘贺的评价基本上是负面的。《汉书》中刘贺被塑造成一个行为怪异、放纵自己、荒淫无度的混世公子哥儿，并且描写刘贺在宫中时出现了各种各样不吉利的异象。历数他的罪行，竟然有1127条！这究竟是历史对于刘贺的偏见和曲

①《中华思想文化术语》编委会.中华思想文化术语3[M].北京：外语教学与研究出版社，2015：136.

解，还是真的确有其事呢？在我看来，刘贺并没有历史上描述的那样放纵、成日沉浸在纸醉金迷里。他的形象很大程度上被一些原因曲解，最重要的两个原因是“罪行说”和“星象说”。

“罪行说”

1. 1127 条之多的罪行实为欲加之罪

当时在位的刘贺，霍光以 1127 条之多的罪行把刘贺强行从龙椅上拉了下来。刘贺在位一共有 27 天，如果说他真的犯下了那么多罪行，那么平均每天他就要做 41 件坏事。他真的有那么多精力作恶不断吗？在我看来这 1127 条恐怕是霍光对刘贺的欲加之罪。霍光给刘贺罗织的罪状非常详细，主要讲了三方面：一是未遵守丧礼礼仪，包括丧礼期间无悲哀之心，祖宗庙祠未举，却派使者以天子礼祭其亲父昌邑哀王刘髆；二是与孝昭皇帝宫人蒙等淫乱；三是征调无度——征调物资有 1120 次之多。这位废帝就算有罪行，但罪状是否如宣读的那么严重，是“何患无词”还是夸大其词？且检举作为天子的他，“独夜设九宾温室，延见姊夫昌邑关内侯”，也成为一条罪状，则未免小题大做了。

2. 霍光急于废帝反证了刘贺并非不理朝政

霍光经历汉武帝、汉昭帝、汉宣帝三朝，权倾一时。他靠汉武帝对他的嘱托——辅佐汉昭帝刘弗陵，在汉武帝去世后获得了汉朝的最高权力，“政事一决于光”。从此霍光开始专权，汉昭帝刘弗陵穷尽一生也没能摆脱霍光的操控。汉昭帝死后因刘胥已成年不便操控，所以霍光将目光转向了刘彻之孙昌邑王刘贺。以此推测出来的是霍光执意要推刘贺登上皇位一定不是因为刘贺真的有资格、有抱负、有才能，一定是因为霍光认为刘贺只是一个整日不务正业的纨绔子弟。但是才仅仅 27 天的时间，霍光就沉不住气急着要把刘贺废掉。可想而知，这必定是因为霍光发现刘贺完全不是他所想的那样。“而刘贺所颁下的 1000 多道诏书，反倒是证明了刘贺登上帝位以后并没有花天酒地荒废朝政，而是立即亲政，每天亲自处理大量朝廷事务。”[①] 只不过刘贺太过于想摆脱霍光的事事操控、不想重蹈汉昭帝刘弗陵的命运，因此招来了霍光的忌惮；“我们可以设想一下，如果在刘贺登上皇位的时候没有霍光，他依然能坐稳皇位数年。在中国历史上，即便无德无

① 黎隆武 . 千古悲催帝王侯 海昏侯的前世今生 [M]. 南昌：二十一世纪出版社集团，2016.

能，也能统治天下多年的皇帝并不少见。”[①] 所以可见刘贺在历史上的荒淫无度形象跟霍光也脱不了干系。

“星象说”

1. 妖异之兆营造不祥身世

古人向来对星象、梦、预兆等深信不疑。在历史上，刘贺的身边充斥着“不祥之兆”“妖异之兆”。《汉书·武五子传》记载：当刘贺还只是昌邑王的时候，身边就常常出现各种“妖异之兆”：“初贺在国时，数有怪。尝见白犬，高三尺，无头，其颈以下似人，而冠方山冠。后见熊，左右皆莫见。又大鸟飞集宫中。”“戴着方山冠的无头白狗”被周围的人诠释为左右亲信都是戴着帽子的狗，不可与之亲近；“宫中出现的大熊”被警告刘贺有生死存亡的危险[②]，一定要提升自身的修养、勤于政事才可破除；除此之外，还出现了“血污王座”“板瓦遮盖的青蝇矢”。但是这些妖异之兆其实根本就毫无科学根据、荒诞不经。既是当时阴阳五行之说的氛围所致，又是时代的产物，更是当时的大臣用来讽谏帝王的手段。但这些毫无根据的妖异之兆无疑大大丑化了刘贺的形象。

2. 天人感应作为依据废帝

汉人深信天人感应之说。《汉书·天文志》中就有记载：“牂云如狗，赤色，长尾三枚，夹汉西行。大星如月，大臣之象，众星随之，众皆随从也。天文以东行为顺，西行为逆，此大臣欲行权以安社稷。”星象解出来以后，天狗星感应在了“乱君”刘贺身上。“大星如月，众星随之，众皆随从也”则感应在了大司马大将军霍光身上。[③] 于是这种星象在六月被群臣禀告太后，从而导致刘贺被废黜。这种无稽之谈也被作为废黜刘贺的一种依据，这无疑是更加昏庸之事。

排除了对刘贺形象曲解的部分，公共正正地客观评价他——他是一个读诗书、习礼仪、理朝政、有所作为的人。虽然没有做到极致，但也不能说他整日放纵自己、只图酒肉之快。至少在我看来是这样的。

---

① 胡迎建 . 传奇刘贺 [M]. 南昌：江西人民出版社，2016.

② 黎隆武 . 千古悲催帝王侯 海昏侯的前世今生 [M]. 南昌：二十一世纪出版社集团，2016.

③ 胡迎建 . 传奇刘贺 [M]. 南昌：江西人民出版社，2016.

一、海昏侯墓出土文物证明刘贺十分崇敬儒家学说、名人圣贤。

在 2016 年 3 月 2 日，轰动一时的发现——海昏侯墓确认了墓主身份。墓主的身份正是刘贺。在海昏侯墓中发现的文物不计其数。但其中出土的大量竹简、木牍、书刀、孔夫子画像、颜回画像和屏风更是不禁让我们思考——刘贺恐怕不完全是历史所记载的那样。大量的竹简、木牍上用汉隶书写了《论语》等文字。而且据考古队队员描述，写在上面的文字整齐有序、工整漂亮。如果在将来发现上面的文字有对于古籍的评说感想，那么对于了解刘贺其人定是更加透彻。但至少从已发现的文物来看，我们就已经能够推测——刘贺对儒家学说、圣贤孔子不仅没有不学、不尊重，反而还有几分崇敬。

二、刘贺能恰如其分地引经据典以见出他并非是不学无术之辈

根据史料记载，刘贺在皇太后颁布诏书要废掉他的皇位时，并不服气，而是引用了《孝经》上的话："天子有诤臣七人，虽无道，不失天下。"[①] 而当时此话一出，群臣也是瞬间窃窃私语、混乱一片——他们根本没有料到刘贺竟然能引经据典来反驳霍光。这更可以看出刘贺并非不学无术之辈。刘贺这句话用在那样的情景下可谓恰如其分，更彰显他有极高的文化修养。

三、刘贺勤于写作或记录

刘贺被废掉后，汉宣帝刘询派太守张敞观察刘贺的衣着服饰、言语、神态和行为，来防止刘贺觊觎皇位。太守张敞给汉宣帝写了一份报告描写刘贺当时的模样："衣短衣大绔，冠惠文冠，佩玉环，簪笔持牍。""簪笔"谓以毛装簪头，长五寸，插在冠前，谓之为笔。而"持牍"指手持木牍。可见刘贺平常在家的时候是勤于写作或记录的。

四、刘贺在艺术上的情趣、修养证明他并非是"轻狂不惠"

从海昏侯墓中出土的编钟、琴、瑟、棋盘、排箫和伎乐俑等都可以看出刘贺有他自己的艺术情趣与文化修养。但是专注于艺术和时而鉴赏古文物、精美玉器的行为都被后人评说为是不学无术、整日吃喝玩乐的行为，更是被太守张敞称为

---

① 胡迎建 . 传奇刘贺 [M]. 南昌：江西人民出版社，2016.

“轻狂不惠”。总的来讲，刘贺绝不是大多数人所认为的不学无术、整日吃喝玩乐。刘贺应是读过诗书、习过礼仪、受过儒家思想学说影响的文化人。

五、刘贺到后期谨小慎微、理智清醒

在被废并被贬为庶人的这段时间里，刘贺逐渐变得谨小慎微，否则也不会最后被封为海昏侯。在刘贺与孙万世的秘密交谈中孙万世问刘贺：“当初被废的时候，为什么不斩杀了霍光？否则也不会任别人夺去了帝玺和绶带了。”还说刘贺不会久在诸侯之列，应会很快封王。而据说刘贺回答：“也许将来会是这样，但是这不应该是我们现在所谈论的。”[①]若说以前的刘贺肆意妄为，那么仅仅从这句话，就可以看出刘贺的确谨小慎微——不仅没有附和孙万世的说法，反而十分理智清醒，避免了“祸从口出”的风险。

六、刘贺治理海昏国都城

《资治通鉴》记载“天资喜由乱亡，终不见仁义”从而直接否定了刘贺。但刘贺并非无所作为。众所周知的是他营建了大规模的海昏国都城与陵墓。刘贺若是整日放纵自己、把酒言欢，他怎么会有精力和能力来管理这一侯国呢？虽然他在海昏国期间身体不好，但是他的大臣忠诚事主、办事高效。正因如此，他才在地疏人生的南方完成如此艰巨、浩大的工程。

综上所述，刘贺信奉儒家学说、尊敬圣贤、喜爱读书、乐于打理政事、不甘于受人操控，不是没有能力、不是无所作为。也许他真的喜欢与宫人嬉戏、饮酒作乐，但也没有到放纵自己的地步。而且谁知道他不务正业、不听教导是不是一种防备他人忌惮的手段呢？后期可以看出，刘贺并非没有能力，所以没有作为的时候只是他不想，或是受到了权臣的压制、阻碍而已。刘贺真的不只是一个荒淫无度的废帝，历史总会逐渐还原古人真实的面目。

（指导老师：喻琴）

① 胡迎建．传奇刘贺 [M]. 南昌：江西人民出版社，2016.

浅谈书院制在中国当代的传承与发展

——以北京大学附属中学和香港中文大学为例

□杨馥宁

引言

书院制是我国封建社会的特色教育制度之一，是中国传统文化重要的一部分，它从唐朝萌芽，宋朝开始发展，对于我国古代的学子们有着巨大的影响。而当代的中国社会中，随着人们对于中国传统文化的重视以及西方文化的融入，越来越多的中国高校以及中学进行了书院制改革，改革融合了西方大学的学院文化以及中国古代书院制的精髓，笔者的文章则以两所改革的先锋学校——施行基础教育的北京大学附属中学以及高校香港中文大学为例进行分析，以探究中国传统文化之书院制在当代中国教育界的传承，并总结出中国传统文化对于中国当代社会的启发。

一、选题原因及意义

书院制是中国传统教育文化重要的一部分，代表中国封建社会的教育方式，是中国古代传播儒家思想的重要方式，而儒家思想则是中国封建社会思想的主流。当代社会的中国受到欧美高校的学院制影响，又加以保护传统文化的热潮到来，各个高校甚至中学纷纷施行书院制以开创教育、管理新模式，这种制度既吸取了欧美文化，也包含着中国传统文化的精神，因此当代中国书院制在教育界、文化界成为新一热点词汇，探究中国古代书院制于中国当代社会的传承，有着丰富的研究意义以及借鉴意义。

研究案例的选取：北京大学附属中学（以下简称附中）和香港中文大学（以下简称港中大）。前者是国内的示范性高中、是改革的重点校，推行基础教育，而后者是香港唯一施行书院制的大学，两所学校分别位于大陆和香港特别行政区，并且施行的教育层次也不同，这使得本次研究意义更加具有广泛性。

二、中国古代书院制简介

书院制是中国教育史上与官学平行交叉发展的一种教育制度，是中国古代文化重要的一部分。它萌芽于唐末、鼎盛于宋元、普及于明清、改制于清末，是集教育、学术、藏书为一体的文化教育机构。它是官学和私学相结合的产物，书院与前两者相平行发展，三者成鼎立之势，直到清朝末年。

书院传承儒家文化和严谨的学术风气，培育了大批人才，书院与官学和私学二者的关系是平行发展，它与后二者有不同点，也有共通之处，书院同私学一样，向民间广泛开放，以培养平民为主要目标而并非官二代，具有广泛性；书院也同私学一样，不以科举为主要目的而是推行素质教育。

三、欧美住宿学院制简介

欧美著名高校，以耶鲁大学以及牛津大学为例，施行住宿学院制。在耶鲁大学，新生入学便被随机分配到各个学院（house）中，每个学院混合着选修不同专业的同学，并且与学院的其他同学一同住宿、活动。而牛津大学的住宿学院制中，每个学院（college）在开设传统活动时也兼顾着开课任务，每一个学院仅仅开设一部分课程，各有侧重点。在每个学院就读的学生是分有不同专业的，学院的学术性、教育性与学生联系更加紧密。

四、书院制在当代中国教育界的传承

（一）香港中文大学

1. 简介

港中大为世界首屈一指的大学之一，其成立于 1963 年，为研究型综合大学，以“结合传统与现代，融会中国与西方”为使命，是香港地区最早以及唯一施行书院制和学院制并行的大学。本校特色包括“灵活学分制、书院制、中英兼重和多元文化；并特设通识教育”。

2. 香港中文大学的书院制

（1）书院制简介

书院制是港中大的一大特色。目前，港中大共有九个书院：从最初的崇基学院、新亚书院、联合书院和逸夫书院，到新增的晨兴书院、善衡书院、敬文书院、伍宜孙书院及和声书院共九个书院。书院是每个学生的家，每个书院分别开展书院通识教育、社区活动、学术交流等等活动，提供多元化的机会供学生选择。虽然专科的教育由各个学院来承担，但通识教育作为中大本科生的必修课，其重要地位不言而喻，而通识教育完全是由每个书院承担的。因此，每个书院都有自己不同的特点和侧重点，也正是这些特点使得中大的书院文化更加具有多元性。

（2）港中大书院制与古代中国书院制的比较

中国古代书院制是集以私人创办为主，融授徒讲学、藏书印书、学术研究、议政论政于一体的教育机构。而香港中文大学的书院是学生住宿、生活、学习、娱乐、成长的地方，而学院是按照专业组成的学生学习、实验的教学机构，因此可以说，香港中文大学的学院制很好地继承了中国古代书院教徒讲学以及学术研究的功能。而藏书的功能方面，尽管每个书院有自己的图书储备，但这已经由主要功能演变为较为次要的功能。书院的职能也从知识的教育，而转换为“人”的教育，原先的学术教育职能则由学院来承担。

（二）北京大学附属中学（高中部）

1. 学校简介

北京大学附属中学是全国示范性高中，学校致力于“公民教育”而非仅仅限于高考的优秀成绩。附中同样施行学院和书院并行制度，在教学方面，学校设有四个学院，行知学院提供国家标准课程；元培学院为理科深入学习的课程；博雅学院提供通识教育，而道尔顿学院提供中外比较课程，开阔学生视野。

2. 北京大学附属中学书院制简介

从 2010 年以来学校取消传统教学班而设立书院，书院是“学生社区、行政实体、自治组织，书院是公共生活群体、传统赛事主体、文化传承载体”。附中至此共有八个书院：格物、致知、诚意、正心、明德、至善、新民以及熙敬。每个书院由一百余名高一和高二的同学组成，学生自己设计书院活动室、定期进行集会、举办以书院为单位的特色活动以及以书院为集体参加学校举办的书院杯活动。设立书院制，能够增强同学们的集体荣誉感和归属感，让学生在走班制下仍保留有集体荣誉感，但对于课程方面，学院制与书院制并行，使得书院与学生所选课程没有任何直接联系，因此书院没有教育的功能。

3. 北京大学附属中学书院制与中国古代书院制的比较

在命名方面，附中的八个书院均采用《大学》中的词语来命名，意在通过古典文化的熏陶使得学生学会贯彻中国古代文化中的优秀品质，因为名字的不同，每个书院的意义也不同，所形成的书院文化与精神也不同。每一个书院的高二招新组成员在每年 8 月份招新生时，会根据自己书院的文化特色来宣传、设计题目，选定人员。

北大附中的书院制将书院原来教育的重点转给了学院来开设，而将重点教育目标迁移到了培养人格方面。附中的书院通过开设公民教育健全同学们的人格，通过举办多种多样的活动来给学生提供社区，与同伴进行更多的交流。

五、总结与启示

从港中大以及北大附中的书院制的探究以及分析可以看出，中国当代的书院制吸取了中国古代文化精华以及欧美住宿学院制，是双方的共同产物。当代的书院制与古代书院制相比，早已脱离了其本身单纯的学术教育目标，即教会学生书本上的知识。当代书院制则是侧重于在没有班级的氛围中，通过种种活动和机会，努力给学生营造一种集体感和归属感以培养学生的性格。

中国大陆当代教育界所进行的尝试，总体来说是充满积极性和希望的，它是教育制度的一种尝试和改革，然而相比于该制度已经较为成熟和完善的港中大，这种制度走向健全对于大陆地区还是需要一些时间的。例如附中的书院制中，学生们能够以书院为一个集体相聚在一起的机会十分有限，大多数时间里学生们还是忙碌于走班的课程之间。书院学生相聚的主要途径——书院议事会上的诸多流程和项目，在一些学生的眼中显得多余，多数学生利用这段时间来做自己的事情而并非认真参与。这导致书院议事会效率低下，无法保证全体学生的参与，因此时间由原先的一周两课时集会，改为两周两课时集会，是一种无奈之举。在相当一部分学生眼中，书院的精神还是“空”的，仅仅限于一个名字、一种颜色、一块书院盾以及一个可能从未踏进的书院活动室。并且由于学生的阅历较浅，组织的活动大都较为单一，如春秋游和达人秀等，缺乏书院特色。所以中国大陆施行这种体制还是需要时间，去进行磨合和更多的改变。

在此，笔者提出以下改进方案作为参考：

1. 需要更多专业人士的指导，对于大陆施行书院制的学校，应该聘请更多指导老师来保证书院制的运行良好，目前大陆的各个学校所缺少的就是专业指导人员，导致多数工作由学生来承担，在学生负荷加重的同时不一定能够达到理想的效果，专业导师能够给予学生更多的指导，比如管理、组织活动等。

2. 每个书院应该根据自己书院的特点来招收人员，并且新生入学的时候应该对于所有书院有着清晰的了解，避免盲目、果断的决定，否则融入书院会较为困难。

3. 学校尤其需要注重每个书院不同特点的建设，避免书院成为拥有不同名字，然而实质没有太大区别的组织，可以通过举办不同的、符合自己书院特点的活动来加强书院的特色。

香水文化溯源

□陈墨涵

引言

相传，在古代西方有位国王特别喜爱一位妃子，因为她不仅长得楚楚动人，而且身体还散发着迷人的芬芳。其实，她有争宠的绝招，那就是每天将花园里的花朵摘下来，洒在浴池中，在此沐浴后身上便有天然的芳香和自然的味道，令国王心醉神迷。人们知道了这个秘密之后，争相用柑橘皮来擦拭身体、用薰衣草、茉莉花来装扮自己，于是，香水渐渐诞生。

使用香水是一种文化现象。从美丽的传说中，我们可以感受到香水的清香幽香被人类钟情钟爱，为人类的生活增添了滋味和乐趣，甚至对人生命运都产生了积极意义。但当下，一谈论到香水，人们的脑海中大多会联想到 Jo Malone（祖・玛珑）、Dior（迪奥）、Lancome（兰蔻）、MiuMiu（缪缪）、Chanel（香奈儿）、Guerlain（娇兰）、Versace（范思哲）、Burberry（博柏利）、Hermes（爱马仕）、Gucci（古驰）、Calvin Klein（凯文克莱）、Bvlgari（宝格丽）等等世界大牌，一些"小公举"也会忘情追慕，现下尤其是祖・玛珑蓝风铃更受广大美女的追崇。其实也大可不必，世界各地对香水文化的探索和研究都有特色也都有收获，中国的贡献更是丰富，本文做一初探。

一、古代人类对香水文化的追求和应用

"Perfume"是香水的英文名，意思是"经过烟熏"的，我国古代就有烧香木取香的最早实践。

古埃及人用香草制成香脂，将香油和香精油作为化妆品，

用在美肤美体上，还将胡椒用于宗教仪式和疗伤、止痛中。欧洲的香水业是受阿拉伯香水商业的影响风行起来的，皇室贵族尤其趋之若骛。罗马人还把香水涂在建筑材料上，让人们一进入房中就能闻到香味。到了 14 世纪，匈牙利女王伊丽莎白下令制造香水，人们尝试用香精和酒精混合，制成了现代香水。18 世纪初，意大利人在德国科隆制成的异香扑鼻的神奇液体叫“科隆水”又称“古龙水”，是以紫苏花油、摩香草、迷迭香、豆蔻、薰衣草、酒精和柠檬汁为原料制成的。而法国国王路易十四更是嗜香水成癖，他号召臣民每天要使用不同的香水。路易十五时期，杜巴莉夫人和蓬巴杜夫人对香水尤为喜好，便将香水喷洒到服饰上，宫内众人纷纷效仿，使整个宫廷香气四溢。路易十六时期，皇后玛丽·安托瓦内特人过留香，那是她将香水用在沐浴中，还涂在随身携带的手帕上。她还用堇菜、蔷薇为主要原料研制香水，还根据尝试得出结论认为香水有缓解疲劳、治疗疾病的功效。大名鼎鼎的拿破仑也是一位香水迷，征战中每天还要使用大量香水，后来即使被放逐到小岛上，也还曾亲自实践用薄荷研制香水。

从古代各个时期皇室抑或普通老百姓的生活来看，香水始终作为一种提高人们生活情趣的用品贯穿其中，而不同国家或不同种族、不同性别的人们在发现、使用、改变香水的过程中更是“奇思妙想”创意不断，不夸张地说香水的更新迭代基本伴随着人类文明进步的进程。

二、中国对香水文化的探索和贡献

五千年前的神农时代，古人就对挥发香气的植物非常重视：在百花盛开的时候，他们采集有特殊味道的植物来制作驱疫避秽的用品，并将鲜花、果实、树脂等具有香味的植物敬献给神灵。后来人们尝试着将这些具有香味的植物慢慢地用于饮食、装饰和美容上。文献中有夏商周时期就有香粉胭脂的记载，比如，“胭脂起于纣”“纣烧铅锡作粉”“烧水银作粉”等等，《齐民要术》还有胭脂的配制方法。春秋以后，宫粉胭脂在民间开始使用。近代中国对香水的挖掘和应用更为活跃，不论是香材种类，还是香料搭配，都有独到研究。1908 年，人们利用唐朝古方研发了最经典的中国香水花露水，直到今天人们还在使用，并且随着科技发展和时代变迁，还研制了驱蚊花露水、止痒花露水、祛味花露水……应有尽有，最新研制成果是蛇胆牛黄花露水，它从蛇胆和牛黄中提炼而成，并且辅以法国名贵香料，又保留花露水古老用途，深受大众喜爱。

作为世界四大古国之一，中国人对于香水的使用几乎涉及中华五千年文明的方方面面，中国人在香水或香料方面的发明创造力不亚于闻名世界的四大发明，无论是在美妆、食用或药用方面都有所建树，可以说中国人对于香水的发展起到了相当重要的作用。

三、中国香水文化的积淀和流传

在《离骚》“扈江离与辟芷兮，纫秋兰以为佩”句中有三种香草：江离、辟芷、秋兰。说的就是屈原把秋兰串缀成串，自制成香包佩戴在身上。在《九歌·湘夫人》中记载，湘君用各种香草、香木修建华堂，用由花椒子和泥涂抹墙壁，等待湘夫人到来。“维士与女，伊其相谑，赠之以勺药。”这是《诗经·溱洧》中对“勺药”的记载。勺药是一种香草，古代男女恋人在离别之时相互赠予。五代十国之后，女人们沐浴后会将鲜花制成的花露均匀地拍在面上、手上和身上，还会把丁香、甘松等一些香料经磨后制成香粉用来滋养身体，使皮肤变得白皙洁净。中国古代的女子尤为喜欢使用胭脂，用其扑腮、抹唇。胭脂是一种叫“红蓝”的花朵捣制而成，经过阴干后成为脂膏，使用时浸入水中就行了。

从过去的大户小姐到如今的普通妇女，梳洗打扮是每天的必修功课，梳妆一头青丝要用“桂花油”，沐浴更衣更要使用具有香味的洗发精、沐浴液，连洗脚水都有数十种香草调制而成的。四大名著之一的《红楼梦》中讲到，待字闺中的女孩子每每喜欢将头发梳理停当，并把桂花油轻轻抹在头发上，使得头发能一丝不乱，还能保养头发。

唐代用细粟米制成迎蝶粉，宋代用石膏、滑石、蚌粉、腊脂、壳麝及益母草等调和而成玉女桃花粉，明代用茉莉花提炼而成“珍珠粉”，清代用珍珠研粉制成珍珠粉，等等，都是中国妇女使用香粉的创举。

还有手炉、香扇、手串、香囊……不一而足。

纵观香水的发展史，人类经历了“从简至繁”又“从繁至简”的过程，但不论是怎样的改变，它始终代表了人类追求美好和高雅品位的生活态度，也绝对称得上是人类智慧的结晶。香水带来的香氛净化了空气，提升了交往空间的舒适度，美化了交流的环境。

虽然，品玩香水不是每个人的生活必需，但在新时代，为了让每个人的生活更美好，学习应用香水文化一定大有益裨。

（指导老师：田改莉）

唐诗中的长安景观与现代对照

□郭锐萱

一、绪论

唐长安城作为唐朝时世界上最大、最繁荣的城市，无论在风景还是人文上都独树一帜。唐诗中有大量文字描绘出了当时长安城中人们在太平盛世当中生活的气象，以及长安城的秀美景色。而现如今，西安作为当今世界上的国际化都市，也有许多亮眼之处。这些着眼点将会被列举，并进行古今事物的对比。

二、人文景观

（一）节日

大量唐诗描写了长安城的人文景观。例如节日，在寒食节，有“春城无处不飞花，寒食东风御柳斜。日暮汉宫传蜡烛，轻烟散入五侯家”（韩翃《寒食》）的景象；上巳节时，“三月三日天气新，长安水边多丽人”（杜甫《丽人行》）；“锦里开芳宴，兰缸艳早年。缛彩遥分地，繁光远缀天。接汉疑星落，依楼似月悬。别有千金笑，来映九枝前”（卢照邻《十五夜观灯》）是元宵夜里观灯的盛景。关于各种节日，诗人在诗歌中有大量记载。长安在唐代是当时世界上最繁华的城市，长安人在过节时有众多传统习俗。在当时，主要的节日有元旦、人日、三元节（分别是上元节、中元节、下元节，上元节也就是现在的元宵节）、中和节、社日、清明、寒食、上巳节、端午节、七夕、中秋、重阳、除夕。

在这些节日中，人们多有登高或出游的习俗。比如上巳节，上巳节在唐朝是三令节之一，俗称三月三，是一个纪念黄帝的节日。相传三月三是黄帝的诞辰，中原地区自古有“二月二，龙抬头；三月三，生轩辕”的说法。魏晋以后，上巳节改为三月三，后代沿袭，遂成水边饮宴、郊外游春的节日。

（二）人文风光

人们可以在唐诗中读到许多描写长安城内人文风景的诗句。例如在白居易的《登观音台望城》中，长安城是“千百家如围棋局，十二街似种菜畦。遥认微微上朝火，一条星宿五门西”。这样恢宏的一座繁华都城。而骆宾王《帝京篇》是这样描写都城长安的：“山河千里国，城阙九重门，不睹皇居壮，安知天子尊。”从这些诗句中我们不难了解到，当时的唐长安城是怎样一幅繁荣景象。

不只是长安城的壮美在诗文中留下了印记，那些隐藏的奇闻轶事更是为人们所津津乐道。唐明皇宠爱杨玉环，于是有了“长安回望绣成堆，山顶千门次第开”（杜甫《过华清宫绝句三首》），“百官队仗避岐薛，杨氏诸姨车斗风”（元稹《连昌宫词》）。士子金榜题名时的意气风发也有所描绘：徐夤的《放榜日》“喧喧车马欲朝天，人探东堂榜已悬”，写了放榜时的热闹景象。孟郊的《登科后》则抒发了高兴的心情：“春风得意马蹄疾，一日看尽长安花。”

三、自然风景

长安的山川河流、树木花草，种种景象在唐诗中都有所记载。长安城景色秀美，既有波澜壮阔的豪迈，又有小桥流水的温柔写意。写春天，有贺知章《咏柳》：“碧玉妆成一树高，万条垂下绿丝绦。不知细叶谁裁出，二月春风似剪刀。”写雪后，有岑参“长安雪后似春归，积素凝华连曙晖”（《和祠部王员外雪后早朝即事》）。

长安另一十分有名的天时地利就是八水绕长安。八水指的是渭、泾、沣、涝、潏、滈、浐、灞八条河流，它们在西安城四周穿流，均属黄河水系。西汉文学家司马相如在著名的辞赋《上林赋》中写“荡荡乎八川分流，相背而异态”，描写了汉代长安上林苑的巨丽之美，以后就有了“八水绕长安＂的描述。八水之中，渭河汇入黄河，而其他七水原本各自直接汇入渭河。然而由于时代变迁，浐河成为灞河的支流。这也体现了长安城的人杰地灵，也是为什么长安能成为十三朝故都的原因了。

四、对照

在唐朝时期的长安，人们有着诸多习俗。而如今的西安，虽然仍然作为古都而闻名于世界，却已经有了社会发展所带来的重大变化。

首先，对于生活在这座城市里的人来说，人们明显已经淡忘了许多传统习俗和礼仪文化。在现代的社会环境下，唐朝时期的许多文化已经不再适用，也不再符合当代年轻人的潮流与审美。似乎只有少部分人有意识去重拾那些被遗忘的文化。

唐朝时，年轻女性在重大节日来临之际，都会与闺中密友共同出游。而现今这一传统习俗并没有被保留下来，但是很多社团和组织（例如西安汉服社）在上巳节等节日到来的时候，都会组织社员参加猜灯谜、曲水流觞、射箭这样的活动。这些活动的目的，就是让那些蕴含历史意义的传统习俗，重新回到中国人的思想中。

其次，唐长安城的许多建筑都非常有名。作为非常重要的文化遗产，像大雁塔、小雁塔、钟楼、鼓楼这样非常具有代表性的建筑，都被较好地保存了下来，相较于非物质文化来说，人们对它们的了解还是非常充足的。而对于原建筑没有保存下来的遗址，人们也进行了较为充足的保护。例如在原唐长安城的东南隅，修建了曲江池遗址公园，秦始皇曾在此修建离宫“宜春院”。汉代在这里开渠，汉武帝时把曲江列入皇家苑囿，并修“宜春后苑”和“乐游苑”。隋营京城（大兴城）时，凿其地为池。隋文帝称池为“芙蓉池”，称苑为“芙蓉园”。唐玄宗时恢复“曲江池”的名称，而苑仍名“芙蓉园”。据记载，唐玄宗时引水，经黄渠自城外南来注入曲江，且为芙蓉园增建楼阁。芙蓉园占据城东南角一坊的地段，并突出城外，周围有围墙，园内总面积约 2.4 平方公里。虽然如今的西安不复大唐盛世的气象，却仍别有风韵，成为知名的旅游城市。据统计，2017 年西安旅游总人数为 18093 万人，比去年增长 20.5%，旅游收入达到 1633 亿元，与 2016 年相比增加 34.6%，占西安 GDP 的 22%。

（指导老师：黄浤博）

九九重阳与孝文化

□王心怡

引言

悠悠五千年华夏文明灿烂辉煌、源远流长。中华传统节日是中华文明中一颗璀璨夺目的明珠，折射出中华文化的深厚底蕴，而重阳节就是充满了人文内涵和浓浓深情的传统节日之一。我们将从重阳节的起源与风俗、文化内涵及其与中华孝悌文化的渊源，来向大家展示重阳节的独特魅力。

一、重阳节的起源

重阳节起源于先秦，在《吕氏春秋·季秋纪》有所记录："是日也，大飨帝，尝牺牲，告备于天子。"所以就在当时农作物丰收之时，就已经有了重阳节的影子，人们会祭拜天地、祭祀祖先，以求平安富裕。到了汉代，重阳节更深一步地得到了发展。三国时代最早出现"重阳节"这个名字。在曹丕《与钟繇书》中有明确提出"九月九日"，而且还记载了"享宴高会""食秋菊之落英"等活动。重阳节被定为正式节日是在唐朝。不论宫廷还是民间百姓，都会一起庆祝节日，进行各种活动。

二、重阳节的习俗及其文化内涵

重阳节是融合多种民俗的传统节日活动。重阳节的活动有很多，比如登高赏景、观赏菊花等。人们还会饮菊花酒、遍插茱萸，并且一起做重阳糕吃。因为与"久久"同音，而九是一个比较吉利的数字，所以将九九定为重阳节，有长久长寿的含意。而九月九又是收获丰收的季节，对人们也有着特殊的意义。

1. 登高

登高是重阳节中最核心、最重要的活动。古代登高多带有神秘色彩，神仙信仰是我国古代神秘文化的核心。古人登高目的之一是通过登高接近神界，祈求长寿、沟通神灵，求得神灵的眷顾或保护；登高眺望山川之气、察辩妖祥，在某种神秘暗示下躲避灾祸。

而随着重阳节的不断发展，登高不再是为了当初避灾远祸的目的了，演变为一种单纯的登高，以此来抒怀情感。卢照邻创作的《九月九日玄武山旅眺》“九月九日眺山川，归心归望积风烟。他乡共酌金花酒，万里同悲鸿雁天”，抒发了作者羁旅思乡之情。王勃一首流传至今的名篇佳作《滕王阁序》就是在重阳节登高的活动中所作，文中“老当益壮，宁移白首之心，穷且益坚，不坠青云之志”等名句，抒发了作者凌云壮志，更成为脍炙人口的精妙诗句。

2. 赏菊和佩戴茱萸

刘宋人范泰是最先把陶菊引入重阳的诗人，比如他的名作《九月九日》就提及菊花在重阳节中的体现。而且菊花还有药用价值，因此也被视为延年益寿的神物。在诗人的眼里，菊花象征坚贞、高雅、恬淡，所以也有不少的文人墨客为此吟诗写词。因此赏菊花、品菊花酒成为重阳节不可缺少的活动。

茱萸有辟邪除瘟的功效，所以重阳节人们会佩戴茱萸，其中包含对美的追求，也是表达了对长寿的渴望。

3. 吃重阳糕

重阳节最主要的时令食品是重阳糕。如果附近恰巧没有山的话，人们就无法登高远望，所以吃重阳糕成了他们节日的首要活动。因为重阳糕中“糕”字与登高中的“高”字谐音，所以替代登高，有良好的祝福之意。

三、重阳节的意义与孝文化内涵

重阳佳节，意味着登高望远，思乡怀亲，畅怀抒志，祈求平安祥和。重阳节具有多元化的活动和文化内涵，也注入了深沉的情感寄托。其中“尊老、爱老、敬老、助老”被弘扬和传承至今。为了弘扬中国传统文化、中国传统的节日习俗，2012 年 12 月 28 日，我国法律明确将农历九月初九定为老年节。

“百事孝为先”，中国作为四大文明古国之一，中国特色传统文化的重要组成部分就是礼仪之邦、孝悌文化。《中华思想文化术语 4》中就有解释什么是孝："对父母的顺从与敬爱。"我国孝文化的内涵包括：

1. 对父母的敬顺

"身体发肤，受之父母"，父母给了我们身体，所以要对长辈要尊敬、孝敬。"居则致其敬，养则致其乐"（《孝经·纪孝行章第十》），"孝子之养老也，乐其心，不违其志；乐其耳目，安其寝处"（《礼记·内则》）。"孝有三：大孝尊亲，其次弗辱，其下能养。"（《礼记·祭义》）"色难。有事，弟子服其劳；有酒食，先生馔，曾是以为孝乎？"（《论语·为政》）对待父母始终和颜悦色，是最难能可贵的。

即使我们与父母有不同意见，劝谏父母也需恭敬。《论语·里仁》中："事父母几谏，见志不从，又敬不违，劳而不怨。"《弟子规》云："亲有过，谏使更。恬吾色，柔吾声。"这些古诗反映了古人恭敬劝谏父母的情形。

2. 对父母的思念和感恩

中国的孝悌文化还表现在对父母的思念和感恩上。《别老母》的作者是清代黄景仁，他幼年丧父、生活贫寒，只能在外流浪谋生存。在一个漫天飞雪的夜晚，诗人看了一眼白发散乱的老母，强忍离愁别绪，告别家乡，一首七绝《别老母》从心中喷涌而出："搴帏拜母河梁去，白发愁看泪眼枯。惨惨柴门风雪夜，此时有子不如无。"《岁暮到家》的作者清代蒋士铨，写下这样的诗句"寒衣针线密，家信墨痕新"：母亲生怕孩子在外面受冻，缝制寒衣的针脚密密麻麻，家书里的字迹墨痕犹如新的一样，父母的爱都蕴藏在这针脚和书信之中。诗人对父母的感恩之情溢于言表。

九九重阳被作为中国传统的敬老日，因此整个社会都要对老人尊敬关爱。孝敬父母方面古人已为我们做了良好的表率，我们青年人更应在习总书记尊老敬老的情怀指引下，在整个社会尊重老人的风气带领下，学习和领受孝悌文化，孝要深入每个人的内心，从现在做起、从自己做起，努力学习，成为一名有追求、有理想、感恩父母的青年。这对弘扬优良民族传统、增强民族文化自信、推动社会和谐发展有着深远的意义。

参考文献：

[1] 《中华思想文化术语》编委会 . 中华思想文化术语 4. 北京：外语教学与研究出版社，2017.
[2] 陈桐生．中华经典书藏：曾子・子思子．北京：中华书局，2013.
[3] 李学勤．孝经注疏．北京：北京大学出版社，1999.
[4] 李逸安．三字经・百家姓・千字文・弟子规．北京：中华书局，2009.
[5] 吕不韦著，张双棣等译 . 吕氏春秋译注 . 长春 : 吉林文史出版社，1987.
[6] 孟子．孟子．太原：山西古籍出版社，1999.
[7] 彭定求等 . 全唐诗 . 北京：中华书局，1960.
[8] 徐坚等 . 初学记 . 北京：中华书局，2004.

（指导老师：魏璐）

《红楼梦》中的美食探秘

□刘芮伽

一、包罗万象的《红楼梦》

小说是以人物形象刻画为中心，通过完整的故事情节和环境描写来反映社会生活的一种文学体式。人物、情节、环境是小说的三要素。我们所熟知的中国古典四大古典名著《三国演义》《水浒传》《西游记》和《红楼梦》，人物、情节、环境的层层叠加与穿插，以《红楼梦》最为错综复杂、包罗万象。值得一提的是《红楼梦》中的美食展现，如饕餮盛宴与海市蜃楼，让读者叹为观止、可望而不可即！

林语堂先生曾说："人世间倘有任何事情值得吾人的慎重将事者，那不是宗教，也不是学问，而是'吃'。"这句话大概就是"民以食为天"的加强升级版吧！

二、美食本色在《红楼梦》

(一)点心与佳肴

大观园中让人突然眼前一亮的东西常常从算不上"美食"的各种香丸、琼浆、糕饼开始，比如宝钗治病用的冷香丸（要春天的白牡丹花蕊十二两，夏天开的白荷花花蕊十二两，秋天的白芙蓉花蕊十二两，冬天的白梅花花蕊十二两，又要雨水这日的霜十二钱，小雪这日的雪十二钱，丸成龙眼大的丸子）。也不必丸成丸子吧，将花蕊泡了水喝，加上一点点蜂蜜，便算是仙露琼浆了。

如此的还有玫瑰清露，都是花做的甜水。就算是一些配料，也会做得极其精致，用来洗手的绿豆面是用菊花叶儿和桂花蕊熏过的。糖也不是所谓的白砂糖，而是洁粉梅片雪花洋糖，名字取得好，也为食物增色三分。

点心一直是中餐里不可或缺的部分，《红楼梦》也有记述，“藕粉桂糖糕”想来应和绿豆糕差不多，只是更鲜甜罢了。“松镶鹅油卷”这个实在无法想象是怎样的糕点，只猜想是咸口的。还有就是螃蟹小饺，这是真真好吃的东西啊！现在市面上的螃蟹小笼包就比鲜肉小笼包贵出几倍。而在贾府就只算是平常吃食罢了，并且贾母看到了，只嫌它油腻没人吃，要是我在场，定是把那饺子给吃完了。还有像菱粉糕、鸡油卷儿之类，也只能在梦中想想罢了。

众多美食中，以上也只能算是餐前小点了，让我印象最深刻的当属“茄鲞”，何为“鲞”？是指成片的腌腊制品，想来与腊肉没什么区别，那可就大错特错了，书中详述了这道菜的做法：“才下来的茄子把皮刨了，只要净肉，切成碎钉子，用鸡油炸了，在用鸡脯子肉并香菌、新笋、蘑菇、五香腐干、各色果子，俱切成钉子，用鸡汤煨干，将香油一收，外加糟油一拌，盛在瓷罐子里封严，要吃时拿出来，用炒的鸡瓜一拌就是。”都是些简单的食材，竟没想工序如此复杂，我能想到唯一接近这道菜的便是“茄盒”了，将茄子切成厚片，每片再切为两片，但不切断，中间塞上调制好的猪肉沫儿，再将鸡蛋和淀粉加水调匀，裹在茄片上，入锅榨至金黄即可，这道菜似乎挺出名，属于酿菜一类。肉馅塞入菜中，即为酿。也许下次做茄盒时再加些新笋、蘑菇吧，姑且美曰其名“茄鲞”，想象自己坐在老宅里，一品百年前的佳肴。

（二）有仪式感的匹配

这里的美味除了细心的选材、精心的制作，还有精致的匹配，包括容器的搭配和节日食材的选择。如酒具在第三十八回中的描述有“黛玉放下钓竿，走至座间拿起那乌银梅花自斟壶来，捡了一个小小的海棠冻石蕉叶杯”。茶具有“一色官窑脱胎填白盖碗”、梅花上的雪水配“鬼脸青的花磁瓮”以及精致盛水果鲜荔枝的珍贵的“缠丝白玛瑙碟”，这些在第三十七回和第四十一回都有提及。美食也与节日交相辉映。在第三十八回中，黛玉中秋节作诗“铁甲长戈死未忘，堆盘色相喜先尝。螯封嫩玉双双满，壳凸红脂块块香”来吟咏螃蟹，这句诗之妙，一直影响到后世，现在卖螃蟹的商家也会引用这句诗作为商品的宣传语，一下子档次高了许多。赏桂花、咏菊、品螃蟹、作诗，构成非常唯美的秋日景象。而到了过年时，一天早晨起来，窗外雪白一片，史湘云兴致大发，便招呼众人在大观园中烤鹿肉吃。粗犷的美食配上精致的美景，别有一番趣味，是这个封建家族透出的一丝活泼氛围，展现出大观园的纯真本色。

（三）大观园中的主从

从《红楼梦》的食物分配细节中也可以看出人物的地位差别。第四十一回中，贾母对奢侈的点心不屑一顾，嫌其油腻，刘姥姥却认为是不可多得的佳肴，赞叹道：“我们那里最巧的姐儿们，也不能铰出这么个纸的来。我又爱吃，又舍不得吃，包些家去给他们做花样子去倒好。”在第六十二回中，芳官道：“藕官蕊官都不上去了，单我在那里也不好。我也不惯吃那个面条子，早起也没好生吃。刚才饿了，我也告诉了柳嫂子，先给我做一碗汤盛半碗粳米饭送来，我这里吃了就完事。”唱戏的芳官也可以对食物挑三拣四，说明荣国府里的下人也比其他地方高人一等。又如在第七十五回中，凤姐嫉妒尤氏，将她当下人对待，让丫鬟给她吃下人吃的白粳米饭，意在告诉尤二姐她在这个家中的地位，其用心显而易见。

三、期待超级“舌尖”

《红楼梦》中所描述的食材都非常普通，做出的菜品却都令人称奇，若清代的大厨们如果活到了现在，应该都能评个米其林的星星吧。还有些食物现在估计都没有了，比如豆腐皮的包子，豆皮那么薄，可真是刁钻的美食呀，又如糖蒸酥酪、椒油莼齑酱、鸡骨笋，真是听都没听过。更不必提文中的枫露茶、六安茶等，需用雨水泡的才算数。

《红楼梦》之所以能达到极高的造诣，原因之一就在于曹雪芹先生对于小说细节的把握用心极深。单从食物方面，就能看出人物的性格，封建社会对仪式的注重，人物的地位差别，可称为整个《红楼梦》缩影。如果能够将《红楼梦》中的美食逐一认真记述完整，贾府中的吃食怕是能写成厚厚一本超级“舌尖”书了。

参考文献：

[1] 《中华思想文化术语》编委会 . 中华思想文化术语 1. 北京：外语教学与研究出版 .2015.
[2] 曹雪芹 . 红楼梦 . 北京：光明日报出版社，2013.
[3] 陈晓卿 . 舌尖上的新年 . 北京：中信出版社：2016.
[4] 章思英 . 中华思想文化术语的英译原则及应用 . 语言战略研究，2016(05).

（指导老师：姚梦婕）

与国学对话 与文字交流

——初中学生学习《千字文》的体验

□李钰卿

从小对国学的体验仅限于《三字经》、唐诗和语文课本上寥寥几篇古文。进入中学之后，一位课外的语文老师激发了我对国学的强烈爱好，她就是邢春涛老师。邢老师喜欢穿一袭素色旗袍，在教室里挂孔子像。除了教授语文阅读和写作方法之外，邢老师一直走在弘扬中华优秀传统文化、正本清源、守望纯粹的传播之路上。在紧张得几乎密不透风的学校生活中，我一直坚持着学习"万献初源解千字文"。老师说，从"文字回归经典"是国学正本清源重要的道路。

一、学习国学经典的意义

（一）诵读国学经典，可以提升我们中学生的人生智慧

那些经过了千百年"大浪淘沙"的"经典"，蕴含着无穷无尽的智慧。读着经典时，我总是被这些智慧所感动，心胸豁然开朗。

（二）诵读国学经典可以涵养学生文化修为

我们的老祖宗给我们留下来的文化遗产，不仅仅是语言的载体，更是文化的载体，可以充分提升学生的人生品位和内涵。一部《千字文》从"天地玄黄，宇宙洪荒"开始，全书一千个汉字勾勒出完整的中国文化史的基本轮廓，有序地吟咏了关于天文、博物、社会、历史、伦理、教育、饮食等多方面的知识。通过涵泳熏陶，可以提高学生的文化品位和审美情趣，继而陶

冶学生的情操和爱国情怀。

（三）诵读国学经典是承继民族文化的必经之路

中华民族有着五千年的文化历史，进入近代后，在经济、科技和军事等许多方面都落后于西方国家，遭受西方列强的欺辱和侵略。王财贵教授指出："恢复国民对文言文的解读能力，是民族自我寻根的第一步。"这是接续我们民族文化所走的必由之路，而我们中学生是传承中华传统文化的生力军。

二、我学习《千字文》的体验

（一）通过与老师学习，我深深地感受到中国文化的博大精深及千字文内在的独特魅力。

如"省躬讥诫，宠增抗极"，意思就是听到别人的讥讽告诫，要反省自身；备受恩宠不要得意忘形。在《千字文》里，我学到了很多知识："罔谈彼短，靡恃己长。信使可覆，器欲难量。"意思是：不要总谈别人的短处，不要总夸自己的长处。帮人要诚实可信、一言一行经得起检验，心胸要宽阔、气量要大度得让人难以测量。还有惜时的"尺璧非宝，寸阴是竞"，读起来朗朗上口。

（二）"立体的懂"融汇于血液

初读《千字文》时，碰到一些词句不大懂。虽然有很多内容我感到不好读也不好懂，但我看了注解、解说和教材里配写的每一个故事，加上老师讲解后，就豁然开朗了。如果能熟读背诵了，把这些句子的上下文也记住了，那么因上下文关系而发生的意义，自然理解了。我不仅理解了它的含义，我还知道为什么是这个含义。这就是一种"立体的懂"，是融汇于血液中的懂。

（三）学习千字文使我轻松快乐

在一周紧张的学校生活之后，我最盼望的一件事就是能够坐在古色古香的教室里，吟诵起《千字文》，有时甚至会不自觉地摇头晃脑起来，老师偶尔兴起，还会带领我们诵唱。老师要求学生们大声朗读，在抑扬顿挫之中，就自然感悟了经文中的某种无法言说的神韵，然后再一遍一遍地背诵，把传统文化中的一些基本的观念像钉子一样地楔入我们的脑子里，实际上就已经潜移默化地融入了读书人的心灵深处，然后老师再稍作解释，就自然懂了，即使暂时不懂，已经牢记在心。讲完课后，提起毛笔，软软的笔尖倾泻出一个个美丽的小篆，就像一幅幅带着故事、带着智慧的图画。那些考试、提问、数理化全部暂时遗忘，真是难得的放松时刻。

（四）领悟从“文字回归经典”的圣贤教育本质

所谓“三王之祭川也，皆先河而后海；或源也，或委也。此之谓务本”。立足于文字、通过千字筑基，让《千字文》滋补学生的明天，在这种极其简朴的教学中，师生们一起用方方正正的“文砖字瓦”砌成了真正具有汉语文特色的学习通道。通过学习《千字文》我发现自己如此醉心于我们美丽的象形文字、汉语的独特魅力。

（五）学生欢迎的“模拟课堂，试讲小先生”

每讲完一句，老师就让我们当“小先生”，用老师的方式，把所学知识讲给大家听，目的在于培训出充满正能量、知道行道、正己化人的有深厚国学素养的传统文化小老师。这是我们同学们大显身手、跃跃欲试的时刻。我们力求更好地发挥所学，引经据典、旁征博引。最难忘我第一次站在讲台上给大家讲解“天地玄黄”的“天”字。

天在哪儿呢？（学生们会指头顶）

对。天在人的头顶。

古人造“天”字的时候，首先用了“人”做参照物。我先写了一个大大的伸开手、伸开脚的人形的“大”字。古人认为天地中间最大的是人，和天地一样重要。人和动物是有区别的，会弯腰劳作的才能叫人。人之所以为天地间最贵者，是因为人类懂得谦虚、谦卑。所以“人”造字时采用弯腰行礼的样子。“人”字形为弯腰行礼的姿势，所有的人都喜欢谦虚而有礼貌的人。“大”为大人，是指有格局、有担当的人，顶天立地的人。“天”在哪里？“天”就在人的最高处——头顶。（再画个方块）“天”甲骨文字形，就是人的头顶（天灵盖），也有人说是指头顶的天空。到今天我们遇到不可思议的事，都会拍拍头说：“哦，天呐！”“天”字到了小篆体，上面变成了一横。

我感受到学习经典的过程，是在学生心田上播下民族文化种子的过程。因为中华古圣经典负载着伟大的人文精神，对塑造我们青少年的心灵有着不可替代的作用。更可贵的是其中蕴含着诸多修身、做人的道理。读之，不仅受到很好的语言教育，而且还会在潜移默化中受到思想上和心灵上的洗涤。

读《千字文》，我的知识增长了很多，也懂得了很多道理。“光阴似箭，日月如梭”，和时间赛跑才能抓住青春的手，时间总是悄然流逝无声无息。经得起时间考验，坚持到最后，必能成就一番事业。要做时间的主人，做一个青春无悔的人。

中国梦是每个人的梦，以祖国的繁荣为最大的光荣、以国家的衰落为最大的耻辱，我们青少年学生要树立民族自信，形成为实现中华民族伟大复兴的中国梦而不懈努力的共同理想追求，做有自信、懂自尊、能自强的中国人。

参考文献：

[1] 张柏然 . 牛津英汉双解词典 . 上海：上海译文出版社，2011.
[2] 周兴嗣 . 千字文 . 北京：北京教育出版社，2012.

（指导老师：章蓉）

关于民族文化传承现状与问题探究

□刘云松

引言

文化即是指人类在社会历史实践中所创造的物质财富和精神财富的总和，这是新华字典对于文化广义的定义。真要去描述文化到底是什么，可能不是一篇文章或是一本书能够讲述完的。但是关于文化，传承的重要性毋庸置疑。世界上到底有多少种文化，我们不得而知。已知的文化，无不通过某种方式在时空中传递下去而呈现在我们眼前。无论以哪种方式存在或者延续，文化其实是脆弱的。我们作为中国人，深知自己的文化是无法比拟地深厚，但反观现今，我们的文化却在以令人发指的速度流失。作为其中一分子，是否应有所触动或有所作为呢？服饰、礼节、艺术、宗教信仰、语言文字，仅仅是文化的冰山一角，真去细分文化的分支是几乎不可能的任务。此文探讨的只是千万种文化中的其二。虽不能覆盖所有方面的问题，但也具有很大的参考性和代表性。

一、纳西族与东巴文传承现状

纳西族源于中国古代氐羌族群中的夷系部族，秦汉以来从甘肃、青海河湟地带往南迁移。明清时期，纳西族政治、经济、文化在云南丽江得到高度发展，形成一个具有深厚文化传统的民族。现主要聚居区是丽江市玉龙纳西族自治县和古城区，人口 30 多万。“纳西族先民观天地、日月、山川、木石、鸟兽等物象而造型，创制了纳西象形文，纳西族因地理上的分布和所讲方言的差异，大体上分为东西两块方言区。都使用和书写东巴象形文字，常用单字约 1400 个。其文字形态反映了人类文字从表形图画过渡到表意、表音古典文字的完整过程，沿用至今成为人类唯一仍保存和使用着的、完整象形文字系统。在东巴文化发展后期，丽江的东巴们（东巴意译为智者，是纳西族最高级的知识分子，他们多数集歌、舞、经、书、史、画、医为一身）在象形文字的基础上，创造出一套标音音节符号，称为‘格巴文’，充实了纳西象形文字体系，使纳西语的记录手段更加便捷、完备。”

以上对纳西族文字和语言的基本信息的介绍已经很清晰了，作为人类还在使用的唯一象形文字，东巴文字的传承和保护存在着很多的遗憾。

在达祖村走访期间，笔者了解到能熟练掌握并使用东巴文字的只有 1000 人左右，而且并非所有这些人都是纳西族，还包含不少学者或者感兴趣的人。仅有 0.34% 的纳西族人熟练掌握东巴文，这样的处境确实令人担忧。导致这样处境的原因正是东巴文的特殊性。

首先，东巴文是被族内少数东巴掌握，他们是部落中的高级知识分子和东巴文化的主要传承人，掌握着东巴文、音乐、舞蹈、哲学、天文甚至医术。而大部分东巴文化和记忆都是口耳相传、代代相传，随时面临传承断层的危险。

同时，在现代文化的冲击下，多数年轻人耐不住学习东巴文化的寂寞，选择了更加刺激的现代化工作。在这样的大背景下，代代相传的东巴文化就更加岌岌可危了。我们调研走访的泸沽湖畔的纳西族村庄——达祖村，就仅仅只剩两位东巴了，一位东巴年事已高不再频繁主持仪式和活动，全村的重担都压在那位年轻东巴的身上。东巴并非全职，大多数东巴都有自己的主业，需要他去祭祀的时候就会放下手边的工作去帮忙，平时东巴也需要靠自己的双手来养活自己。例如达祖村的年轻东巴就是达祖小学的一位任课老师，和别的老师一起在学校教书育人、传授东巴文化。

东巴文字的传承更是难上加难，东巴文大多以象形字体出现在东巴经书中，古老文字的发音和现用的纳西语发音不一一对应。每个字又有多种含义，无形中增加了运用的难度。象形字的书写也和汉字相去甚远，笔者有幸在达祖小学跟随东巴老师学习东巴文字，发现除了最直接的象形，还有很多文字是靠意译，书写的时候与绘画相似。我感觉想学好这门文字还需要一定的艺术细胞，尤其写完之后还需要进行加色，最后与其说是一幅字不如说它也是一幅画。这样艰难的过程中，很多信息可能会因为东巴的遗忘，而永久消失在世界上。如此说来，这种传承就更需要现代化手段的帮助和整理。

令人欣慰的是，东巴文化的传承现状得以好转，部分纳西族学校也意识到文化传承的重要性，小学和初中已经开始逐步学习东巴文。并非要求完全掌握和使用，而是希望下一代了解和传承这一文化瑰宝，让下一代有属于自己的文化并以此为豪。文化自豪感是文化传承的第一动力，也是民族强大的象征。

二、藏族文化的传承与现状

藏族全球范围内拥有约 750 万人口，普遍信仰藏传佛教。一个人口基数不小的民族，信仰又如此统一，藏传佛教对于藏族的意义不言而喻。唐卡，即藏传佛教中用于悬挂供奉的宗教卷轴画，因其繁琐而漫长的制作过程而颇有价值。唐卡使用的初衷，是帮助游牧民族可以在没有佛堂和佛像时也能祈祷朝拜（卷轴的形式便于携带）。唐卡是把佛请到画中来，使用它宗教的价值大于艺术的价值。唐卡使用的颜料都用矿物质制作，使其可以保存相当长一段时间。唐卡的制作短则半年长则数十年，也使得唐卡的价值非凡。

唐卡的学习和东巴文一样，是漫长的过程。笔者在香格里拉调研藏族文化时了解到，学徒一般三到五年才有能力，独立完成唐卡的背景和佛身，而佛脸是不允许学徒画的，需要师傅点头同意、表示可以出山才可以画佛脸，在此之前都是师傅帮助画好佛脸。这样一种师徒关系的传承，使得唐卡的制作效率很低。和东巴的传承一样，更多的年轻人选择更加快速高效的工作。这就使得真正愿意去学习、了解并传承唐卡的人越来越少。

而让人诧异的是，唐卡文化传承目前面临的最大问题，是商业化。古时唐卡并不是商品，信徒根据自己的财力状况来给唐卡师傅酬金，唐卡画师也不认为自己在做生意，毕竟制作唐卡需要喇嘛来帮助作法（把佛请过来）。现如今，情况则完全相反，市面上的唐卡几乎全部明码标价，唐卡从宗教用品变成里彻头彻尾的商品，彻底丧失了唐卡的宗教意义。

这样一个有利可图的情况，也使得唐卡的传承陷入一个很奇怪的现状。很多藏区穷孩子就被画师选去从小当学徒，长大也就学会一门能养活自己的手艺。而更多的是，拥有艺术底子的人就去绘画唐卡来牟取利润，完全忽视了唐卡的真正意义和初衷。

笔者一年前在香格里拉学习唐卡时认识了一位唐卡画师顿珠。顿珠从小就被师傅从大山里带出来学习绘画唐卡，迄今已经十多年了，可以说唐卡是他维持生计的唯一手艺。他的工作就是接下客户的唐卡订单或者寺院的壁画订单。他从来没有考虑过为什么画唐卡，他说他还在坚持画唐卡的原因，主要是不菲的收入，相对其他手艺又更加轻松。对他而言画唐卡和刷墙没有区别，都只是一门手艺而已，更甭提传承和意义了。这也是大部分唐卡画师的现状。通过画师顿珠可以了解到，唐卡画师们为的越来越多不再是文化传承，而是商业利益。长久下去，可能唐卡的底蕴就再也见不到了，留下的只是一幅幅虚有其表的画。民族的文化、民族的精神、民族的信仰将不复存在，又何谈传承？

三、关于民族文化传承的思考与展望

通过对达祖村、香格里拉的实地走访调查，不难发现东巴文化、藏族文化目前的发展，都遇到传承的问题。文化的特性决定了传承的困难，却也是文化的魅力所在。传承或许是一条乏味而枯燥的路，但只托付给寥寥数人，并非明智之举。一个有文化的民族是生机勃勃的，就好比走访过程中看到那些穿着民族服饰、自信介绍本民族文化的村民，他们是非常积极向上的。而一个民族如果没有文化，人们彼此之间将缺乏共同感，最终像一盘散沙、分崩离析。当人们对本民族的文化都有深深的认同、愿意去为其传承，国家也将越来越强大，在国际上我们也将更有发言权。作为民族传承的受益者，我们人人都应该担起文化传承的担子，这个担子也不是那么地沉重，我们只需要记住并传播下去，就已经非常有帮助了。每个文化都有自己的现状和问题，如何在现代快速的大数据时代中取舍和传承，是每一个文化都应该思考的问题。

参考文献：

意娜.直观造化之相：文化研究语境下的藏族唐卡艺术.北京：社会科学文献出版社，2013.

（指导老师：高奎光）

浅析纳西族达祖村宗教仪式恢复原因

□葛佳昕

引言

古时宗教信仰是人们的一种精神寄托，人们常常通过宗教信仰来祈求平安、驱赶恶魔并为自己指路。在不同的宗教信仰中宗教仪式都尤为重要，人们不同的需求以及各种宗教不同的背景，要求宗教仪式也多种多样并且成为人们信仰活动中必不可少的组成部分。每个民族都以自己独特的民族文化，在56个民族的花朵中发出不同的光芒，位于四川、云南省境内的纳西族也是如此。纳西族区域受汉、藏等因素的影响，出现了多种宗教信仰，而众多信仰中以本土的东巴教最为有特色，更能代表区域的文化特色。经过历史长河的洗刷，这些东巴教的仪式为什么能流传至今而不曾消失呢？本文将试图分析这一点。

一、东巴介绍及地位

笔者认为东巴（东巴意译为智者，是纳西族最高级的知识分子，他们多数集歌、舞、经、书、史、画、医为一身）是东巴教中必不可少的角色，他们的存在极其重要，因此地位也非常高。四川省境内的达祖村中就仍保留着东巴教的仪式。人们认为东巴是连接人与神、人与鬼之间的媒介，他们可以与神打交道，也能与鬼说话。原为父子传承，后来因时代发展，信奉东巴教的男性也可以通过拜师进行传承。有句诗写道："纸上得来终觉浅，绝知此事要躬行。"笔者有幸在达祖村参加传统东巴教婚礼，目睹了两名年轻的小东巴及他们的师父——大东巴，在祖母屋内通过独特的方式唱经文，来迎接新娘的到来。这样的仪式在达祖村很常见，也是大东巴向小东巴言传身教的好机会。不仅如此，笔者还观察到，东巴虽是东巴教的巫师，但并不与现代脱轨，他们同样使用现代产品、学习汉字、娶妻生子、进行农耕活动，甚至他们平日里也有自己的职业。笔者在达祖村接触的一位年轻小东巴，在日常生活中是孩子的父亲，也是学校里的老师。小东巴老师还表示自己正在学习汉字，为考取驾照和更好地与外界接轨。东巴以所在的村子为单位，每个村子的东巴中有大小东巴之分，根据笔者在达祖村内的了解，成为一名合格的大东巴也需要一个不断学习的过程，但凡是东巴都需定期到白地村朝圣，与其他村子的东巴比赛，因此东巴需不断增长自己的知识和才能，为能够更好地完成祭奠和其他仪式，并为自己的村子争光。

二、祭天仪式介绍及废除、恢复原因

东巴教的主要仪式为祭天、祭署仪式。在变化多端的当今世界，战争和经济问题纷繁复杂，祭天仪式承载着当地人民对于平安幸福生活的期望。祭天仪式作为如此重要的仪式，每年进行两次祭祀，当地人称为“大祭”和“小祭”。祭天场地点的选择也特别重要，纳西族人会选择开阔的草地，坐北朝南地设置祭天场。达祖村的祭天场位于当地的女神山上，仪式中村民会摆好祭品，请当地东巴祭司诵念东巴经《崇般图》[①]来缅怀祖先，歌颂英雄，赞美创造，传递历史渊源，加强本族团结，祈求风调雨顺、天下太平。在社会现代化过程中，东巴教有许多仪式曾一度被取消，笔者跟随当地村民徒步登上女神山参观祭天台时，可以很明显看出，如今的祭天台遗址已模糊不清：祭台因长期不使用已经风化，周围生长出杂草。通过查阅资料，笔者认为，原因出在“文化大革命”时期，当时文化风向发生改变，许多民族文化和宗教信仰遭到严重打击，无论道教、伊斯兰教还是佛教都被限制了宗教自由。多宗冤假错案也在“文革”时期发生，人们因承受不住打压而被迫放弃一切仪式。直到 1982 年与宗教仪式相关的政策出台，宗教及宗教仪式才真正恢复了自由。即使祭天是东巴教的重要仪式，人们也不得不承认，宗教仪式也与时代发展和现代文明相捆绑。

回看延续上百甚至上千年的东巴教，竟险些因“文革”十年而丢失祭天仪式。好在现如今文化开放、宗教自由，位于泸沽湖达祖村的纳西族人民自发恢复

① 是纳西族在《东巴经》中的一部创世神话，意译为《人类迁徙记》。

了祭天仪式，在他们看来恢复该仪式对村子未来的发展至关重要，不仅让村子更有文化气息，还带来一定的经济（旅游业）增收。即便如今科技发达、交通方式多种多样，达祖村民仍坚持传统仪式，如祭品人工运送上山、身着民族服饰。笔者相信这正是纳西族人尊敬祖先、信仰本民族宗教的一种表现，也将带来达祖村的蓬勃发展。

三、祭署仪式与现代的关系及其介绍

自然界和人类一直是相辅相成的关系，自然造就人类，人类也能成就自然。纳西族的人民对自然环境的重视程度不可小觑，从祖先开始就有了祭署仪式，每年农历二月信奉东巴教的人们都会祭署。据东巴经记载，很久以前署和人是同父异母的兄弟，人类负责管理农耕畜牧，署则管理山林川泽、鸟兽鱼虫等自然万物。后来人们不断毁坏森林、污染水源甚至肆意捕杀野生动物。这样的做法使署大怒，于是署开始惩罚人类，他使人患疾病，遭受瘟疫、洪水、地震等自然灾害。人类在受到惩罚后意识到错误，决定向署坦诚表示过错，请来丁巴什罗[①]来协调人与署之间的关系。经过协调，人类与自然界建立了和谐相处的关系。可见在祖先生活的时代，人们就已经对环保有了概念，并意识到了环保的重要性。而祭署仪式就是他们在当时的思想状态和生活条件下，重视保护环境的重要举措。

在现代生活中，人类环保意识大不如从前，人们更加肆意地破坏自然环境，位于泸沽湖景区内的达祖村就是一个好的例子。因达祖村的位置特殊，常年游客络绎不绝，游客在游览当地景观的同时，也留下了许多垃圾。垃圾不仅让路面脏乱，也对当地农牧造成影响：塑料垃圾进入土壤影响农作物正常生长，地面的烟头被家畜不小心吞下。环境问题不止出现在泸沽湖景区，现如今全国各地都存在垃圾遍地、景区环境脏乱差以及资源滥用的问题，人们并没有强烈的环保意识，造成许多自然方面的负面问题。加之现在全球变暖、空气污染、台风等自然灾害不断增多，影响了人们日常生活和身体健康，人们也需意识到，这些灾害的罪魁祸首就是现代人类对于环境保护的无视和放纵，笔者认为这即是东巴教中所称的“署”对人类破坏环境的惩罚。人类应立即对自己犯下的错误采取弥补措施，例如不再滥砍树木、随意丢弃垃圾等。而因为祭署仪式的存在，纳西族人民的环保

① 据《东巴经》记载，丁巴什罗为征服魔鬼，造福人类，带领徒弟来到今云南中甸县三坝白地村“灵洞”传播东巴教，被奉为东巴教主。

意识非常高，笔者在达祖村内经常见到当地村民用手捡起山坡上、路面上甚至是田地里的垃圾。村民自觉打扫周边环境和与生俱来的环保意识让笔者为之一振。即使不是纳西族的一员，他们敬畏自然、保护自然的精神也值得所有国人学习。

四、总结

不管是祭天仪式还是祭署仪式的恢复，都可以看出达祖村对于传统民族文化深深的认同感。纳西族作为部分省境内的少数民族，并不像汉族、回族一样为现代人所熟知，当地人民依然没有放弃对传统民族文化的恢复的原因何在。笔者结合实地调研，了解到纳西宗教仪式本身寄托了人们对于神灵的信仰、对美好生活的向往以及对大自然的憧憬。细细品味，这其实是一种民族认同感。现代科技高速发展，足不出户便可知天下事，西方文化对中国文化影响越来越大。很多年轻一代对于本民族传统文化的了解越来越少，很多优秀文化都在历史的长河中逐渐消亡。而达祖村传统祭祀仪式的恢复，让我们看到一种信号，中华传统文化在回归、文化黏性在增强，保留优秀文化、恢复优秀文化，我们的国家将越来越强大。

（指导老师：高奎光）

我国影视文化产业发展中的知识产权保护现状、问题与对策

□沈如峰

文化创意产业（Cultural and Creative Industries），是一种依赖于经济全球化这一现象的全新产业，主要内容就是借用主体文化或文化因素，也可以依靠个人极强的创造能力进行开发、营销知识产权的行业。① 文化创意产业囊括了很多方面的创意群体，例如影视（参考美国好莱坞影视公司）、动漫（参考日本 A-1 Pictures 动漫制作公司）、服装设计（参考香奈儿公司）、计算机服务（参考微软公司）等方面。我国在最近几年也开始大力发展影视文化产业，但是与美国、英国、韩国等相比，我国影视文化产业的发展显得缓慢，而这背后的主要原因之一，就是知识产权的保护不够完整。我们需要发挥我国优秀传统文化的优势，并借鉴先进的国际经验，研究、解决好影视文化产业发展中存在的问题，从而促进我国影视文化产业更好地发展。

一、我国影视文化产业发展中知识产权保护的现状

文化创意产业的核心在于创新，依靠创意人的智慧对文化资源进行创造与提升，通过对知识产权的开发与应用，推出高附加值的产品。具有不耗费大量自然资源、不污染环境、可持续迭代升级发展的显著优点，是走出传统产业危机、实现经济持续快速发展的新战略。我国经过四十年的改革开放发展，成为制造业大国，目前面临着制造业再难以持续高速发展的困境，

① 昌隽如．文化创意产业研究 [M]. 天津：天津科学技术出版社，2017：169.

迫切需要实现由“中国制造”到“中国创造”的转变，其中的重要举措就包括了大力发展文化创意产业。通过发展文化创意产业，既可以建设丰富多彩的中华文化精神家园、造福中华民族，又可以通过文化交流树立良好的国际文化形象，推进世界文明的进程。

近年来，我国对于影视文化产业的发展逐渐重视，取得了一定的成绩。根据国家新闻出版广电总局电影局的数据统计，“2014 年、2015 年及 2016 年，国产影片票房收入分别为 161.55 亿元、271.36 亿元和 266.63 亿元，分别占当年总票房收入的 54.50%、61.57% 和 58.33%，最近五年国产电影产量略有波动，到 2016 年我国已形成年产 772 部国产影片的产业规模，其中上映 376 部，票房过亿的国产影片 43 部”①。但是如果我们与美国进行对比，就会发现现有的成绩完全不足以沾沾自喜。以 2004 年来说，中国广电系统全年总收入 100 多亿美元，而世界第一大媒介集团——美国时代华纳当年年收入 440 亿美元，是我们整个广电行业的 4 倍。

以影视文化产业链条的拓展完善及衍生产品的开发营销来说，我们亦与美国差距明显。以美国迪斯尼集团为例，该集团生产发行了许多优秀的电影（例如《加勒比海盗》等）。尤其是迪斯尼不拘泥于电影票房，将该集团旗下的影视以及卡通形象做成玩具、服装，建造迪斯尼主题乐园。迪斯尼的产品一年在全球的零售达 1120 亿美元，其中 290 亿来自娱乐人物形象，其他包括玩具、服装、电影还有电视等等。② 美国迪斯尼公司之所以能够获得如此成绩，正是因为他们极度重视版权问题，他们公司旗下的人物形象都受到了很好的版权保护。在企业发展历史中，迪斯尼公司几乎没有在版权上面退让过，例如：中国国产动画《汽车人总动员》在 2016 年被迪斯尼起诉，被指侵害了迪斯尼作品的著作权，有不正当竞争行为，请求法院判令赔偿损失 300 万元，以及合理费用 100 万元。2017 年法院做出了一审判决，迪斯尼胜诉并且获赔 135 万人民币！因为知识产权的保护到位，迪斯尼公司可以心无旁骛地发展衍生产业③，如玩具、服装、主题公园等。在良好的知识产权保护之下，迪斯尼公司的产业链在不断扩大，几乎没有外国影视公司可以与之比肩！

---

① 2017 年中国电影行业发展现状及未来趋势分析 http://www.chyxx.com/industry/201708/548291.html

② 俞飞 . 知识产权保护 [M]. 厦门：厦门大学出版社 .2007:.81.

③ 胡智锋 . 中国影视文化创意产业发展创新研究 [M]. 北京：中国传媒大学出版社 . 2014：204.

相比之下，中国影视文化产业存在着巨大的知识产权保护缺陷，影视版权的保护做得很不到位，导致衍生产业的开发不完善，发展不如迪斯尼公司。而且在知识产权零成本的情况下，我国的传统文化反被外国利用和开发，比如电影《卧虎藏龙》完全是中国的故事，却是好莱坞制作，《花木兰》更是迪斯尼一手拍摄的。虽然这些文化素材和资源是中国的，但是表达方式是全球的，制作方是美国的公司。由于我国对于知识产权保护的不完善、版权上权责不明，一些合拍的影视作品，国外公司拥有了版权，反过来利用版权赚我们的钱。

由此可见，我们的影视文化产业之所以被他国甩在后面，很大程度上是因为对于知识产权的不重视，不仅影响到了国内电影的相关衍生，更是给了外国利用我们的优秀传统文化获利的机会。

二、我国影视文化产业发展中知识产权保护的问题

首先，我国的影视文化产业企业规模普遍较小、人数较少，还不能形成全球竞争气候。这些影视企业通常会把大部分精力用于创意成果的生产制作以及销售，通常不会过多关注知识产权的保护，在实践当中既不会尊重其他公司的知识产权，也不会重视自己的人物版权。例如广州蓝弧文化传播有限公司，这家公司主要从事我国较为薄弱的动漫产业。蓝弧始创于2003年，在创始人、著名跨界艺术家王巍先生的领导下，这个秉承激情、创新、超越理念的企业，已完成超过32000分钟的原创三维动画作品，开发了众多市场化的动画品牌形象，得到了政府和媒体的高度评价。这些作品在包括中央电视台、上海炫动、金鹰卡通、南方少儿等在内的全国200多家省市电视台陆续热播，获得多项国内及国际性奖项。这家公司的成绩是有目共睹的，开创了国内3D动画的先河，并且创作了很多广受欢迎的作品，一些作品（例如超兽武装）是十分具有深度的，其引人入胜的剧情保证该公司在8年时间内不仅没被埋没，反而还保持了很高的开发热度。就是这样一个潜力无限的公司，因没有很好地维护旗下角色的版权，被很多厂家盗版该公司的角色，去生产周边产品（例如玩具、服装）。随意进入一家普通规模的玩具商店，都能看到以蓝弧公司角色为原型的盗版玩具。该公司因缺乏保护知识产权方面的意识，竟然于2017年沦落到购买奥特曼（一部特摄剧作品）版权来制作动漫作品的地步。由此可见，即使有着辉煌成就的中国影视文化产业企业，依然在知识产权上缺乏认识，不仅不能更好地维护自己的角色版权，而且还得购

买别家企业的角色版权来创造影视作品。

其次，互联网的发展给我国影视文化产业的知识产权保护，带来了严峻挑战。因为数字作品具有复制难度较低、侵权也不明显的特点，让著作权人很难发现作品被侵权，即使发现被侵权，也很难在数字环境下取得足够的证据。例如，在之前掀起讨论热潮的电视剧《三生三世十里桃花》，该作品改编自网络同名小说，可以说是数字化时代的标准产物了。但却被网民爆出，该作品剧情涉嫌抄袭另外一本火爆的网络小说《桃花债》，闹出了许多是非。在文艺作品中，情节的前后衔接、逻辑顺序，或者是将全部情节联系紧密所用的个性化表达，这种足够具体的人物设计、情节结构、内在逻辑关系的组合，可以成为著作权法保护的对象，但是单纯的人物特征或者单纯的人物关系并不属于著作权法保护的对象，除非是很直接的完整抄袭。《三生三世十里桃花》并不能完全排除作者使用，打散情节然后进行重新组合等高级抄袭行为的可能性。这一事例体现了数字化作品难以取证去证明作品侵权，而在这种难以取证的情况下，创意者们将寸步难行，因为很难保证自己的知识产权，一番心血可能转瞬间就化为泡影。如此一来，创意者们创作新的文化作品时难免会受到影响，不可能全心全意地进行文化创意，毕竟没人喜欢自己的成果被剽窃而又无能为力维权的感觉。

三、我国影视文化产业发展中知识产权保护的对策

第一，向中华优秀传统文化寻求解决知识产权保护问题的启示。

众所周知，我国具有悠久的历史文化积淀，其道德传承、文化思想、精神观念等，是中华文明成果根本的创造力，为我国影视文化产业发展打下良好的文化根基。一定程度上，历史中积淀发展的法家思想，可为我们怎样保护知识产权提供有益的启示。

在我国传统文化中，“法”和“礼”都是为了规范人的行为。“礼”即礼教，目的在于扬善；“法”即刑罚，目的在于惩恶。“法”字在古代写作“灋”，这个字右边的“廌”，是传说中长角的神兽，能辨别曲直善恶，在审理案件时能用角把不法、不正之人顶倒，喻示法律的正义和威严；这个字左边的“氵”即水，表示法如水一样平，象征法律的公平。[①] 大约在商朝时期，中国就已经有了成文的法律。公元前536年，郑国执政子产在象征诸侯权力的鼎上铸造了郑国的法律条

① 北京大学中文系古典文献专业选编．先秦法家思想资料选注 [M]. 北京大学中文系 .1974：308.

文，史称“铸刑书”。这是中国历史上第一次向社会公布成文的法律，距今已有2500多年。我国古代法家在此基础上，提出了重要的指导思想——“法者，所以爱民也”，指的是“法”是爱民的手段，即法律为的是惠及百姓。其深刻含义为，确立什么样的法令制度、是否变革法令制度，应该以“爱民”为依据和目的。法家虽然以严刑峻法著称，但在更为深刻的层面上，却并不与儒家的“民本”“仁爱”相悖。借鉴我国古代法家思想，可以造福中华民族。我们可以通过加强法制建设来保护知识产权，从而促进文化创意产业的发展。

目前，我国影视文化产业发展中存在的知识产权保护问题，概言之：一是我国影视文化创意企业的知识产权保护意识太弱，二是数字化时代难以取证来证明，侵犯了知识产权。针对这两个问题，根据上述古代法家思想的启示，采用培训、教育和加强立法、严明执法等手段可获得一定的解决。

第二，结合国情并参考美国版权保护的成功经验和办法予以本土化。

在整个20世纪90年代，全球无线电视和基础有线电视收入的75%、付费电视收入的85%依靠美国电视节目。全球55%的电影票房收入和55%的家庭录像收入也依靠美国产品，美国的CD和录音带大约占全球录音产业收入的一半。美国的图书市场占全球图书市场的35%。为了维护文化创意产业带来的巨额利润，美国在知识产权上的保护可以说是不遗余力了，他们的成功经验和做法，我们可以参考学习，根据国情而予以本土化。

首先，为了加强影视文化创意企业公司有关知识产权保护的意识，可以设立更有针对性的、与版权相关的行政执法管理部门，以此来完善影视产品版权管理体系。比如说美国就设立过“美国贸易代表署”，专门用于知识产权对外贸易的交涉谈判，如果中国也设立这种部门，可以更好地保证我国影视文化产业的知识产权不会被外国用于盈利。

其次，加强和完善版权的立法、执法。美国第一部《版权法》早在1790年就制定了，当时美国的文化事业并不发达，因此这部法律跟现在中国的版权法一样，缺少很多内容，或者说是存在很多空白的空间，给了部分人可乘之机。但是随着美国文化创意产业的蓬勃发展，美国很快于1831年、1856年、1865年就开始对《版权法》进行完善和修改，自此以后，美国每年都要进行一至两次的修改，比如我们熟知的美国法律《1980年计算机软件保护法》《1997年反电子盗版法》《1999年伪造访问设备和计算机欺骗滥用法》等相继推出。不难看出，美国

《版权法》跟进得十分及时，每次有新技术或者创意出现的时候，都能紧随其后补齐法律。如果中国也能不断跟进并且完善《版权法》，就能保证影视文化创意产业者可以没有后顾之忧地创新，因为会有法律跟进保护他们的成果。

最后，加强版权的立法不拘泥于影视文化创意产业，而且对相关联的周边产业也予以立法规范。针对世界信息技术发展和影视产品的数字化发展，美国舍弃了传统的版权体系，设立了全新的版权法案，例如 1998 年 10 月的《跨世纪数字版权法》，该法案针对数字化时代的特点，对美国《版权法》进行了重大的补充，同时为保护新技术提供了法律保护制度。假如中国也推出全新数字化时代的版权法来补充完善现有的版权法律，就能很大程度上规避掉一些法律的空白期，例如《三生三世十里桃花》这样的事件也可以更全面地进行评判。

综上所述，我国影视文化产业正在努力追赶美国、英国等国家，在这一过程中暴露出了我国知识产权保护方面，法律意识的薄弱以及法律的空白、不完善等问题。借鉴我国古代法家思想，从中寻求启示，并参考美国等影视文化创意产业发达国家的做法，我国也可以有效地解决影视文化产业发展中，知识产权保护不善不力的问题。

（指导老师：何世剑、肖志超）

论东巴文化中的原始生命力

□薛丁瑞

引言

东巴文化是纳西民族文化的绚丽瑰宝，从本土宗教东巴教而得名。至今已有一千多年的悠久历史，其表现形式多样，包括舞蹈、文字、建筑风格以及宗教仪式。纳西族主要居住在现今的丽江市附近，正如云南省版图上一颗耀眼的珍珠。纳西族及其分支摩梭人依偎女神山、环绕泸沽湖，向世人展现了丰富的文化内涵。东巴文化中独特的原始生命力从不同的方面表现出其文化的精神内涵和思想价值。

在推动现代化都市建设的大环境上，充满着少数民族风韵的丽江市显得独树一帜，东巴文化便是这座城市身上一个鲜明的烙印。至今仍然生活于此的纳西族及其分支摩梭人吸引了无数中外学者前来调研。本文将从建筑风格和东巴文两个方面来解读东巴文化中蓬勃的原始生命力。

一、祖母屋原始生命力的体现

家族组织在纳西族中普遍存在，以家庭为单位的土木民居至今仍然被完整地保留下来。建筑风格和形式直接地反映出民族的生活方式和传统习俗，对于研究东巴文化来说，是极具意义的，也是东巴文化最原始生命力的体现。在各类建筑物中最具有代表性的纳西族建筑，便是祖母屋。我们初到达祖村的次日早晨，便有幸拜访了当地的祖母屋，正值当地办婚礼，东巴在吟唱经文来为迎接一对新人做准备。交流和探讨之后得知，祖母是每个家庭中的权威，掌握各类事物的决定权，因此祖母屋相比于花楼、经楼空间更大、结构更复杂。

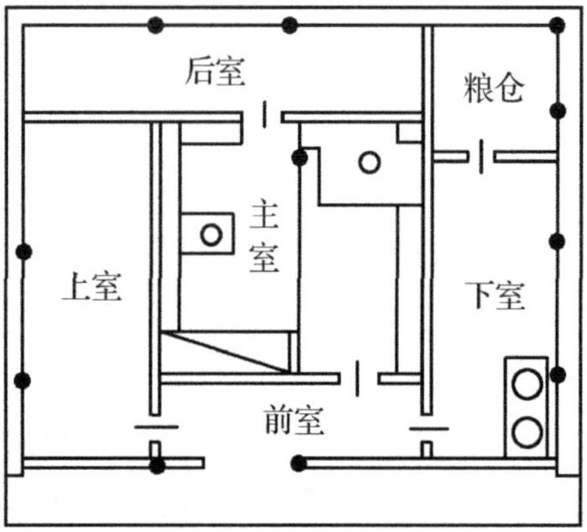

祖母屋

祖母屋内还有两根木柱，分别象征着男性和女性，顶立于家中。两性是人类的根本，摩梭人用两根木柱便诠释了这一亘古不变的原理。相互对立、相互依存的男女关系在这两根木柱中体现了出来。不仅是木柱，上火铺、神牌位这些具有特殊意义的结构也放置于祖母屋内，可见祖母的地位之高。另外值得关注的是，祖母屋的门槛设置得比较高，一个作用是阻挡家禽家畜进入；另一个作用便是每当有人进入祖母屋时，都要弯下腰跨过高高的门槛，以通过有限的空间，这一举动表示其他人对祖母的尊崇。由此可见，纳西族的社会结构是一个以女性为主导地位的母系社会体系。女性在纳西族中的地位高于男性，她们维持着种族的生息繁衍，在孕育新生命的同时也孕育着民族的希望。另一个具有深意的结构，是祖母屋内的生死门：在房门对面的墙上有一扇紧闭的门，除非在家中有新生命降临或是家人逝去时这扇门才会打开。在古时，待产的孕妇是要去生死门里去生孩子，即使是在医疗水平和医疗硬件设施不断提高的今天，在医院出生的孩子也要在接回家的时候，从生死门回到祖母屋，并由老祖母过眼，这才表示新的生命作为成员加入了家族。有人死去的时候，尸体需放置一定日期、做好防腐措施后包裹成婴儿状，从生死门送出去放置于离门不远的坑内（事先会挖好一个坑）。根据推算好的日子，伴随在亲人们的送行和东巴吟唱的经声中，尸体进行火葬，这是一个正式的告别。生和死都通过祖母屋中的这一扇门，从这扇门开始，也在这扇门结束，这便是生命的轮回。把尸体像婴儿般包裹，对应着出生时的形态，意味着死亡也是回归到一切的开始。东巴文化没有过多受到其他文化的冲击，而是因地制宜，在泸沽湖畔保留了独一无二的特质和民俗，无论是女性在母系社会中所享的崇高地位，还是一门之内生与死的轮回，都饱含着原始的生命力量。

二、充满活力的东巴文字

东巴文是现今世界上唯一还在使用的象形文字，对研究东巴文化乃至全世界的文字都具有极高的价值。毫不夸张地说，东巴文不仅仅是纳西族的珍宝，更是全人类的珍贵文化宝藏。东巴文中每一个字都是古时的纳西族人根据真实的景色或形态描绘而来，每一句话更是一幅画。据统计，目前仍在使用的东巴文字大概有 1400 多个单字，词意非常丰富，并且经过字与字的组合之后，东巴文能表达细腻的情感和颇具深意的意象。东巴文始创于唐朝，至今已有 1000 多年的历史，即便在信息量庞杂、多元文化从各个方面渗透的现代社会，东巴文字依然鲜活。

东巴文字的生命力主要体现于它古朴原始的特质。东巴文是纳西族人表达他们内心世界和精神层面的情感符号，它对情感的传递是直接而真实的。东巴文承载的不只是飞鸟走兽、山河万里，更是人类在大自然中精神世界的想象力和创造力，以及在天地中狂野生长的艺术特质。这是一种最纯粹的沟通方式，见字如见景、见景即所见。从这个角度来说，东巴文是连接自然万物和纳西族人之间的桥梁。东巴文以“表意”和“表音”的方式来传达文字的意思，1400 多个单字更是囊括了天地山水、人文鸟兽，意象及含义极其丰富。其内容大多围绕纳西族民间文化的“求生、趋利、避害”这些象征意义展开，而这些内容是纳西族早期生活方式、劳动场景的真实写照，并联系于大自然和鬼神，带有原始崇拜和宗教崇拜的色彩。

追溯东巴文的源头，并没有具体的记载，东巴文在何时何地由何人创造已无所考证。而在《东巴经》中所记述的内容，提供了纳西族的说法：“古代有圣人，为创制汉、藏、纳西三种文字之三人，生于同时，分局三地。”在代表圣人的这个东巴文上我们可以得知，这三人的地位十分之高，纳西族将三位先祖供于“”（神座）上，奉为圣人。关于这三人的记述已经寥寥，也无具体的名字或来历。但根据传说做出的推测，可以得知在那时纳西族已经和藏族有文化上的交集，在历史上两族的思想不断碰撞、相互影响。在“”（圣人）这个字上看出纳西族对神灵的敬畏由来已久，这是原始的宗教崇拜。从这两个字可以看出，先人在创造东巴文的过程中的方法和思想，是在不断更新和进化的，同时也需依据一定的原则进行造字，才能得到纳西族的认同和广泛使用。纳西象形文字的构造根据造字的用意和方法归于10类，本文介绍的是较易于理解的“依类象形”，此类方法是创造东巴文的基础。“纳西象形文字，大都以简单筹划描绘事、物、意来表达，粗具形象。”取“天”“日”和“月”字为例，分别在东巴文中作“”“”和“”。这三个东巴文都可以从它们由线条所表达的图像来理解，“”对应的“天”，就如同天空上有一片顶一样笼罩了广袤的大地，但字中还有对内收的两点，这又体现了天空虽辽阔但也只能到目光所及之处。“”和“”两个字便是很形象的太阳和月亮，纳西古人观测天地万物，用古朴的线条粗具事物的轮廓来表示。除此构字方法外，纳西族人又在此基础上进行了新的创作，在最初的一字上加以不同生活场景构成新的画面。可以说，1400多个东巴文单字都是由最具生命力的简单物象发展而来，东巴文的创作和延续极大地丰富了东巴文化。

除此之外，东巴文能得以完好地留传至今也得益于东巴纸的发明，从这个方面也能反映出东巴文字的活力。追溯及5000年前的古埃及，象形文字在非洲的尼罗河畔萌芽，然而经历了几千年的岁月，象形文字早已烙印在回忆里。苏美尔文、赫梯象形文甚至中国的甲骨文皆已消失在历史的长河之中，只留下些许的遗迹供后人研究。反观东巴文，在千年间一直得到很好的保护，得以延续至今。从这一方面来看，东巴文强盛的生命力直接地体现在文字记录的保存程度上，同时也可见纳西族在此方面有其独特的技术创新。东巴文能一直鲜活地存在于纳西文化之中，很大的程度上归因于东巴文的载体，其中最重要的载体便是东巴纸：由于纳西族民居中常常烧火，并且东巴祭祀的宗教仪式也离不开火，在经历了岁月的洗礼后，东巴纸呈现出充满历史感的古铜色。东巴纸的原料是独产于高山中野生的丽江荛花，经过十多道传统东巴技艺加工，这种手工纸才终于成为东巴文化的完美载体。由于荛花本身带有微毒的特质，所以东巴纸也具有抗虫、抗蛀、保存时间特别长的特性。这种创新技艺的革新及应用是纳西族文化发达的象征，其保证了纳西族经文或是其他文献的流传和共享；知识的普及程度决定了一个民族的文化高度，由此可见，纳西民族的文化是有生命力的、是繁盛的。

三、总结

此次调研获益颇多，不论建筑文化、还是象形文字都得到纳西族人的保护和传承。同时，政府相关部门也在保护少数民族文化遗产方面做出了不可估量的贡献。由以上研究及论述我们可以得知，东巴文化的生命力是蓬勃旺盛的，既具有粗犷淳朴的原始特色，又有丰富多样的艺术形式。东巴文化同泸沽湖粼粼的湖水一起缄默地守护、陪伴着纳西族人和体会到东巴文化之美的世人。一个民族乃至一个国家的兴盛和衰亡，都与其文化和精神内涵息息相关；文化保留其原始的特性，是独特的精神财富和民族记忆，而有生命力的文化使其民族久久屹立于世界之林。

参考文献：

[1] 方国瑜 . 纳西象形文字谱 . 昆明：云南人民出版社，2005.

[2] 王新征 . 以摩梭民居祖母屋为例看传统民居核心精神空间的保护 . 北方工业大学建筑工程学院硕士论文，2014.

（指导老师：高奎光）

关于纳西族与现代科技关系的调查报告

□邓关灏

一、研究背景

纳西文化又称为东巴文化，它容纳了本民族的社会生活、宗教哲学、历史发展进程、民俗现象、科技、医学、文学和艺术类等，小的方面又包括了藏传佛教、道教等，甚至还有其他国家的文化，像古波斯和古印度。东巴文化可以说是包罗万象，有些部分使它变得极其特别：纳西独有的象形文字东巴文是目前唯一“活着”并还在使用的象形文字。东巴经、雕塑、音乐、绘画等也吸引了世界的目光，其中包括美国这样的超级大国。但在科技发展如此迅速的时代，科技对纳西文化造成什么样的影响呢？这个问题在笔者看来是值得调研走访的。

二、纳西部分传统文化详细介绍

（一）东巴文

纳西主要使用的东巴文是一种独特的象形文字，至今还在使用的活态象形文字，总共有1400多个单字，看上去好像没多少，其实含义丰富，又能写诗又能写文。东巴文主要写在东巴纸上（一种使用草胆汁制作的厚棉纸，同样有着重大的历史意义）。东巴文在世界文字历史上都可以算作一个奇迹，早在2003年，东巴文就被联合国教科文组织列入世界记忆名录。语言是沟通人类的纽带，是语言把人和动物区别开来。可惜由于外来文化的影响，纳西正逐渐失去自己的语言。目前，只有一部分纳西族的孩子能够流利地掌握自己的语言，情况不容乐观。

（二）东巴教

东巴教的核心信仰是跟自然万物有关，如：山、水、太阳、月亮、风、雨、雷电、木、石头皆可为神灵，东巴教信仰的自然神是署神，及万物有灵。东巴教是一种较为古老的宗教，没有属于自己的寺庙，也没有属于自己的组织，这也导致了一些问题，那就是一些纳西人自己都不信仰东巴教。而且东巴教的仪式相当琐碎复杂，过程中会需要各种各样的法器（海螺、皮手鼓等）。随着藏传佛教的引入，本土的东巴教多多少少受到了点影响。但是，许多纳西人可以同时信奉两项宗教（东巴教和藏传佛教）。

（三）生死门

孕妇接生或者长者去世的时候都要穿过同一扇门，孕妇生了小孩是从门外进来的，死者是从门内送出的。象征着生命的循环，也代表了纳西人对死亡的看法，多数纳西人相信生命有轮回、死亡不是终点。

三、纳西族与现代科技关系调研情况

那么科技究竟对纳西文化造成什么样的影响呢？笔者来到了四川泸沽湖达祖村进行实地调研走访，了解当地人民对于科技和民族文化之间关系的看法。笔者挑选了 5 个代表性问题：

1. 您现在有手机吗？如果有，是智能手机还是老式手机？（目的：了解先进通讯科技对纳西族人民的影响情况）

2. 您能流利地使用并且知道手机的功能吗？（目的：考察纳西族人民对科技的应用程度）

3. 纳西族房子多是砖木结构，但中国大部分城市（比如深圳）的建筑都是采用钢筋混凝土结构，您认为保留砖木结构和使用钢筋混凝土结构哪种更好呢？（目的：了解纳 西族人民对传统文化工艺的看法是否会受到科技的影响）

4. 您认为科技（如手机）是否会破坏纳西的文化和信仰？（目的：了解目前最普遍的通讯科技对纳西族文化造成什么样的影响）

5. 您认为保留老一代的文化传统有意义吗？（目的：考察纳西族人民对自己文化的认同感）

由于时间问题，笔者仅采访了达祖村部分人民，受访者分为青年、中年和老年 3 个主要年龄段，并从中选出 3 个比较有代表性的受访者，来展示笔者所看到的现象。

采访对象一：一位年轻妇女

对于问题 1 和问题 2 回答相当明确，受访者使用的是智能手机并且能够流利地掌握手机的功能。对于问题 3，受访者觉得以前用的砖木结构，看起来很脏且比较脆弱、容易老化，比起相对坚固、只需粉刷就会焕然一新的钢筋混凝土结构，她更倾向新型的建筑材料（像钢筋混凝土结构）。对于问题 4，受访者觉得科技（如手机）并不会过度影响传统文化和宗教信仰，她说自己的信仰就是自己的信仰，一辈子都不会丢。手机只是帮助她工作和联系别人，会让生活变得更加方便。对于问题 5，受访者认为有些传统可以保留（如敬神），有些已经没有意义保留下去了（太过于迷信）。总的来说，该保留的还是要保留。从这里可以看到偏年轻一点的纳西人，思想已经是比较接近汉族的，思想相当开化。

采访对象二：一位中年大叔

对于问题 1，他有智能手机。对于问题 2，他虽然有智能手机，但只会一些简单的操作，比如用微信联系他人和打电话。对于问题 3，他认为木质建筑材料更好一点，纳西族自古使用的基本是砖木结构，还是要保留传统。对于问题 4，他认为科技（手机）会对后代（小孩）造成破坏（不良影响），玩手机占据了他们大量的时间，以至于不好好学习。对于问题 5，他认为保留老一代的传统文化是有意义的。他使用老一辈纳西的传统方法手工打银，他认为机器加工的没有灵魂，客人更偏爱手工的银器，尽管相当麻烦，他还是乐此不疲、精心对待每一件银器。他从 13 岁就不上学了，跟着他的父亲打银器，一直打到 61 岁，一代传一代。

采访对象三：一位老奶奶

一开始跟她交流起来有点复杂，因为她的耳朵不太好使，而且她只能听懂简单的汉语。下面是她的回答。

1. 她使用的是老式手机（诺基亚）。

2. 她不能熟练地掌握手机的功能，和第二个受访者一样，她只会用手机来联系别人。

3. 她认为科技是改变了她的生活（注意，这里的问题是："您认为科技有改变您的生活吗？"），比方说她开始使用手机了。

4. 她更喜欢偏现代化的生活（注意，这里的问题是:“您更喜欢偏现代化的生活还是偏传统化的生活？”），因为方便。但是她说到她生活依然是保持传统化的生活。

5. 她认为保留老一代的传统文化是有意义的，因为不能忘本……

以上是笔者挑选比较有代表性的 3 个案例，调查过程中所有受访者都有手机，比例达到百分之百，说明部分科技（手机）在纳西族的普及率是非常广的；但科技（手机）的充分运用并没有非常普及，只有少数人能够熟练使用；而在回答是否应保留老一代的传统文化时，几乎所有人的回答都是肯定的，尽管有少数人认为过于迷信的传统文化没有保留的必要，依然说明纳西族人民是相当有文化自信的。

四、关于纳西族与现代科技关系的思考

（一）对后代的影响

达祖小学是一所民办爱心小学，学生都是纳西族的，总共有 83 名学生。达祖小学总共有 14 位老师，其中 5 位是来自中国各地的支教老师，都是“80 后”“90 后”，学校创始校长是台湾人李南阳。引入科技可以帮助达祖小学的孩子。

（二）个人经历

笔者于 2018 年 7 月 17 日来到达祖小学。进入器材室时，笔者惊讶地发现，学校竟然有一台苹果电脑，而且十分新。后来打听才知道，这是别人资助的。可惜的是，整个村竟然没有一个人会使用，久而久之，这台电脑也就成了摆设。笔者住在民宿的时候，发现自来水是黄色的，这都是经过粗略过滤的泸沽湖周边山上的溪水，黄色是因为泥沙没有过滤干净，但是当地人都喝，好像这是一件再正常不过的事。笔者开始思考，这些未经认真过滤的水直接使用和饮用，是否会对当地人的身体健康造成长期的影响，还不得而知。假设有，纳西族人民的寿命就会减少，文化就不能得到长久的传承。如果向纳西族当地引进净水过滤机，并且纳西族能够掌握这项科技的话，想必会对当地居民的生活和文化传承的长久性起到推进的作用。科技的确会给纳西的传统文化带来一点冲击，就像上文第二个采访对象说的亲情的疏远（后代沉迷智能手机），但这种影响是微乎其微、可以忽略不计的。科技的发展带动了纳西族文化的传播，纳西人民能够在使用手机的

同时，不忘坚守老一代的传统文化。时代在变化，纳西族在努力赶上这崭新的世界，但扎根于他们骨子里的文化不会变。

（三）理想状态（笔者在这儿额外补充一点对于纳西族未来的期望）

结合文献和实际情况后，笔者得出结论：科技并不会于对纳西的传统文化造成过度破坏。事实上，越来越多的纳西人民开始考驾照，而大多数人并不懂得汉语，在考驾照之前开始努力学习汉语，比如最年轻的东巴（目前达祖村仅有3个）。笔者认为纳西族最好的状态就是科技带动民族文化的发展，比如使用最新的科技来帮忙宣传，更繁荣的旅游也为当地带来了更多经济收入，更多的纳西孩子能够得到更好的教育和资源。在经济得到发展的同时，又不能忘掉自己老一辈的传统，文化得到了传承，达祖依然是人们眼中那个风景美丽、民族气息浓厚的和谐村庄。而且，谁又知道，眼下也许就是纳西族的最好状态，科技与传统文化和谐共处，人们在接受了最新科技的情况下，又还是保持了老一代的传统文化，就这样一代传一代。

在科技日新月异的今天，纳西族人民生活水平有所提高，优秀的传统文化得以传承发展。

（指导老师：高奎光）

关于泸沽湖达祖村女性地位的研究

□高慧琳

一、纳西族概况

纳西族是中国56个民族之一，主要分布在云南、四川和西藏三省毗邻的澜沧江、金沙江及其支流。纳西族是一个聚居程度较高的民族，家族组织普遍存在于这个民族。但因为历史上纳西族的多元婚姻制度，构成氏族的家庭个体，存在多种不同的形态，即如今纳西族并存着父系、母系、父系与母系并行三种家庭形态。

此外，如今的纳西族是一个受汉文化影响较深的民族，许多纳西传统文化在逐渐暗淡，但又因其文化的特别性，如东巴象形文字，纳西族文化的传承引起了学术界的高度重视。

二、研究背景

本文所考察地点为泸沽湖畔的达祖村。由于达祖村纳西族人与丽江和永宁的纳西族人送死者灵魂回到“祖先之地”的“送魂路线”都是一致的，国务院在1954年对其进行民族识别确认他们为纳西族。此外，泸沽湖地区纳西人的亲族组织还保持着其他比较古老的纳西族特征，如：有共同的祭祀活动和公共墓地，在新中国成立前保留了氏族酋长的痕迹，家族有共同的始祖和家族名称等。

在汉族文化以及之后西方文化入侵的影响下，达祖村的家庭形态在变化，其中占主导地位的母系家族逐渐分裂演变为母系家庭。20世纪50年代前，母系家庭组织内部各家之间的经济联系已经不多。再到如今，无论是父系家庭还是母系家庭都已名存实亡，社会中不再具有性别偏袒。而占中国大陆98%人口的汉族在儒家文化的熏陶下，虽然已经脱离封建社会一百多年，社会中仍旧存在男尊女卑的观念，这就是笔者对达祖村纳西族女性地位产生兴趣的原因。

另外，由于达祖村周围居民多为摩梭人，达祖村内的纳西文化受摩梭文化影响很深，所以本文参考了关于摩梭文化的书籍。

三、新中国成立前达祖村纳西族女性地位的体现

在以母系家族为社会基本组织的泸沽湖畔，纳西族母系制度的核心是由，母系家庭和阿夏走婚的基础组成的。在这块区域中，以对女性和母亲尊崇的意识为基础、合理分工的形式是非常突出的文化特点之一。

（一）意识形态。在纳西族中，人们不把女性看成男性的附属品，更不看成传宗接代的工具。“所有的中年妇女，不管她已婚或未婚，不论她当了母亲或仍是独身，都可以称其为‘阿咪’。‘阿咪’与汉族或西方社会之‘母亲’截然不同，因为不是以婚姻或生育做定义。‘阿咪’一词，看似把所有中年妇女统一称呼，实则超越了父系男权的占有式私人产权观念、摆脱了大男子沙文主义的贞操观念，不把女性价值还原为一块薄薄的所谓‘处女膜’、不必认为必须结婚生子才算‘真正的女人’，更不会认为女人的幸福，就在于找到一位真心爱她的丈夫。”

只有当一个社会中的所有人群认同某个特定人群的权益，这个特定人群才会真正受到精神和生理上的保护。从古至今，纳西族女性都是拥有独立思想的个体，她们摆脱了男性的束缚。正因在这个小社会中的人，都能够认同这个观点，纳西族女性拥有实质而非口头的受保护权益。女性在社会中所承担的责任和她们所拥有的权益是正相关的，纳西族女性在家庭乃至社会，为男性分担了一半责任，在历史中起到了更多作用、留下了更多的传奇。

在纳西族的家庭中，家庭分工非常精细，宏观来说是男掌礼仪女掌财。整个家庭中，吉庆祭祀与较大的交换和交往都由舅舅作主（由于走婚制度，家中男主人多为年长女性的兄弟）；母亲或家中有能力与威望的妇女，负责家庭财产的保管使用以及生产生活的合理安排、料理家务以及接待往来宾客等。男女在社会活动中各取所需、各尽其责，虽说这种模式与汉族“男主外女主内”有一些相似，但实际上，纳西族女性所承担的责任是整个社会运作的基础，远远大于汉族文化中的“相夫教子”。更重要的是，思想观念上对女性所承担之事的重视。

（二）建筑。在纳西民居中，由于其母系大家族、人口数量多，四合院和“三坊一照壁”的建筑很适用于这种大家族。其中四合院的设置体现出纳西文化中女性地位的崇高。在四合院中，有一间独立房屋坐北朝南或者坐西朝东，占据着四合院中最好的位置，这栋房屋就是祖母屋。一栋独立房屋被以一位家庭成员来命名，已然显示出这位成员在家中的地位。在传统纳西族家庭中，事物决策者之一是这个家庭中最年长的女性，即祖母。这间房屋的朝向是四合院中最好的——面向东方或者南方，每天能够迎接最早的阳光，又避免了每年寒潮的袭击，言下之意，将最好的东西留给这个家庭中最重要的人。

祖母屋结构设置中有两个火塘，分别为上火塘和下火塘，这两个火塘不同于汉族中大位一定给男性坐的传统，入座火塘不是以性别而是以辈分年龄为标准依次排序。这就是说，在祖母屋中，女性可同男性一起迎接宾客。

此外，在祖母屋中，有两根柱子分别叫男柱和女柱，两根柱子必须是取自同一棵终年常绿且树龄在百年以上的大树。伐木前，男主人需要以饵块、酥油、糌粑和“苏里玛酒”祭过山神，才能开始伐树。主人需要请东巴（东巴意译为智者，是纳西族最高级的知识分子，他们多数集歌、舞、经、书、史、画、医为一身）决定伐木方向和时间。女柱通常取大树的上端，男柱取下端。男柱和女柱是祖母屋中唯一两根柱子，撑起了整间屋子。这样的设置与命名同样意味着女性和男性共同在家中撑起一片天，同样显示出女性在家庭中与男性地位的一致。

以上几点从达祖村纳西族传统建筑的角度，体现出达祖村纳西族女性的地位。

（三）婚姻制度。在民主改革前，达祖村纳西族普遍存在的婚姻制度为走婚制。走婚制通俗来说就是情投意合的男女通过男方到女方家走婚，维系感情与生养下一代。一般是男方夜间到女方家里留宿，第二天清晨便回到自己母亲家中，同母家的成员一起生产和生活。如果双方住地较远，当天往返不便，男方在女方家里偶居几天后，再返回自己的家中，或相隔一段时间再去走访。

建立这种婚姻关系的男女，通常互相不存在法律、经济或道德束缚，所以这种婚姻制度存在高度不稳定性，当双方的任何一方选择终止这段关系，不存在法律经济道德中任何的限制即可解除关系。也正因为这种不稳定性，这种关系时间上可保持二三十年，也可保持一两夜。人数上，一个人一生中可能与许多异性存在走婚关系。走婚期间所生子女皆由女方教养，男方不需要为教育子女负责，男女方处于各在各母亲家的状态。因此，家庭成员只能按母方关系计入家族，财产上也只能按母方分配。

纳西族的母系氏族制度能够保留至今，其缘由在民间有多种说法，大多是围绕其走婚制度的。走婚制度是母系氏族延续的关键，这也是纳西族尊重女性的理念能够传承至今的载体。

四、达祖村纳西族女性地位现状

如今的纳西族走婚制度已渐渐成为过去，虽然依旧存在走婚制度残余，但是在民族融合的情况下，一夫一妻制占据了达祖村乃至纳西族的主要婚姻制度。

这一次走访达祖村，参观祭天场所是笔者的行程之一。听当地人说，这一年一度的祭天仪式所在的被石块环绕的主要场所，只有男性当地人能够进入。换言之，现在达祖村内，女性不是祭天仪式的主导者，这也符合本文之前提到的“男掌礼仪”。

在笔者观看的一次纳西传统结婚仪式中，引导仪式同样多为男性，主持仪式的三位东巴都为男性，而女性在处理让仪式能够顺利进行的基础事务，并且承担了招待宾客的义务。女性在其中更像是从物质方面推动仪式的成功进行，这也同样符合前文中提到的“女掌财”。

另外，笔者采访了几位达祖村民，以下是回答较为特别的两位：第一位是比较年轻的女性。受访者提到他们家的特殊性，以男性当家作主居多。但是她还补充道：“达祖村可能受周围摩梭人的影响比较大，村子里很多家庭都会听取女性，对家庭大小事务的决定，但归根究底还是看哪一方比较有能力就哪一方作主吧，并没有说一定要由谁来为家庭做决定。像我的家庭也同样会在做决定的时候，尊重女性的意见和想法。”在受教育程度的问题上，受访者说如今村子里对待男孩和女孩的教育同样重视，不存在性别倾向。而以前本来就对教育不重视，就更不存在性别倾向了。

第二位是一位年轻妈妈。受访者说他们家是爸爸作主多一点。在生孩子是否有性别倾向的问题上，她表示在村子里并不存在疯狂想要生男孩的现象，村民对男孩或女孩的诞生同样表示开心。“存在想要男孩的家庭，也只是希望膝下能够有一儿一女，如果前两个孩子都是女生的话，也不会再考虑继续生育了。”

从采访答案可以看出，如今的达祖村在儒家文化的入侵下，母系家庭和父系家庭的比例在慢慢平衡，男性和女性的地位也趋于等同。家庭事务的决定权，掌握在有能力主持家庭的人而非男性手里，他们依旧以“男掌仪式女掌财”的形式各司其职，人们没有用扭曲的男尊女卑的心理去追逐男孩的诞生，受教育的资源留给想要好好学习的人而非男孩抓在手里。在达祖村中，男性和女性的机会是等重的。

五、结论

在纳西族中，由于早期的母系氏族制度和达祖村周围摩梭文化的影响，达祖村纳西族人思想中固有的尊敬女性的思想观念一直存在。虽然儒家文化入侵和婚姻制度的改变的确对纳西族文化产生了影响，但这种转变是从以女为尊到男女平等的转变，男女在家庭中合理分配、各司其职，促进了社会的和谐，是一种良性变化，这是一种当下社会可以借鉴的形态。

笔者认为，所谓呼吁女权，更是在呼吁男女平权。只有当双方都受到对方的尊重时，双方才能都为大家庭乃至大社会付出一份力，也因此形成一个良性循环，双方都能够受到同等的尊敬、拥有同等的受保护权利，这种观点是当下社会应该借鉴的。

男女平等的思想观念也是义务教育中应该教授的，只有当笔者这一代和下一代的孩子，像纳西族孩子一样从小受到尊重女性思想的熏陶，才能让这个社会走向和谐、趋向熵减的道路。

参考文献：

[1] 杨福泉 . 纳西文明 : 神秘的象形文古国 . 成都：四川人民出版社，2002.

[2] 詹承绪，王承权，李近春，刘龙初 . 永宁纳西族的阿注婚姻和母系家庭 . 上海：世纪出版集团、上海人民出版社，2006.

（指导老师：高奎光）

追索身处他乡的文物

——洛阳文物返还问题刍议

□蔡欣芸

1. 引言

文物，是先辈智慧的凝结，在时光的洗礼中，它们被赋予更丰富的文化内涵和时代烙印。中国文物在历史长河中不断“香消玉殒”，不论是国家还是个人都深深地遗憾，因此，不管是政府还是普通民众都在竭尽全力搜寻流失文物的下落。洛阳，地处“天下之中”，周边山河拱戴，城北邙山一代绵延190公里，土厚水低，古谚云:“生在苏杭，死葬北邙。”这都说明了洛阳乃是历代君王显贵埋葬之处。此处陵墓密集，蕴藏诸多珍贵文物，当然，也致使文物流失严重。中国，作为大批流失文物的归属国，也在国际上呼吁“文物返还”。当务之急当是尽快让身处他乡的文物回归故里。

2. 洛阳文物流失情况

“生在苏杭，死葬北邙。”原洛阳古墓博物馆馆长、古墓研究专家余扶危用这句流传甚广的古语形容“邙山多墓冢”的独特现象。邙山坐落于洛阳北部，是中国古代天子及官民所向往的最终归宿，大小墓葬总计共十万，“几无卧牛之地”。因此，从另一个层面来看，邙山也成了盗墓者最大的乐园。现代考古工作者专用的“洛阳铲”，就是由当年的邙山盗墓者发明并一步步演变而来的。“邙山之上，十墓九空”是洛阳人对北邙盗墓现象之盛的形象描述。在20世纪初，邙山盗墓已呈现出高度专业化，期间，大量文物流失海外。自新中国成立到“文革”结束，盗墓运动有所遏制。然而，在80年代经济迅猛发展时，人们对金钱的渴望致使邙山再次被洗劫一空。

在洛阳另一处闻名中外的景点——龙门石窟（这里香山和龙门山两山对峙，远观似一座天然的门阙，底下又有伊河流过，古称“伊阙”），文物流失之严重也是随处可见。龙门石窟总体上作为洛阳的第一大文物，其受到的风化、渗水和侵蚀等自然环境的影响，也是不可估量。人为破坏及过度开发使这座人类文明的重要遗产不堪重负。除去在古代各个王朝所经历的灭佛运动，在1907年和1935年，这里曾遭受两场劫难。西方的文物强盗和利益驱使下的中国人在龙门大肆开凿，盗取甚至是砸毁各类石窟佛雕，导致大批石窟佛像向西欧、美国和日本流动。据调查资料显示，已发现被盗走佛像、菩萨像262尊；毁坏其他雕像1063处、龛楣8处、说法图浮雕10幅、本生故事浮雕2幅、本行故事浮雕1幅、礼佛供养人浮雕16幅。大量资料数据显示，洛阳文物流失情况严重。

3. 文物流失的原因

中国文物流失海外的原因，大致有战争抢劫、代理征集、非法走私、合法贸易、赏赐赠送等。

3.1 战争抢劫

通过战争抢劫文物的近代事件主要有三起。第二次鸦片战争英法联军攻入圆明园、1900年八国联军攻陷北京、1931年至1945年日军侵华等，这些贪婪的外国人不惜一切地烧杀抢掠，轻便的文物便洗劫一空、沉重带不走的就随意地乱砸，难以计数的文物被劫去。

3.2 代理征集

另一方面，欧美国家的博物馆、美术馆、基金会和私人收藏家，通过代理人到中国征集文物。他们利用当时中国文物保护法规的不完整，亲自或联系当地人以各种方式盗取文物。通过此种方式流出中国的文物不仅批量大，而且珍稀文物极多。这股代理征集的热潮始于20世纪初，终止于1930年（国民政府颁布《古物保存法》）。

3.3 非法走私

非法走私则是指在违背文物所属国法律的情况下，将文物携带至他国的行为。这种情况从国民有了一定的“文物可以获利赚钱”的想法开始，就有不少本国或外国的文物贩子想尽方法走私文物。然而，要把1930年以后到新中国成立这段时间内，西方征集代理在中国境内从事的文物征集活动，定义为“走私”仍然有一定难度。因为当时的法律并未绝对禁止文物出境，只是为文物出境增设了若干条件，而走私商贩正常都可以通过所设的条件。非法走私出现，主要是由中国国民普遍的文物保护意识不够、牟取暴利的贪心促使的。

3.4 合法贸易

通过合法贸易流失海外的文物的案例，在许多年前也是不可计数的。举个具体的例子来说，近年来，在今天的韩国海域，打捞出成千上万的精美文物。据考证，这是600年前一艘从中国宁波港出发，承载着陶瓷、香料、铜钱等极具中国特色文化物品的大型商船，前往日本进行贸易，途中因自然因素的影响不幸在韩国一带沉船。现如今，这些珍贵的文物在韩国国家博物馆内供国内外的游客们欣赏。这种情况虽看起来是文物的流失，但实际上却不能算作文物流失，这好似是一种文化的传播、合法的贸易。

3.5 赏赐赠送

向外国人赠送特品，更是两千余年前便已有之。2015年11月，日本正仓院首次展出了天皇密藏了1300年的中国琵琶。这琵琶不是在日本本地出土的文物，天皇说这琵琶是比日本国家级宝物还要高一级的“御物”，据悉是当年唐玄宗与杨玉环赠给日本圣武天皇的礼物。1907年，美国驻华公使的夫人拍卖的圆明园珍贵文物，据说也是从前的中国宫廷赠送给她的。

其实，在国际上还有诸多国家，如埃及、秘鲁、埃塞俄比亚等文化古国的文物流失事件，其流失原因也并不异于中国，主要原因也是战争战乱、盗窃与非法走私等。而合法贸易及赏赐赠送从细节上来讲则不是文物流失的概念，这更偏向于文物的合法传播，是中西文化友好交流的象征。

4. 文物追索的途径

对于文物流失的追索途径来看，则主要分为国家层面和个人层面，再细分就分为外交、法律和民间力量。

4.1 通过外交谈判

外交模式是指通过国家机构直接进行磋商谈判，促使流失文物回归。近年来我国在外交方面的努力下就曾多次追索回大批流失文物。

例如，2006 年被盗掘的唐代贞顺皇后石椁经多方查证后发现于美国，经过多次磋商谈判，美方最终同意将石椁无条件返还。

国外也不乏外交追返成功的案例。埃及，作为四大文明古国之一，拥有无数珍贵文物。但 18 世纪以来，英、法、德等国大量掳走埃及的珍贵文物，其走私活动猖獗，至今埃及文物散落于世界各地。埃及政府一直致力于流失文物的追索。埃及政府与一段狮身人面像的胡须的缘分就曾缠绕百余年。1817 年，一个殖民者掠夺了埃及斯芬克斯狮身人面像的部分胡须，并把它送给英国政府以示“忠诚”。此后，在大英博物馆里就能见到这段长 75 厘米、直径约 40 厘米、重量超过 100 斤的胡子。100 多年间，埃及政府多次向英国提出归还这一文物，但英国执意拒绝、并未放在心上。1982 年，埃及文化部部长到访英国，再次正式提出追索要求，迫使英国于 1983 年将其归还。埃及花费了 166 年的等待和努力，终于追索成功。

埃及政府在外交手段方面也算下得去狠心：2009 年 10 月，埃及单方面宣布中止与法国卢浮宫博物馆的一切合作关系，直到该博物馆归还四件流失的古埃及文物。鉴于由卢浮宫资助的开罗南部考古发掘工作将不再被允许、同时埃及也将退出卢浮宫组织的各项会议的强大压迫，法国终于归还了这几件文物。

4.2 通过法律公约索还

法律公约也是国际社会上追索文物的重要途径之一。20 世纪初，对于流失在外的珍贵文物，国际社会并未达成共识，对于流失文物也大概分为两种态度：

一是民族主义。主张凡通过战争、掠夺等手段获取的外国文物，均应当归还原属国。中国持此种立场并且也获得了国际组织上的支持与认可。1995 年公约规定：任何因战争等原因而被抢夺或丢失的文物都应归还，没有时间限制。

另一种是全球主义。主张文物不应归还原属国，比如，由于中国损失的文物极多，返还回中国对其他国家有百害而无一利。于是 2002 年，英国大英博物馆、法国巴黎卢浮宫博物馆、美国纽约大都会艺术博物馆等 18 家欧美博物馆曾联合发表《关于环球博物馆的重要性和价值的声明》，反对将艺术品特别是古代文物归还原属国。他们声称：“长期以来，这些获得的物品——不管是通过购买还是礼品交换等方式，已经成为保管这些物品的博物馆的一部分，并且延伸为收藏这些物品的国家的一部分。”可以看出，有时候这也不是特别可行的方法。

现如今，一些商人、学者通过自己的努力在个人间架起了沟通的桥梁，也通过回购回赠等方式收回了中国流失在外已久的珍贵文物，而通过国家协商也可以获得，国与国之间友好往来的回赠文物。

5. 结语

文物是一个国家过去祖先智慧与汗水的凝结，对于那些身处他乡的文物，我们更应努力追索，将祖国建设得更加完整。

参考文献：

[1] 陈彦炜 . 洛阳之痛 . 南方人物周刊，2009(11).

[2] 杜开屏 . 中国海外流失文物回归现状的思考 . 郑州：郑州大学出版社，2014.

[3] 高升 . 国际法视野下中国追索非法流失文物的策略研究 . 湖南科技大学学报，2008(6).

[4] 李山山 . 论国际文物争端的多元化解决机制 . 北京：首都经济贸易大学出版社，2016.

[5] 李玉雪 . 二战流失文物回归争端解决的最新进展及其法律评析 . 政法论坛报，2012(2).

[6] 李玉雪 . 文物返还问题的法律思考 . 中国法学报，2005(6).

[7] 张贤为 . 国际法视野下流失文物追索问题研究 . 兰州：兰州大学出版社，2016.

（指导老师：褚红）

青花瓷元素在文创产品开发中的问题与对策

□庞朋欣

“文创创意产业”是一种在经济全球化背景下产生的以创造力为核心的新兴产业，强调一种主体文化或文化因素依靠个人（团队）通过技术、创意和产业化的方式开发、营销知识产权的行业，主要包含广告影视、动漫、传媒、舞台表演、视觉设计等多方面的创意行业。[①] 而“文创产品”是指依托特定的文化创意产业而开发的富有特色和文化内涵的创意产品，可以说，文创产品的开发关系着“中国制造”向“中国制造”的转变，关系着文化创意产业的良性发展，关系着产业结构和社会经济结构的转型升级。“青花瓷”又称白地青花瓷，常简称青花，中华陶瓷烧制工艺的珍品。是中国瓷器的主流品种之一，是在陶瓷坯体上描绘纹饰，再罩上一层透明釉，经高温还原焰一次烧成。钴料烧成后呈蓝色，具有着色力强、发色鲜艳、烧成率高、呈色稳定的特点。如今青花瓷已成为中国传统元素的典型代表，其色彩甚至被形容为“中国蓝”，被冠以“国之瑰宝，瓷之荣光”的美名。然而，笔者通过调研走访江西青花瓷旅游景点、博物馆等，发现青花瓷元素的开发同质化问题严重，保温杯、茶具、花瓶、明信片、饰品、瓷乐器等是青花瓷元素开发的主要产品，且存在价格不稳地、消费者难以判别、无品牌等问题，这亟需我们寻求对策从而重新焕发青花瓷元素的魅力。

---

① 谢梅，王理．文化创意与策划 [M]. 北京：清华大学出版社，2015：86.

一、青花瓷元素在文创产品开发中的问题

1. 产品同质化

“同质化”是指同一大类中不同品牌的商品，在性能、外观甚至营销手段上相互模仿，以至逐渐趋同的现象，在商品同质化基础上的市场竞争行为称为“同质化竞争”可指某个领域存在大致相同的类型、制作手段、制作流程、传递内容大致相同的各类信息的现象。[①] 产生旅游景区产品同质化的原因是缺乏对本地资源和特色文化的发展。在江西成千上万个旅游景点中，几乎所有景点都有卖青花瓷器的，并且所有青花瓷器都大同小异，并没有实现产品与本土化的结合。首先，缺乏本地资源和本地文化的开发意识，将展区产品仅仅当作经营的商品，没有将其看作旅游文化、本土文化的象征。其次，缺乏有效的旅游产品开发团队，无论是文化构思、文化审美，还是技术手段、创作团队等方面，都显得力不从心，最终导致旅游景区产品同质化严重的现实。

2. 品牌意识淡薄

“品牌”是一种名称、术语、标记、符号或设计，或是他们的组合运用，其目的是借以辨认某个销售者或产品以及服务，并使之与竞争对手的产品和服务区别开来。[②] 首先，在青花瓷这一个大类中，并没有非常高端或者顶级的品牌，当人们想起青花瓷时，最多能想起景德镇，但这不是品牌。在现代社会中，人们是非常看中品牌的，因为品牌在社会中具有一定的社会意义，它是顾客对品牌生产商长期经营状况和产品质量的综合判断以及由之产生的信任。所以在人们不懂时，第一个会去看这个物品品牌的好坏。而没有一个名声远扬的牌子是青花瓷开发中很大的一个问题。其次，当把一个产品做成品牌时，那个过程经历了观察、调研、实验、传播宣传，而在这个过程中，会有许许多多的不懂的人逐渐了解这个产品，形成一个成熟的产业链。就像顾金兰说过：“品牌意识是消费者与品牌关系的总体反应，是消费者对品牌的认知、情感、意志与主观的个性化反映。”此外，汪秀英、任方旭从强调人在接受信息的过程中的主观能动作用、对外界信息加工和处理的角度对品牌意识进行了相应定义。例如笔者买过相同的两套青花瓷器，但价格相差甚多，店铺内的情况也是天壤之别，这就是在价值评估上品牌至关重

① 张宏梅，赵忠仲．文化旅游产业概论 [M]. 合肥：中国科学技术大学出版社，2015：254.

② 稻香．品牌延伸法则 [M]. 北京：机械工业出版社，2006：3.

要的作用。

3. 产业链不完善

目前的青花瓷元素在文创产品设计、开发中还不能形成完整的“产业链”，也导致了缺乏具有核心竞争力的产品在市场中拓展和引领消费风潮。“产业链”是各个产业部门之间基于一定的经济关联，并依据特定的逻辑关系和时空布局关系客观形成的链条式关联的关系形态，其本质是用于描述一个具有某种内在联系的企业群结构。[①]产业链是一个包括价值链、企业链、供需链和空间链四个维度的概念，这四个维度在相互对接均衡的过程中形成了产业链。这种对接机制是产业链的形成。产业链中大量存在着上下游关系和相互价值的交换，上有环节向下游环节输送产品或服务，下游环节向上游环节反馈信息。而青花瓷的产业是非常不成熟的，没有明确的定价和评判标准，就像同样的一个青花瓷器制品，它的价值存在在几十到几万之间，而对于购买者来说，他们并不能够准确地去判断是否物有所值，而这种现象会导致上游向下游输送时有着严重成本水分，无法达到一个良好的价值链。而对于一个产品来说，他必须有着严格的成本控制，许多负责人在可能影响目标现实时会采取应急手法，从而导致目标成本不断的上升，市场的水分越来越大，从而导致难以控制的局面。

二、青花瓷元素在文创产品开发中的对策

1. 提高产品牌知名度

青花瓷虽然具有广泛的影响，有很高的认知度，但就目前市场上所见的青花瓷产品而言，还没有形成品牌知名度和美誉度。品牌知名度的真正内涵是认知度及回忆度。品牌认知度的建立有两个，其一是帮助消费者从众多品牌中能辨识并记住目标品牌；其二就是消费者从新产品类别中产生联想。对于品牌知名度我们可以运用公关的手段。在今天的“视觉时代”下，影视与广告是重要的传播媒介，虽然说广告和影视传播会有着相对来说更昂贵的费用，但可以运用公关传播的技术，塑造一些话题，通过报刊来引起目标消费者的注意，这样可以取到事半功倍的效果。此外，我们建立品质认知度，品质认知度是消费者对某一品牌在

---

① 北京大学文化产业研究所，国家文化产业创新与发展研究基地 . 中国文化产业年度发展报告 2005[M]. 长沙：湖南人民出版社，2005：67.

品质上的整体印象。消费者对品质的认知度完全来源于产品使用过，服务享受之后。产品的品质并不完全是指产品或服务本身，同时包括了生产品质与营销品质。最后就要建立品牌联想，就像国内知名品牌“联想”曾经说过“人类失去联想，世界将会怎样”，建立品牌联想对于品牌资产管理非常重要。品牌联想是指消费者想到某一个品牌的时候所能联想到的内容，然后根据内容分析出买或者不买的理由。对于企业而言，所要掌握的就是一个具体而有说服力的购买理由，这个理由是任何一个品牌赖以生存的基础。

2. 塑造品牌形象

青花瓷元素开发的同质化问题是制约其发展的重要因素，而解决这个问题的方法就是塑造品牌形象，品牌形象蕴含了消费者的情感寄托与价值认同，因为心理上的消费体验是与众不同的，所以品牌形象是其他同类产品无法替代的。就像众所周知的苹果公司，他们主营电子产品，与之相同的竞争产业也数不胜多，但苹果公司可以做到与众不同就是因为它塑造了良好的品牌形象。并且乔布斯把它自身做成了一种品牌，大家认可他的创意，认可他的产品。品牌形象的代言人就是部分的品牌形象建立。在此之后商家应该明确传播对象是消费者，了解当今消费者的感受与处理信息的时代特征，对于传播效果是必要的。充分利用各种媒体，有效地为企业或品牌服务，正式整合营销传播所在关注的问题。当消费者面对众多信息时，很多情况下会缺乏足够的耐心去进行理性加工，就像蜻蜓点水一般，在无意识中给消费者把零散的信息组合起来，形成某种知识、经验，然后根据知识积累准确地对产品做出合理的判断。这就要求产品的传播是个性化的、简明的以及持续统一的，并且信息的内容是消费者乐意去接受的，去注重把产品属性的炫耀转化成消费者利益诉求，与此同时这些信息是与消费者已有经验或认识相吻合的，先从公司切入，在要求在异质信息上的沟通。

3. 完善价值链

青花瓷元素在文创产业的设计与开发中还有必要形成完善的价值链，保证每一个阶段的从业者都能获利获益，也强化他们的竞争意识和市场拓展思想。在1985年，哈佛商业学院教授迈克尔·波特在《竞争优势》一书中提出：“每一个企业都是在设计、生产、销售、发送和辅助其产品的过程中进行种种活动的集合体。所有这些活动可以用一个价值链来表明”。[①] 可见，每个企业都处在产业链中的某一环节。一个企业要赢得和维持竞争优势，不仅取决于其内部价值链，还取决于在一个更大的价值系统——即产业价值链中同期供应商、销售商以及顾客价值链之间的联结。产业价值链是在产业层面上企业价值融合得更大的价值系统。在未形成之前，个企业的价值链是相互独立的，彼此间的价值联结是松散的。经过产业整合之后，企业被捆绑到一个产业价值链系统里，实现整个产业链的价值创造和实现。就像台湾王永创办的台塑集团在国际化扩张中建立起“全价值链”体系，海航集团在全球化发展中也呈现出向产业上下游延伸的特点，以创造出更大的价值。

综上所述，只有解决目前青花瓷元素开发中存在的产品同质化、品牌意识淡薄、产业链不完善等问题，我们才能从中寻求解决中华传统元素开发利用的问题。

（指导老师：何世剑、肖志超）

① 苏高 . 大数据时代的营销与商业分析 [M]. 北京：中国铁道出版社，2014：316.

“中华思想文化术语”系列图书中专有名词意译与音译的效果分析

□邓奕嘉

引言

“中华思想文化术语”系列图书（以下简称“术语图书”）为教育部项目“中华思想文化术语传播工程”的核心产品，每辑收录100条中华思想文化术语词条，并加以释义及英译。其中对于中华思想文化术语词条我们可以称为“专有名词”。在考察术语图书的翻译原则时，我们发现这些专有名词一部分采用拼音音译，一部分直接翻译成对应的英语单词，分别为“音译”与“意译”，其余名词音译与意译并列。以“中华思想文化术语”系列图书的前3辑为例，所收300条词目中，其中作为专有名词音译的共21则，音译与直译并列的共34则，包含音译名词的词组语句共7则，三者共62则，占总数20.7%。翻译方式是由专有名词的性质决定的，在不同情况下各有优劣。通过比较音译和意译的应用，我们可以在接下来的翻译中更好地传达意义与内涵，贯彻对于中华思想文化的理解。本文将通过术语图书中的实例，配合外部资料，分析意译与音译在不同情况下的效果。

一、音译

部分专有名词采用直接音译，一般都是抽象概念，在英语等欧洲语言中无法找到对应的词语。如“慎独”“风骨”“以无为本”中的“无”，都采用汉语拼音作为翻译。

以“无”为例，它是出现在老子哲学概念里的专有名词，指代“世界的本体或本原”。同时“无”字的本义也显示出了

“世界的本体或本原”的特点，即“任何具体的事物都不能作为另外一个具体事物的本体或本原”，这个“本体或本原”是无形无名的。显然，不管是“无”所指代的本质，还是“无”所蕴含的意义，都无法直接用一个特定英文单词或词组表示。这种情况下，音译是唯一的选择。

英文中存在将“儒家思想”翻译成“Confucianism”的惯用译法，来源上可以算作音译，发音上源于“孔夫子”。“儒”一词具有复杂的内涵，使其只能进行音译。而由于使用历史悠久[①]，“Confucianism”已经成为英语中的固定词汇，英语使用者对于其内涵均有所了解，可以说是音译术语的成功案例。

根据以上案例，名词内涵的复杂性使其只能直接音译。这些概念对于多数中文使用者尚模糊，英文使用者的理解就更加难了，如同“Confucianism”一词的广泛使用一样需要长期的文化积累。

二、音译与意译结合

（一）抽象专有名词

一些抽象名词在英语中也能找到含义近似的单词，但为了语义精确和文化特色，采用音译配合意译的方式。如“象”“玄”“气骨”分别翻译为“Xiang (Semblance)”“Xuan（Mystery）”“Qigu（emotional vitality and forcefulness）”。

以“象”为例，根据术语图书，它在思想文化史上有四种大致的意思，既可以特指“道”的某种形态、人的气象、象征万物的图形，也可以泛指事物的显现形态，具有鲜明的中华文化特色，单从这一点上来看，“象”适合直接音译。但是，这四种意思有共通之处。“Semblance”意为“显现形态”或“模拟形态”，与“象”的意思非常贴合，这样既保留了汉语特色，又易于理解。在术语图书的英文解释中，将“Xiang”与“Semblance”在不同语境中出现，单独使用时为“Xiang”，在引例句中出现时为“Semblance”，很好地平衡了术语的中华特色与内涵传达。

（二）具象专有名词

部分表示具体概念的名词也会采用直接音译，辅以英文原生单词的解释，如

---

① 根据《韦氏词典》，Confucian 一词最早出现于 1837 年，在 1893 年理雅格翻译的《论语》中就广泛使用。

“诗”翻译为“Shi（Poem）”、“词”翻译为“Ci（Lyric）”、“鼎”翻译为“Ding（Vessel）”。它们在英语中有相似具体概念，但均为中国文化特有内容。

以“词”和“曲”为例，两者均为可以配乐演唱的歌词，区别在于前者为诗体、后者韵文体。虽然它们均为中国独特的传统文学体裁，但外语文化中存在相似含义的概念。因此在翻译时采用了“音译＋意译”的方法。

“词”和“曲”两者的英文意译可以相互比较。“词”的英文原生翻译为“Lyric”，原指“歌词”或“抒情诗”[①]，前者为泛指，后者是一种文学体裁。当“Lyric”指“词”时，显然合并了两个释义，指“可以配乐演唱的长短句诗体”。而“曲”的英文原生翻译为“Melody”，原指“旋律”。相比起“词”与“Lyric”，“曲”与“Melody”的联系显然就没有那么顺畅了，在英语中，“Melody”指的是音乐本身，而中文中的“曲”指的是与音乐有关的一种文学体式。这可以看作一种翻译上的妥协，目的是区分“词”与“曲”。在这种情况下，意译和音译的结合就十分必要了，只有这样才能最好地解释“词”“曲”这两种特别的文学体式。

音译与意译结合可以适应多种不同的情况，在以上案例中，可以直接解释中文抽象概念，并区分中文相似概念，使术语在保留中华思想文化色彩的基础上易于理解。

三、意译

其余专有名词在英语中有直接对应的词语，比如“忠”对应“loyalty”，“直”对应“rectitude”。语言上能够直接对应，表明文化中有近似的内涵。

以“直”为例，术语的基本含义是“正直”，表示“符合道德或礼法要求”或“按实情行事”。英语词汇“rectitude”本意为“straightness”即“直”，常用作“诚实，道德正确”的意思，在本义和引申义上都做到了对应。

以“忠”为例，儒家学说中，“忠”原指为人诚恳厚道、尽心尽力，尽力做好本分的事；在我国历史上中央集权的背景下，“忠”常常特指臣民服从于君主的行为规范和准则。对这种特质的重视在西方文化中也有迹可循。“loyalty”源于法语，原指封建制度下附庸对于领主的服从拥护，尽自己法律上的本分，语义上比较相似，将“loyalty”作为“忠”的英文对应是合适的。

---

① 根据《韦氏词典》中的定义。韦氏词典为最广泛认可使用的美式英语词典，能够一定程度上客观反映英语文化的理解。

但是，在直接翻译的过程中，也应关注术语和英文对应词微妙的差别。“忠”中“尽己所能”这一内涵就无法在“loyalty”中体现，后者的词源与“law（法律）”相通，一个处于个人道德层面，一个处于法律层面，在一些情况下不能够很好地对应。同样，西方宗教意义上的“rectitude”和中华思想文化道德意义上的“直”也并不能完全对应。

在术语的翻译上，我们需要权衡中华思想文化色彩的保留，这样才能突出该术语名词的独特性和重要性，达到对外交流的目的。

四、意译与音译的案例比较

采用直接音译的特有名词对于英语读者来说较难理解，常常需要配合一些解释，直接意译的特有名词较好理解，但是在一些情况下可能会造成误解。这两个方面译者应该权衡。

以下案例可以更直观显示出音译和意译的优劣。

“气骨”和“风骨”词义上较为接近，但在术语图书中，“风骨”采用音译，而“气骨”则是音译意译结合。但是在实际应用中，“fenggu”这个词语还是需要解释才能使用的。值得注意的是，在常用汉英词典上，“风骨”一词的翻译都是“strength of character”而非“fenggu”，在谷歌英文搜索引擎上“fenggu”一词在前十页均无与中文“风骨”内涵有关的网页。显然，如果在翻译一部中文著作，或是表达意思的时候直接使用“fenggu”作为英文单词，英语读者是无法理解的；而如果配合“strength of character”这样的直接简要的英文解释，则会比较易于理解。特别是对于“气骨”和“风骨”这样词义接近的专有名词，在翻译上也应该相对统一。

“刚”与“柔”两词在术语图书中两次同时出现，但一次采用了意译，一次采用了直译。在“刚柔”中被翻译成了“Gang and Rou”，而在“刚柔相济”中被翻译成了“Toughness”和“Softness”，这种不同可以归为语境上的不同，与前文“象”的“Xiang”和“Semblance”情况类似。术语“阴阳”在外语文化中已经积攒了足够传播底蕴，“yin”和“yang”的音译不会提供阅读障碍，在“刚柔”还没有积累到足够的文化底蕴时，还是需要音译和意译结合来传达含义。

五、总结

综上所述，对于专有名词来说，意译易于理解，但英文对应可能含义不够精确；而音译保留了中华文化色彩中的深刻内涵，但常常需要配合解释说明。本文认为，在翻译时，术语既要易于理解，又要保留中华思想文化色彩。根据文中案例，翻译者需要考虑专有名词的以下情况：

1. 在外语文化中有无对应词，即西方文化对术语内涵的接受程度；

2. 在中华思想文化中的独特性；

3. 所在的语境；

4. 作为中华术语本身在英语文化中的普及程度。

通过以上考量，在意译和音译之间进行取舍，才能最好地对外宣传中华思想文化。这是术语图书中已经在实践的内容，但是通过对其效果的分析，本文认为其中仍有相对的提升空间，如“忠”“风骨”等翻译。

由于篇幅有限，本文无法进行更多的实例讨论。此外，实际应用中的范例统计以及对于读者人群的调查，将能够进一步验证、补充，或修正本文的结论。

参考文献：

[1] 《中华思想文化术语》编委会 . 中华思想文化术语 1. 北京：外语教学与研究出版社，2015.
[2] 《中华思想文化术语》编委会 . 中华思想文化术语 2 北京：外语教学与研究出版社，2016.
[3] 《中华思想文化术语》编委会 . 中华思想文化术语 3. 北京：外语教学与研究出版社，2016.

翻译原则：强调术语内涵　发扬中华传统

□车宇轩

中国，是一个具有数千年历史的文化古国。中华民族诞生和繁衍在这片土地上，一代代地传递着这份充满着积淀的文化。数千年中，无数的独特文化在这里诞生，从“功夫”到“中医”，发展至今，可谓无人不知无人不晓。然而，由于其特殊的内涵，也导致了许多翻译的不当，使传出的中华文化掺杂着瑕疵。伴随着很多因此导致的误解，基本的翻译原则应当被不断完善和补充。

一、翻译障碍：思想背景带来的差异

中国独特的发展和文化底蕴造就了许多带有文化性质的字词。比如，“伏里无雨，谷里无米；伏里雨多，谷里米多”，这种带有中国耕种文化的谚语就无法为外人所理解，因为在国外并没有“二十四节气”这一说法。相同的，以在《朗文当代高级英语词典》（外语教学与研究出版社，2014 年）中，“阴阳”被定义为“the ancient Chinese philosophy which is based on the idea that everything in the universe is formed and influenced by the combination of two forces called yin and yang”，即两种相对而构成宇宙的力量。而对于中医来说，“阴阳”还有着更加深刻的含义：“就人体阴阳来说，外部为阳，内部为阴。单就躯干来说，背部为阳，腹部为阴。就人身脏腑来划分阴阳，则五脏为阴，六腑为阳。”（《中医文化关键词》，外语教学与研究出版社，2018 年）这些对于国人都复杂深奥的内容则更加不为外国人所理解。同样，中国古代各个思想学派的术语翻译都非常复杂，因为每一个学派都建立在不同的理念之中。以“乾坤”为例，作为古代学者临摹宇宙运行的理念，和“阴阳”有着异曲同工之处，也代表着一个全新的体系的建立。

不同思想文化背景的人，对思想文化术语的理解也天差地别。中华思想文化术语象征着中华的民族传统，是以文化背景作为基石的，当缺少了文化背景，则会缺失它的意义，变得晦涩而不完整。

二、如何翻译：遵循两大原则

（一）音译？意译？

对于大量的中华思想文化术语，统一用汉语拼音来翻译是不现实的。然而对于一些特殊的字词，这一翻译形式则是必要的。举例来说：“玄学”，指的是“魏晋时代，何晏、王弼等运用道家的老庄思想糅合儒家经义而形成的一种唯心主义哲学思潮”（《现代汉语词典（第6版）》，商务印书馆，2012年）。现在人们翻译这个术语时多使用“metaphysics”。然而需要清楚的是，“metaphysics”这一单词并不是为“玄学”打造的，而是传入中国后人们将其套在“玄学”的翻译上的。“metaphysics”这一单词来自亚里士多德一部著作（现在多翻译为《形而上学》）。因此，当涉及学科内容时，“metaphysics”的翻译并没有问题，然而当提及道家思想时，“玄学”一词应当采用拼音翻译。即便意思是一样的，但在这一翻译下该词有着独特的中国背景。一般人们要先了解“老庄思想”，之后才能够进一步理解中国的“玄学”。

然而对于中医及类似的科学类学科的翻译，一般情况下要以意译为主、音译为辅，同时兼顾语言形成过程中约定俗成的翻译原则。中医治病的原则之一“急则治标，缓则治本”，翻译为“symptomatic treatment in acute condition，radical treatment in chronic case”，这种意译为主的翻译模式能够极大地简化学界交流的障碍。纵使“标”“本”的定义远比这句话中所体现的复杂，在医学这样本身就复杂的体系中一味强调内涵只会导致更加混乱的理解，也更不成体系。

（二）统一性

对于纯学术性的术语，同一术语的翻译不宜太多，否则容易造成记忆困难和混乱，妨碍文化的交流和发展。2007年10月16日，世界卫生组织首次颁布了医学名词术语的国际标准。世界卫生组织西太区传统医学官员崔昇勋介绍，这个标准的英译原则是要准确反映中医的原始概念，不生造新词，要着重考虑其医学意义。对于一词多译的名词，只选择其一。虽然现在看来一心追求精准化的翻译遗漏了中医的内涵，但是不可否认，统一化的翻译模式带来了一定的好处。

教育部重点项目“中华思想文化术语传播工程”，作为中华思想文化术语翻译的先驱，也正是为了统一性的翻译而生。

三、对于未来的展望

（一）中华思想文化术语传播工程

于2014经国务院批准设立，至今为止该工程已经取得了巨大的成功。通过各方专家共同协作，“传播好中国声音，讲好中国故事，让世界更多了解中国国情、历史和文化”的理念正在不断地深入人心、渗透在每一个中国人的心中。在这项伟大的使命中，每个参与者为之付出的努力和心血都将被铭记，就像术语库下那数百条词条一样，被所有人认同。然而这项使命尚未完成，或者说这是一项永恒的使命。“中华思想文化术语传播工程”是一项长期而艰巨的任务，需要后来的学者、译者艰辛而持续的努力，需要更多的人关注和参与其中，不同看法的相互协调和统一都会使之不断臻于完善。

（二）多种多样的传播方式

作为世界大国、世界强国，中国和它充满特色的文化底蕴也正在不断吸引越来越多的国际友人的关注。通过超过6000万的海外华人华侨，中国独有的文化术语也正在更加快速、有效地直接传播出去。在许多其他国家，中文也逐渐成为选修或必修课程，为更多乐于感受和学习中华文化的人提供了平台。拥有成熟的语言基础，进一步学习和理解中华术语，将不再成为难点。当一个外国人将《静夜思》倒背如流的时候，理解李白和他当时所处的境地将不再困难。从李白到唐诗再到唐朝背景，教学体系也在不断磨合中逐渐成熟。因此，我们有理由相信中文和中华文化正在改变着全世界。纵使暂时的改变难以察觉，但终有一天中文会成为像英文一样的世界语言。

四、结语

强调术语含义的同时也是在发扬中华传统。作为传播中华文化至关重要的一步，不断寻找最佳的译义也是必不可少的。无论采用怎样的一种翻译模式，都以方便、精确为基础。在保证精准化翻译的同时，照顾各个语言、各个习俗的改良也在不断提出和实行。在不断改良的过程中，中华文化也在经历一个被不断磨合的过程。因此，只要坚持不断改良和统一翻译，中华文化将终有一天被全世界接受和熟知。

参考文献：

[1] 世界卫生组织（西太平洋地区）. WHO 西太平洋地区传统医学名词术语国际标准 . 北京：北京大学医学出版社，2009.

[2] 英国培生教育出版亚洲有限公司 . 朗文当代高级英语辞典 . 北京：外语教学与研究出版社，2014.

[3] 中国社会科学院语言研究所词典编辑室 . 现代汉语词典（第 6 版）. 北京：商务印书馆，2012.

（指导老师：田改莉）

略谈佛经术语翻译对中华思想文化术语外译的指导意义

□董聿恒

引言

佛经翻译作为我国翻译史上的一大高峰，在理论和实践应用上都有很大体量的成就。而值得注意的是，佛经翻译和今天的中华思想文化术语外译有颇多相似之处，我们或可汲前人之精华、继往开来，此文权为投砾引珠。

另外，下文中提到的中华思想文化术语外译如未特殊说明，皆探讨目标语言为英文的情况，举例也以英文为主。一是由于英文是当今国际社会上适用性最广的通用语言，据袁同礼《西文汉学书目》（耶鲁大学出版社，1958 年）所示，近代以来我国思想文化的对外传播也以汉译英为主；二是由于本人学识有限，仅仅粗通英文一门外语，对其他外语几乎一无所知，不敢妄谈。

一、佛教术语翻译与中华思想文化术语外译中共同存在的难点和问题

译经理论之所以对当今的思想文化术语翻译有着借鉴和指导的意义，很大程度上是因为其面对的许多难点与问题是相当类似的，故译经僧们对于这些难点的解决方法可为今日译者所借鉴。现权以浅见薄识，归纳几点，大要如下。

（一）跨语系

佛教原发于印度，原典皆为梵文经卷，当属原始印欧语系（Proto-Indo-European，简称 PIE），几种体例皆为拼音文字。而汉传佛教译经的目标语言显然属于汉藏语系，为语素文字。两

种语言存在着根本性的不同，宋人郑樵曾于其著作《通志》中阐述过华梵之间的重大差异：“梵人别音在音不在字，华人别字在字不在音”，“如切韵之学，自汉以前，人皆不识，实自西域流入中土。所以韵图之类，释子多能言之，而儒者皆不识起例，以其源流出于彼耳。”不同语系的文字难以直接转换和借用，信息损耗往往较大，这也是译经大师们所一直面对的一大难点。回到我们今天的视角来看，汉藏语系的使用人数虽多，但几乎集中在我国或周边小国境内，想将我国传统思想文化向国际上传播，便必然要向其他语系的语言翻译，其中又尤以英文为代表。不免也要遇到类似的问题，此其一。

（二）词意复杂，内涵深奥

此一点当为佛经翻译和思想文化术语翻译最核心的一个难点，相关论文汗牛充栋，篇幅及学识所限，不再展开讨论，略提一点：释道安大师有“五失本，三不易”之说，“五失本”主谈结构，“三不易”却涉及内容上的困难：“然《般若经》，三达之心，覆面所演，圣必因时，时俗有易；而删雅古，以适今时，一不易也。愚智天隔，圣或叵阶；乃欲以千岁之上微言，传使合百王之下末俗，二不易也。阿难出经，去佛未久，尊者大迦叶令五百六通，迭察迭书；今离千年，而以近意量裁，彼阿罗汉乃兢兢若此，此生死人而平平若此，岂将不知法者勇乎？斯三不易也。”一是时代背景的不同使得译者难于翻译圣人言论；二是世尊智慧如海，经文禅意精深，难于通俗表达；三是当初编写经文还要由诸阿罗汉仔细编撰，译者才量有限，此三不易。这便是道安在当时就从时代、词句内涵和译者能力方面分析出译经的困难。传统思想文化术语和佛教术语一样包含了时代特征和深奥的内涵，如何将它们表达也是一大难点，此其二。

（三）各执一词，难于规范

第三个难点在早期的佛经翻译和目前的思想文化术语外译过程中普遍存在，即先人译名众多，一词多译，难于规范，这在经典的外译上就容易让人误解，甚至产生“门修斯”一类的笑话。佛经的转译在早期都是由弘法僧人各自完成的，依对佛经的理解不同，在翻译同样的术语时也有不同的取舍，包括“佛陀”这个称呼的译法。“Buddha”在牟子的《理惑论》之前一般译为“浮屠”，然而同时亦有浮图、休屠、觉者等多种说法，还有与“Budh”相混淆的觉、净觉这样的误译。这还是有实指的名词。其他例如般若、涅槃一类的词语译法更数不胜数，不提音译，单意译就有各种迥异的说法，此皆由于各人理解不同。佛教术语在日后漫长的发展过程中逐渐趋于一致，而同样的问题对于今天的经典外译却是有过之而无不及。譬如“浩然之气”一词，在不同的译文、词典和翻译软件中就能轻易找到七八个不同的译本，其中有较为提要钩玄的译法例如“Noble spirit”，偏重一面的译法例如“Spirit of fearlessness”“The great consciences”“Great moral force”，在特殊语境中直接使用单词的译法如“Integrity”，比较随意的译法比如“Soul of Haoran”，以至于还有直接音译的，五花八门。起初来讲这是一个翻译过程中的“问题”，但由于翻译过程、时间跨度长，译名无法规范，这也就成了一个普遍存在的对后进译者很不友好的难点。既难以考究是否应该使用前人的译名，又无法确定哪个译名更为规范，那么在约定俗成前便只能自己选择适合语境的译法，或自己生造。

其实依己愚见，第三处难点是与第二点有因果关系的。因为我们今天看到的这些术语的译法，大多并非来自一次性译成的辞典，而是在长期的译文与专著的写作中由个人分别撰写并最后总结收集来的。而由于这些特殊的思想术语、哲学概念、宗教术语有着很强的多义性，含义复杂深刻，假如不纯音译的话，多半会根据文章的语境，选择这个词含义的一方面加以翻译。举例来说，“仁”字于《论语》中出现不下百次，但含义皆有微妙的不同，于后世文章更甚百倍。若是在“夫仁者，己欲立而立人，己欲达而达人”一句中，“仁”可作“美德”讲，应该可以译为“virtue”，而像“温良者，仁之本也”这样的句子中，“仁”译作“kindness”或者“benevolence”也无大碍。倘再有交流不足、整理不细，便很容易出现上述问题，此其三。

二、佛经翻译中关于此等问题的一些解决方法及其指导作用浅析

对于如何处理这些问题，译经僧们于千年前就时常思虑。窃以为唐朝玄奘大师的“五不翻”原则（见于南宋法云《翻译名义集》）最为广为人知，应用广泛，篇幅有限，仅简析一二。原文如下：

> 唐奘法师明五种不翻：一、秘密故不翻，陀罗尼是。二、多含故不翻，如“薄伽梵”含六义故。三、此无故不翻，如阎浮树。四、顺古故不翻，如“阿耨菩提”，实可翻之。但摩腾已来存梵音故。五、生善故不翻，如“般若”尊重，智慧轻浅。令人生敬，是故不翻。

（一）秘密故不翻

一部分术语的含义本身就带有神秘色彩和密语的特点，出于对其此层意义的保留，可以不予解释，直接音译。例如法师所举之例“陀罗尼”即梵文 dhāraṇī，直译为“总持”，指各类佛教法咒。这些咒语本有梵文意思，但作为咒语，其神秘性也是含义之一，故不译。而诸如中医里的穴位、经络的名称也可遵从此法，譬如“阿是穴”的命名本身就是依据患者的发声而来的，因此，其英译也应采取音译法译为“Ashi”。

（二）多含故不翻

含义众多的词语，难于在目标语言中找到对应词语。按照语境翻译是一种做法，但直接音译或能更多地存留术语的完整意义。“薄伽梵者，谓薄伽声。依六义转：一、自在义；二、炽盛义；三、端严义；四、名称义；五、吉祥义；六、尊贵义。”含义复杂，不如直译。“仁”在“中华思想文化术语传播工程”中被翻译为“ren”正是如此。

（三）此无故不翻

倘若翻译的术语，指代的具体对象在目标语言的文化背景中根本不存在，此时不应勉强近似，当直接音译。“冒浮树”中土本无，“冒浮”是“Jambu”之音译。所以例如“气”“道”等概念或实体，音译自是最好的方法。

（四）顺古故不翻

有些本来可以意译的词语，前人用了音译，在长期的传播使用中成了约定俗成的，可以一以沿用。譬如艾灸“moxibustion”的译法，经前人考究源于日语，故改译为以中文读音为基础的“aibustion”，但效果不佳。值得一提的是，这种约定俗成倘若不合理，也会在长时间的使用中自然修正，不管是音译到意译还是意译到音译，譬如“证”从“zheng”到“Pattern”，或“神”从“God / Sprite”渐渐改为“Shen”。

（五）生善故不翻

部分词句虽然能找到意思相同的译词，但难以保留原词的文化色彩与内涵，故以不翻为妙。“般若”大意为智慧，是一种更高层次的洞见，与普通的“智慧”是不同的，而这个音译本身也较“智慧”更加庄重玄奥。这一条原则的使用就要求翻译者对两种语言有更深刻的理解，能够理解词语本身“韵味”的“内涵”。

三、结语

佛经翻译理论完备、成果丰硕，其对各类思想文化术语的处理方式对当今的术语翻译有较大的借鉴价值。只可惜我胸无点墨、难以深掘，只能列纳前人所述，并发负暄之见，行文疏漏、多有考据不清之处。然而或能抛砖引玉也未可知。

天人合一：浅谈夏冬二至养生中的阴阳观

□要正邦

夏至和冬至是中国传统历法二十四节气中的两个重要节气，也是一年中两个重要的节令转折点。二至的转折不仅代表着季节的更迭，更是阴阳转换的一种体现。而阴阳的观念，在我国传统中医体系中则是重中之重。因为中医讲求一种平衡，而阴阳的调和恰恰是达到这种平衡的最为主要的途径。根据《黄帝内经》所述，人体的阴阳与自然的阴阳相符，因此夏至冬至两个节气，也对我们的养生有着很大的影响。

1．夏冬二至与阴阳

夏至这天，太阳直射北回归线，此时，北半球各地的白昼时间达到全年最长。而冬至这天，太阳直射南回归线，北半球便在冬至这天经历黑夜最长的一晚。夏至与冬至之所以是两个特殊的时间节点，还在于，自夏至后，昼渐短、夜渐长；自冬至后，昼渐长、夜渐短。而昼夜长短的变化，便是阴阳生长的一种体现。

阴阳的概念是我国传统文化中的一个重要学说。简单来讲，阴阳代表这世间一切相对的东西，它遵循自然的规律，是万物运动变化的本源。根据《黄帝内经·素问·脉要精微论》中“冬至四十五日，阳气微上，阴气微下；夏至四十五日，阳气微下，阴气微上”，夏冬二至与阴阳的关系可以这样理解：夏至后，昼变短夜变长，阴气渐长；冬至后昼变长夜变短，阳气渐生。因为自冬至起阳能从地心往上走，阳气开始生发，为地雷复卦；从夏至起，阴气慢慢从地心往上走，为天风姤卦。因此我们便可以总结出“夏至一阴生，冬至一阳生”结论。

2. 中医中的阴阳

阴阳学说是中国传统文化中重要的一部分，同时它也深刻贯穿在我国中医体系之中。总的来说，中医中的阴阳观也遵循着阴阳学说的基本准则：阴阳对立，阴阳互用，阴阳消长，阴阳转化。阴阳并不是一种晦涩的理论，更不是空洞的想象，而是一种切身的体会。就如同冷热、明暗、滑涩，这都是我们人体可以通过各种感官方式感受到的，而阴阳，也是如此。只不过，阴阳涵盖得更多、更广，它的意义更加丰富，而不仅局限在一个方面。体察阴阳之存在、阴阳之变化，是中医的精髓所在。在中医里，阴阳是辨明病症的总纲，明代医学家张景岳先生所述：“凡诊脉施治，必先审阴阳，乃为医道之纲领。”（《景岳全书·传忠录》）

中医，之所以为我们所推崇，因为它蕴含着我国传统文化的思想，在诊治中追求一种阴阳平衡。不同于西医面对病因病机时的生硬打压、尽数扼杀，中医希望用调和的方式使人体达到一种平衡，就如《中庸》里所讲“致中和，则天地位焉，万物育焉”。于是阴阳的调和就是我们中医中达到平衡的方式。只有达到阴阳相对平衡的稳定状态，人的身体才得以维持健康。一旦阴阳的平衡被打破，阴过盛阳过衰，或阴过衰阳过盛，疾病便随之产生。

然而，平衡并不代表着静止，我们的老祖宗在千年之前就已发现了，我们人体的气血是循环往复的，阴阳之理亦是如此。周易所述“乾”这一卦的卦辞中，开篇就讲乾是“元亨利贞”。何谓元亨利贞？宋程颐在其《易传》中这样说道：“元者万物之始，亨者万物之长，利者万物之遂，贞者万物之成。”一定程度上，我们可以将其理解成为春夏秋冬。乾以天为体，天“行”乃健，人亦是以“行”为健。无论天时人和，唯有行，才有春夏秋冬、气血往复，才能产生变化，从而达到平衡。而在变化的过程之中，人体内的阴阳二气随着春夏秋冬的更迭而生长收藏。

于是，我们便可以利用时间季节上的节点，与人体阴阳二气之间的关系，更好地达到养生的目的。

3. 夏冬二至养生

上文提到过，夏至与冬至是阴阳转化的两个转折点。用阴阳理论来看冬病夏治，即为：夏至伊始，达到鼎盛的阳气逐渐消退，而阴气渐旺，冬至则反之。根据阴阳制约关系，在夏季三伏天，阳气达到鼎盛，阴气蛰伏而将要生发之时，扶益阳气，可达到祛寒目的，从而使失衡的阴阳达到平衡。从阴阳互根的理论来讲，春夏养阳是为秋冬储备阳气，秋冬养阴则是为春夏养阳打好基础。

4. 冬病夏治

冬病夏治是指对于一些在冬季容易出现或恶化的疾病，在夏季给予合理的治疗，提高人体的抗病能力，从而使这些病症在冬季得到减缓甚至消除。冬病夏治这一理念来源于《黄帝内经・素问・四气调神大论篇》中“所以圣人春夏养阳，秋冬养阴，以顺其根”的说法。

冬病夏治，难道就一定是要在夏天做手术，或者吃各种各样的药么？其实不然，春夏养阳，重在自身。倘若自己生活中不掌握好这样的理念，单是汤药丹丸终究也只是徒劳。

因此，在夏日祛除积寒、或预防寒气的主要方针，便是“内用温热，外散风寒”。所谓内用温热，就是在饮食中尽量服用温热的东西，而非寒凉之物。“春夏之时，阳盛于外而虚于内”（《黄帝内经・素问集注・四气调神大论第二》张志聪注），因此若内服寒凉，必将为体内积攒寒气。所谓外散风寒指的是用发汗排出体内寒邪。夏天毛孔打开，最易出汗，汗为心之液，可泻过旺之火，也可将侵入皮肤的寒邪及时排除。

5. 夏病冬治

按照我国中医养生观念，“秋三月”和“冬三月”中，万物肃杀闭藏，人们也应当顺应时节，收敛精气、保养阴气，此谓“秋冬养阴”。冬至时分，万物由盛转衰，更应静养心神、固守元阳，以待来年万物生发。中医诊疗中，也有利用冬季气候特征，对于一些夏天容易发作的疾病，在冬季里，采取内服中药或敷贴等方式进行治疗，祛寒补虚，夏病冬治。

6. 天人合一

《黄帝内经》中的《灵枢・岁露》云：“人与天地相参也，与日月相应也。”自然是一个活动着的生命，遵循着道的原则，所谓道法自然。而人，自然也是活动着的生命。于是天地间的阴阳之道，与人体中的阴阳二气，相互呼应、相互制约。因此，夏至一阴生、冬至一阳生，既是自然中的规律，更是我们在养生中所需要牢记的理念。

参考文献：

[1] 冷玉琳．论“春夏养阳，秋冬养阴”之本义及四季养生．现代中医药，2016(03).
[2] 李赛美．名师经方讲录．北京：中国中医药出版社，2010.
[3] 天下无疾．零起点学中医．北京：人民军医出版社，2009.
[4] 谢洋，余学庆．冬病夏治的中医理论基础初探．时珍国医国药，2009(11).
[5] 徐芹庭．细说黄帝内经．北京：新世界出版社，2007.
[6] 中里巴人．求医不如求己．北京：中国中医药出版社，2007.

（指导老师：李照国）

中医在美国的传播现状与思考

□刘子行

屠呦呦从中医经典《肘后备急方》中获得灵感，提炼出青蒿素，并获得了诺贝尔奖；里约奥运会上美国游泳运动员菲尔普斯使用中医拔罐疗法来帮助训练后的恢复，这些现象在全世界掀起了“中医热”，也让中医受到越来越多的关注。中医在我国有着悠久的历史，与中国传统文化紧密相连，融合了阴阳五行的哲学思想，以致中和的中庸之道为终极目标，凝集着中华民族的医学理念和实践经验，是中华文明的瑰宝。美国是世界上最发达的国家，对中医在美国传播现状的探索分析有助于中医在全世界的推广。

1. 中医在美国发展的历史沿革

19 世纪初期，中医的针灸开始在美国出现。1826 年，富兰克林·贝奇在《北美医学和外科杂志》刊登了一篇关于针灸可以减轻疼痛的文章，1972 年《纽约时报》的副主编詹姆斯·雷顿报道了他在针麻状态下接受阑尾切除手术的亲身经历，证明了针灸可以对疼痛起到缓解作用。[①] 美国随后派了许多研究团队对针麻的效果进行实验考证，中医的针灸在美国逐步走向合法。1982 年，针灸与东方医学大学理事会（CCAOM）和针灸与东方医学认证委员会（ACAOM）成立，对针灸在美国的发展起到

① Lu D P, Lu G P. *An Historical Review and Perspective on the Impact of Acupuncture on U.S. Medicine and Society*[J]. Medical Acupuncture, 2013, 25(5): 313.

了决定性的作用[①]。1994 年，美国食品与药品管理局（FDA）承认了针灸的有效性和安全性。1996 年针灸用具被正式定义为医疗器械，标志着针灸不再是一门仅仅限于研究的医疗方式。随着针灸在美国有关标准的建立，针灸教育也被纳入美国高等教育系统，成为美国大学内的课程。

中医针灸的推广也推动了有关中药的规定在美国的确立。1994 年，FDA 发布了有关中药的相关规定。2006 年，中药被列为食品补充剂，在美国的许多中医工作者也更广泛地使用中药。

2. 中医在美国的传播现状

中医在美国呈现良好的发展趋势。据估计，1997 年，美国大约有 1 万名中医从业人员，每年帮助的患者超过 100 万。而到了 2007 年，接受过中医治疗的患者翻了 3 倍。根据 2007 年美国健康采访调查机构（NHIS）的统计，约有 310 万美国成年人和 15 万儿童在上一年内接受过针灸治疗，另外还有 20 万美国人练习太极拳，约 60 万人练习气功[②]。根据 2008 年国家针灸与东方医学认证委员会（NCCACM）的统计，全美持执照针灸师已达 17757 人，是 1987 年（约 2500 名）的 7 倍。截至 2011 年，在美国的 51 个州和特区中，已经有 44 个州和 1 个特区承认了中医针灸疗法的合法性[③]。这些数据都表明中医在美国的普及度大大上升，其中的针灸已经得到了官方以及许多民众的认可。比如，美国许多民众用针灸来缓解过敏、流感、抑郁等等。在体育界，越来越多的人开始寻求用中医的方法来减轻伤情、缓解疼痛。

中医的针灸只是中医整体医疗体系的有代表性的一小部分，中药也在美国得到了一定程度的发展。尽管美国仅仅将中药当成食品补充剂而不是药物，中药在美国民众的生活中也常常出现。全美各种中医药店有超过 12000 家，有的中医店每年平均会有 2000 多名患者涉足。美国约有 80% 的疾病患者在治疗过程中使用过中医药。[④]

---

① 周一辰，徐世芬，劳力行 . 针灸和中医药在美国的发展现况 [J]. 环球中医药，2011, 04(01):59.

② National Institutes of Health，*Traditional Chinese Medicine: In Depth* [EB/OL]. (2016-04-21) [2016-08-15]. https://nccih.nih.gov/health/whatiscam/chinesemed.htm.

③ 江丰，刘伟，李玲玲等 . 美国中医现状及问题分析 [J]. 世界中医药，2015(09): 1433.

④ 高佳，杜仲燕，李东成等 . 中医药在美国的生存概况分析 [J]. 药物生物技术，2013(02): 187.

在这种大环境下，中医在美国的教育也蓬勃发展。自 20 世纪 90 年代开始，著名大学如斯坦福大学等在课程体系中都加入了中医课程。从 ACAOM 2009 年公布的调查评估来看，美国针灸中医学校连续三年招生人数都维持在八千人左右，说明中医教育在美国发展趋于平稳。美国目前八十多所中医高等教育机构中，有六十一所都得到了美国教育部的认可[①]。中医教育机构的数量还在持续上升，为未来中医在美国的发展奠定了基础。

教育方面的认可还推动了美国中医的科研项目发展。比如，近期一项发现表明在六个月的时间区间内，相比没有进行针灸治疗的人，进行过针灸治疗的人能减少血管类疾病的发生频率达 36.7%，同时提高他们的睡眠质量、生理体征、记忆功能等能影响人生活质量的因素[②]。另一项研究指出中医药对颞下颌关节病有着短暂的缓解作用，并认为中医药很有可能能为这类患者提供治疗[③]。还有证据表明，中医药对哮喘的治疗有帮助作用[④]。持续增长的研究项目表现出中医在美国发展的潜力，也证明美国人开始越来越关注中医。

3. 中医在美国所遇到的挑战

3.1 中医的医疗地位

中医在美国一直被定义为辅助医疗。目前几乎没有科学证据表明中医医疗方法的准确疗效，中医在美国的地位尴尬。美国 2012 年的一项分析报告表明，相比不使用针灸的人，接受针灸治疗的患者疼痛会缓解。该报告的数据搜集于二十九份对针灸的调查研究。然而，当将接受针灸治疗的患者与接受仿针灸治疗（一种仿照针灸的治疗方法，但治疗中用的针不会刺入皮肤或很少刺入皮肤）的患者进行比较时，针灸的优势十分微弱。美国方面认为，这项研究证明针灸可能

---

① 江丰，刘伟，李玲玲，等．美国中医现状及问题分析 [J]. 世界中医药，2015(09)：1433.

② Avis N E, Coeytaux R R, Isom S, et al. *Acupuncture in Menopause (AIM) study: a pragmatic, randomized controlled trial*.[J]. Menopause-the Journal of the North American Menopause Society, 2016, 23.

③ Ritenbaugh C, Hammerschlag R, Dworkin S F, et al. *Comparative Effectiveness of Traditional Chinese Medicine (TCM) and Psychosocial Care in the Treatment of TMD-associated Chronic Facial Pain*[J]. Journal of Pain Official Journal of the American Pain Society, 2012, 13(11): 1075-89.

④ Xiu-Min Li, LaVerne Brown. *Efficacy and mechanisms of action of traditional Chinese medicines for treating asthma and allergy*.[J]. Journal of Allergy & Clinical Immunology, 2009, 123(2): 308-0.

并不是必不可少。2006，FDA 与美国卫生与人类服务部（DHHS）将中药归为食品补充剂，意味着中药不属于药物范畴。

3.2 中医在美国立法与监管情况

3.2.1 中医在美国立法中所出现的问题

针灸的立法在美国中医立法工作中一直占据主导地位。但是，虽然美国大部分州都已承认针灸的法律地位，但各州立法独立，存在较大差异。比如，在美国，执照针灸师、认证针灸师、注册针灸师等头衔各州标准都有所不同。美国对中医的立法主要集中在针灸上，对其他的中医治疗方式疏于管理。而针灸的立法也没有达到全国统一化，制约了中医整体的发展。

3.2.2 中医在美国的监管漏洞

中医在美国的监管问题主要体现在中药上。中药因为说不清成分和具体疗效，无法通过 FDA 的审查，只能作为食品补充剂，导致中药在美国的监管较松。任何人都可以随意购买和使用，而不当使用造成了一些危险事件。2001 年，FDA 要求在全美范围内收回十三种中药，防止对消费者造成伤害。2004 年，FDA 又禁止了麻黄在减肥保健品中的使用。由于缺乏监管，这类事件发生概率也大大增加，使中药在美国的发展停滞不前。

3.3 中医的医保体系

尽管，针灸在美国已经立法，可以纳入保险范围，但大部分保险公司仍不支付看病费用。一小部分的保险公司将针灸纳入保险付费范围，金额也是少之又少，无法对患者提供实际意义上的帮助。[①] 而看中医和买中药的费用则根本无法纳入医疗保险系统，因为中药不属于药，中医医生也不等同于现代医学医院中的医生。这也客观上阻碍了中医的传播推广。

3.4 美国的中医教育

目前，美国中医针灸学校大部分为私立，规模和质量参差不齐。比如，规模较大的美洲中医学院有 400—500 的在校生，而有的小学校可能只有 30—100 人。另外，虽然中医教育的形式多样，给中医的发展带来了活力，但因为无法统一，消耗了大量的社会资源。[②] 理论根基在西方文化背景下的缺失也同样棘手，造成了

---

① 陈二员 . 中医在美国的发展历程与现状 [J]. 中国中医药信息杂志，2008, 15(07): 2.

② 江丰，刘伟，李玲玲等 . 美国中医现状及问题分析 [J]. 世界中医药，2015(09): 1434.

中医在美国的发展瓶颈。

4. 对中医在美国发展的思考和建议

尽管中医在美国的发展已经初具规模，其传播过程中遇到的挑战也是不容忽视的。只有迎难而上，解决这些问题，才能真正让中医在美国发扬光大。

首先，中国政府需要特别重视中医的立法以及与美国各种机构的中医药合作，同时也应重视知识产权的保护和对中医文化的宣传。只有中医文化真正走出国门、变得通俗易懂，中医才有机会在美国蓬勃发展。

其次，制造中药的企业不仅需要严格遵守国家标准，还应达到美国 FDA 认可的药品监控标准。中药应该严控药材源头质量，稳定可靠才能逐步发展壮大。

最后，中国应该培养大批中医人才，在临床上不断证明中医的安全性和有效性，推动行业立法，推进中医在美国的教育。

总而言之，完善美国中医立法、推进中美长期的中医药合作、普及中医理论和文化、提高临床实证检验结果等都对中医在美国乃至全世界的传播具有重大意义。

（指导老师：李照国）

浅谈英译中医名词术语时实现“信”的困境和解决方法

□宗也力

引言

“信”即译文符合原文，是译事的根本。但在中医名词术语翻译的过程中，经常会由于种种原因，例如文章的特殊手法或译者本身的思维等，无法做到和原著的表达一致。基于以上研究背景，本文作者通过查找和阅读大量文献，得出了下文的分析及结论。

1. 史译和时译

“史译”和“时译”是李照国教授在研究翻译问题时提出来的一对概念。这对概念的提出是为了便于对语言表层和深层含义的历史变迁进行分析。从翻译的特性来看，“史译”就是从历史文献的角度进行符合历史的翻译；而“时译”指的是从当下流行的思维来进行分析①。

1.1 困境

随着时代背景和文化的改变，“史译”和“时译”不可避免地出现矛盾。但某些情况下，“史译”已经不适合现代文化的理解，而“时译”又存在和原著不符的情况。

例如，中医的“中”在今天指的是Chinese；但是在古代，是中庸的意思，身体当中的阴阳平衡、脏器功能协调即为

---

① 牛喘月．等闲识得东风面，万紫千红总是春——从“中医”名称的英语翻译谈翻译中的“信”与“不信”[J]. 中西医结合学报，2005, 3(3): 247-251.

“中”。而到 18 世纪，西医传到中国时，中医的“中”则慢慢演变为与“西”相对的意思，表示“中国”。由此“史译”和“时译”出现了不同。现在中医被翻译为 Traditional Chinese Medicine，从原意看来并“不信”；但由于人们已经习惯将中医理解成中国的医学，Traditional Chinese Medicine 便是“信”的了。

1.2 解决方法

由于“史译”和“时译”之间的矛盾，译者在翻译过程中必须双重考虑这两方面。当发现“史译”不符合现代学术界理解时，可以合理地选择“时译”，从现实角度将材料进行分析、整理和翻译，反之亦然。“信”要灵活把握，有时为求“信”而不得不“不信”。

2. 古今异义

在翻译古典文献时可以发现，很多古词至今延用，这些词汇大多存在古今异义的情况。

2.1 困境

对于古今异义的词汇，一旦按照如今的解释来翻译，就会与原文含义大相径庭，而导致“不信”。

举个例子，在《灵枢》中提到“百姓”一词：“黄帝问于岐伯曰：余子万民，养百姓，而收其租税。”因为古时只有贵族和官员才有姓氏，所以这里提到的“百姓”并非今日所说的平民（ordinary people），而是指的百官，应翻译为 all the officials。[①] 还有一个例子，就是“民主”。在《省书・多方》中：“天惟时求民主，乃大降显休命于成汤。”在这里，“民主”一词指的是古代时期的帝王。而现在我们多把民主理解为 democracy。[②] 由此可以看出，“民主”的古今意义完全不同，若按照现在的意思翻译，那内涵就完全改变了。

2.2 解决方法

通过 2.1 的例子可以清晰地看出古今异义的情况。在面对这种情况时一定要

---

① 牛喘月．牧童归去横牛背，短笛无腔信口吹——古今词义的演变及其对中医翻译的影响 [J]. 中西医结合学报，2005, 3(5): 411-415.

② 牛喘月．牧童归去横牛背，短笛无腔信口吹——古今词义的演变及其对中医翻译的影响 [J]. 中西医结合学报，2005, 3(5): 411-415.

谨慎对待、采信定论。在思维上必须回归到有关典籍成书的时代，按照当时作者对词汇的理解和观念认识进行有理有据的翻译。

3. 中医术语的独特性

3.1 困境

从黄帝时期就产生的中医拥有源远流长的历史。在不断发展的过程中，中医慢慢发展为一种独特的治疗体系。与西医的名称不同，中医因为结合阴阳、五行等专属于传统思想的基本理论，产生了独特的草药、器官和症状的命名。如果一味按照西方的名称来翻译中医术语，将会对文献造成扭曲。例如心在西医上只有泵血的功能，但在中医上除了“主血”，更重要的是“主神”。如果完全按 heart 来翻译，则会让人忽略了“心”在中医中主神的功能。

中医还存在一些独有的术语，由于其依托于中医理论体系，在西医中完全没有出现过，更没有相应的对应词。比如中医中的“气”，这一理念是中医的根本，但西医中没有这样的概念。面对这样的状况，无论直译、意译都无法完整地表达其实际含义。

3.2 解决方法

在面对一些中西医理解不同的词汇时，如果单纯按西医的定义进行翻译，则扭曲了其独有的中医意味；但倘如我们创造一个全新的英文翻译，则会加大读者理解的难度，也较为不妥。我们应该寻求翻译中的平衡，在使用西医对应翻译的同时，做上具体标注并且详细解释其在中医中的含义。例如“肝”在中西医定义中，所指的器官不同。在翻译中医中“肝”一词时，直接沿用 liver 一词，但是为了体现其中医含义的特殊性，则会标上 TM 的上标。

而对于中医独有词汇，强行使用西医现有翻译方法则不合适。这时可以由拼音来代替，并对其进行解释。在 3.1 的例子中，“气”一词现在在翻译中已经约定俗成的翻译为 Qi。

4. 双关语

汉语语言中有一种修辞手法叫作双关，即在一定语言环境下，有意地利用多义词和同音词，使语句含蓄、幽默，具有双重含义，言在此而意在彼。

4.1 困境

在许多中医文献中都会发现，作者采用双关的修辞手法来表达委婉的目的。

以一首小诗《定风波·药名》为例："仄月高寒水石乡，倚空青碧对禅床，白发自怜心似铁，风月，使君子细与平章。已判生涯筇竹杖，来往，却惭沙鸟笑人忙。便好剩留黄绢句，谁赋？银钩小草晚天凉。"

这首用中药名称拼缀起来的诗，除了"寒水石""使君子"等暗合原名外，"怜心"谐音"莲心"，"惭沙"谐音"蚕沙"，"留黄"谐音"硫磺"。这些词语都是一语双关，影射中医药名。

若按照字面意思直接翻译，则完全体现不出双关的语义。可是如果直接将双关语影射的意思译出，就变得诗意全无。此时，硬译无法完全表达其深刻的含义，意译又使翻译本身变得没有意义。

4.2 解决方法

直译、音译、意译等都是常见的翻译方法，但是在翻译双关语时，就不能仅仅依赖这些方法，而要拓宽翻译视野，在跨语际交流的平台上，寻求"信"的基础。如此，双关语的问题就迎刃而解了。

不过，在译文之前，最好有一个提示说明。以《定风波·药名》为例，先告诉读者其中包含一语双关、谐音借意。之后，再讲解词法词句、介绍诗词韵律、讲述文理医理、分析本意寓意[①]。通过这种方法，将译者理解、思考和推理的过程清晰地展示给读者，使其更好地理解文章内容，由此便可以解决这类双关语的问题。

5. 人文因素

5.1 困境

对于一个具体事物，由于历史文化背景、角度、立场不同，译者所理解的内容也会不同。译者常常以自我为中心、过多关注自己所认可的方面，而不符合翻译中"信"的要求。

例如，《难经》中的"难"，为四声，即"问难"，应翻译为 ask question；但有些译者因为文化差异把它理解为困难 difficulty。而这样的翻译，与原文意思便

① 牛喘月．等闲识得东风面，万紫千红总是春——从"中医"名称的英语翻译谈翻译中的"信"与"不信"[J]. 中西医结合学报，2005, 3 (3): 247-251.

大相径庭了。由此可以看出，译者的文化背景不同，受先入为主的观念影响，翻译出的内容便极有可能不同。再比如，在翻译“带下医”时，倘若想当然地直接翻译为“doctor underneath the skirt”，就大错特错了。在中医中，“带下医”指妇科医生，因此应翻译为 gynecologist。如果按照自己臆想的术语意思来翻译而不进行任何专业知识的查找，就可能完全弄错了。

5.2 解决方法

作为译者，绝对不能只根据自己的感受和体会对原文的有关字、词、句进行解读；反而应该冷眼旁观，根据文本的实际内容和含义来理解和翻译，千万不可随便发挥①。另外，在针对中医术语翻译问题的研讨中，应该强调从实际出发，努力更准确地把握原文的真实含义，以学界共识作为译本的依据，千万不要毫无根据的“信口吹”②。

6. 语境变迁

6.1 困境

在分析语言表里关系时，语言学家常将文字分为“表层”和“里层”。词语的表层，指的是相对固定不变的客观事实；而里层，即为内涵，则常常会随作者写作时的主观意愿所改变。③

“化”字，在中医上很常见，相关的术语也非常多。但用在不同的方剂中，翻译结果有所不同。例如：“化热”，此时应该翻译为 transform；而“化痰”，就应该翻译为 eliminate 或 expel，此时若翻译成 transform，就完全文不对题了。再例如，“虚”在不同语境下可以有不同翻译。在指脏腑的“虚”时应该用 asthenia，例如脾虚则译为 asthenia of spleen，若将“虚”翻译为 deficiency 就会让人误以为是器官有实质性缺损。再到“脾虚水泛”中的“虚”应该翻译为 hypo function 来表示是由于脾脏运化水湿的功能障碍而引起的水肿。在表达“体虚”的含义时，

---

① 牛喘月 . 形与神俱，不可分离——从语义与语境的演变看中医翻译中的“常”与“变”[J]. 中西医结合学报，2006, 4(2): 215-220.

② 牛喘月 . 牧童归去横牛背，短笛无腔信口吹——古今词义的演变及其对中医翻译的影响 [J]. 中西医结合学报，2005, 3(5): 411-415.

③ 牛喘月 . 形与神俱，不可分离——从语义与语境的演变看中医翻译中的“常”与“变”[J]. 中西医结合学报，2006, 4(2): 215-220.

也可以使用 weakness 或 debility。[①]

6.2 解决办法

为了克服语境变迁对翻译的影响，译者需要解析作者在特定语境中的实际寓意，通过上下文对比，充分体会语境的细微变化，使段落前后逻辑关系的脉络清晰有序。此时译者万万不可先入为主、曲解作者的原意，需要以原文主旨为根据、以传译之道为准绳，按本而传。

7. 总结

对译者而言，最重要的是“信”。尽管在翻译中会遇到许多困难，但要平衡好史译和时译，掌握语境的变化，不先入为主，坚持与原著保持一致。译者必须从事大量的翻译实践活动，在翻译实践中发现、研究探讨、解决问题，从而使自己在理论和实践中得到全面发展，最大化实现“信”。

（指导老师：李照国）

① 牛喘月 . 中医英语翻译的基本特点 [J]. 中西医结合学报，2004(2): 159-160.

解析中医英译的困难

□张筱露

随着医学在全球的发展和人们对健康的重视，中医逐渐受到全世界人民的广泛关注。中医英译作为中医走向世界的桥梁，对中医对外传播起着关键作用。但由于文化和语言上的特殊性，中医英译受到了一定限制。为了将中医理论思想和实践成果传播到国外，需要尽快提高中医翻译水平。

一、文化因素

由于中西方文化以及中西医之间的巨大差异，中医理论中一些反映民族特有的事物、思想和观念的概念在英语中很难找到对应语。[①] 比如，在中医或中国传统文化中"道"的基本含义是"基本原则或法则"，因此经常被译为principle、universal law、natural law等等。但在西方，"道"经常被译为way，其概念是先民从way、road（道路、路径）等直观的实物中抽象出来的一个概念。中医中常说"阴阳者，天地之道也"，在这样的一些思想中，"道"从形和神中已经从way、road等直观事物中得到了深化和升华，成为具有丰富内涵的、抽象的哲学概念。[②]

因为中医里很多概念起源于哲学、宗教、历史领域，而且受诸子百家等的影响以及广泛的文化传播，相当数量的术语来自普通词汇，但因其文化因素而被赋予特殊的医学含义，如

---

① 牛喘月．中医英语翻译的基本特点[J]. 中西医结合学报，2004（2）：159-160.

② 牛喘月．说与旁人浑不解，杖藜携酒看芝山——再谈《黄帝内经》英语翻译的方法问题[J]. 中西医结合学报，2005，3（2）：160-164.

"气、阴阳、五行学说"源于中国古代朴素的唯物论的辩证法思想，"忠孝仁义、君臣佐使"体现儒家思想，"天人合一"取自于道教，这些概念都具有典型的中国文化特色，无论是选择直译还是意译都无法准确地再现原文的内涵。[①] 例如，原来将"气"意译为 vital energy，然而这只表达了"气"可以作为"动力"这一小部分的含义，却没能表达"气"的完整内涵。最终经过长期探索，只有音译才能较好地保留"气"的实际含义并避免丢失信息。于是 Qi 便逐渐取代了 vital energy 而成为"气"的规范化译法。[②] 同样，Yin and Yang、Qigong、Tuina 也慢慢地应用于术语英译中，使词语本身更好、更完整地表达出其在中医古籍的含义。[③]

这一类只表达了一部分中医概念的英译词语有很多。由于文化的差异，直译术语的实际内涵会使翻译变得冗长、繁琐，而意译也不能完全表达出中医名词原本的内涵，所以这些文化因素都给中医术语英语的翻译和术语英译的国际标准化带来了挑战。

二、语言因素

（一）一词多义

一词多义指的是一个词具有两个或两个以上的不同意义。一个词刚出现时代表着一定的事物、现象、性质或行为，但在语言发展过程中它会逐渐获得一些新的含义，这样便形成了一词多义。一些字或词在不同的环境下表现出了不同的意思，需要翻译者能理解所翻译作品的原本意思。因此在实际的中医术语翻译中，要深入了解这些术语的具体含义。

例如，中医学中的"阴阳"已普遍用汉语拼音译为"Yin and Yang"，但"阴阳中和"中的"阴阳"委婉指夫妻生活，所以不能按字面翻译为"combination of Yin and Yang"，而是应根据其所处的上下文中的意思翻译为"sexual intercourse"。"气"在不同情况下需翻译成不同的意思。"四时者，春秋冬夏，其气各异"中的"气"指的是"气候"（weather）；"言热未已，寒病复始，同气异形"中"气"的意思是"病性"（nature of disease）。尽管"气"大部分翻译为 Qi，但在不同的状

① 吴刚 . 中医术语英译研究 [D]. 河北师范大学硕士论文，2009.

② 牛喘月 . 中医英语翻译的基本特点 [J]. 中西医结合学报，2004（2）: 159-160.

③ 牛喘月 . 千岩万转路不定，烟涛微茫信难求——谈《黄帝内经》英语翻译的原则与方法 [J]. 中西医结合学报，2004，2（5）: 396-399.

况下，意思是截然不同的，因此还需要翻译工作者对汉语有一定的理解。

（二）古今异义

现代有关中医的资料大多来自中国古代书籍，像《黄帝内经》《伤寒杂病论》等，这些古书不单单是中医药学的宝物，其中更是蕴含了中国古代的文学甚至国学思想。由于一些词语在古代与现代所表达的意思有较大的差异，一些后人会对前贤思想产生误读和衍化。要是今人的翻译与原文所表达的意思完全不一样，那这样的翻译是没有效果且完全无用的。

现在“中医”的“中”很多人理解为中国，而在古时，“中”指的是中庸，讲究的是阴阳平衡，人体各脏器功能协调。[①] 中医中的“虚”又分为体虚、气虚、阴虚、阳虚，而并不是现在单单讲的身体虚弱。

这些古今差异较大的词语在翻译时，就要求进行翻译的学者有足够的文学底蕴和知识储备，才能做出较为正确的翻译。

（三）近义词

因为绝对同义现象很少见，而在中医的古典书籍中，有许多意思相近的字词。在翻译过程中，就需要注意近义词之间的“异”从而准确传达中医概念，保证表达的科学性。比如，“养”译为 nourish，“育”为 tonify，“滋”为 enrich，“补”为 foster。

三、隐喻现象

虽然中医术语源于生活中的日常用语，却通过隐喻来表达古时的中医概念。中医领域中的隐喻思维具有直观、简便和敏捷的特点，能够在两个没有太大关联的事物间建立联系。而且这种隐喻思维有利于后人去理解和更深入了解中医中的一些特定名词，并且有助于人们更加直观简便地认识中医。先人发现自然界中的现象风、湿、火，与一些病症的特点类似，比如发烧、肿胀和燥热与热有关，而热产生于火，因此这些症状都与火有关联。[②]

在一些特定情况下，中医的一些词语有双关语，即含有两种意思。比如朱丹

---

① 牛喘月．等闲识得东风面，万紫千红总是春——从“中医”名称的英语翻译谈翻译中的“信”与“不信”[J]. 中西医结合学报，2005，3（3）: 247-251.

② 宋晓璐，王林．中医术语英译研究综述 [J]. 乐山师范学院学报，2014（1）: 47-50.

溪写的“药戏”[①]就与中医药有关系。朱氏巧借二十四味中药名称，描写了一对青年男女的美好姻缘，而李从可教授只译出了美好的姻缘，但二十四味药却不见了，使原文丧失了些许意趣。原文一语双关，为读者增添了许多乐趣。据说戏剧家汤显祖受到朱氏“药戏”的启发并以此为线索，构思完成了千古绝唱《牡丹亭》。[②]

中华民族的文化源远流长，古籍中的隐喻现象可以激发学习者的乐趣。而在翻译时，我们也应该将这种隐喻很好地再现，让国外友人感觉到中医和中华文化之美。

四、浅谈中医英译的解决办法

中医英译面临着多方面的难题，国际标准化是其重要的一个解决方法。没有规范统一的术语，就没有精确有效的表述，也就没有学科的发展。因为不同的人和地区有着不同的翻译方式，“统一化”相对于“标准化”更加科学，而这一工作需要中西方国家的学者共同讨论和制定。

中医术语的翻译方式主要为“音译为主，释译为辅”。由于一些英译无法表达出词语原本的内涵，可以直接以汉语拼音来翻译，再在后面的括号中进行解释，这样更能体现词语本身文化和语言上的性质，也不会显得翻译过于冗长。

从翻译来看，应该适当结合“史译”和“时译”两种方式。“史译”就是对历史文献进行翻译，而“时译”则是对现实资料进行翻译。从古代与现代两方面的材料进行分析、整理和翻译，会有更加完善的结果。

掌握专业知识，熟悉原文。只有对中医知识有透彻的理解、掌握中医基本理论、熟悉中国古代哲学，才能为中医的英译打下坚实的基础。

培养了解中医药、擅长中医英译的人才并且设立中医翻译专业院校。通过宣传中医、传播中医文化等方式使更多的人对中医产生兴趣，从而培养出中医相关的人才。国家应设立专业院校并提高对中医对外传播的重视程度，这样才会有更

---

① 由中药名称组成的故事，相传为：“在牡丹亭边，常山红娘子，貌若天仙，巧遇推车郎于芍药亭畔，在牡丹花下一见钟情，托金银花牵线，白头翁为媒，路路通顺，择八月兰开吉日成婚，设芙蓉帐，结并蒂莲，合欢久之，成大腹皮矣，生大力子，有远老，持大戟，平木贼，诛草寇，破刘寄奴，有十大功劳，当归朝，封大将军之职。”

② 牛喘月，汪腊萍. 但使主人能醉客，不知何处是他乡——中医英语翻译的局限性及其研究刍议 [J]. 中西医结合学报，2006，4（4）：436-440.

多的人投身于中医英译中。

五、小结

中医翻译中的这些困难体现出了古代与现代的文化和语言差异，而一些研究成果的发布也解决了部分困难。虽然部分术语的英译已形成标准，但还有许多翻译与人才匮乏等方面的问题。无论从理论上还是从实践上，中医术语英译这一研究领域尚待深度发掘。

（指导老师：李照国）

“一带一路”建设视域下的中医药传承与传播

□黄溪岽

一、中医药是“一带一路”中首要的文化代表

（一）文化是“一带一路”建设的重要先行者

“一带一路”是“丝绸之路经济带”和“21世纪海上丝绸之路”的简称，是促进中国经济文化发展的国家级倡议，是与沿线各国政治互信、经济融合、文化交流的重要契机。中国的经济发展要想达到一个新的高度就需要一个更为广阔的舞台——世界，而世界经济体系要想变得更加繁荣也需要中国的助力，因此“一带一路”的经济建设就显得尤为重要。

在建设“一带一路”进程中，我们应当坚持文化先行，树立文化引领经济的高度自觉，推动传统文化的传承与现代文化的创新，通过进一步深化与沿线国家的文化交流与合作，促进区域合作，实现共同发展。[①] 因此，文化是“一带一路”建设的重要先行者，文化包容是共建“一带一路”、实现共同发展的首要条件。由此，我们能从中看出“文化一带一路”与“经济一带一路”两者密不可分的关系。

“文化一带一路”倡议是中国对外传播中华传统文化的主要平台，是儒家思想、中医药学、诗文书法等中国瑰宝走向国际舞台的关键途径。其中，以中医药为代表，“文化一带一路”以复兴具有五千多年历史的华夏文明为核心目标，鼓励合作国家

① 北京市中国特色社会主义理论体系研究中心．“一带一路”下的文化传承与创新 [N]. 经济日报（2015-01-29）.

发起文化复兴运动，进而推动世界文化的交流与融合。

（二）中医药是丝绸之路上不容小觑的中国元素代表

中医是中国古代哲学思想的深邃体现。中医的诞生要追溯到原始社会，从最初的“钻木取火，化生为熟”到汉代医圣张仲景开创的临床医学，中医理论在春秋战国时期（公元前770年—公元前221年）就已基本形成。在汉代，中医学取得了巨大的发展，传统医学四大著作《黄帝内经》《难经》《伤寒杂病论》《神农本草经》都成书于这个时期，由神医华佗发明的麻沸散是世界上有史料记载的最早的“麻醉药”，这一发明早于西方的麻醉剂一千六百多年。此外，汉代张骞开拓的丝绸之路更是将汉代中医的诊断手法传到阿拉伯，这也是我国中医学第一次走向世界、中西方医学融合具有记载的最有力的证明。

在这个文化软实力已经成为当今世界综合国力竞争重要组成部分的时代，加大中医药在国内的普及力度和推动中医药文化传播是增强国家软实力、巩固综合国力、提高国家世界地位及世界影响力的重要举措。2010年6月20日，习近平主席在墨尔本理工大学中医孔子学院授牌仪式上指出：“中医药学凝聚着深邃的哲学智慧和中华民族几千年的健康养生理念及其实践经验，是中国古代科学的瑰宝，也是打开中华文明宝库的钥匙。”[①]“一带一路”倡议正是将这种讲求“天人合一”和追求人与自然、社会、环境和谐共处的中医药文化，作为促进中华文化与“一带一路”沿线国家交流合作的最佳载体，而中医药“因人而异，辨证施治”有针对性的治疗理念精髓也恰好与这种宗教信仰多元、习俗社情多样、国情复杂的国家文化相得益彰。

二、传承中医国粹[②]

（一）中医药国内现状概述

自改革开放以来，随着中医药发展速度的逐渐加快，国家政府意识到了中医药对于拥有庞大人口数量的中国的卫生工作及医学的重要性，并越来越重视中医

① 习近平出席皇家墨尔本理工大学中医孔子学院授牌仪式 [EB/OL].（2010-06-21）[2017-07-27]. http://politics.people.com.cn/GB/1024/11917463.html

② 弘扬中医文化，传承中医国粹 . 新华网（2017-07-27）http://news.xinhuanet.com/local/2016-03/19/c_128813082.htm

药的发展和地位。为了加强中医药在国内的管理，中华人民共和国国务院批准成立国家中医药管理局（1988 年），并先后颁布了《中华人民共和国中医药条例》（2003 年）及《国务院关于扶持和促进中医药事业发展的若干意见》（2009 年）来从根本上规范了中医药事业的发展。2017 年年初，国家正式发布了《中医药“一带一路”发展规划（2016—2020 年）》并于同年 7 月 1 日起施行《中华人民共和国中医药法》，以达到进一步保障和促进中医药事业发展的目的。

在国家政府大力支持推动中医药事业发展的条件下，中医药开始在国内大范围普及并逐渐进入人们的日常生活中，增强了人们对于养生的意识。但根据《关于中医在国内的普及度以及信任度问卷调查报告》中的数据显示，尽管有超过 99% 的人民相信中医，但绝大多数人对于中医药并不十分了解，这为推动中医药事业发展、加大中医药在国内的普及力度和推动中医药文化传播大大增加了难度。甚至，有将近 20% 的人认为中医“太玄，不科学”，有将近 15% 的人认为中医“太古老，没有现实意义”。[①] 这都是因为人们对中医知识了解范围局限、过少造成的对中医药误解的现象，这也间接反映了地方政府在中医的宣传力度上做得不够广泛、在中医知识传播上有很大的局限性的问题。种种原因，致使中医药学无法在国内得到应有的认识和传承。

（二）中医药国内普及原因

中医药是中华民族传统文化的重要组成部分。它不仅是劳动人民近千年的智慧结晶，更是一把针对身体的双刃剑。人们在享受中药给身体带来益处的同时，也要提防中药使用不当而带来的危害。现在，有一些自以为是的学者在偶然间发现中药的其他用途后为了所谓的名誉，未经证实就乱发表文章阐述自己的发现，导致那些看过文章的人对此深信不疑而去胡乱服用中药，最后造成一系列不良反应，例如“马兜铃酸事件”和“云南白药中毒致死事件”。这些现象都是人们对中医药不够了解、中医药的普及不够全面造成的，因此政府应该大力宣传中医药文化、鼓励中医治疗、普及中医药基础知识来提高人们对中医药的认识，提高人们对这些不负责任的文章的辨识能力，以此来避免此类事故的发生。

---

① 张武庄，肖雨，李晓威，范天乐，徐前前 . 关于中医在国内的普及度以及信任度问卷调查报告 . 中国保健营养：2014（2）.

（三）中医药国内普及措施

在中医药国内普及的问题上，我认为国家应该从多个方面进行中医药的普及。首先以媒体传播为主要途径，可以在电视台专门设立中医药的养生频道或者开设专门的广播频道，传授中医的养生之道，通过电视和广播直接将中医相关信息向群众宣传。其次，以报刊为辅助途径，不单单是中医的相关专业报刊，而且在全社会都有知名度的综合性报刊上开设中医专栏，每期都刊登中医药基础知识的论文或者简单的小短文来向人们普及一些中医药的基础知识。最后，以法律为保护途径，颁布中医药的相关法律和保护措施来对中医药进行保护，以确保中医药在国内普及的安全性和可靠性。通过这三种途径的传播及保护，中医药在国内医学界的发展才得以保障。

三、弘扬中医文化

（一）中医药对外传播原因

比起现代医学的冗杂的诊断过程，一位好中医的诊断方式要更加简洁，可总结为“望、闻、问、切”四字。这其中没有大型设备像CT机器的辅助，单纯依靠中医的诊断经验与中医药独特的理论体系及诊断方式来进行会诊。除此之外，中药的获得方式和加工方式也极为简单。古时，传统中药都来自大自然的馈赠，由于现在医治人数的增长，生长于自然界中的中药不再能够满足人们的需求，人们开始用人工种植来满足市场的需求。种植中药节省了中药生长期的空档，使病人无论在何时都能够得到药草的医治。另外，中医药的加工方式也比现代医学更为便捷。现代医学中用到的药多为片剂，片剂的制作需要经过松片、裂片、粘冲与吊冲的步骤，其中还要解决很可能出现的片重差异超限和片剂含量不均匀的问题，而且制片剂需要大量的大型设备，这些设备多价格昂贵，无法在贫穷地区的医院得到配备。中草药的制作不仅简单，成本还低。中草药的制作多为人工炮制，炮制又可分为五类——修制、水制、火制、水火共制和其他，无论是哪一类都可以通过人工达到最后的中草药加工的目的，这其中的成本因为省去了昂贵的制药机器价格而大大降低。

在一些贫穷地方，使用高成本的现代医学来进行诊治会加重当地的经济负担。在此情况下，中医药的优势显而易见。有一些草药因为极为常见，诊治时可以就地取材，再培养一批赤脚医生对当地病人进行救治，无论是成本还是实际操作性，中医药的优势得天独厚。

（二）中医药对外传播的困难

中医药对外传播的过程无疑是举步维艰、困难重重的。其中，最主要的两个问题，我将其分为客观因素和主观因素。

首先，从客观上讲，语言是我们传播中医药文化的主要困难。传统医学四大著作《黄帝内经》《难经》《伤寒杂病论》《神农本草经》由于成书时期皆为汉代，其文字皆使用的是古文，翻译人员首先就要有深厚的古文基础，加之在古代，写文章是不用标点符号的，所以在学古文时还要学会句读。其次，这四部医学著作需要有一定的医学基础才能够读懂读透，否则在翻译时极易犯断章取义的错误。最后，针对一些特殊的专有名词，如“人中”，在翻译时是无法找到对应的单词的，这种情况下，有的人会选择直译，但是直译时就无法表达出它应有的含义。就“人中”而言，在古代的宇宙观中有三才——天、地、人，鼻代表天，嘴代表地，所以古人将人体鼻唇沟的中点命名为“人中”。在翻译时，如何表达出这复杂的含义，对于翻译人员也是一个巨大的挑战。

其次，从主观上讲，国人都不一定能够接受的中医阴阳学说，让外国人去接受并了解学习，这其中的难度比起中医药在国内普及的难度还要大幅度上升。在前文的调查报告中有提到，人们不相信中医药的原因多与“不科学”有关，这在一直使用遵循科学的现代医学的西方国家看来，中医药就是“玄学”，毫无根据可言。2015 年美国加州洛杉矶，一位中医因使用“蜂疗”给患者治病而被告上法庭，此新闻一经媒体报道在网上即刻便引起“中医是否科学”的热议。由此看来，在将中医药学传播到国外之后，能否让外国人接受我们的医学、接受我们的文化，也将会是中医药未来发展的一个巨大挑战。

（三）中医药对外传播途径

中医药对外传播有多种途径，其中我认为应以书籍、媒体、办学为主要途径进行宣传。具体内容如下：

1. 将中医药学的经典著作翻译成多种语言，使其在世界各国都能够得到一定的宣传。

2. 通过多方媒体，如中国官方或者医学官方，采用拍摄宣传片或者纪录片的方式扩大中医药在世界医学的影响力。

3. 在国外投资办学，专门教授中医药学，将中医的精髓深刻地通过办学进行传播。

此外，如果国人能够做到“中医先行”，做到大范围地接受中医，在中医药的对外传播上就一定事半功倍，那么每一个国人都将成为让世界承认中医药学最有力的证据。

（指导老师：李照国）

基于草乌在中医和蒙医中的使用

——浅析云南白药涉草乌事件

□杨昊一

一、云南白药涉草乌事件

2009年云南白药遭到起诉。起因是北京的赵因律师因为服用云南白药出现过敏反应，从而发现云南白药里面还含有毒性药材草乌。赵因律师认为，云南白药没有在说明书中标明草乌成分，侵犯了患者和医务人员的知情权，未尽到警示义务。最终，云南白药以国家绝密为抗辩理由，诉讼被驳回。而国家也有相关规定，如果事关专利或秘方方面，可以不公开。

2013年1月28日，据中国之声《新闻晚高峰》报道，云南白药的中文版说明书里没有标明药品成分，而美国版的云南白药中，却把主要成分一一列表。从美国版的说明书中，发现了草乌，而在国务院颁布的《医疗用毒性药品管理办法》中，草乌被列为毒性药材。因为云南白药对内对外区别对待，引起舆论波澜。

云南白药再次被告。湖南律师罗秋林把云南白药及其经销商告上法庭。罗律师说，中国国内购买的云南白药说明书中，没有标明成分及各自含量；而他托人从美国加州购买的产品对所含成分及各自含量标明得很清楚。因此罗律师认为，云南白药侵犯了消费者的知情权和人格尊严权。最后，云南白药修改了药品说明书，正式承认其配方中含有毒性药品草乌成分。

二、药性

蒙医大多认为草乌味辛，性温，有大毒。蒙医用药主要用北乌头，用它的块根、叶、花和幼芽。此外还用船形乌头和甘青乌头作药用。功能为祛风湿、散寒、除瘟毒、杀虫、止痛、麻醉。“北乌头在《无误蒙药鉴》中记载为‘味辛，效轻。有大毒。’《实用蒙药学》认为‘北乌头辛、苦、热；有大毒。用于温性方剂有温热之功；用于寒凉之剂有增强寒凉之效；其性为初热，而后平、凉。有大毒’，总结了蒙医药对北乌头的药性认识。”（高宝芝等，2010）医书的记载明确了草乌在蒙医中的使用方向及认识，可见在蒙医使用草乌的方法下，草乌还是有可靠的药性的。

李时珍在《本草纲目》中说：“草乌，射罔，乃至毒之药。非若川乌、附子，人所栽种，加以酿制，杀其毒性之比。”《神农本草经》对川乌的评价是：“味辛，温。”《开宝本草》：“味辛、甘，大热，有大毒。”在《药性赋》记载：“味辛，性热，有毒。浮也，阳中之阳也。”而川乌的性味在《中药学》中为：“辛、热；有毒。归心、肾、脾经。”中医侧重草乌的辛热，这在上述文献中有反复提到。中医还善用草乌的补火助阳和散寒止痛的功效。从这点来看，云南白药使用草乌并无不妥。

三、炮制方法

在《草乌的蒙中医药用及浅析》中，蒙医对草乌的炮制方法有：1. 将净草乌置于容器中，加入诃子汤浸泡2—3天，每四小时翻动一次，浸透，净水冲洗三到五次到口尝稍有麻舌感时取出晒干。春秋两季炮制。2. 用适量童尿和清水浸泡净草乌5—6天，反复翻动，至内无干心，待显蓝色时，取出后清洗并阴干。3. 将净草乌加适量酸奶浸泡2—3天至内无干心、口尝微有麻舌感时取出，清洗，晾至六成干备用。中医对草乌的炮制：据《理伤》，唐代有醋煮；据《三因》，宋代有米泔水浸、黑豆煮；据《入门》，明代有豆腐煮；据《金鉴》，清代有姜汁煮。（徐文龙等，2003）

虽然加工方法不同，但可以看出，中医和蒙医都对草乌进行了浸、煮的加工。而根据现代对草乌的研究，草乌中含有乌头碱，是主要有毒成分。它主要使迷走神经兴奋，对周围神经损害。中毒症状以神经系统和循环系统的为主，其次是消化系统症状。乌头碱为双酯类生物碱，而碱酯类生物碱分子中的酯键是产生毒性的关键部分，水解后产生的氨基醇，亲水性增加，毒性降低很多。将乌头碱在稀碱水溶液中加热，很容易除去二个酯键，生成乌头原碱。或将乌头碱在中性水溶液中加热，酯键也同样被水解。一般其水溶液在100℃时，除去一分子醋酸，生成苯甲酰乌头碱，进一步加热至160℃—170℃（需在加压情况下），苯甲酸酯也被水解，产生乌头原碱。苯甲酰乌头碱和乌头原碱的亲水性都比乌头碱强，毒性则小得多。因此，传统中医和蒙医对草乌的处理已被证明有效，可以减轻草乌的毒性，使用不会危害人的生命。云南白药的工作人员声称他们已对药中的草乌进行了独特的炮制，不会有害，但的确消费者无法得知“独特的炮制”是怎么炮制的。

四、用途

蒙医认为，草乌可以通窍辟秽，杀菌镇痛、清瘟败毒，消炎散瘀、除火祛秽，舒肝清胃、通经活络，逐瘀生新、调气化痰，镇心定惊、除疳杀虫，清解诸毒（李瑞等，1995）。主要具有杀菌、止痛的功能，用于瘟疫、刺痛、结喉、痞症、痛风、游痛症、关节湿、风湿病、牙痛等。《内蒙古蒙药材标准》记载草乌花可以杀菌、清热、止痛，治疗头痛、牙痛、肠刺痛、结喉、丹毒、发症、热性疫病和麻疹（高宝芝等，2010）。相比草乌，草乌花毒性小，可以生用无需炮制。

在《草乌在中医药和蒙医药研究的概述》中提到，中医认为，草乌具有祛风除湿、温经止痛的作用，用于风湿寒痹、关节疼痛、心腹冷痛、寒疝作痛、跌打损伤疼痛等症。生草乌外用可麻醉止痛，临床用于瘫痪风、破伤风、久患头风、偏正头痛、阳虚上攻、脾胃虚弱及久积冷气、淋巴结炎、淋巴结核、一切风齿疼痛、饮食艰难、脑泄复臭秽、喉痹、口禁不开等症（高宝芝等，2010）。

中蒙医双方都认为，草乌具有明显的止痛作用，中医还特别明确了跌打损伤为草乌可治症状之一，与云南白药的治病目标一致，因此从药理上来看，云南白药使用草乌是合理的。

五、总结

《神农本草经》记载：“上药一百二十种为君，主养命；中药一百二十种为臣，主养性；下药一百二十种为佐使，主治病；用药须合君臣佐使。”在中医中，药材具有众多药性，也不乏具有毒性的药物。但根据君臣佐使的道理，药物之间可以相辅相成、相互抑制，如果按药方合理搭配，是可以很好发挥每种药的效果的。每种药材都有其独特的效果，对其进行更换或去除，药物的作用就无法发挥到最佳状态。云南白药一事掀起舆论波澜背后的诸多原因在这里不多做分析，只是需要指出如果此事的起因是含有毒性的草乌的应用，那么质疑者从一开始就没有对草乌的应用和中医、蒙医的用药方法及相关配方的保密法律进行足够的了解。如果了解了，就起码不会说侵犯知情权并只要求列出含有草乌成分，而应该考虑云南白药集团有没有按照君臣佐使来配比及是否按照规定来炮制，只是云南白药为国家秘方，大众终究没办法详知了。

参考文献：

[1] 白长明，巴图德力根 . 草乌药理毒理现代研究及蒙医临床应用现状 . 辽宁中医杂志，2008(3).

[2] 高宝芝，陈涛 . 草乌在中医药和蒙医药研究的概述 . 北方药学，2010(1).

[3] 李瑞，王有铭 . 草乌在蒙医药中的独特作用 . 中华中医药学刊，1995(4).

[4] 图雅，张贵君，王淑敏等 . 草乌在中医和蒙医中应用概述 . 世界科学技术—中医药现代化，2008(1).

[5] 徐文龙，丁丽，都希格，等 . 草乌的蒙中医药用及浅析 . 中国民族医药杂志，2003(4).

（指导老师：李照国）

中医与印度医学阿育吠陀现状及两者对外传播方法对比分析

□ 刘轶晗

一、中医在国内现状

在国内，人们看病的首选是西医。根据中国青年报社会调查中心的调查（14677 人参与），只有 27.7% 的人宣称“如果得了病，愿意先看中医”。尽管根据新浪网（55690 人参与）的调查，74.37% 的人认为中医应该大量扶持，81.30% 的人认为中医有优势，多数的人选择看中医是在西医无法治疗的情况下抱着“碰运气”的心态，并不抱多大希望。中医院中前来治疗的也多是中老年人，网络上关于中医的质疑诸如“请问为什么现在中国还有这么多人相信中医？”“中国的中医是骗人的吗？”比比皆是。许多人对于中医的学说比如阴阳、五行非常陌生，还给中医打上了“迷信”“故弄玄虚”的标签。反对中医的言论也层出不穷。论坛上有“中医明显地骗人，为什么能在中国合法存在？”的言论，中南大学科学技术与社会发展研究所的张功耀则发表了《告别中医药》，提出“中医文化不思进取，中医用异物、污物、毒物入药”等观点，对中医进行批驳。内忧外患，中国中医科学院副院长、中国中医科学院眼科医院院长范吉平也曾坦承：“我国中医院的建设规模普遍小于西医院，国家支持力度也相对要小一点，不少中医院生存困难。据调查结果显示，我国的中医院除了国家正常投入的硬件设施外，部分医院得到的财政拨款，只占到医院运营所需的百分之二到百分之十不等，因此很多中医院的经济状况不容乐观，这在很大程度上限制了我国中医院的发展。”针灸、推拿、拔火罐等作为缓解疲劳方式虽然广受欢迎，但是经济效益绝对无法与西医同日而语。北京物价局规定，针是每人次四元，灸是每人次四元，电针每人次四元，火罐每人次三元。北京医院的针灸科主任田丽芳说，现在医院都在搞成本核算，针灸按摩科是医院最不赚钱的科室。她自己是科室主任、主任医师，但是工资加奖金还不如医院效益好的西医科室护士赚得多。这或许解释了国家中医药管理局数据的成因：根据国家中医药管理局的数据，全国每万人中医执业医师数量仅有约三人，每万人中医医院床位数不到四张。在 73.96 万医疗机构中，中医机构还不到 8%。由此可见，中医国内现状并不乐观。

二、中医在国外现状

随着中国国力的日渐强盛，中国传统文化精髓重要组成的中医文化如针灸、中草药、拔火罐、推拿等也逐步走向世界，得到认可。例如近日，健康保健中心就发布了“针灸与中草药共同作用效果胜过酸反流的药物”的调查结果。在针灸与中草药共同作用下反流性食管炎复发率为 21.7%，酸反流药物作用下的复发率为 45.5%，认可针灸与中草药和酸反流药物相比具有更高的效率、更低的复发率并且没有明显副作用。根据世界卫生组织的统计，目前中医药已经传播到 171 个国家，先后在澳大利亚、加拿大、奥地利、新加坡、越南、泰国、阿联酋和南非等 29 个国家和地区以国家或地方政府立法形式得到承认、纳入国家医疗体系，我国每年接受前来学习中医药的留学生为我国自然科学界招收留学生人数之首。尽管如此，中医文化核心诸如辩证论证、仁爱观，方法如君臣佐使、随证加减等，并未像针灸、拔火罐等被接受。另一方面，中医不可或缺的精华——中药，在海外也不被作为治疗药物，而是作为食品添加剂和营养保健品进入市场。我国是中药发源地，但由于国内中药出口质量良莠不齐，在世界每年四百多亿美元的中药交易额中，中国所占份额一直是 3%—6%，日、韩两国却占有 80% 以上。日本、韩国一直反对中医“traditional Chinese medicine”的译名，并提交提案希望能够将自己国家的规定作为国际通用的标准。此外，由于中医术语翻译十分困难，加之中国与西方截然不同的意识形态，使得中医学说难以被理解、接受，美国《自然》杂志编辑曾指责中医是“伪科学”。可以说，我国中医在国外现状危机四伏，前路漫漫。

三、印度阿育吠陀在印度现状

2014 年，习近平总书记在印度世界事务委员会发表讲话时曾说：“中国太极和印度瑜伽、中国中医和印度阿育吠陀有惊人的相似之处，两国人民数千年来奉行的生活哲理深度相似。”可以说，印度阿育吠陀与中医有异曲同工之妙。对于自己民族的瑰宝，印度政府也给予了重视。印度政府在 2014 年 11 月从卫生部门分离出了传统医学部，并委派印度药典委员会和实验委员会进行印度传统医学的标准化和现代化工作，将《传统印度医药药典》进行编印。印度国内传统医学研究机构现有四百余家，西医与印度传统医学则被分离成两个体系，西医院和传统医院完全分开，保持了传统医学的本土化。在就医时，印度民众往往会选择疗效好、价格便宜、不良反应小的传统医药。在贫困地区，民众无法得到西医治疗和政府福利，故使用阿育吠陀疗法。在印度的上层社会，富人们享受阿育吠陀中的芳香疗法、精油疗法。同时印度草药产业发达，本土有七千家左右公司从事标准化或未标准化的传统医药生产，八千家左右许可制药厂。

四、印度阿育吠陀在国外现状

据联合国贸易和发展委员会（UNCTAD）以及印度药品出口促进委员会（PHARMEXCIL）发布的数据来看，印度在 2011 年就已经成为药用植物、植物药和附加值产品（如香精油）最大出口国，出口总额达到了 24.37 亿美元。阿育吠陀作为一种生活方式在全球各地备受推崇。每年阿育吠陀世界代表大会的召开使得阿育吠陀的涉及范围越来越广，每年都有大量游客来到印度阿育吠陀圣地疗养。作为印度主流医学的阿育吠陀，在海外遭受了与中医同样的境遇，同样被认为是“伪科学”，且阿育吠陀医师在海外大部分地区不具有从业资格。阿育吠陀的传播使其作为养生、放松方式名声渐盛，却不能作为医学出现在国际舞台，可谓是“成也萧何，败也萧何”。

五、概括总结及展望

印度本身是联邦制国家，英语为全国通用语言，这为阿育吠陀海外传播创造了有利条件。印度在生产药品时，非常注重国际化，并按照国际标准进行生产，使得印度医药赢得更多信任。印度政府规定西医院、传统医院分开，确保了传统医学的独立性和完整性，保护了传统医学。但是在医学方面，印度并未将其上升到软实力的高度，单纯地介绍、推广阿育吠陀，使得人们并未理解阿育吠陀作为医学的意义，而将其与瑜伽、冥想、密宗联系到一起。相较于印度，中国中医药标准化程度欠缺完善的标准，药品质量不一，使得中国无法在国际中医药市场上占据主导地位。此外，大多数中医院已经与西医院合并，失去了本来的特色。在保护本国中医药方面，国务院法制办公室制定的《中华人民共和国中医药法》已经在 2017 年 7 月 1 日起执行，《中医药法》则致力于中医药传承的倡导和维护，相较于印度略胜一筹。

2015 年，习近平总书记在致信祝贺中国中医科学院成立 60 周年时强调：“中医药学是中国古代科学的瑰宝，也是打开中华文明宝库的钥匙。当前，中医药振兴发展迎来天时、地利、人和的大好时机，希望广大中医药工作者增强民族自信，勇攀医学高峰，深入发掘中医药宝库中的精华，充分发挥中医药的独特优势，推进中医药现代化，推动中医药走向世界，切实把中医药这一祖先留给我们的宝贵财富继承好、发展好、利用好，在建设健康中国、实现中国梦的伟大征程中谱写新的篇章。”随着中国国力的发展，中医正在逐步走向世界，中医、阿育吠陀两门相似的古老医学在互相借鉴、参考的过程中，定能更进一步发展和传播。

参考文献：

[1] N.K. dubey . 阿育吠陀草药医学的全球推广：印度的机遇 . 亚太传统医药，2017(2).

[2] 刘震 . 中医现状调查——中医院的现实困境 . 中国新闻周刊，2007(1).

[3] 张子隽，张咏梅，徐俊，陈岩，李向东 . 印度传统医学的发展现状 . 世界中医药，2014(5).

[4] 周川 . 中国中医药文化传播发展报告 . 世界中西医结合杂志，2011(8).

（指导老师：李照国）

中医药理性与儿科治疗

——中西方儿科治疗异同

□钮智澎

Pediatrics & pharmacological Effect of Traditional Chinese Medicine

— A Different Therapy in Pediatrics

Pediatrics is one of the developing branches of medicine which associates closely with the medical care of people who are under 18 years old.In the present society, the fact children and the youth are more worried about forces the rapid improvements in modern pediatrics. According to the study of principles of pediatric environmental health, it showed that "children are especially susceptible to the adverse effects of environmental poisonous substance due to their increased exposure to the environment" , considering their behaviors such as "hand-mouth and hand-object" ones that bring in bacteria. Also, the study claimed that the "children are often more susceptible before conception and this phenomena would persist throughout the childhood" (Agency for Toxic Substances and Disease Registry, 2013)(1). From the previous statements, it is clear that children are easily affected by diseases, resulting to the increased focus on the development on the pediatrics.

As a beneficiary of the present growing pediatrics in China, it could be implied that both kinds of medical sciences are introduced and utilized in order to treat the ill. As a result, such two methods of treatment offer people with different points of view on these two types of Medicine — Traditional Chinese Medicine (TCM) and Western Medicine. It is reasonable that there would be conflicts if one thought bumps into the other. From the explanation of the University of Stanford, it draws to the point that "two quite different thoughts such as Western and Chinese could cause divergence due to their differences in historical traditions as well as culture, whole thing makes their comparative philosophy hard" (Wong, D,2001, July 31)(2). Thus it can be inferred that these two kinds of medicines would cause some conflicts as they are quite different with respect to their methods.

With the acceptance of two different ways to treat the children, it is a chance to introduce how similar and different TCM is with regard to western medicine so that people would pay more attention to the area of pediatrics.

This paper would demonstrate how the treatments in pediatrics of TCM and western medicine differ from each other and explore how effective TCM is when it comes into the area of pediatrics. From the three aspects of comparison, this article would be well expanded with the usage of different examples and evidences.

I. Quantity versus Quality

In the area of medical science, quantity and quality are often argued by different professionals since quantity causes the quality change but the expectation of quality may also cause the variation in quantity. Therefore, the main idea of TCM which is quality differs from the quantity which is mainly focused in the western study of pediatrics. In the following discussion, the example mainly concentrates on the treatments of fever and cold of children and the youth so that the differences and common points in pediatrics would be illustrated as well as some basic concepts of these two branches of medicine.

i. Overall Quality in Traditional Chinese Medicine (TCM)

In the field of Traditional Chinese Medicine, quality would be the main theme in the whole treatment process as doctors of TCM are taught to see how each part of the whole body cooperates with each other in order to achieve the goal of balance as well as quality of the treatments, so the quantity in TCM is less considered because TCM requires the macroscopic effects to be shown instead of specific numbers of how much medicine is being used in the treatment. It is not to say that TCM does not mention quantity but TCM gives specific amounts of herbs in very few cases. That is the reason why every prescription of the TCM appears discrepant in quantities since the doctors would utilize various amounts based on the shown symptoms which could vary among patients.

Take the treatment of fever of children as an example, doctors of TCM themselves would give out excessive amount of herbs and medicine so that it achieves the balance of the body when the symptoms of the disease become serious. In this way, the quality of the medicine would be ensured even though the doctors use excessive dosage which could be seen as irretrievable in western medicine, consuming a lot of effort on deciding how much the medicine is used. According to the recent survey by Nanjing Traditional Chinese Medicine Hospital, approximately 92% of the doctors of TCM claimed that they seldom strictly controlled the amount since they believe more about their patients' experience as well the effects of the herbs (Nanjing Traditional Chinese Medicine Hospital, 2017).

This method of using the medicine made people in China suspicious about the preciseness of dosage of the medicine which is believed to change how effective the medicine is. According to a recent opinion survey on the Chinese social media Weibo, "8 percent of the participants who are male and 36 percent of participants who are female claim that they do not trust TCM which are mostly mentioned this debated question" (Pediatric doctor 裴 , 2017, July 21st). The fact is that doctors of TCM would achieve the balance by changing a couple of factors, such as decreasing the amount of specific herbs in the latter process of the treatment so that the overall effect would be balanced, especially when at first the usage of the medicine is excessive. Through the variation in quantity, doctors of TCM successfully achieve their goal of macroscopic fitness, revealing certain overall quality of their specific methods.

Back to the example of treating children with fever. Usually doctors of TCM would use a kind of medicine called Scutellaria baicalensis Georgi which is a herb able to clear away heat and toxic materials inside human bodies. However, Scutellaria baicalensis Georgi has a little toxic effect which could cause damage to the liver as well kidney when people use extreme dosage (康美中药网 , 2016, July 29)(3). If using the quantity theory and pharmacology in western medicine, Scutellaria baicalensis Georgi is likely to be eliminated from the prescription since the damage to the body would cause side effects, especially to fragile children' s bodies. Thus, western medicine requires the extraction of the useful part of the Scutellaria baicalensis Georgi and makes the quantity matter.

The truth is that, in the treatment of fever by TCM, Scutellaria baicalensis Georgi could be utilized for curing the fever in various quantities since doctors of TCM often change the prescription a lot. Sometimes they could remove Scutellaria baicalensis Georgi and use it when the bodies of the children recover from the damage caused by Scutellaria baicalensis Georgi which is a process introducing other new herbs into the prescription in order to nurse their damaged part such as liver so that the process of curing the fever would not be interrupted by other side effects. Or the doctors could take another familiar method mentioned above — creating variations in quantities in order to ensure the overall quality as well as effects of the medicine of TCM.

ii. The Precise Quantity in Western Medicine (WM)

As the main focus of Western Medicine is the preciseness due to its theory base of science, the western medicine keeps the utilization of mensurable dosage as well as volume production of medicine composed of same dosage and constituents which are strictly controlled by the companies. If it is said that the TCM mainly shows its effects in the macroscopic appearance, then the western medicine is the microscopic version in the science medicine which means most of the work concentrates on the micro world such as cells and internal organs which are not mentioned in details in TCM.

According to the western theory, " The smaller body of an infant or neonate is substantially different physiologically from that of an adult. Congenital defects, genetic variances, and developmental issues are of greater concern to pediatricians than they often are to adult physicians." (Wikipedia- Pediatrics,2016 April 4th) (4) which means that the western doctors would concern about the immature physiology of the infants as well as the dosage according to the weight of various children. The quantities are strictly prepared for children and as soon as the parents feed them with the medicine, they need to measure the amount precisely, using tools such as teaspoons or tabs so that the quantities are ensured.

(For Parents, Millburn Parents,2012)(5)

Ibuprofen (Advil) Give every 6 hours. DO NOT USE UNDER 6 MONTHS.						
	14-17 pounds (6-11) months	18-23 pounds (12-23) months	24-35 pounds (2-3) years	36-47 pounds (4-5) years	48-59 pounds (6-8) years	60-85 pounds (9-11) years
Chewable 100mg tablets			1 tab	1 1/2 tabs	2 tabs	2 1/2 tabs
Chewable 50mg tablets			2 tabs	3 tabs	4 tabs	5 tabs
Drops 50mg/1.25mL	1 dropper (1.25 mL)	1 1/2 dropper (1.875 mL)	2 dropper (2.5 mL)	3 dropper (3.75 mL)		
Suspension 100mg/5mL	1/2 teaspoon	3/4 teaspoon	1 teaspoon	1 1/2 teaspoon	2 teaspoon	2 1/2 teaspoon
Tablets 200mg					1 tab	1 1/2 tabs

The above table illustrates the dosage of Ibuprofen for different children.

The above graph is the dosage of Ibuprofen for children when they catch cold and get fever. "Ibuprofen which is a chemical medication is used to primarily treat fever and cold like aspirin and Alcindor". These medicine acts as "inhibitors who inhibit an isomer called COX-2 which decreases the synthesis of materials involved in mediating inflammation, pain, fever, and swelling." (Wikipedia- Ibuprofen, 2017, August 16th) (6) As the graph shows, the amount of Ibuprofen increases with the gain in weight of the infants. Even though it is measured in various utensils, the quantity stays the same. Taking a more careful look, the types of the dosage are well divided into 5 genres such as drops, suspension and tablets. It indicates that the western medicine rigorously considers the possible methods that parents would use to feed the infants so that the quantity of such medicine could vary to not only remind parents of the amount they need to use, but also to achieve the same dosage as well as effects by using different ways.

Within the same logic with the discussion of TCM, what is the reason that western medicine always precisely and accurately determines the specific amount of the medicine they use to treat children? That is because the properties of the medicine differ from the natural materials such as herbs and animal parts. The main ingredient of the western medicine is the chemicals which are usually synthetic by human beings. The chemical effect on human body could not easily be eliminated and the adverse effects could be solemn when people overdose which is not like TCM -the effects could be treated while using other medicine during the process. Thus western medicine must not be overdosed by people since the adverse effects could be so serious that these effects become the next issue of the human body even if the current situation or disease is nearly cleared. In other words, the side effects could replace the current disease and increasingly hurt the human body.

Take the Ibuprofen as an example, which is also used as an example of quantities to treat children above, the overdosed symptoms include "abdominal pain, nausea, vomiting, drowsiness, dizziness, headache, tinnitus, and nystagmus". "The severity of symptoms varies with the ingested dose and the time elapsed; however, individual sensitivity also plays an important role. Generally, the symptoms observed with an overdose of ibuprofen are similar to the symptoms caused by overdoses of other NSAIDs." (Vale, JA; Meredith, TJ, January 1986)(7) NSAIDs, known as Non Steroidal Anti Inflammatory Drugs, are the most common western medicine used to cure inflammation which means that almost all of such chemical medicine could cause severe body issues when people overdose on it, not to mention other chemical pills or injection which are more powerful. Therefore, because of the side effects as well as the body situation, the dosage is strictly controlled and repeatedly reminded by the western doctors so that they could avoid the adverse effects and further harm caused by the overdose.

II.Philosophy Versus Science

In the area of pharmacology, "the drug action appeared in each branch determines how various medicine and treatments are used according to the biochemical or physiological effects on the cell, tissue, organ, or organism" (Vallance P, Smart TG, January 2006) (8). In TCM, the pharmacology of drugs such as herbs and animal parts is based upon the philosophy resembled concept which is "the study of general and fundamental problems concerning body matters such as organ existence, professional knowledge, values, and reasons" (A.C. Grayling, 1998)(9). It reveals that the TCM does not focus on the quantities as mentioned since the philosophy concentrates on the general effects and problems which could be spoken as quality. While the western medicine is the product of modern science which is a systematic enterprise that builds and organizes knowledge in the form of testable explanations and predictions, so the quantities are involved in the western medicine since it is a branch under modern science and produced by repeated experiments with accurate results and logical explanations.

i. Philosophy-based Traditional Chinese Medicine (TCM)

TCM's view of the body emphasizes little on anatomical structures, but is mainly concerned with the indication of functional entities which regulate digestion, breathing etc. While health is seen as the harmonious interaction of these entities with the outside world, disease is interpreted as a disharmony in interaction. TCM diagnosis aims to trace symptoms to patterns of a potential disharmony, by measuring the pulse, inspecting the tongue, skin, and eyes, and looking at the eating and sleeping habits of the person as well as many other things.

"Yin and yang are ancient Chinese concepts which can be traced back to the Shang dynasty(1600–1100 BC)" (Men, J. & Guo, L., 2010)(10). "Original analogies for these aspects are the sun-facing (yang) and the shady (yin) side of a hill" (Ergil, Marnae C.; Ergil, Kevin V., 2009)(11). The yin-yang theory is applicable to the human body; for example, "the upper part of the body and the back are assigned to yang, while the lower part of the body are believed to have the yin character". Yin and yang characterization also extends to the various body functions, and – more importantly – to "disease symptoms (e.g., pediatric cold and heat sensations are assumed to be yin and yang symptoms, respectively)" (Wiseman, N. & Ellis, A., 1996) (12). Thus, yin and yang of the body are seen as phenomena whose lack (or over- abundance) comes with characteristic symptom combinations: Yin vacuity and Yang vacuity. "TCM also identifies drugs believed to treat these specific symptoms combinations in order to reinforce yin and yang" (Ergil, Marnae C.; Ergil, Kevin V., 2009)(11).

Five Phases (五行), sometimes also translated as the "Five Elements" theory, "assumes that all phenomena of the universe and nature can be broken down into five elemental qualities – represented by wood (木), fire (火), earth (土), metal (金), and water(水)" (Aung, S.K.H. & Chen, W.P.D., 2007)(13). In this way, lines of correspondence can be drawn:

(Wuxing_fr.svg, Benoît Stella alias, 25 December 2009)

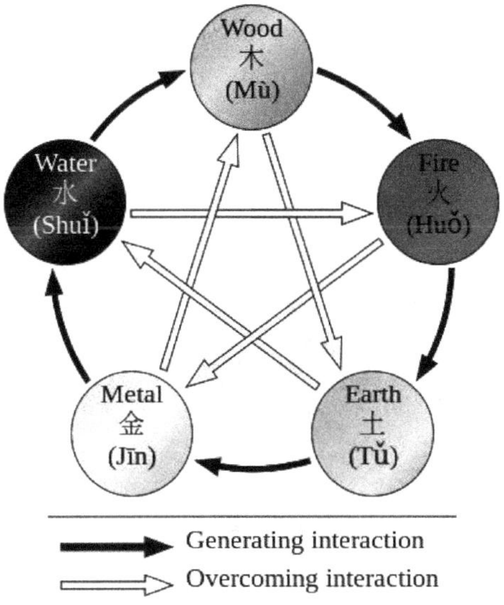

Interactions of Wu Xing

The term zàng (臟) refers to the five entities considered to be yin in nature–Heart, Liver, Spleen, Lung, Kidney–, while "fǔ (腑) refers to the six yang organs–Small

Intestine, Large Intestine, Gallbladder, Urinary Bladder, Stomach and Sānjiaō". (《黄帝内经素问》：言人身臟腑中陰陽，則臟者為陰，腑者為陽) Since their concept was developed on the basis of W ǔ Xíng philosophy, each zàng is paired with a f ǔ , and each zàng-f ǔ pair is assigned to one of five elemental qualities ("Clinical introduction to medical acupuncture", Aung, S.K.H. & Chen, W.P.D., 14 March 2011)(14).

"The zàng-f ǔ are also connected to the twelve standard meridians–each yang meridian is attached to a f ǔ organ, and five of the yin meridians are attached to a zàng". As there are only five zàng but six yin meridians, "the sixth is assigned to the Pericardium, a peculiar entity almost similar to the Heart zàng"（"Clinical introduction to medical acupuncture", Aung, S.K.H. & Chen, W.P.D., 2007)(15).

(文化艺术，昵图网，China,2013)(32)

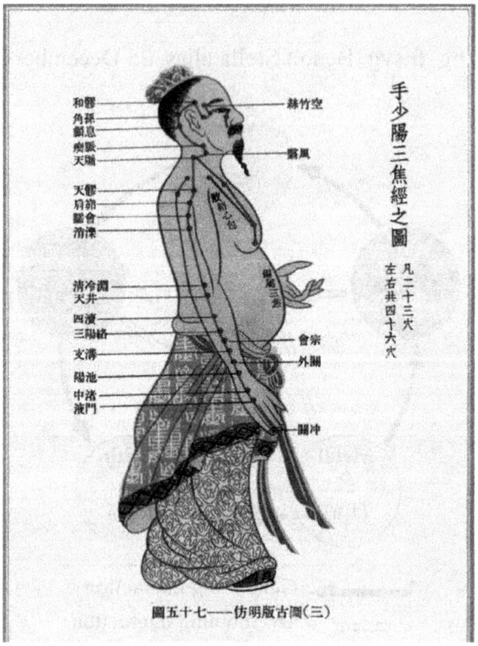

手少阳三经络图图片，showing the meridians of human body.

"The meridians (经络) are believed to be channels running from the zàng-f ǔ in the interior (里) of the body to the limbs and joints ("the surface" [表]), transporting qi and xuě."

TCM identifies 12 "regular" and 8 "extraordinary" meridians; the Chinese terms being 十二经脉 ("the Twelve Vessels") and 奇经八脉 respectively. There' s also a number of less customary channels branching from the "regular" meridians*(Clinical introduction to medical acupuncture., S.K.H. & Chen, W.P.D., 2007)*(17).

The above information is the basic concepts and theories in TCM. In traditional Chinese pediatrics, the concepts may vary but still based upon the basic theories. For instance, in the "Huo You Xin Shu" (《活幼心书》) written by Zeng Shirong(曾世荣), the author claimed that "people need to leave the children with a third of hunger and cold in order to raise a healthy child all year around" ("四时欲得小儿安，需要三分饥与寒"). He also stated that children would not be interfered by the diseases when everyone follows his method ("但愿人皆依此法，自然诸病不相干")(18). This saying is related to the yin-yang theory since children have different body types from adults. Children have bodies composed of strong yang but their body organs are immature, so increasing the heat of children bodies by wearing more clothes would be harmful to not only their health but also their abilities to exercise. That' s the reason why Zeng Shirong required cold since children should not always wear too many clothes. The digestive system is also too fragile to digest a lot of food which means that people have to feed children less instead of full so that they could avoid too much burden for the children' s digestive system as well as gastric diseases.

From the example above, it is clear that TCM fits more into the area of philosophy since the main explanation is based upon the concepts without actual experiments as well as convincing data. The general and fundamental problems concerning body matters are the main focus without any microscopic or anatomical structure. The whole process of treatments as well as theories is more like a debate without detailed data and facts but well-developed concepts.

ii. Western Medicine with Scientific Proof

In the western medicine, the evidences and facts are mostly recorded by the doctors as well as the data which are all the conclusions of repeated experiments with elaborate assumptions. Western medicine is the science and practice of diagnosis, treatment, and prevention of disease. Western medicine has existed for fewer than thousands of years to back up various treatment protocols. "Before a new treatment or drug is approved for use on the public, it goes through an extensive testing process, first in the laboratory, and then through several layers of patient testing. Some people become frustrated with Western medicine because the approval process for new treatments is so lengthy". For people with concerns about the type of treatment they are receiving for a particular condition, there is no reason to abandon conventional medicine. "Clinical trials allow many patients to take advantage of new treatment protocols before they receive official approval" (Hunter, A., 2017, July 14)(19).

From the perspective of western medicine, "that patient would be viewed as a basically healthy individual with a particular problem" (Mosher Health, 2017) (31), "using modern pathology, physiology, microbiology and pharmacology knowledge to study the disease. Its research process from macro to micro (start from system, now develop to DNA molecular). Although its history is not long, the theory updates very quickly" (Herbal Works, 2017) (20). That's the reason why many new branches would be created in a few years since the theories may vary according to the different study orientations as well fields the professionals focus on. Take the pharmacology as an example, early pharmacologists focused on natural substances, mainly plant extracts, the similar way that TCM concentrated on. However, pharmacology developed in the 19th century as "a bio-medical science that applied the principles of scientific experimentation to therapeutic contexts. Today pharmacologists use genetics, molecular biology, chemistry, and other advanced tools to transform information about molecular mechanisms and targets into therapies directed against disease, defects or pathogens, and create methods for preventative care, diagnostics, and ultimately personalized medicine" (Rang, H.P.; M.M. Dale; J.M. Ritter; R.J. Flower, 2007) (21).

Pharmacology has become increasingly complicated; modern biotechnology allows drugs targeting towards specific physiological processes to be developed, sometimes designed for compatibility with the body to reduce side-effects. Knowledge of human genetics is having some influence on western medicine, as the causative genes of most genetic disorders have now been identified, and the development of techniques in molecular biology and genetics are influencing medical technology, practice and decision-making.

Evidence-based medicine is a contemporary movement to establish the most effective algorithms of ways of doing things through the use of systematic reviews and meta-analysis. The movement is facilitated by modern global information science, which allows as much of the available evidences as possible to be collected and analyzed according to standard protocols that are then disseminated to health care providers. "The Cochrane Collaboration which a British non-profit, non-governmental organization formed to organize medical research findings so as to facilitate evidence-based choices about health interventions leads this movement. A 2001 review of 160 Cochrane systematic reviews revealed that, according to two readers, 21.3% of the reviews concluded insufficient evidence, 20% concluded evidence of no effect, and 22.5% concluded positive effect" (Ezzo J, Bausell B, Moerman DE, Berman B, Hadhazy V, 2001) (22).

Therefore, the main theories of western medicine are more evidence and data based since every single concept is the conclusion of long-time repeated experiments with countless failures and false assumptions. It is not only the combination of hard work of experts in each area but also the spirit of finding the truth with plenty of evidences. These elaborate findings and concepts build up different branches under the medical science which is more like a systematic network of cooperation of professional workers who strive to contribute to the protection of the health of the humanity in modern society so that everyone could live a better life.

III.Treatment (TCM) versus Treatment (WM)

In the area of the medical science, the treatment usually involves the process of diagnosis and specific treatments such as medicine or techniques considering the patients' current conditions so that the doctors could solve their illness as soon as possible. In TCM, the treatments include the use of herbs and other traditional medicine. Also, methods such as acupuncture and cupping are utilized in order to mediate the human bodies.

On the other hand, western medicine mostly use synthetic biochemical medicine with the perspective on micro world such as organs and cells. Other therapies involve demanding and cautious operations with the requirement of years of professional training. In this part of discussion, the attention would be on the treatments of acne which is the most common pediatric diseases among teenagers.

i. Pediatric Treatments in Traditional Chinese Medicine (TCM)

In the pediatrics Diagnosis, an antique professional called Fu Qingzhu（傅青主）wrote a book called "Fu Qingzhu Pediatrics"（《傅青主小儿科》）. In the book, he suggested how to diagnose children using the five phases theory. He claimed that the most important area that helps him diagnose is the part above the nose and between the eyes("鼻之上、眼之中间辨之"). If the area appears to be red, the child is considered as mainly having heat in the heart; Purple means that the child has heat not only in the heart but also in the lung; Cyan indicates that there is "wind"（风）in the liver of the child; If it is dark or black, the kidney of the child possesses "cold"（寒）as well as "wind"（风）; White infers that the sputum exists in the lung; Diarrhea happens when the area shows yellow since this reveals that the child has weak spleen and stomach.

This process is called inspection in TCM which focuses on the face and particularly on the tongue, including analysis of the tongue shape, color and coating, and the absence or presence of teeth marks around the edge. However, Fu Qingzhu differs from other doctors since he believed that the area above the nose and between the eyes could display the children's illness most clearly due to his repeated clinical examination and experienced treatment. This method is still in the process of searching the proof, but most of the clinical cases indicate success and great achievements by the famous ancient pediatrician, Fu Qingzhu（《傅青主小儿科》学术思想评介，朱锦善，1985）(23).

After the diagnosis, it comes the process of therapies. The acne - most common pediatric disease- which causes a great number of teenagers distress and suffer- is chronic which means that it could not be treated within a short period. Also, acne would recur easily if the lifestyle is unhealthy and the treatments are not in place. Because of the variety of therapies in TCM, this article would only mention the herbs and acupuncture which are the two common ways that most Chinese would advise the patients to take.

"TCM practitioners believe that teenagers are full of Yang energy. Yang is the energy that helps creating the necessary physical, hormonal and emotional changes. During adolescence, it can easily become unbalanced and transforms into excess heat. All the changes in life such as relationship can be confusing and stressful. This type of emotional feeling can also cause stagnation of blood and more heat" (China Education Center, 2016) (24). "Herbal medicine focuses on heat according to the differential diagnosis, while reducing the inflammation and attempting to prevent the formation of new lesions. A combination of herbal medicines taken internally and an externally applied solution is preferable" (Swierzewski, S.J., III, M.D., 2001, January 01) (25).

The prescription may vary due to the various heat in different parts, but all of the herbal medicine is used to clear away the heat and toxicant inside teenagers' bodies. The location of the acne on the body of teenagers could reveal where the heat is in the body. For instance, Toxic Heat which could appear as acne near the lips or on the left side of the face may be treated with combinations such as "Jin Yin Hua (Flos Lonicerae Japonicae) and Lian Qiao (Fructus Forsythia Suspensae)"; Blood Heat which could show in form of acne on the forehead may be treated by using herbs such as "Sheng Di Huang (Radix Rehmanniae) and Mu Dan Pi (Cortex Moutan Radicis)"; Damp Heat which could be seen on the back of body may be treated with combinations of the herbs used to treat Toxic Heat, along with other herbs, such as "Yi Yi Ren (Semen Coicis) and Tu Fu Ling (Rhizoma Smilacis Glabrae), to drain dampness" (Swierzewski, S.J., III, M.D., 2001, January 01) (25). The herbal decoction may also be applied to the skin twice a day as a soak to the affected areas, if recommended by a practitioner.

Acupuncture and Chinese herbs help to reduce the cycle of acne development by regulating the hormones that effect skin secretions. It can also help to reduce inflammation, and bacteria. "Chinese Medicine and Acupuncture are holistic therapies that can help people with their skin as well as improve overall wellness" (Alban, J., 2017) (30). Acupuncture treatment for acne involves both distal and local points. For example, "Toxic Heat patterns may be treated with points such as Du 14 (Da Zhui) and

Large Intestine 11 (Qu Chi); Blood Heat patterns may be treated as with Toxic Heat, with the addition of Spleen 10 (Xue Hai); Damp Heat patterns may be treated like Stomach Heat patterns with the addition of points such as Spleen 9 (Yin Ling Quan)" (Swierzewski, S.J., III, M.D., 2001, January 01) (25).

(TCM Points, 2016)(26)

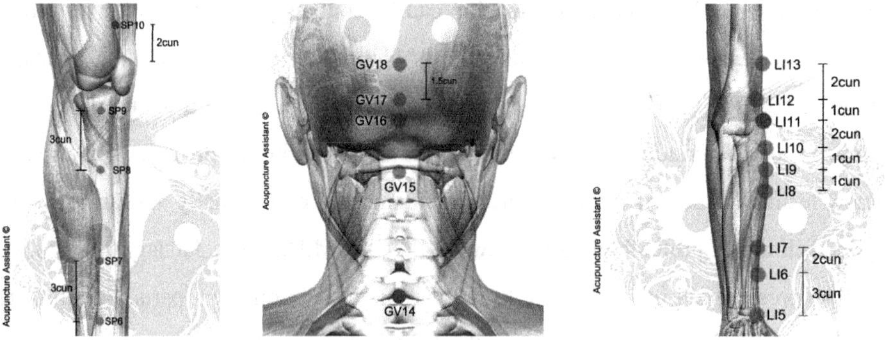

These graphs illustrate the TCM mentioned above: Spleen 9&10, LI 11, Du 14(GV14).

The lesions themselves may be treated by a technique known as "surrounding the dragon", in which needles are placed superficially about one inch apart to surround the area where the acne is present and retain for about 20 minutes. "Ear acupuncture, in points corresponding to the Lung, Stomach, and Endocrine system, may prove useful as well" (Swierzewski, S.J., III, M.D., 2001, January 01) (25).

All of the mentioned therapies are only a small part of the legendary TCM treatments. Even though TCM does not have enough data or evidence to be the proof, it still possesses the recorded success of its clinical cases which proves the credibility of philosophy-based TCM. The herbs and acupuncture in TCM may seem useless at the first phase but after a long process, their effects would reveal. These two methods of treating the acne of teenagers are now prevailing in China though many people refuse to believe its fabulous healing effects. One day, humanity, especially Chinese, would find out the great importance of TCM and appreciate the success passed by the ancestors which is the reason why Traditional Chinese Medicine is thought as a great representation of Chinese long traditional history.

ii. Pediatric Treatments in Western Medicine (WM)

In the explanation of western microscopic concepts, acne is a common skin condition. "It is caused by inflammation of the hair follicles which are the tiny structures that grow hair in the scalp and oil-producing (sebaceous) glands of the skin. Acne often begins during puberty. It occurs when sebaceous glands in the skin are over-stimulated to produce sebum and skin cells are not shed normally. These sticky cells block the skin's hair follicles, trapping the sebum. The blocked, oil-filled follicle then causes the bacteria normally in the hair follicles to multiply" (Harvard Health Publications, 2017, Aug 2nd)(27). This leads to inflammation, redness and pimples. "In adolescents, acne flare-ups probably are related to a natural increase in androgen hormones during the teen years. The androgen stimulates the sebaceous glands to produce excess sebum. Hereditary factors also contribute to the problem" (Harvard Health Publications, 2017, Aug 2nd)(27).

During the diagnosis, the doctor usually can diagnose acne based on a simple physical examination. He or she will look for acne comedones, pustules, nodules and cysts on people's face, chest, back, upper arms and shoulders. The doctor will also ask questions about people's medical history to try to identify contributing factors such as Menstrual history, Patterns of hair growth, Cosmetics, Facial cleansers, Medications.

Through the example of diagnosing acne, it is easy to infer the general process of medical diagnosis in western medicine. General components which are present in a diagnostic procedure in most of the various available methods include complementing the already given information with further data gathering, which may include questions of the medical history, physical examination and various diagnostic tests. Diagnostic tests which are "any kinds of medical test performed to aid in the diagnosis or detection of disease" (Thompson, C. & Dowding, C., 2009) (28) can also be used to provide prognostic information on people with established disease. In reality, "a diagnostic procedure may involve components of multiple tests or techniques" (Making a diagnosis, John P. Langlois, Chapter 10 in Fundamentals of clinical practice, 2002) (29).

After the diagnosis, it comes to the treatment part. As we know, acne is not easy to cure using the western methods since the drugs as well as the physical operations could simply eliminate the visible acne but the origin of such disease could not be treated. Most common known physical treatment is to use cream or gels during face washing. For instance, if the acne is not serious and could be treated using weaker lotions, "salicylic acid washes could be utilized in order to help to empty comedones of sebum. Benzoyl peroxide gels could be also put into use which are medications applied to the skin as a thin film. This kind of gel is able to dry and peel the skin, fight the growth of bacteria, and help to clear blocked hair follicles" (Harvard Health Publications, 2017, Aug 2nd)(27).

If these don't work, stronger and more effective gel forms are available by prescription such as azelaic acid cream which is applied to clean, dry skin. It helps fight bacteria and may decrease comedo formation. Improvement usually takes a few weeks. The other prescription involves "Tretinoin (Retin-A) that is applied to the skin as a cream, gel or liquid. It helps to clear the skin of plugged follicles by increasing the turnover of skin cells. It also increases the skin's sensitivity to sunlight" (Harvard Health Publications, 2017, Aug 2nd)(27). So tretinoin should be used with a sunscreen. From the prescription, it indicates that the strong medical use of chemical substance causes possible and serious side effects which means that in western treatment, side effects of using chemical medicine are forces to be reckoned with.

If these topical treatments fail, acne is treated next with oral antibiotics. Certain antibiotics can be applied directly to the skin to reduce the growth of acne-causing bacteria. Different from the herbs in the TCM, however, these medications can have strong side effects. They are available only by prescription. "Some oral antibiotics can cause birth defects.

Women on these antibiotics who are sexually active must use contraception. They need to make absolutely sure they do not become pregnant either during treatment or for one month after treatment. Strict protocols must be followed" (Harvard Health Publications, 2017, Aug2nd)(27).

In the discussion of western medical treatment for acne, many biochemical drugs as well as prescription causing strong effects are involved. Even though western medicine is easier and shorter to take and accomplish the process, the side effects are still too strong to be ignored. Sometimes people argue that the western medicine is better than traditional Chinese medicine since the curative effects are quick and visible but the origin of the acne could not be eliminated. In other words, the western medicine could only cure the superficial not the genuine source of the disease. However, it is impossible to neglect the greatness achieved by western medicine because every single year hundreds, thousands, and even millions of people benefit from it and stop their suffering from harmful disease. It is not to say whether TCM is better than western medicine but to claim that both of these branches under medical science have their own merits and they could make their own contributions to the society.

IV. Conclusion

Within both TCM and WM, there is an enormous amount of time tested information that has its own logic and usefulness. Both Western and Chinese systems have their place. Some believe that the greatest strength of Western Medicine is in it's trauma care and therapies for acute problems, while Chinese medicine excels in the areas of chronic problems and preventive medicine. From my perspective, using both TCM and WM provides for better clinical outcomes than using either of them separately due to their different concepts they are grounded on(Philosophy vs. Science), their distinct focus(Quality vs. Quantity), and their dissimilar treatments and therapies(acne). One day, the combination of these two methods could make invaluable contributions to the society, to the whole country, and even to the whole world.

Reference:

[1] A.C. Grayling, Philosophy 1: A Guide through the Subject（Oxford University Press, 1998）, p. 1: "The aim of philosophical inquiry is to gain insight into questions about knowledge, truth, reason, reality, meaning, mind, and value."

[2] Alban, J.（n.d.）. ACNE. Retrieved August 17, 2017, from http://albanacupuncture.com/conditions/acupuncture-for-acne/

[3] Aung, S.K.H. & Chen, W.P.D.（2007）: "Clinical introduction to medical acupuncture". Thieme Medical Publishers. ISBN 978-1-58890-221-4

[4] Aung, S.K.H. & Chen, W.P.D.（2007）: Clinical introduction to medical acupuncture. Thieme

Mecial Publishers. ISBN 978-1-58890-221-4, p. 16

[5] Aung, S.K.H. & Chen, W.P.D. (2007): Clinical introduction to medical acupuncture. Thieme Mecial Publishers. ISBN 978-1-58890-221-4, p. 19

[6] Chinese Medicine versus Western Medicine. (n.d.). Retrieved August 17, 2017, from http://www.mosherhealth.com/mosher-health-system/chinese-medicine/chinese-versus-western

[7] Chinese Medicine vs. Western Biomedicine. (n.d.). Retrieved August 17, 2017, from https://www.liveoakacupuncture.com/chinese-medicine-vs-western-biomedicine/

[8] "Cultural China–Chinese Medicine–Basic Zang Fu Theory". Archived from the original on 14 March 2011. Retrieved 26 February 2011.

[9] Environmental Health and Medicine Education. (n.d.). Retrieved August 17, 2017, from https://www.atsdr.cdc.gov/csem/csem.asp?csem=27&po=3

[10] Ergil, Marnae C.; Ergil, Kevin V. (2009). Pocket Atlas of Chinese Medicine. Stuttgart: Thieme. ISBN 978-3-13-141611-7.

[11] Ezzo J, Bausell B, Moerman DE, Berman B, Hadhazy V (2001). "Reviewing the reviews. How strong is the evidence? How clear are the conclusions?". Int J Technol Assess Health Care. 17 (4): 457–466. PMID 11758290.

[12] For Parents. (2012). Retrieved August 17, 2017, from http://millburnpediatrics.com/parents.html

[13] Growing Up Easier Publishing © 2009; Customized by Mary Smith Design, http://marysmithdesign.com. (n.d.). Traditional Chinese Medicine. Retrieved August 17, 2017, from http://www.growingupeasier.org/index.php?main_page=page&id=169&chapter=3

[14] Harvard Health Publications (2017,Aug 2nd). Acne Guide: Causes, Symptoms and Treatment Options. Retrieved August 17, 2017, from https://www.drugs.com/health-guide/acne.html

[15] Hills, C. (2016, June 03). TCM and Western Medicine-True Complementary Care. Retrieved August 17, 2017, from https://www.tcmworld.org/tcm-and-western-medicine-true-complementary-care/

[16] Hunter, A. (2017, July 14). What is Western Medicine? (A. Jones, Ed.). Retrieved August 17, 2017, from http://www.wisegeek.org/what-is-western-medicine.htm

[17] Ibuprofen. (2017, August 16). Retrieved August 17, 2017, from https://en.wikipedia.org/wiki/Ibuprofen

[18] Making a diagnosis, John P. Langlois, Chapter 10 in Fundamentals of clinical practice (2002). Mark B. Mengel, Warren Lee Holleman, Scott A. Fields. 2nd edition. p.204. ISBN 0-306-46692-9

[19] Men, J. & Guo, L. (2010) "A General Introduction to Traditional Chinese Medicine" Science Press. ISBN 978-1-4200-9173-1

[20] Pediatrics. (2017, August 13). Retrieved August 17, 2017, from https://en.wikipedia.org/wiki/Pediatrics

[21] Rang, H.P.; M.M. Dale; J.M. Ritter; R.J. Flower (2007). Pharmacology. China: Elsevier. ISBN 0-443-06911-5.

[22] Side effects of the Traditional Chinese Medicine. (n.d.). Retrieved August 17, 2017, from http://acupuncture123.net/About_side_effect_edmonton.html publisher: Millwoods Acupuncture Center

[23] Swierzewski, S. J., III, M.D. (2001, January 01). Traditional Chinese Medicine Treatment for Acne. Retrieved August 17, 2017, from http://www.healthcommunities.com/acne/alternative-medicine/tcm-treatment-for-acne.shtml

[24] Thompson, C. & Dowding, C. (2009) Essential Decision Making and Clinical Judgement for Nurses.

[25] Traditional Chinese medicine. (2017, August 18). Retrieved August 18, 2017, from https://en.wikipedia.org/wiki/Traditional_Chinese_medicine#cite_note-91

[26] Vale, JA; Meredith, TJ (January 1986). Acute poisoning due to non-steroidal anti-inflammatory drugs. Clinical features and management. Medical Toxicology. 1 (1): 12–31. PMID 3537613

[27] Vallance P, Smart TG (January 2006). "The future of pharmacology". British Journal of Pharmacology. 147 Suppl 1 (S1): S304–7. PMC 1760753 Freely accessible. PMID 16402118. doi:10.1038/sj.bjp.0706454

[28] W. (2004). Traditional Chinese Medicine Treatment for Acne. Retrieved August 17, 2017, from http://www.chinaeducenter.com/en/cedu/tcm_treatment_acne.php

[29] Welcome to TCM Points, your Acupuncture Assistant. (n.d.). Retrieved August 17, 2017, from http://tcmpoints.com/

[30] What are the key differences between TCM and Western Medicine? (n.d.). Retrieved August 17, 2017, from https://theherbalworks.com/index.php/why-tcm-herbals/tcm-vs-western-medicine.html

[31] Wiseman, N. & Ellis, A. (1996): "Fundamentals of Chinese medicine Paradigm Publications. ISBN 978-0-912111-44-5

[32] Wong, D. (2001, July 31). Comparative Philosophy: Chinese and Western. Retrieved August 17, 2017, from https://plato.stanford.edu/entries/comparphil-chiwes/

[33] 曾世荣 . 活幼心书 . 北京：中国中医药出版社，2017.

[34] 康美中药网 (2016, July 29). 黄芪的毒副作用 肾疾人群要当心 . Retrieved August 17, 2017, from http://www.kmzyw.com.cn/news/1160729/1469784157000.2396.html

[35] 手少阳三经络图图片 [Photograph found in 文化艺术 , 昵图网 , China]. (2013, May 3). Retrieved August 19, 2017, from http://www.nipic.com/show/2/25/7980826k63ffd7df.html (Originally photographed 2013, May 3)

[36] 朱锦善 .《傅青主小儿科》学术思想评介 . 中医杂志，1985(12).

（指导老师：李照国）

中国中医药学与日本汉方的区别

□潘芊霖

中医药早在公元5—6世纪通过朝鲜半岛传入日本，随后遣隋使、遣唐使将大量医学书籍传入日本。中医药在古代作为中国的传统文化，传播到日本。起初，中医药作为中华文化，在日本传播得十分成功：日本的平安时代，也就是794年开始，汉方是不存在的，当时日本的医学完全就是对中医药学的模仿。直到室町时代，中医在日本才开始了日本化。渐渐地到了江户时代，汉方这个概念才形成了。日本的汉方学者为了使日本医者更加方便地学习医术，便开始编辑出版新医学书籍，其中，丹波康赖编辑的《医心方》，不仅仅对汉方医学发展，对现在中国的中医药发展也有一定的影响。然而源头相同的两种医术，当今却在许多的方面有少许的区别。

1．古时药剂药铺的区别

在古时候的中国，有些医生也会自己采集、炮制中草药，但那些医生仅为少数。中药的采集与炮制极其麻烦，大多数的医生忙于医治，就顾不上给病人抓药了。所以，“药铺”这个行业就产生了。药剂师在日本存在的历史实际比日本人想象得要短很多。在明治维新时期，西方医术被大量引进后，汉方被大面积否定，在1889年，某日本法律法规颁布后，药剂师才作为一个职业诞生了，在日本历史的舞台存在也不过一百多年罢了。在此之前，药局是不存在的，古时候的日本汉方医生治病时也就是走先治病、医生再给抓药这样的流程。

有研究调查指出日本方子普遍比原中药方剂剂量小，“中药成人的每日用药量相当于生药100g—150g间者占多数，而日本汉方一般各种生药混合干燥颗粒4g—5g，少则2g，多则10g左右，制成制剂后，每日服药重量多在7g—10g之间，少者5g，多者15g左右”（《中医药临床杂志》）。专家们总结了几个可能的原因：1. 中国人和日本人的人种不同，生长环境也不同，或许会导致同样的中药，对中国人需要一定的量医治，因为日本人的体质，对日本人的用量就会偏少。2. 日本尊崇李东垣脾胃理论和朱丹溪的滋阴理论和方法，这些方法提倡药量偏轻的处方。3. 中国与日本古时度量衡不同，导致《伤寒论》中所记载的药剂剂量传到日本时因古今换算不同，有偏差。4. 汉方药的制作不同于中国中草药的炮制，相比之下，日本的剂量会少。5. 现代日本在植物的养殖上运用先进的西方科技，能更精确地提炼出有效成分，在用药上便不必服用大量药剂了。

还有一个十分有趣的猜测：除了人文、环境、科技的原因，或许与经济考量是有关系的。由于中国和日本抓药程序的不同，在中国，如果药铺需盈利，药铺必然需要兜售更多的药剂；而日本是先缴费，再医治，最后抓药，如果医生想要盈利更多，必定要节约药材的成本，故少配药剂剂量。当然了，这只是猜测罢了。

2．近代中医与汉方面对西方医学引进的应对

晚清时期，中国引进了西方医术。西方医术分为解剖学、生理学、病理学、细菌学、临床诊断学，以科学性高、成效快为特征，获得了中国多数人民群众的喜爱，随即中医药在中国国民心中地位一落千丈。人民生病后，更多的人选择看诊西医，而非中国本地传统医术。在五四运动中，中医被批判为落后、不科学、愚昧、理论荒谬。有不少人提倡废除中医，当时曾学习西医的国民政府内政部卫生专门委员会委员的余云岫，为废止中医派的代表人物。1925年正因为西方医术对中医药的排斥和矛盾，中医曾想纳入学校教育体制，却未果。在此事件后中西医迅速分为两大阵营，矛盾冲突也越发激烈，对中医的发展产生了巨大的阻碍。当时反对中医药的学者甚多，面对对中医药的抨击，国家主席毛泽东于1953—1954年曾说过：“中国对世界有三大贡献，第一是中医……”，“中药应当很好地保护与发展。我国的中药有几千年历史，是祖国极宝贵的财产，如果任其衰落下去，将是我们的罪过；中医书籍应进行整理……如不整理，就会绝版。”毛主席还指示成立中医研究院。当时，叶开泰药号也曾组织运动捍卫中医药学在中国的地位，叶开泰药号在与西方医学争论时据理力争，以强硬的态度使中医药在中国

免于废除。中医药在今天得以保存及发展，许多中医界学者与国家领导起到了重大作用。

明治维新开始后，在日本广为流传的汉方也面临着消失的境地。面对西医，日本开始了汉方复兴医学活动，许多学者付出了巨大努力：1879 年“温知社”结成，汉方存续运动就此展开，和田啓十郎在 1910 年发表了《医界之铁锥》，引起了巨大轰动，他指出西洋医学的短板，说明汉方医学的有效性，使原本已衰退的汉方医学受到了重视与再评价。日本汉方医学古方派的一代宗师汤本求真拜读了《医界之铁锥》后，感触很大，埋头苦苦研究汉方医学，后提笔撰写了《皇汉医学》，于 1927 年自费出版，不仅在日本轰动一时，中文翻译版出版后，对中国中医药学也有些许影响。随后不少学会、杂志创办了起来，大力宣传汉方相关知识。此后，因各种利于汉方制度、条例的出现，更多的医师选择加入各种汉方学会，选择学习汉方医学，汉方医学就这么从衰退又走上了复兴之路。

3．现代社会两者的定位与社会认可度

目前中国中医药的传播发展还不错，很多西方国家都支持了针灸和艾灸，中医药在世界的认可度比起新中国成立前已有了非同凡响的提升。国际非政府组织国际标准化组织 / 中医药技术委员会（ISO/TC249）在中国上海成立，为中医药学的国际标准做了很多的工作，组织虽然不大，但是办事效率高，影响力不小。随着中国社会的发展，更多人开始注重自己的身体健康，少许人也有了“治未病”这个概念，所以也有了更多人选择了解中医，进行中医调理。即使大部分当代人在生病需要治疗时还是会先想到西医，中医目前也没有遭到特别严重的排斥。今后中医药的发展，对外传播很重要，但对内传播是关键。网络上应该有更多网页宣传中国传统文化，传播中医药相关知识。学校应更早让学生们接触古文、接触传统文化。在中国应当尤其注重对青少年的知识传播，可以从影视剧、电影、动画和小说上花费心思，只要让孩子们从小萌生对中国传统文化的兴趣，国家往后就会有更高的概率培养出中医药人才，以及传播中华文化的学者们。

日本汉方的发展现状可谓是相当好的，不少中国公民赴日旅游还会带汉方药回国，不少大学也开设了汉方医学的课程，日本人有不少的机会学习汉方，此医学政府也有所认可。现代日本汉方医学与我国中医药学的不同主要从理念可以看出。我国中医药讲究阴阳五行、望闻问切，然而汉方确实对病不对症。对病不对症的意思

为生什么病就服用可以治这个病的药。汉方放弃、忽视中医药的理论知识，然而同一个病会有很多不同的病因，胡乱服用药物，副作用的产生可能会留下严重的后果。比如1996年的小柴胡汤事件，小柴胡汤早期被证实能改善肝病患者的肝功能障碍，随后不管是什么原因引起的肝功能毛病，都一并用小柴胡汤治疗。起初没有什么异样，渐渐地，副作用便显现出来，不少患者在服用小柴胡汤后患上了肺部疾病，也有个例因此死亡。不过，日本在适应信息科技化时代上成效显著。国内许多中药副作用多标注不明，使服用者感到担忧。而汉方药就有明确标写，且目前日本不少大学正在收集大数据分析，来证明汉方医学的有效性和汉方用药的科学性。不少网站有系统详细的汉方医学记载资料，使外行人也能快速知晓一二。拥有便利、有策略性的传播途径，正是我们现在中医药学所需要的。

中医药和汉方经过了千年的历史，发展成不尽相同的两种医术，尽管汉方药与中草药差别甚微，两者在发展路线、医治理念上已完全不同。汉方开始追求科学性，而中医药却依旧保留最原始的学说，尽管不科学、难以让国际认可，但毕竟我国的传统文化不能丢失，并且中医药的医治确实效果显著，传统的针灸与艾灸因治疗效果好在海外获得一致好评。在日后的传播中，我认为中医药与汉方必定会以它们自己的方式，成为闻名世界的主流医术。而到那时，我国文化的精髓，也会传播到世间每一个人的脑海中。

参考文献：

[1] 梁伟雄．从汉方医学在日本的现状看21世纪中医中药的前景．广州中医药大学学报．2002(1).

[2] 刘景超，张秀传．日本汉方医学的发展与现状．世界中西医结合杂志．2006(1).

[3] 肖兴安，熊家国．日本明治维新时期的教育改革及其启示．国家教育行政学院学报．2007(1).

[4] goo ヘルスケア．意外に知らない薬剤師の歴史。日本の歴史は浅い．2015.4.8. https://health.goo.ne.jp/job/column/3241

[5] tsumura.co.jp. Kampo History[OL]. http://www.tsumura.co.jp/kampo/history/

（指导老师：李照国）

中西医对于阿尔茨海默病发病机制研究

□王京霈

现代社会，患阿尔茨海默病的总人数达到 2700 万，在 60 岁以后，每老一岁，患病的风险就会上升 15%，在 85 岁以上的老人中，患病的比例为 20%—30%，老年痴呆症已经变为我国老年的一个常见病。从中医的角度来讲，老年痴呆一直无法被定义，一直被归属于呆症和健忘，直到汉代《华佗神医秘传》最早正式称之为“痴呆”。

在中医中，判断一个病的发病机制主要是看它与五行的联系。根据中医基本理论，人的精神活动也就是人脑活动是依靠精气神中的神，而精气神又与五行有密不可分的关系。对于国外西医来说，阿尔茨海默病的发病机制十分复杂，西医提出三十余种假说，而治疗方式主要是分两步，控制其他并发症的出现以及服用改善认知功能的药物。

在中医学中，痴呆又称“呆病”，是一种记忆和认知功能逐渐退化的疾病。在中国传统文化中，精气神中的神掌管着人的精神活动，神对于人的身体有着至关重要的作用，没有它，人体就无法进行思考和活动。脑与神之间也有密切的联系。《素问·刺法论》“气出于脑，即不邪干”，还有明代李时珍《本草纲目·辛夷》中提到“脑为元神之府”，清代沈金鳌在《杂病源流犀烛》中也提到了“中风后善忘”的理论。“神者，水谷之精气也。”（《灵枢·平人绝谷》）由于神产生于精气，在《内经》中，将人的神分为“神，魂，魄，意，志”五个部分，分属五脏。在《素问·宣明五气》中有提到“心藏神，肺藏魄，肝藏魂，脾藏意，肾藏志”，“肾藏精，精舍志”。

1. 中医辨证

1.1 肾气亏损，以肾为主的五脏衰老

中医认为，肾是先天之本，人的生长、发育和衰老等生理变化，主要是由肾气的盛衰决定的。《素问·上古天真论》中有："女子七岁，肾气盛，齿更发长。……八八，则齿发去。肾者主水，受五脏六腑之精而藏之，故五脏盛乃能泻。"可以说明，当人至老年，五脏尤其是肾，肾精衰落了，无法供应脑力活动，智力就会下降，相应地，情志活动也会出现异常。年老之人因生理性肾虚，导致肾精不足，不能生髓而充养于脑，或因年老气血亏虚，脑神失养，而渐成愚呆之症。提出其实生命的衰老是由于自身的变化而引起的，而并非因为外部。外部的因素虽然会对人的衰老造成影响，但内部的衰老才是最根本的原因。肾是先天之本，所以在五脏中对于生命的影响也较为显著。肾主骨生髓而通于脑。肾精亏虚，脑髓失宠，神机失控，阴阳失司而迷惑愚钝，动作笨拙，反应迟缓。"以欲竭其精，以耗散其真，不知持满，……故半百而衰也。"《素问·上古天真论》肾虚与脑衰老的关系十分密切，因为肾藏精，精生髓，髓生脑，脑为髓海。所以说，随年龄增长而产生的肾精亏损、肾气不足一般是脑衰老的重要原因。《灵枢·海论》指出："髓海不足，则脑转耳鸣、胫酸眩冒，目无所见，懈怠安卧。"根据很多临床的阿尔茨海默病的表现，确实有头晕目眩，无法安眠的症状。《神农本草经》所记载的健脑益智的药物中，补肾药排在第一位。而《千金方》中的孔圣枕中丹也以补肾填精为主。

1.2 七情致病，思虑过重导致痰气淤积

《素问·阴阳应象大论》中有提及"怒伤肝，喜伤心，思伤脾，忧伤肺，恐伤肾"，若郁怒愤懑，或事不如愿，或久思积虑，或大怖惊恐等，都可使情志损伤，气机郁结，久生痴呆；或肝气郁结日久，横逆犯脾，痰浊内生，上蒙清窍；或气血运行不畅，瘀阻脑络而致本病。明代医家张景岳提出了"痴呆"这一词来定义老年痴呆。"痴呆症凡平素无痰，而或以郁结，或以不遂，……渐致痴呆。"七情所伤，肝郁气滞，气机不畅则血涩不行，气滞血瘀痰结，蒙蔽轻窍；或瘀血内阻，脑脉不通，脑气不得与脏器相接，或日久生热化火，神明被扰，则性情烦乱，忽哭忽笑，变化无常。《石室秘录》中指出了"痰气最盛，呆气最深"。"治呆无奇法，治痰即治呆也。"痰是人体失调的代表物，当以肾为代表的五脏开始

衰竭，人体内的循环被迫减缓，就易造成痰浊和淤血。当代众多临床例子与文献表明，痰气上升蒙蔽清窍，则视、听、语言障碍，神志异常。痰淤在经络里流动，造成肢体活动受限，致使五脏衰老的速度加快。痰淤因衰老而生，又促进了衰老。现代临床对于动脉硬化及其他症状按照血瘀论已获得了较好的疗效。

1.3 中医发病机制及疗法总结

综上所述，从中医的角度，老年痴呆的发病成因主要在肾精不足、髓海亏虚以及痰浊淤血堵塞了经络。这两点原因紧密相关，由人年龄的增加，一方面以肾为主的五脏衰竭，导致痰气淤血增加；另一方面痰气淤血又阻碍气血，经络的活动，又加速了人体的衰老；两者互相影响，导致恶性循环。所以治疗老年痴呆应从两方面同时入手，滋养补充肾精和活血化瘀双管齐下。

中医辨证治疗，第一是要辨虚实。虚证的形成，有因先天或后天的体质虚弱，或久病、出血、失精、大汗，或因外邪侵袭损伤正气等原因导致“精气夺则虚”。临床上可将虚证分为气虚、血虚、阴虚、阳虚，由于脏腑的不足造成的各脏腑的虚证。肾精不足、髓海亏虚是虚证，当补肾健脾以养髓；实证的形成，有因病人体质素壮，因外邪侵袭而暴病，或是脏腑气血机能障碍而引起体内某些病理产物，如气滞血瘀、痰饮水湿凝聚、虫积、食滞等。因此，痰气血淤为实证，应当化痰祛瘀以开窍。肾精不足就找滋阴补肾的药物；髓海亏损就用像三胶一样填补脑髓的药物；晚上多动失眠就用安神的药物；痰气淤积就用远志、杏仁来宣窍化痰。中医治疗方法中不仅运用中药，针刺治疗也获得了显著的效果，其中针刺选取百会、风池、太溪和四神聪、水沟、神门，两组交替。

2. 西医发病成因探究

在1901年，奥卡斯特德被送到法兰克福的医疗精神病所，当时她表现出了出现幻觉、遗忘最简单的生活细节等症状。主治医生爱罗斯无法对病症做出治疗，只能按照日常所需照顾她直到1906年去世。在病人去世后，爱罗斯在解剖她大脑时发现了斑块和缠结。当时的医生就是爱罗斯·阿尔茨海默，奥卡斯特德是第一例确诊为阿尔茨海默病的患者。

阿尔茨海默病是一组异质性疾病，发病因素包括生理及心理多种因素。从临床研究来看，该病的可能因素和假说多达三十余种，如家族史、女性、头部外伤、低教育水平、甲状腺病、母育龄过高或过低、病毒感染等。

2.1 家族史

老年痴呆是一种多基因遗传病，当父母或兄弟中有老年痴呆患者，老年痴呆的发病率比一般人高出四倍。通过遗传学研究证实，阿尔茨海默病是由常染色体显性基因所致。通过对患者大脑的基因定位研究，发现脑内淀粉样蛋白的病理基因位于第 21 对染色体。表明老年痴呆可以在基因中传播。

2.2 甲状腺病史

有疾病史如甲状腺疾病，曾被作为阿尔茨海默病的重要因素研究。有甲状腺功能减退史者，既往曾有甲状腺功能损害，如做过甲状腺手术、甲亢经过碘 -131 治疗、患有甲状腺炎等自身免疫系统疾病的患者，更易患此病。多数患者患病后出现精神抑郁、记忆力及智力减退、反应迟钝、毛发稀疏、声音低沉、听力下降等表现，与“痴呆”十分相似。

2.3 心理病史

一些临床研究发现抑郁症史，特别是老年期抑郁症史是该病的危险因素。最近的一项病例对照研究认为，除抑郁症外，其他功能性精神障碍如精神分裂症和偏执性精神病也有关。多年临床研究表明，患过抑郁症的老人得老年痴呆症的风险比那些没患过抑郁症的老人要高 4—5 倍，其中女性偏多，年龄多在 55 岁以上。此外，抑郁老人中约三分之二有痴呆症状，而抑郁合并痴呆症的大约有三分之一。从发病机制上分析，抑郁症和痴呆症伤害的部位是人脑中的海马，只要发作一次抑郁，控制情绪和认知的海马就会萎缩一次。

2.4 头部外伤

头部外伤指伴有意识障碍的头部外伤，脑外伤作为该病危险因素已有较多报道。《美国精神学杂志》中的研究显示：通过对 50 个患有轻微脑震荡的人和 50 个健康人大脑情况的对比，发现最初脑震荡患者会出现头晕、头痛和记忆力减退等症状，但是这些症状会在几周内消失。但是，4 个月后，医生发现患者的脑脊液经过大脑的方式与正常人有所不同，这证明患者的脑部损伤并未完全恢复。研究表明，脑部反复受损对大脑的危害极大，它会增加人们患老年痴呆症的风险，并且让人们产生剧烈的头痛甚至丧失记忆。

2.5 高血压

血压升高本是人体的正常机制，大脑通过升高血压让心脏可以将血液供给身体其他部位。高血压患者服用高血压治疗药物后降低血压，造成大脑缺氧。另一种说法是，老年痴呆患者中，舒张压低的患者比舒张压高的患者普遍患阿尔茨海默病的年龄早。原因是，舒张压越低，脉压越大，动脉弹性越差，动脉硬化越严重，病情越重；脑损伤是同龄人的三倍，所以会加速脑部的老化，构成老年痴呆。

3. 结语

综上所述，中医提出的主导发病机制有两种，其中涵盖了多种发病机制的因果关系。但鉴于老年痴呆的发病概率多在 85 岁以上，古时的医书中并没有足够的临床病例和发病机制假说；同样，西医提出的高血压这一发病机制也属于“富贵病”，高血压在古时记录较少。西医定义下的阿尔茨海默病的发病机制则更为复杂，有三十余种假说，其中有与中医的理论重合的部分。从西医来看，从 1901 年的第一例阿尔茨海默病病例开始，就开始通过解剖研究阿尔茨海默病成因。而且阿尔茨海默病普遍多发于欧美地区，临床病例丰富，相应的药物种类繁多，西药多是适用于多种症状；因为阿尔茨海默病患者多是死于其他并发症，如冠心病，高血压等。中医则是从人身体出发，追求平衡。中西医主张方法各有千秋，西医虽在阿尔茨海默病领域研究了许多对部分症状有用的药物，却忽略了其副作用对患者后续的影响。而中医注重体内的平衡，改善患者整体身体素质。假如中西医可以适当结合，就可以使药物在保持药效的情况下减轻副作用，这将对患者起到最大程度的疗效。

（指导老师：李照国）

中西医对立与中医未来发展趋势

□杨瑜萱

1. 西风渐进，全盘否定中医

19世纪晚清时期，西医大规模输入中国。以解剖学、生理学、病理学、细菌学、临床诊断学为特征的现代医学在中国大行其道。这对在中国乃至整个东亚地区一直占医学主导地位的传统医学造成了极大的冲击。首先，在经历过鸦片战争和甲午战争的惨败后，国人渐渐对传统文化丧失信心并提出质疑。这便成为“漏列中医案”发生的导火索。随着西风渐盛，一些受到西医洗礼的人认识到中医相对于西方医学的劣势，以“思辨”为主体的中国中医较之以“实证”为主体的现代西方医学，在理论上并不具有科学性和说服力。于是，整个“五四运动”时期，中医乃至整个中学都遭到强烈反对与抨击。作为“老古董”的中医，甚至在国民政府建立初期被视作“西化”途中最大的障碍。于是，一帮以余云岫、褚民宜为首的当时医界名流提出彻底革命，欲以纯西理论取而代之。1962年3月2日，由余云岫起草的“废止旧医以扫除医事卫生障碍案”经《社会医报》出版中央卫生委员会特刊公布。即便如梦初醒的中医界开始反击并最终废除了“废止中医案”。直到2006年，竟然仍然有人以“不科学”的名义，在网络上发起联名，提出要我国政府“取消中医”。中医被当作“异端邪说”，受到近现代社会很多名人特别是崇尚“科学”的人排斥、怀疑和攻击。但是，中医还是无可避免地使用西医的方法去论证自身的“科学性”，实际上就是向西医靠拢，即中医西化。最终导致后果就是西方西医成为医学界的主流并支配各个领域而中国中医则丧失原本在医学上的话语权。

2. 民众意识，西医成为主流

虽然中医拥有治疗疾病的丰富经验和理论探索，有充分发展学科优势的空间，在养生保健上也有得天独厚的条件："治未病"。但是，越来越多的民众选择西医门诊就医，而传统中医却无人问津。这就要归结于西医能够与时俱进，与当代科学技术紧密结合。诊断和治疗仪器越来越精密，对人体的认识也越来越清楚。而且西医在外科手术方面的成就也是中医望尘莫及的，此外在抢救措施和对疾病的客观诊断上也比中医强。在快节奏的现代生活中，西医药物也有较传统药物治疗作用大、耗时短、起效快的巨大优势。根据 2001 年国家中医药局组织的《中国中医医疗服务需求与利用研究》显示，中国年患病 42 亿人次，就诊 39 亿人次。其中，西医治疗 26 亿人次，占 67%；中医和中西医结合治疗共 13 亿人次，占 33%。在这 33% 中，只有 22%、也就是大约 9 亿人次纯粹使用中医治疗。换句话说，大约 1/3 的病人使用中医和中西医结合治疗，大约 1/5 的病人使用纯中医治疗。这是由于中医的辩证理论和形象思维很难被大多数人所理解，而且中医治疗多依赖经验，但是有 20 年以上从医经验的老中医少之又少。而西医则注重逻辑思维，可以直观地将病因和病症展现在患者面前，使治疗方案更加有理有据。根据中国青年报社社会调查中心的一项调查（14,677 人参加），87.8% 的受访者表示自己"相信中医"。但奇怪的是，仅有 27.7% 的人声称，"如果生了病，愿意首先看中医"。虽然仍有患者坚持纯中医治疗，但是大部分患者更愿意选择西医，导致了中医的逐步衰落。

3. 中医高校，中西结合而非传统

根据高考派数据显示，2014—2016 年国内中医高校高考录取分数线出现不同程度的下降趋势。

根据新东方考研院校库数据显示，报考中医院校研究生的学生中有 45% 选择中西医结合临床专业，而有些纯中医专业例如临床中医学、中医保健学、中医药理学则连续几年无人报考。由此看来，每年报考中医院校的学生人数并不多且均集中在中西医结合这一专业上。不单单报考如此，即便进入中医院校学习也不能保证学生接受完整且系统的中医理论及实践教学。田静对南京中医药大学的课程设置进行

了调查[1]，自 1980 年至 2013 年期间中西医课目数的比例及其课时数比例基本稳定在 6 : 4 左右。这就意味着学生会受到中西医两种思维的影响，有些学校甚至还会出现“中体西用”的情况。此外，在中医院校中即使有相关课程的明确规定，有些教师甚至教授在讲授中医课程时，还是会自觉或不自觉地加入过多的西医知识。本科教育尚且如此，研究生教育就更加不容乐观。目前，不少中医药大学在研究生教育方面几乎到了“全盘西化”的程度。一方面，在培养学生的方法上存在误区，使其不能很好地学习并传承中医理论。另一方面，研究生导师也大多都是中西医结合方面的人才，本身对于纯中医理论也没有细致深刻的了解。鉴于中医学习的特殊性，临床实践尤为重要。但是根据中医院校学生实习的反馈来看，大多数中医医院的从业人员还是采用西医为主、中医为辅的诊断方法和治疗手段，单纯运用中医理、法、方、药治疗患者的情况较少。尤其在病房，中医药更是可有可无，这就让学生学习到的中医理论知识无法与临床实际结合起来。

4. 中医医院，中西结合现实困境

从西医传进国门那一刻起，中医一统天下格局就被打破。中西医学的碰撞、交流与互补形成了中国医学发展的时代特征。在新中国建立初期，毛泽东就确立了新中国卫生工作建设的三大方针，其中之一就是“团结中西医”。这其实就是最早的中西医结合理论。中西医结合，就是在中西医团结合作的基础上，主要由中西医兼通的医学人才，用现代科学知识和方法，发掘、整理、研究祖国医药学遗产，丰富西医科学，发展具有中国民族特点的统一的新医学的过程。在几十年的实践过程中，中西医结合临床和实验研究取得了不少可喜的成就和宝贵经验，事实证明中西医结合是发扬中医药学的重要途径之一，中医药学可以沿着传统的和现代的两条道路不断进步。但是中西医结合却为中医院带来了不少负面影响。中国中医研究院广安门医院肿瘤科副主任张培彤用一句话概括了中医院的现状——“处于全面萎缩状态”。近几年，中医就诊人数急剧下降。根据《中国中医药报》2006 的报道，经国家中医药局的统计，全国中医医院年诊疗人次已经降到 2.34 亿，加上综合医院中医科年门诊的 5851 万人次，两者合计不到三亿人次。不仅仅就诊人数少，即便是中医院也都是“中西结合医院”。根据《医疗机构基

① 田静 . 中医何以西化 . 南京大学硕士论文，2013.

本标准（试行）》规定，中医医院门诊中医药治疗率不低于85%，病房中医药治疗率不低于70%。但事实却恰恰相反，几乎所有的中医院都达不到这个标准。中医院不单单大量使用西药，有条件的还大肆安排手术。造成西医唱“主角”的原因也很简单：要让病人和医院都活下去。不少中医医院为了改变不景气的经济状况，纷纷进行改革。从别的医院挖来科室主任，建起了基本的西医科室，医院的效益也很快好转。所以中医院就必须打两面旗帜，除“体现中医特色”，还要“健全综合服务功能”。所谓“健全综合服务功能”就是西医功能。①

5. 中西结合，医学发展主流趋势

从历史、民众、医院的角度来看，西医的主流地位不可撼动。但是，不能因此就废中立西。中西医结合的方式也未尝不可，尽管存在着文化、地域差异，但毕竟中、西医研究的客体相同、目的一致，总有相通之处。中西医结合是由各自的优势与缺点决定的：作为医学，无论是中医学还是西医学，现阶段尽管各自解决了一些问题，但没有包治百病的能力。“旧病未克、新症层出”，单纯的中医，单纯的西医都遇见了前所未有的挑战。将中西医学的理、法、方、药有机结合，集基础与临床、理论与实践、宏观与微观、局部与整体、隐性与显性等全面结合②才能得到更好的治疗效果。在2003年的“非典”治疗中，中西医结合就已初现成效，根据健康报网站，北京佑安医院对102例患者的观察显示，中西医结合治疗组对普通型“非典”患者的治愈率为98.1%，好转率为1.9%，病死率为0；西药组治愈率为88.9%，好转率为11.1%，病死率为0。对重症治疗，中西医结合组治愈率为69.2%，好转率为15.4%，病死率为15.4%；西药组治愈率为52.6%，病死率为47.4%。由此，中西医结合的疗效可见一斑。目前，中西医结合已公认属于一门学科，在医学院校也是中医学科的一部分。《中华人民共和国中医药条例》指出：“中医西医两种医学体系的有机结合，应该培养造就中医药学各个领域各个层面的方面军和后续队伍，协同奋斗，为实现中医药现代化做贡献。”这就意味着全面发展中西医结合教育，从根本上提高中西医结合人才的培养，改革和创新这一举措势在必行。培养和造就知识体系完备的中西医结合人才，就需要同时精通中医和西医理论体系，才能在实践中找到他们的结合点，融会贯通。同时还要

① 贾德蓉．浅谈“中医医院西化”对中医教育的影响．中华现代中医学杂志 2007(3):287.

② 杨树得，杨金菊．展望我国医学的腾飞与革命．中国中西医结合杂志，1992（7）．

不断引入现代科学技术新成果，只有拥有了高水平的中西医结合人才才可能有高水平的中西医结合。短短半个世纪的中西医结合实践，已经显现出它的强大潜力、创新力和生命力，并得到越来越多的认可：“中医好，西医好，中西医结合更好。”

（指导老师：李照国）

Treatments for Dysmenorrhea in Modern Medicine and Traditional Chinese Medicine

□原珂

1. Introduction

1.1 Women Menstrual Cycle

Women menstruation, the shedding of the superficial layer of uterine endometrium, lasts for 3-6 days and the endometrium regenerates after the menstrual flow stops. Gonadotrophin-releasing hormone (GnRH) is secreted from hypothalamus to stimulate the anterior pituitary to release follicle-stimulating hormone (FSH) and luteinizing hormone (LH), as shown in Figure 1. FSH and LH then act on ovaries to promote development of follicles. One of the follicles develops faster and forms the Graafian follicle and the others degenerate. The Graafian follicle secretes estrogens, which are responsible for the proliferative phase of endometrium regeneration. The steep peak of estrogen secretion before mid-cycle sensitizes LH-releasing cells of the pituitary and causes surge of LH secretion at mid-cycle. The spike of LH secretion leads to swelling and rupture of Graafian follicle, which results in ovulation. Cells of the ruptured follicle proliferate and develop into the corpus luteum, which secretes progesterone. Progesterone stimulates the secretory phase of the menstrual cycle. The endometrium has been adjusted to be suitable for the implantation of a fertilized ovum during this phase. If implantation of a fertilized ovum does not occur, menstruation would be triggered because of ending progesterone secretion. If implantation occurs, corpus luteum will continue to secrete progesterone to prevents further ovulation. As the pregnancy proceeds, further hormonal functions are developed and a variety of hormones are secreted.

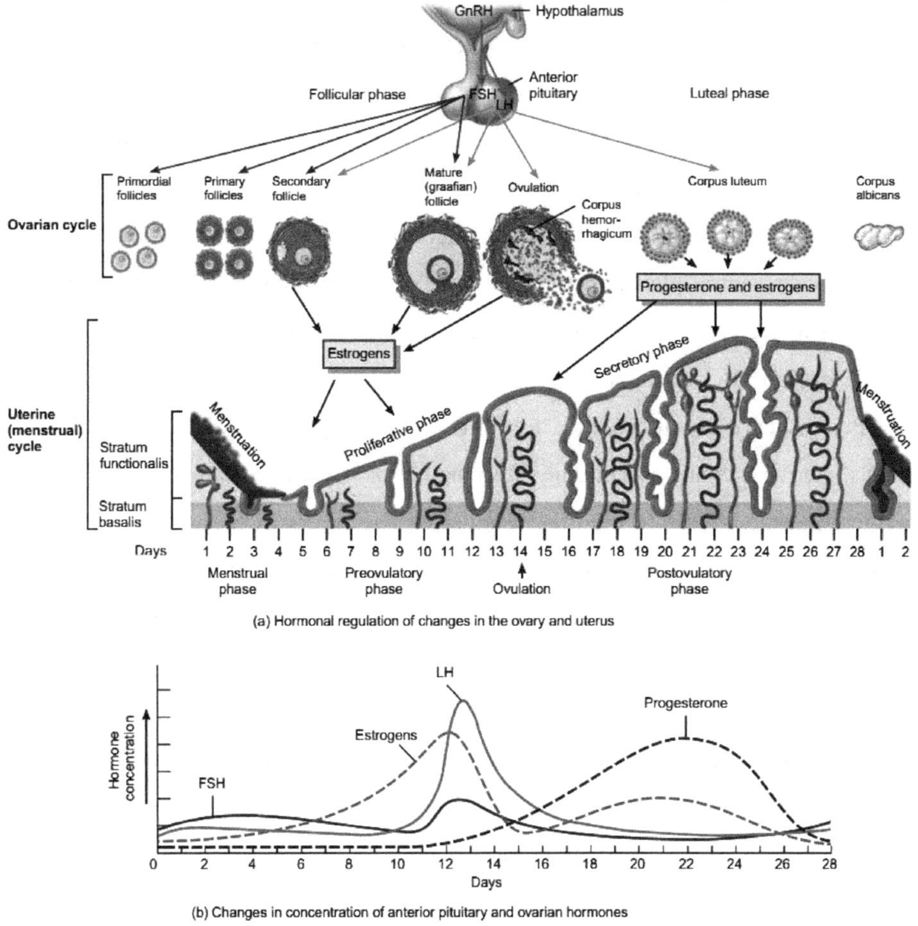

Figure 1. Diagram of women menstruation cycle, including ovarian cycle, change of condition of endometrium and concentration of different hormones released.

In Modern Medicine, release of prostaglandins and oxytocins in the menstrual fluid causes uterine contractions and pain. While in Traditional Chinese Medicine, physically weak & lack of blood; kidney & liver deficiency; endogenous cold & dampness evil hurts lower-jiao are believed to be the cause of dysmenorrhea.

1.2 Factors Affecting Morbidity

1.2.1 Nerve domination

The nerves of the uterus, Fallopian tubes, and ovaries are composed of sympathetic, parasympathetic, and part of the spinal cord. Pelvic nerve plexus is made up mainly by: sacral nerve plexus sympathetic nerve; sacral nerve 2-4 parasympathetic nerve (including a small amount of sympathetic nerve); spinal nerve pudendal nerve separation of a small part of the parasympathetic composite (Conaghan, P. 2011).

Pelvic nerve plexus branches are distributed in the ureter, bladder, rectum and uterus. Ovary nerves are multi-source, including the renal nerve plexus, ovarian plexus, lower ventral plexus, pelvic nerve plexus fibres, and the uterus to extend the sympathetic nerve fibres. The ovaries are extremely insensitive to nerve stimulation, mainly regulated by endocrine.

Pelvic nerve plexus extends to the cervix on both sides of the parietal nerve plexus, uterine isthmus and uterine artery branches. Then it extends to the uterus and cervical muscle, thus into the uterine muscle. The layers of the nerves continue to branch with the sagittal arteries parallel through the myometrium, to the endometrium and distributed throughout the spiral arteries. A small number of the lateral nerve in the uterus and uterine artery ascending branch divided into smaller nerve fibres, distributed in the ovary and tubal proximal.

Variation of distribution and function of pelvic sympathetic and parasympathetic sensory and motor nerve fibre is presented as follows:

a) sensory nerve: sympathetic sensory nerve fibres mainly pass the uterine body pain, through the thoracic nerve 11-12 and spread to the central. Parasympathetic sensory nerve fibres mainly pass the cervix and vaginal upper pain, through the sacral nerve 2-4 transmission to the central. Urethra and vagina, the lower part of the pain pass through the pudendal nerve then transmitted through the sacral nerve 2-4 to the central. Uterine isthmus and the mouth of the cervix have a very sensitive sensory plexus, so the pain of the two nerve fibres spread to the centre by composition of the sympathetic nerve and parasympathetic.

b) motor nerve: motor nerve fibres from the thoracic nerve 7-8 output, in which the sympathetic nerve vessels from the pelvic organs from the contraction of the gland secretion of the gastrointestinal tract inhibition; parasympathetic nerve is the opposite, diastolic Pelvic organs of the blood vessels and stimulate the secretion of gastrointestinal glands.

1.2.2 The mechanism of dysmenorrhea

Dysmenorrhea pain is caused by multiple factors, like the uterine contraction abnormalities, uterine ischemia, hypoxia; cyclical changes in sex hormones and uterine isthmus nerve plexus stimulation and other factors.

(a) uterine contraction abnormalities, ischemia and hypoxia: endometrial synthesis of prostaglandins is PGF20, PGE2, prostacyclin and thromboxane Az. PC, P-. Thromboxane A causes the uterine muscle contraction, thus uterine muscle tension; PGE2 and prostacyclin inhibit uterine muscle contraction, so that cervical relaxation. Endometrium in the proliferative and secretory phase can be synthesized above prostaglandins, the secretion is far more than the synthesis, especially in the menstrual 2-3 days before the progesterone decreased significantly. Normal menstrual cycle endometrial prostaglandin is about 395-435 nmol/L-menstrual blood, prostaglandin in addition to endometrial, but also from menstrual blood platelets and degeneration of the endometrium. Therefore, the amount of menstrual blood, prostaglandin can be 10 times the content of the endometrium, severe dysmenorrhea menstrual blood is mainly PGF2, significantly increased, the first day of menstruation of PGF2. Content of 4 times the normal female. So, dysmenorrhea menstrual period of endometrium, menstrual blood and peripheral blood PGF2. Level and PGF2. PGF2 ratio increased significantly, leading to strong uterine contraction, dysmenorrhea.

Prostaglandins also have a contraction of gastrointestinal smooth muscle, inhibition of gastric acid secretion and affect the intestinal water, sodium absorption and so on. When the menstrual cramps, menstrual blood prostaglandins can enter the blood circulation, and its metabolites work, when the increase in prostaglandin can cause nausea, vomiting, diarrhoea, and even collapse.

Uterine contraction is not coordinated, changes in uterine muscle tension is also one of the mechanisms leading to dysmenorrhea. According to reports, in non-dysmenorrhea women, follicular and luteal phase uterine tension between 10-30mmHg, uterine contraction frequency of every 10 minutes 3-4 times, and contraction coordination; in the first day of menstrual period, uterine tension increased, up to 50-100mmHg, can be more than 120-150mmHg, dysmenorrhea can be up to 200mmHg, and uterine contraction is not coordinated. Resulting in uterine ischemia, hypoxia, causing unbearable spasm pain. In the latter part of the luteal phase, luteal lysis, lysosomal instability release of phospholipase A, activation of cyclooxygenase, increased prostaglandin synthesis, may also participate in uterine tension and uncoordinated role in contraction.

(b) sensory nerve fibres are stimulated: In addition to excessive contraction of uterine muscle fibres can directly oppress the myometrial nerve fibres, unruptured endometrium, especially the membranous dysmenorrhea tube endometrium and a large number of menstrual blood or small blood clots are directly stimulating the uterus and the cervix of the mouth of the sensitive nerve plexus, and lead to pain. In order to discharge the tubular endometrium, the strong contraction of the uterus is also one of the mechanisms of membranous dysmenorrhea. Menstrual blood and degenerative necrotic tissue lysates also stimulate sensory nerve fibres, causing pain.

(c) endocrine factors: dysmenorrhea generally occurs in the ovulation of the menstrual period, when no ovulation or ovulation is inhibited, the dysmenorrhea disappeared. This suggests that dysmenorrhea and menstrual cycle changes in sex hormones, Milsom and others believe that sex hormone imbalance is the cause of dysmenorrhea, that the luteal phase oestrogen is too high, to promote vasopressin and PGF2. Synthesis and release increased, so that increased uterine muscle activity, inhibition of ovulation after ovarian activity decreased, dysmenorrhea disappeared.

(d) nerve and neurotransmitter: uterine muscle with adrenergic and cholinergic nerve. Found that norepinephrine and dysmenorrhea, guinea pigs after pregnancy, the nerves will degenerate, human pregnancy adrenergic nerve degradation, leading to low levels of norepinephrine. The level of norepinephrine did not return to pre-pregnancy levels after childbirth, which explained the loss of primary dysmenorrhea after childbirth.

(e) pain threshold decreased: Some studies have reported that the primary dysmenorrhea and painless menopause, menopause and men compared to the pain threshold, the lowest pain threshold pain, the most sensitive to pain. After the amenorrhea is still sensitive to pain, indicating that pain threshold in the role of dysmenorrhea.

2. Treatments

2.1 Common Treatments in Modern Medicine

2.1.1 NASIDs (Non-Steroidal Anti-Inflammatory Drug)

Inflammation is an immune response to the body against infection or misidentification of metabolites as allergens, making vasodilation, increasing vascular permeability, and enhancing the role of COX (COX-2) in inflammatory mediators.

Arachidonic acid is a precursor of prostaglandins, and constitute the cell membrane phospholipids is a precursor of arachidonic acid, catalyzed conversion of arachidonic acid to prostaglandins is COX, the current body that the two total Class, cyclooxygenase 1 and cyclooxygenase 2, mainly in normal cells, while cyclooxygenase 2 is mainly present in inflammatory environments.

NSAIDs drugs can inhibit prostaglandin synthesis, uterine tension and contraction decreased, to achieve the purpose of treatment of dysmenorrhea. Because prostaglandins in the early 48h release of the largest amount of early medication can correct menstrual blood prostaglandin synthesis release too much anti-inflammatory substances. Side effects include gastrointestinal reactions and central nervous system symptoms, rarely cause bronchial spasm and temporary renal impairment.

2.1.2 Normal physical treatment

The patient should be physical exercise, enhance physical fitness, and normal attention to the law of life, work and rest, appropriate nutrition and adequate sleep, which can effectively alleviate or reduce women's menstrual abdominal pain, lumbosacral pain, in addition, the patient should strengthen menstrual hygiene, avoid strenuous exercise, overwork and prevent cold (Osayande, A., & Mehulic, S. 2014).

2.2 Side Effects of Modern Medicine Treatments

NSAID use is associated with significant adverse effects such as gastrointestinal bleeding, peptic ulcer disease, high blood pressure, edema (i.e., swelling), and kidney disease (Peterson, McDonagh and Thakurta, 2010). There are several factors that influence risk of toxicity due to NSAID use (Chen 2006; Vonkeman 2010): age, medical conditions, use of other medications at the same time, selection and dose of NSAIDs.

Individuals over 60 are more likely to develop NSAID-related ulcers. Because of the greater cardiovascular risk elders have than younger people, their risk of NSAID-related cardiovascular events may also be elevated. Prior history of ulcer or other gastrointestinal complications could increase the risk of NSAID ulcers. In addition, history of cardiovascular or respiratory disease, diabetes, Helicobacter pylori infection, rheumatoid arthritis, and hypertension are also associated with increased risk. Especially for individuals with cardiovascular risk factors such as hypertension, history of heart attack, high cholesterol or bypass surgery are at increased risk of having an NSAID-related cardiovascular event (Conaghan 2012). As for dose of NSAIDs, high dose or multiple NSAIDs can increase the risk of gastrointestinal complications up to 10-fold. Cardiovascular risk also appears to increase in tandem with duration of NSAIDs use (Conaghan 2012). Simultaneous use of NSAIDs with corticosteroids, anticoagulants, aspirin, platelet inhibitors, and serotonin re-uptake inhibitors can increase gastrointestinal toxicity up to 15-fold. As mentioned above, selection of NSAIDs also matters. Different NSAIDs carry different risks of either cardiovascular or gastrointestinal toxicity. While COX-2 selective inhibitors and diclofenac are associated with greater cardiovascular but lower gastrointestinal risks than non-selective NSAIDs, non-selective NSAIDs demonstrate the opposite effect. For people with high cardiovascular risk, the NSAID naproxen is typically recommended because it has been associated with fewer cardiovascular events compared with other NSAIDs (Conaghan 2012). On the other hand, NSAIDs with longer half-lives (e.g. piroxicam) are associated with greater risk of gastrointestinal bleeding than those with rapid metabolising rate (Roth 2011).

2.3 Treatments for Dysmenorrhea in Traditional Chinese Medicine

Chinese medicine believes that the main pathogenesis of dysmenorrhea is evil within the volts, the blood deficiency, leading to poor blood running the uterus, "not smooth, people will be pain"; or the uterus lost nourish, "no nourishment can cause pain, thus leading to dysmenorrhea. Deer fetal is mild, the blood deficiency, poor operation, Palace cold chills have a very good treatment effect. Breath movement lead to blood flow, "fluency will not cause pain", deer fetal treatment of dysmenorrhea is the preferred natural animal medicine. In daily life, tea as a drink, not only can prevent and improve dysmenorrhea, but also regulate the balance of human body, enhance human resistance, greatly reduce the recurrence rate of the disease, other Chinese medicine can be anti-inflammatory, kill bacteria, eliminate hot and humid, remove the smell, itching, like Lithospermum, Curculigo, fairy spleen and so on.

2.3.1 Chinese herbs for the treatment of dysmenorrhea

a) Motherwort

Motherwort is the herbs employed by ancient Chinese doctors as a treatment of female dysmenorrhea, which for the treatment of dysmenorrhea patients, have significant effects. Motherwort tastes bitter, slightly cold, with the function to regulate blood circulation, congestion, anticoagulant, analgesic swelling, detoxification and other effects, but also reduce uterine spasm caused by dysmenorrhea, increasing uterine excitement (Osayande, A., & Mehulic, S. 2014).

b) Angelica

Angelica is sweet but at the same time bitter, with rich aroma, yellow brown outside. The health effect of angelica has always been the medical attention, its main role is nutriting blood, conditioning menstruation, analgesic blood stasis, but also according to the state of the uterus to adjust at both positive and negative direction, to reduce the pain caused by uterine incarcerated state. Angelica has the promotion effect of hemoglobin and erythrocyte production, and can play the role of anti-platelet aggregation (Osayande, A., & Mehulic, S. 2014).

c) Wormwood

Wormwood is a perennial herb which can be used for medicinal and food use, it tastes a little bitter, and is an important gynaecological medication. Wormwood can effectively treat the cold tone, dysmenorrhea, infertility embolism, with the role as well as function of analgesic, combing breathing and blood circulation, nutrition of the meridians, elimination of the cold. Modern hospitals show that wormwood is also an effective broad-spectrum antiviral medicine (Osayande, A., & Mehulic, S. 2014).

c) Turmeric

Turmeric is the ginger family of Chinese medicine, it tastes bitter, slightly cold, with row of blood stasis, blood circulation, dysmenorrhea, irregular menstruation, tingling and other effects. It can also clear petals phlegm, low calamity fire as well as heat and cooling blood (Osayande, A., & Mehulic, S. 2014).

2.3.2 Acupuncture

The use of acupuncture treatment of dysmenorrhea is effective, usually the treatment is started 5 days before the menstrual cramps. The acupuncture points are elected with cupping and moxibustion: Neiguan, Lieque Guanyuan, blood sea, Sanyinjiao. Cold and humidity are always stacked around Shenyu, Mingmen, Bamiu; breath and blood are always stacked around Hegu, Taichong, Yanglingquan, Qimen; breath and blood are always weak around Zusanli, Qihai, Yinlingquan; for the damage of liver and kidney, Ganyu, Shenyu, Taixi and Taichong are selected. Winter weather is cold, the indoor temperature is higher, from the yin and yang point of view, women are lacking in yang, so in winter, patients with dysmenorrhea are more common. Such patients usually tell the doctor that they usually have a history of coldness, the performance of the lower abdomen cold or colic mainly, once get the heat, it would loss, the blood during period is less, not unobstructed, the color is dark mixed with blood clots or black as bean juice, face is green or pale, and they are always afraid of coldness, with cold hands and feet. Home treatment with moxibustion based on the acupuncture points above is better than with the warm water bag, if conditions permit, pricking with fire needle is of immediate effect.

Recently, Australia and New Zealand medical researchers through randomized controlled trials found that acupuncture treatment can significantly reduce the pain of female dysmenorrhea, shorten the duration of dysmenorrhea, and in the treatment within one year after the continuous improvement of health status (Vonkeman, H. and van de Laar, M. 2010).

University of Western Sydney, Australia, reported that the researchers selected 74 women aged from 18 to 45 years old suspected or diagnosed with primary dysmenorrhea, and randomly divided them into four groups to receive acupuncture in different ways: high Frequency traditional acupuncture, low frequency traditional acupuncture, high frequency electro acupuncture and low frequency electro acupuncture. Their acupuncture points are based on traditional Chinese medicine "eight classes" and the viscera theory after the diagnosis. The results show that acupuncture can reduce female dysmenorrhea and improve their health status, and the traditional manual acupuncture than acupuncture can reduce the demand for painkillers, but also reduce the headache and nausea and other symptoms of dysmenorrhea, but changing the impact of acupuncture efforts to test the relevant evidence is still insufficient (Vonkeman, H. and van de Laar, M. 2010).

2.4 Disadvantages of Traditional Chinese Treatments

a) Chinese medicine is a Chinese medicine system (theory, method and technology) and a natural medicine system. It is relatively perfect in ancient times advanced medical system. Yin and yang theory of Chinese medicine is equivalent to the natural world and the human being and anti-two opposites, with the overall concept, but cannot completely deny the "gods" color.

b) The theory of Chinese medicine is equivalent to the present true and false, for the identification of the nature of the disease and the illusion has important guiding significance. Chinese medicine on the surface and the inside theory is equivalent to the current body surface and internal, for the identification of the site of the disease is important.

c) Chinese medicine theory, divides the internal organs of the body into five internal organs (heart, liver, lung, spleen, kidney) and six internal organs (gallbladder, stomach, large intestine, small intestine, bladder, triple burner), which is the embryonic form of physiological anatomy, and was commendable at ancient time, but now still appear backward.

d) Chinese medicine meridian theory believe that people have twelve yang meridians and twelve Yin meridians, and that stimulating the key position on the meridians (sensitive points, acupuncture points) will affect the function of organs and tissues, and the use of acupuncture, massage, and other methods to stimulate acupuncture points can treat the relevant organs and tissues of the disease. This is a very advanced medical theory and technology. Modern science confirmed that the resistivity of the meridian is very low, very easy to conduct currency, and there are a lot of sensitive points, after stimulating it is easy to produce and conduct bio-electricity, so the disease of the organs and tissues can be cured through the meridian, to mild illness and spirit, neurological disease, it is very effective, the prevention and seeking leisure stimulation is also effective, and very fast. Of course, this is of no effect for chronic illness and serious illness. The reason is that this is a physical method of treatment, cannot be a long time to change the body's biochemical processes and mechanisms, but cannot increase or decrease the numbers of human life substances and their quantity.

e) The theory of poisoning with toxic substances in Chinese medicine is often a cause of harm. But the strict control of time and dosage usage, used to kill the microorganisms on body surface (bacteria, viruses, spirochetes, in accordance with the original body, parasites) and intestinal parasites, can lead to quite good effect. Of course, prevention cannot use poisoning.

f) Chinese medicine is usually a combination of a variety of drugs for prevention and treatment, the drug combination is prescription. According to the efficacy of drugs in the prescription of the role of play, divided into medicine, medicine, adjuvant, so that it completely ignored the pathological conditions of disease and causal relationship, so this prescription theory is difficult to be accepted or widely used by modern medicine. In addition, many of the chemical composition of traditional Chinese medicine is not subtracted at high temperature, and effective substance of traditional Chinese medicine prescription in the usual circumstances is obtained through boiling, the effect is certainly greatly reduced, which is the root cause that Chinese medicine is slow and ineffective.

3. Discussion

3.1 Why is traditional Chinese treatment preferable?

Dysmenorrhea can be treated by traditional Chinese medicine therapy, but also through Modern Medicine treatment, both of which have significant effects. However, many female patients for dysmenorrhea, prefer to use Chinese medicine treatment, then, what is the advantage of traditional Chinese medicine treatment of dysmenorrhea?

(i). Syndrome differentiation. Combination of traditional Chinese and Modern Medicine create a new method of prevention and treatment of female menstrual diseases, the use of sophisticated instruments can directly diagnose the tissue, cut off the source, and after the removal of the tissue, the use of traditional Chinese medicine can condition the body, and increase immunity.

(ii). Personalized treatment of etiology. Such as puberty dysplasia, menopausal endocrine disorders, polycystic ovary, endometritis, uterine fibroids, ovarian cysts, thyroid dysfunction caused by endocrine disorders such as dysmenorrhea, and artificial and postpartum dysmenorrhea and other different causes, personalized programs to reconcile the female body hormone balance can make menstrual return to normal physiological laws.

(iii). Address both the symptoms and root cause. Chinese medicine can start from the root causes of illness, to solve the shortcomings of Modern Medicine, but also lead to efficacy protection, small recurrence probability. Chinese medicine can be a collection of Chinese medicine meridian theory, yin and yang theory, the use of Chinese medicine conditioning will not have hormones, with no toxic side effects on the human body.

(iv). Adjust the physiological cycle of menstruation. According to the different physiological cycle of female individual, through the use of different drugs targeted adjustment to promote ovarian follicle normal development and ovulation, promote uterine blood circulation, improve the intrauterine environment, enhance its physiological function.

Compared to Modern Medicine, although the effect of treatment of dysmenorrhea through traditional Chinese medicine is slow, but it has no side effects, so it is preferable to the patients.

3.2 Significance of "Integrative" Medicine

The integration of Chinese medicine to distinguish "symptoms" and Modern Medicine to distinguish "disease" with infiltration with each other can avoid the limitations of each other. Firstly, the laparoscopy and other Modern Medicine methods are used to check the body, and then through the doctors' accurate analysis, a clear diagnosis of female dysmenorrhea can be obtained in order for women to customize different treatment programs, and then through the Chinese medicine conditioning breath and blood, as well as the organs' function, thus regulating the balance of endocrine, clearing the body siltation, lead to menstrual smooth and less pain. Especially for primary dysmenorrhea, traditional Chinese medicine conditioning as well as green physical therapy should be used. The doctor will be based on the physical condition of each person for dialectical treatment, through the conditioning of blood, replenishment, to nourish kidney and liver, replenishing heart and spleen, dredge blood circulation and other purposes, conditioning women organ function, so that the secretion of oestrogen and progesterone tend to the best physiological state, conditioning female dysmenorrhea.

Three major advantages of integrated traditional Chinese and Modern Medicine therapy include:

(i). Quick effect: integrated traditional Chinese and Modern Medicine diagnosis using sophisticated instruments can commit diagnose, and at the same time, can also directly remove the tissue, cut off the disease, with quick and effective control.

(ii). No side effects: Chinese and Modern Medicine combined with herbal medicine, can avoid the uterine bleeding caused by hormone treatment and other side effects, lead to safety without any pain.

(iii). No recurrence: the combination of traditional Chinese and Modern Medicine combined with laparoscopic and traditional Chinese herbs for conditioning, after the removal of the tissue, the use of traditional Chinese herbs can condition and balance the body endocrine, increase immunity.

3.3 What Matters Most from Patients' Point of View?

Menstrual period of local inflammation of the uterus is considered the primary mechanism of dysmenorrhea. Central sensitization may also play a role. However, in explaining dysmenorrhea, the relative contribution of peripheral and central abnormalities is unclear (Roth, S. 2011).

Due to dysmenorrhea during the process of peripheral inflammatory pathways are more concerned about the disorder, few people on the behaviour of dysmenorrhea intervention study. But with the deepening of the central changes in the experience of dysmenorrhea pain, these studies are also worth considering. Behavioural treatment strategies are similar to those of chronic pain syndromes, including relaxation training, biofeedback, and pain treatment counselling (Roth, S. 2011).

Dysmenorrhea is an important model for understanding pathophysiology of visceral pain. Must not be overlooked because it is a ubiquitous symptom. It is now necessary to unify the study of peripheral inflammation of dysmenorrhea and the study of central abnormalities. Although most women can relieve pain through safe drug therapy, women who are ineffective are likely to develop into high-risk groups of other pain syndromes. Surgical treatment of dysmenorrhea, although rarely dangerous, but once it is very serious, so dysmenorrhea behaviour and adjuvant therapy need further study and promotion. The development of an effective unified standard classification system and the development of instrumentation related to specific diseases will be of great importance in accelerating research in this area.

Reference:

[1] Chen, J., Pucino, F. and Resman-Targoff, B. (2006). Celecoxib versus a Non-Selective NSAID Plus Proton-Pump Inhibitor. Journal of Pain & Palliative Care Pharmacotherapy, 20(4), pp.11-32.

[2] Conaghan, P. (2011). A turbulent decade for NSAIDs: update on current concepts of classification, epidemiology, comparative efficacy, and toxicity. *Rheumatology International, 32(6), pp.1491-1502.*

[3] Osayande, A., & Mehulic, S. (2014). Diagnosis and Initial Management of Dysmenorrhea.

American Family Physician, *89*(5), 342-346.

[4] Peterson, K., McDonagh, M. and Thakurta, S. (2010). Drug Class Review: Nonsteroidal Antiinflammatory Drugs (NSAIDs): Final Update 4 Report. *US National Library of Medicine. [online]* Available at: https://www.ncbi.nlm.nih.gov/pubmed/21542548 [Accessed 24 Jul. 2017].

[5] Roth, S. (2011). Nonsteroidal anti-inflammatory drug gastropathy: new avenues for safety. *Clinical Interventions in Aging*, p.125.

[6] Vonkeman, H. and van de Laar, M. (2010). Nonsteroidal anti-inflammatory drugs: adverse effects and their prevention. *Semin Arthritis Rheum*, 39(4), pp.294–312.

（指导老师：李照国）